그림 형제 옛이야기 모음집 II

부클래식

023

그림 형제 옛이야기 모음집 II

그림 형제

이은자 옮김

부북스

차례

일러두기

-원본은 Brüder Grimm, *Grimms Märchen* , Tosa-Verl. (1991)입니다.
-본문의 각주는 전부 옮긴이의 각주입니다.

◆81◆
말렌 아가씨

옛날에 아들 하나를 둔 왕이 살았습니다. 왕의 아들은 막강한 이웃 나라의 공주에게 구혼했습니다. 말렌 아가씨라고 불리는 공주는 눈부시게 아름다웠습니다. 그런데 공주의 아버지는 말렌 아가씨를 다른 사람에게 주고 싶어서 왕자의 구혼을 거절했습니다. 하지만 진심으로 사랑하는 왕자와 공주는 헤어지려고 하지 않았습니다. 말렌 아가씨는 아버지에게 이렇게 말했습니다.

"왕자님이 아니면 아무하고도 결혼하지 않을 거예요."

그러자 공주의 아버지는 몹시 화가 나서 햇빛도 달빛도 들지 않는 캄캄한 탑을 세우도록 했습니다. 탑이 완성되자 왕이 말했습니다.

"이 탑 안에서 살아라. 칠 년 뒤에 네 고집이 꺾였는지 보러오겠다."

그리고 나서 칠 년 동안 먹을 식량과 마실 것만 넣어주고는 말렌 아가씨와 시녀를 탑 안으로 들여보냈습니다. 두 사람은 사방이 벽으로 둘러싸인 탑에 갇혀 세상과 단절된 채 살게 되었습니다.

공주와 시녀는 어두컴컴한 탑 안에서 언제가 낮이고 언제가 밤인지 모른 채 지냈습니다. 종종 왕자가 와서 탑 주위를 돌며 공주의 이름을 애타게 불렀지만, 벽이 두꺼워서 아무 소리도 들리지 않았습니다. 두 사람은 탄식하고 슬퍼할 뿐이었습니다. 어느덧 세월이 흘러 식량과 마실 것이 거의 떨어지자 말렌 아가씨와 시녀는 칠 년이 끝나가는 것을 알고 곧 탑에서 풀려나리라고 생각했습니다. 하지만 망치 소리도 나지 않았고 벽에서 굴러떨어지는 돌도 없었습니다. 왕이 말렌 아가씨를 잊어버린 것 같았습니다. 이제 식량도 얼마 남지 않았고, 그대로 있다가는 딱 굶어 죽을 지경이었죠. 그러자 말렌 아가씨가 말했습니다.

"마지막으로 벽을 부수는 수밖에 없어."

말렌 아가씨는 빵 칼로 돌 틈에 발라진 회반죽을 긁어내기 시작했습니다. 말렌 아가씨가 지치면 시녀가 교대했습니다. 드디어 오랜 작업 끝에 돌 하나를 들어내는 데 성공했습니다. 이어서 두 번째 돌을 들어내고 사흘째 되던 날, 돌을 하나 또 들어내자 한 줄기 빛이 어둠 속으로 스며들었습니다. 구멍은 점점 커졌고 드디어 밖이 내다보였습니다. 파란 하늘이 보이고 상쾌한 바람이 살랑살랑 불어왔습니다. 그런데 세상에나, 주변에 펼쳐진 광경은 끔찍하기 이를 데 없었습니다. 아버지의 성은 무너져 내려 폐허가 되었고, 눈에 들어오는 도시 하며 마을들도 불에 타 잿더미로 변해 있었습니다. 황량한 들판 어디에도 사람의 흔적은 없었습니다. 겨우 밖으로 빠져나올 수 있을 만큼 구멍이 뚫리자 먼저 시녀가 훌쩍 뛰어내렸고 말렌 아가씨가 뒤를 따랐습니다. 하지만 두 사람은 어디로 가야 할지 막막했습니다. 온 나라를 초토화한 적은 왕을 쫓아내고 주민들을 모조리 학살했습니다. 말렌 아가씨와 시녀는 다른 나라로 가려고 길을 나섰습니다. 하지만 어디에도 잠잘 곳은 없었고 빵 한 조각 내어주는 사람도 없었습니다. 굶주린 배를 채우려고 쐐기풀까지 뜯어 먹으면서 한참을 떠돌다가 말렌 아가씨와 시녀는 겨우 이웃 나라에 이르렀습니다. 그런데 일거리를 찾아 여기저기 문을 두드렸지만 두 사람을 불쌍히 여겨 받아주는 곳은 아무 데도 없었습니다. 마침내 어느 큰 도시에 도착한 두 사람은 궁전을 찾아갔습니다. 하지만 거기에서도 어서 물러가라며 받아주지 않다가 그곳에서 일하는 요리사가 부엌데기로 일하라고 겨우 허락해줬습니다.

그런데 그 나라는 바로 말렌 아가씨의 약혼자였던 왕자의 나라였습니다. 왕자의 아버지는 왕자를 위해 다른 신부를 정해놓은 상태였습니다. 그런데 신부는 얼굴도 못생긴데다 마음씨도 아주 고약했습니다. 결혼 날이 정해지자 신부가 왔습니다. 하지만 신부는 못생긴 얼굴을 아무에게도 보여주고 싶지 않아서 방 안에 혼자 틀어박혀 있었습니다. 부엌데기 말렌 아가씨는 신부에게 음식을 가져다줘야 했습니다. 신랑과 나란히 교회로 갈 날이 다가오자 신부는 못생긴 자신이 못내 부끄럽기만 했습니다. 길거리에서 사람들이 자기를 보고 조롱하고 비웃을까 봐 두려웠습니다. 그래서 신부는 말렌 아가씨에게 이렇게 말했습니다.

"너에겐 큰 행운이야. 내가 발을 삐어 잘 걸을 수가 없단다. 나 대신에 신부 옷을 입고 내 자리에 서라. 그보다 더 큰 영광을 네가 어디서 누리겠느냐."

하지만 말렌 아가씨는 단호히 거절했습니다.

"분에 넘치는 영광은 원하지 않아요."

신부가 금을 주겠다고 해도 소용이 없었습니다. 마침내 신부는 벌컥 화를 내며 말했습니다.

"내 말에 복종하지 않으면 넌 죽은 목숨이야. 내 말 한마디면 네 머리가 발 앞에 굴러떨어질 거다."

말렌 아가씨는 할 수 없이 화려한 신부 옷을 입고 장식품으로 치장했습니다. 말렌 아가씨가 궁전 홀에 들어서자 모두 눈부시게 아름다운 아가씨의 모습에 감탄했습니다. 왕이 왕자에게 말했습니다.

"내가 고른 네 신부다. 교회로 인도하라."

왕자는 깜짝 놀라 생각했습니다.

'말렌 아가씨하고 참 닮았구나. 진짜 말렌 아가씨라고 해도 믿겠어. 하

지만 아가씨는 오래전부터 탑에 갇혀 있잖아. 아니 벌써 죽었을지도 모르지.'

왕자는 말렌 아가씨의 손을 잡고 교회로 향했습니다. 그런데 가다가 말렌 아가씨가 길섶의 쐐기풀 덤불을 보고 말했습니다.

> "쐐기풀 덤불아,
> 작은 쐐기풀 덤불아,
> 왜 혼자서 여기 서 있니?
> 그때가 생각나네,
> 삶지 않고 볶지 않고,
> 내가 널 먹었잖아."

그러자 왕자가 물었습니다.
"뭐라고요?"
말렌 아가씨가 대답했습니다.
"아무것도 아니에요. 그냥 말렌 아가씨 생각이 나서요."
왕자는 신부가 말렌 아가씨에 대해 아는 것이 이상하다 싶었지만 아무 말 하지 않았습니다. 교회묘지 앞에 있는 판자 다리에 이르자 말렌 아가씨가 말했습니다.

> "교회 다리야, 부서지지 마라,
> 난 진짜 신부가 아니란다."

그러자 왕자가 물었습니다.
"뭐라고요?"

말렌 아가씨가 대답했습니다.

"아무것도 아니에요. 그냥 말렌 아가씨 생각이 나서요."

"말렌 아가씨를 알아요?"

말렌 아가씨가 대답했습니다.

"아뇨, 제가 말렌 아가씨를 어찌 알겠어요. 그저 들었을 뿐이에요."

이윽고 교회 문 앞에 이르자 말렌 아가씨가 또 말했습니다.

"교회 문아, 부서지지 마라,
난 진짜 신부가 아니란다."

왕자가 물었습니다.

"뭐라고요?"

말렌 아가씨가 대답했습니다.

"아아, 말렌 아가씨 생각이 나서요."

그러자 왕자는 귀한 목걸이를 꺼내 아가씨의 목에 걸고 연결고리를 끼워주었습니다. 왕자와 말렌 아가씨는 교회로 들어갔습니다. 신부님은 제대 앞에서 두 사람의 손을 포개어주고 결혼을 선포했습니다. 성으로 다시 돌아오는 내내 말렌 아가씨는 아무 말도 하지 않았습니다. 성에 도착하자 말렌 아가씨는 신부의 방으로 부리나케 달려가 화려한 예복을 벗고 장식품을 떼어내고 잿빛 작업복으로 갈아입었습니다. 하지만 왕자에게서 받은 목걸이는 목에 그대로 놔두었습니다. 밤이 되자 신부는 왕자의 방으로 갔습니다. 신부는 왕자가 속임수를 알아차리지 못하도록 얼굴에 베일을 드리웠습니다. 시종들이 다 물러가자마자 왕자가 신부에게 물었습니다.

"길섶의 쐐기풀 덤불한테 무슨 말을 했어요?"

신부가 물었습니다.

"쐐기풀 덤불이라니요? 쐐기풀 덤불하고는 말을 하지 않았어요."

그러자 왕자가 말했습니다.

"안 그랬다고요? 그럼 당신은 진짜 신부가 아니에요."

신부는 재빨리 머리를 굴렸습니다.

"하녀에게 나가봐야겠어요, 제 말을 다 기억하거든요."

밖으로 나온 신부는 말렌 아가씨에게 호통쳤습니다.

"이 계집애야, 쐐기풀 덤불한테 무슨 말을 한 거야?"

"이렇게 말했을 뿐이에요,

> "쐐기풀 덤불아,
> 작은 쐐기풀 덤불아,
> 왜 혼자서 여기 서 있니?
> 그때가 생각나네,
> 삶지 않고 볶지 않고,
> 내가 널 먹었잖아."

신부는 방으로 돌아와 말했습니다.

"쐐기풀 덤불한테 무슨 말을 했는지 이제 생각났어요."

그러고는 말렌 아가씨한테서 들은 그대로 말했습니다. 그러자 왕자가 물었습니다.

"우리가 다리를 건널 때 교회 다리한테 무슨 말을 했어요?"

신부가 대답했습니다.

"교회 다리한테요? 교회 다리하고는 말을 하지 않았어요."

"안 그랬다고요? 그럼 당신은 진짜 신부가 아니에요."

그러자 신부가 또 말했습니다.

"하녀에게 나가봐야겠어요, 제 말을 다 기억하거든요."

신부는 뛰쳐나가 말렌 아가씨에게 호통쳤습니다.

"이 계집애야, 교회 다리한테 무슨 말을 한 거야?"

"이렇게 말했을 뿐이에요,

　　　교회 다리야, 부서지지 마라,

　　　난 진짜 신부가 아니란다."

"넌 이제 죽었어."

신부는 버럭 소리를 지르더니 허겁지겁 방으로 돌아와 말했습니다.

"교회 다리한테 무슨 말을 했는지 이제 생각났어요."

그러고는 또 들은 그대로 말했습니다.

"교회 문한테는 무슨 말을 했어요?"

"교회 문한테요? 교회 문하고는 말을 안 하는데요."

"안 그랬다고요? 그럼 당신은 진짜 신부가 아니에요."

신부는 밖으로 나가 말렌 아가씨에게 또 호통쳤습니다.

"이 계집애야, 교회 문한테는 무슨 말을 한 거야?"

"이렇게 말했을 뿐이에요,

　　　교회 문아, 부서지지 마라,

　　　난 진짜 신부가 아니란다."

"목을 분질러버릴 테다."

신부는 불같이 화를 내며 허겁지겁 방으로 돌아와 말했습니다.

"교회 문한테 무슨 말을 했는지 이제 알겠어요."

그러고는 들은 대로 또 말했습니다.

"그런데 교회 문 앞에서 당신한테 준 목걸이는 어디 있어요?"

신부가 대답했습니다.

"무슨 목걸이요? 목걸이를 받지 않았는데요."

"내 손으로 당신 목에 걸어주고 연결고리를 끼워줬잖아요. 그걸 몰라요? 그럼 당신은 진짜 신부가 아니에요."

왕자는 신부의 얼굴에서 베일을 홱 잡아당겼습니다. 한없이 못생긴 얼굴을 보고 왕자는 깜짝 놀라 뒤로 펄쩍 물러서며 말했습니다.

"아니, 어떻게 된 거냐? 누구냐, 넌?"

"당신과 약혼한 신부예요. 밖에서 사람들이 저를 보고 놀려댈까 봐 두려워서 부엌데기한테 시켰어요. 제 옷을 입고 저 대신 교회로 가라고요."

그러자 왕자가 말했습니다.

"그 아가씨는 어디 있소? 내가 봐야겠으니 가서 데려오시오."

신부는 밖으로 나가 하인들에게 부엌데기는 사기꾼이니까 마당으로 끌고 나가 목을 치라고 말했습니다. 하인들이 말렌 아가씨를 잡아끌자 아가씨는 도와달라고 비명을 질렀습니다. 그 소리를 들은 왕자는 황급히 방에서 나와 아가씨를 잠시 풀어주고 등불을 가져오라고 했습니다. 왕자는 아가씨의 목에 걸린 금목걸이를 보았습니다. 왕자가 교회 문 앞에서 신부에게 준 목걸이였습니다. 왕자가 말했습니다.

"당신이 진짜 신부예요. 나하고 같이 교회에 갔던 신부 말이에요! 어서 방으로 들어갑시다."

둘만 남자 왕자가 말했습니다.

"교회로 가는 길에 당신이 말했던 말렌 아가씨는 내 약혼자였어요. 정말 믿기 어렵지만, 어찌 그리 쏙 닮았는지 마치 말렌 아가씨가 내 앞에 서 있는 것 같군요."

말렌 아가씨가 대답했습니다.

"제가 말렌 아가씨예요. 왕자님을 그리며 칠 년 동안 암흑 속에 갇혀서 배고프고 목마르고 갖은 고생을 다 하며 살았어요. 하지만 오늘, 해님이 저에게 빛을 다시 비춰주네요. 왕자님하고 이미 교회에서 결혼식을 올렸으니 저는 정식으로 당신 아내가 된 거예요."

말렌 아가씨와 왕자는 서로 입맞춤을 했습니다. 두 사람은 평생 행복하게 살았고, 가짜 신부는 벌을 받아 목이 달아났답니다.

말렌 아가씨가 갇혀있던 탑은 오랫동안 그대로 남아 있었는데, 탑을 지나면서 아이들이 이런 노래를 불렀다는군요.

"딸랑딸랑 땡땡, 탑에 누가 있나요?
공주님이 있는데, 보이지가 않네요.
벽은 부서지지 않고, 돌은 뚫리지 않아요.
알록달록 재킷 입은 한스야, 어서 뒤를 따라오렴."

◆82◆
늑대와 사람

어느 날, 여우가 늑대에게 사람은 워낙 힘이 세서 동물이 당해 낼 수가 없다고 말했습니다. 그래서 사람 앞에서 살고 싶으면 꾀를 내야 한다고 말하자, 늑대가 말했습니다.

"눈에 보이기만 하면 확 달려들려고 하는데."

그러자 여우가 말했습니다.

"그럼 내일 아침 나한테 와 봐. 내가 사람을 보여주지."

이른 아침, 늑대가 나타나자 여우는 사냥꾼이 매일 다니는 길로 늑대를 데려갔습니다. 첫 번째로 늙은 퇴역 군인이 걸어왔습니다. 늑대가 물었습니다.

"저게 사람이니?"

여우가 대답했습니다.

"아니, 사람이었었어."

그다음에는 학교에 가는 작은 사내아이가 왔습니다.

"저게 사람이니?"

"아니, 하지만 사람이 될 거란다."

마침내 쌍 엽총을 등에 메고 허리에는 사냥 칼을 찬 사냥꾼이 왔습니다. 그러자 여우가 늑대에게 말했습니다.

"봐, 저기 오는 게 사람이야. 그럼 난 이만 집에 갈게."

늑대는 사람에게 으르렁거리며 달려들었습니다. 그러자 사냥꾼이 늑대를 보고 말했습니다.

"이런, 총알을 장전해 놓을걸."

그러고는 엽총에 총알을 재어 늑대의 얼굴을 탕 쐈습니다.

늑대는 얼굴을 잔뜩 일그러뜨렸습니다. 하지만 기죽지 않고 사냥꾼을 향해 돌진했습니다. 사냥꾼은 총알을 장전해 또 한 방 쐈습니다. 늑대는 몹시 아팠지만 이를 악물고 사냥꾼에게 덤벼들었습니다. 그러자 사냥꾼은 번쩍거리는 사냥 칼을 쑥 뽑아 왼쪽, 오른쪽 획획 내리쳤습니다. 늑대는 피를 철철 흘리며, 정신없이 울부짖으며 여우에게 달려왔습니다. 여우가 말했습니다.

"늑대 형제, 사람을 해치웠어?"

늑대가 대답했습니다.

"어휴, 사람이 그렇게 셀 줄은 몰랐어. 어깨에 멘 막대기를 내리더니 후 불더라고. 뭐가 휙 날아오더니 얼굴이 근질근질해서 미치겠는데, 또 막대기를 후 불지 뭐야. 갑자기 콧등에 번갯불이 번쩍하고 우박이 와그르르 쏟아지는 것 같았어. 그래도 바짝 붙었더니 배에서 번쩍거리는 갈빗대 하나를 쑥 뽑아 마구 후려치는 거야. 거의 죽을 뻔했다니까."

그러자 여우가 이렇게 말했답니다.

"거봐, 허풍쟁이야. 가져오지 못할 도끼, 멀리만 던지면 되는 줄 알아?"

◆83◆
늑대와 여우

늑대와 여우가 함께 살았습니다. 그런데 늑대보다 힘이 약한 여우는 늑대가 하라는 대로 해야만 했습니다. 여우는 늑대 주인으로부터 정말 벗어나고 싶었습니다. 그러던 어느 날, 숲 속을 걸어가다가 늑대가 말했습니다.

"붉은 여우야, 먹을 거 좀 구해오렴. 안 그러면 널 잡아먹을 거야."

여우가 말했습니다.

"새끼 양 두 마리가 있는 농장을 내가 알아. 어때, 우리 한 마리 잡아올까?"

늑대는 그러자고 했습니다. 여우와 늑대는 농장으로 갔습니다. 여우는 새끼 양을 한 마리 훔쳐내 늑대에게 주고 집으로 돌아왔습니다. 늑대는 새끼 양을 홀딱 먹어 치웠습니다. 그러나 그것으로는 양이 차지 않아 남은 새끼도 마저 먹고 싶었습니다. 그래서 새끼 양을 훔치러 갔는데, 훔치다가 재주가 없어 그만 엄마 양에게 들키고 말았습니다. 엄마 양은 매애애애 비명을 지르며 울부짖었습니다. 그러자 농장 사람들이 달려 나와 늑대를 흠씬 두들겨 팼습니다. 늑대는 끙끙거리며 절뚝절뚝 여우에게 와서 말했습니다.

"너, 나를 골탕먹였어. 남은 양을 가지러 갔다가 농장 사람들한테 들켜서 실컷 두들겨 맞기만 했단 말이야."

여우가 말했습니다.

"넌 정말 욕심쟁이 먹보라니까!"

다음날, 늑대와 여우는 다시 들로 나갔습니다. 늑대가 게걸스레 또 말했습니다.

"붉은 여우야, 먹을 거 좀 구해오렴. 안 그러면 널 잡아먹을 거야."

그러자 여우가 말했습니다.

"저기 어떤 농장이 있는데, 안주인이 오늘 저녁에 팬케이크를 구울 거야. 우리 그걸 가지러 가자."

늑대와 여우는 그 농장으로 갔습니다. 여우는 살금살금 집 주위를 돌면서 여기저기 킁킁 냄새를 맡더니 드디어 팬케이크가 담긴 그릇이 어디 있는지 알아냈습니다. 여우는 팬케이크 여섯 개를 슬쩍 꺼내 늑대에게 가져다주었습니다.

"자, 실컷 먹어."

여우는 이렇게 말하고 돌아갔습니다. 늑대는 게 눈 감추듯 팬케이크를 단숨에 먹어치우더니 말했습니다.

"냠냠, 더 먹고 싶어."

늑대가 가서 팬케이크 그릇을 덥석 끌어내리자 그릇은 바닥에 떨어져 산산조각이 났고, 쨍그랑 소리를 들은 안주인이 뛰쳐나왔습니다. 안주인은 늑대를 보고 사람들을 소리쳐 불렀습니다. 그러자 모두 우르르 달려와서 늑대를 흠씬 두들겨 팼습니다. 늑대는 울부짖었고, 간신히 절뚝절뚝 절면서 숲으로 와서 여우에게 소리쳤습니다.

"야비하게 날 골탕먹였어! 농부들한테 잡혀서 늘씬하게 얻어맞았단 말이야."

그러자 여우가 말했습니다.

"넌 정말 욕심쟁이 먹보라니까!"

그다음 날, 늑대가 여우와 같이 들로 나와 절뚝절뚝 절면서 겨우 걸어 가다가 또 말했습니다.

"붉은 여우야, 먹을 거 좀 구해오렴. 안 그러면 널 잡아먹을 거야."

여우가 말했습니다.

"저기 어떤 사람이 가축을 잡았는데, 고기를 소금에 절여 지하실 통 속에 저장해 두었거든. 우리 그걸 가지러 가자."

늑대가 말했습니다.

"나도 같이 갈래. 내가 빠져나오지 못하면 네가 도와줘야 해."

"그러렴."

여우는 늑대를 데리고 요리조리 구멍 샛길로 해서 지하실로 들어갔습니다. 거기에는 고기가 넘쳐나게 많았습니다. 늑대는 어디 한번 실컷 먹어볼까 하며 고기를 먹기 시작했습니다. 여우도 맛있게 먹었습니다. 하지만 여우는 먹다가도 사방을 휘휘 둘러보기도 하고, 가끔 들어온 구멍으로 쪼르르 달려가 몸통이 다시 빠져나갈 수 있는지 시험해봤습니다. 늑대가 말했습니다.

"여우야, 왜 그리 왔다 갔다, 들락날락하니?"

꾀쟁이 여우가 대답했습니다.

"혹 누가 오지 않나 보는 거야. 너무 많이 먹지는 마라."

그러자 늑대가 말했습니다.

"통을 싹 비우기 전엔 난 안 가."

그때 농장 주인이 여우가 폴짝 거리는 소리를 듣고 지하실로 내려왔습니다. 농장 주인을 본 여우는 단숨에 구멍을 빠져나갔습니다. 늑대도 그러려고 했습니다. 하지만 너무 많이 먹은 탓에 뚱뚱한 몸이 구멍에 꽉 끼어 옴짝달싹 못 하게 되었습니다. 그러자 농장 주인이 몽둥이를 들고 와서 늑대를 때려죽였습니다. 숲 속으로 달아난 여우는 그 지긋지긋한 욕심쟁이에게서 벗어나게 되어 무척 기뻐했답니다.

◆84◆
여우와 아주머니

아들을 낳은 엄마 늑대가 대부를 서달라고 여우를 초대했습니다. 엄마 늑대는 생각했습니다.

'여우는 가까운 친척이잖아. 머리도 좋고 재주도 많고. 세상을 살아가는 데 도움이 되도록 내 아들을 잘 가르칠 거야.'

여우 또한 아주 의젓한 모습으로 와서 점잖게 말했습니다.

"사랑스러운 아주머니, 이런 영광을 베풀어주셔서 고맙습니다. 저도 아주머니께 기쁨을 드리도록 대자를 위해 온 힘을 다하겠습니다."

세례식이 끝나고 열린 잔치에서 여우는 맛있게 음식을 먹고 아주 기분도 좋았습니다. 여우가 말했습니다.

"아주머니, 아기를 잘 키우는 게 우리의 의무죠. 무럭무럭 자라게 잘 먹여야 하고요. 제가 양 우리가 있는 곳을 아는데, 거기서 한 마리 정도는 얼마든지 슬쩍할 수 있어요."

속살거리는 소리에 넘어간 엄마 늑대는 여우와 함께 그 농장으로 갔습니다. 여우는 멀리서 양 우리를 가리키며 엄마 늑대에게 말했습니다.

"저쪽으로 가서 살금살금 기어들어가세요. 난 다른 쪽으로 가서 닭 같은 게 있나 살펴볼게요."

하지만 여우는 가지 않았습니다. 대신 숲 어귀에서 네 발 쭉 뻗고 누워 편히 쉬었습니다. 엄마 늑대는 살금살금 양 우리 쪽으로 다가갔습니다. 그런데 그곳에 앉아있던 개가 요란하게 짖어댔습니다. 그러자 농장 사람들이 우르르 달려 나와 엄마 늑대를 붙잡아 독한 양잿물을 들이부었습니다. 엄마 늑대는 겨우 빠져나와 발을 질질 끌며 숲으로 갔습니다. 여우가 누워 있다가 다 죽어가는 목소리로 말했습니다.

"아이고, 아주머니, 정말 죽는 줄 알았다고요! 농장 사람들이 덤벼들어서 다리를 다 부러뜨렸지 뭐예요. 제가 여기 축 늘어져서 죽어가는 모습을 보고 싶지 않으면 저를 데려가 주세요."

엄마 늑대는 자기도 겨우겨우 걷는 상태였지만 여우가 너무 걱정스러웠습니다. 그래서 여우를, 다친 데 없이 아주 멀쩡한 여우 대부를 등에 둘러업고 느릿느릿 집으로 돌아왔습니다. 그러자 여우가 엄마 늑대에게 외쳤습니다.

"안녕히 계세요, 아주머니. 구운 고기도 얻었잖아요."

여우는 깔깔거리며 팔짝팔짝 사라졌답니다.

◆85◆
여우와 고양이

어느 날, 고양이가 숲 속에서 여우 씨와 마주쳤습니다. 고양이는 여우 씨가 영리하고 경험도 많고 세상이 알아주는 신사라고 생각해서 공손히 말을 건넸습니다.

"안녕하세요, 여우 씨, 어떻게 지내세요? 흉년이 들어 살기가 힘든데 괜찮으세요?"

그러나 도도하기 짝이 없는 여우는 고양이를 위아래로 쓱 훑어보더니 대답을 할까 말까 하다가 마침내 입을 열었습니다.

"야, 이 보잘것없는 이발쟁이 멍청한 얼룩기야. 쥐새끼나 잡으러 다니는 가난뱅이 주제에 나보고 뭐 어떻게 지내느냐고? 너 배운 게 뭐 있어? 몇 가지 재주는 부릴 줄 아니?"

그러자 고양이가 겸손히 대답했습니다.

"딱 한 가지 재주밖에 없어요."

여우가 물었습니다.

"그게 뭔데?"

"개들이 쫓아오면 재빨리 나무 위로 기어올라 피할 수 있는 거죠."

여우가 또 말했습니다.

"그게 다야? 난 백 가지도 넘는 재주를 가졌는데. 게다가 꾀주머니에는 꾀가 한가득 들어있지. 너를 보니 한심하구나. 나를 따라와. 개를 어떻게 피하는지 가르쳐 줄 테니까."

그때 사냥꾼이 개 네 마리를 데리고 나타났습니다. 고양이는 재빨리 나무꼭대기로 기어 올라가 가지와 이파리 속으로 몸을 쏙 감췄습니다. 고양이가 소리쳤습니다.

"꾀주머니를 열어요, 여우 씨, 꾀주머니를 열라니까요."

하지만 개들은 여우에게 달려들어 덥석 물고 늘어졌습니다. 그러자 고양이가 이렇게 소리쳤답니다.

"아이, 여우 씨, 백 가지 재주가 있으면 뭐하냐고요? 나처럼 나무 위로 기어올랐다면 죽지는 않을 텐데."

◆86◆
카네이션

옛날에 아이를 낳지 못하는 왕비가 있었습니다. 왕비는 아침마다 정원으로 나가 하늘에 계신 하나님께 아들이나 딸을 달라고 기도했습니다. 그러자 천사가 하늘에서 내려와 말했습니다.

"기뻐하라, 소원의 힘을 가진 아들을 낳을 것이다. 아이가 소원하는 것은 다 이루어지리라."

왕비는 왕에게 이 기쁜 소식을 전했습니다. 시간이 흘러 왕비는 아들을 낳았고 왕의 기쁨은 이루 말할 수가 없었습니다.

왕비는 매일 아침 아이를 데리고 사냥터에 나가 맑은 샘물로 몸을 씻었습니다. 그러던 어느 날, 아이가 조금 컸을 때였습니다. 왕비는 아이를 품에 안고 깜박 잠이 들었습니다. 그런데 아이에게 소원의 힘이 있는 것을 알고 있는 늙은 요리사가 와서 아이를 훔쳐갔습니다. 요리사는 닭을 잡아 뚝뚝 흐르는 피를 왕비의 옷에 떨어뜨려 놓았습니다. 그리고 아이를 아무도 모르는 곳으로 데려가 유모를 구해 젖을 먹였습니다. 요리사는 왕에게 가서 왕비의 잘못으로 들짐승이 왕자를 물어갔다고 일렀습니다. 왕은 왕비의 앞치마에 묻은 피를 보고 요리사의 말을 그대로 믿었습니다. 화가 난 왕은 펄펄 뛰면서 햇빛도 달빛도 새어들지 않는 칠흑같이 어두운 탑을 지어서 왕비를 그 안에 가두고 문을 벽으로 막아버렸습니다. 왕비는 먹고 마실 것도 없이 칠 년 동안 갇혀 지내며 꼼짝없이 죽을 날만 기다리게 되었습니다. 하지만 하나님이 하얀 비둘기의 모습을 한, 두 천사를 하늘에서 내려보냈습니다. 비둘기들은 칠 년 내내 하루에 두 번씩 왕비에게 먹을 것을 가져다주었습니다.

요리사는 생각했습니다.

'내가 여기 이렇게 있으면 소원의 힘을 가진 왕자가 날 자칫 불행에 빠뜨릴지도 몰라.'

요리사는 성을 나와 왕자에게 갔습니다. 왕자는 어느새 무럭무럭 자라 말도 할 줄 알았습니다. 요리사가 말했습니다.

"정원이 있는 아름다운 성과 성안에 필요한 모든 것을 가지고 싶다고 빌어보렴."

왕자가 소원을 빌었습니다. 순간 원했던 모든 것이 눈앞에 척 나타나는 것이 아닙니까. 얼마 뒤 요리사가 왕자에게 말했습니다.

"너 혼자 있으면 외로우니까 아름다운 아가씨와 함께 지내고 싶다고 빌어보렴."

왕자가 그렇게 하자마자 정말 그림보다 더 예쁜 아가씨가 눈앞에 척 나타났습니다. 왕자와 아가씨는 사이좋게 놀면서 지내다가 서로 진심으로 사랑하게 되었습니다. 그리고 늙은 요리사는 귀족처럼 사냥하러 다니며 지냈습니다. 그러던 어느 날, 요리사는 문득 왕자가 언젠가 아버지에게 가고 싶다고 빌면 자신이 위험해질 수 있겠다는 생각이 들었습니다. 그래서 아가씨를 불러내어 말했습니다.

"오늘 밤 아이가 잠들면 칼로 심장을 찔러 죽이고 아이의 심장과 혀를 나한테 가져와야 한다. 시키는 대로 하지 않으면 넌 죽은 목숨이다."

그러고 나서 요리사는 사라졌습니다. 그러나 다음날, 요리사가 돌아와 보니 왕자는 살아있었습니다. 아가씨가 말했습니다.

"남에게 조금도 해를 끼친 적이 없는 죄 없는 생명을 어떻게 죽이라는 거예요?"

그러자 요리사가 다시 말했습니다.

"죽이지 않으면 네가 죽을 것이다."

요리사가 사라지자 아가씨는 새끼 암사슴을 끌고 와 죽이고 심장과 혀를 꺼내 접시에 담아놓았습니다. 요리사가 오는 것을 보자 아가씨가 왕자에게 말했습니다.

"침대에 누워 이불을 뒤집어쓰세요."

못된 요리사가 들어와서 물었습니다.

"아이의 심장과 혀는 어디 있냐?"

아가씨는 요리사에게 접시를 내밀었습니다. 그때 왕자가 이불을 홱 젖히고 말했습니다.

"이 나쁜 녀석아, 왜 날 죽이려고 하지? 내가 벌을 주라고 빌겠다. 너는 금목걸이를 목에 두른 검정 푸들개가 되어 벌건 숯덩이를 먹고, 목구멍에 불꽃이 치솟게 될 것이다."

왕자의 말이 떨어지기가 무섭게 요리사는 금목걸이를 목에 두른 푸들개로 변했습니다. 그리고 요리사들이 가져온 벌건 숯덩이를 먹자 목구멍에서 불꽃이 활활 치솟았습니다. 왕자는 잠시 그곳에 머물다가 어머니가 아직도 살아 계신지 궁금해서 아가씨에게 말했습니다.

"고향 집으로 돌아가야겠어요. 나하고 같이 가면, 내가 잘 보살펴주겠습니다."

아가씨가 말했습니다.

"아이, 길이 너무 멀어요. 나를 아는 사람이 아무도 없는 낯선 나라에서 내가 뭘 하겠어요."

아가씨는 선뜻 나서질 못했습니다. 하지만 두 사람은 헤어지기가 싫었습니다. 그래서 왕자는 아가씨를 아름다운 카네이션으로 만들어 주머니에 넣었습니다.

왕자는 푸들을 데리고 길을 떠나 고향으로 향했습니다. 가다가 왕자는 어머니가 갇혀있는 탑을 지나게 되었습니다. 탑이 너무 높아서 왕자는 꼭대기까지 닿는 사다리를 달라고 소원을 말했습니다. 왕자는 사다리를 타고 올라가 안을 들여다보며 소리쳤습니다.

"사랑하는 어머니, 왕비님, 살아 계세요? 아니면 돌아가셨나요?"

왕비가 대답했습니다.

"지금 난 막 배부르게 먹었단다."

천사들이 다녀갔다는 왕비의 말에 왕자가 말했습니다.

"저는 어머니 품에 안겨 있다가 들짐승들이 물어갔다는 어머니의 아들이에요. 하지만 저는 이렇게 살아있답니다. 제가 곧 구해드리겠어요, 어머니."

왕자는 사다리를 타고 다시 내려와 왕에게 갔습니다. 왕자는 자기가 다른 나라에서 온 사냥꾼인데 왕을 섬길 수 있느냐고 물었습니다.

왕은 사냥하는 법을 배웠으면 짐승을 사냥해도 좋다고 대답했습니다. 그런데 이 나라에는 어디를 가도 사냥할 짐승들이 없었습니다. 왕자는 왕의 식탁에 올릴 수 있을 만큼 사냥해오겠다고 약속하고 사냥꾼들을 불러 모아 숲으로 갔습니다. 왕자는 따라온 사냥꾼들을 큰 원을 만들어 둘러서게 하고, 한쪽 끝을 터놓았습니다. 그리고 원 한가운데로 들어가서 소원을 빌었습니다. 순간 이백 마리도 넘는 짐승들이 원 안으로 우르르 몰려들었고, 사냥꾼들은 짐승들을 쏘아 죽였습니다. 왕자는 잡은 짐승들을 수레 육십 대에 나눠 싣고 궁전으로 돌아왔습니다. 왕은 오랜 세월 구경조차 못했던 사냥 고기가 푸짐하게 차려진 상을 받을 수 있었습니다.

왕은 신바람이 나서 다음날 신하들을 모두 불러 큰 잔칫상을 벌였습니다. 모두 모이자 왕이 왕자에게 말했습니다.

"사냥솜씨가 뛰어나구나. 내 옆에 앉도록 해라."

왕자가 말했습니다.

"폐하, 황공하오나 저는 보잘것없는 사냥꾼에 지나지 않습니다."

하지만 한사코 그리하라는 왕의 말에 왕자는 왕 옆에 가서 앉았습니다. 앉아서 왕자는 사랑하는 어머니를 생각했습니다. 그래서 왕이 신뢰하는 신하 중 누군가가 탑에 갇힌 왕비가 아직 살아있는지, 죽었는지 안부를 묻게 해달라고 소원을 빌었습니다. 소원을 빌자마자 한 장군이 말했습니다.

"폐하, 우리는 이렇게 흥겹게 지내는데, 탑에 갇히신 왕비는 어찌 되셨을까요? 살아 계실까요, 돌아가셨을까요?"

그러자 왕이 대답했습니다.

"왕비는 짐의 귀한 아들이 사나운 짐승들에게 갈기갈기 찢겨 죽도록 했다. 왕비 얘기는 더 듣고 싶지 않다."

그때 왕자가 벌떡 일어나 말했습니다.

"폐하, 왕비는 아직 살아 계세요. 제가 바로 폐하의 아들입니다. 사나운 짐승들이 저를 물어간 게 아닙니다. 마음씨 고약한 늙은 요리사가 잠든 어머니의 품에서 저를 훔쳐갔어요. 어머니의 옷에 닭의 피를 뿌려놓고요."

왕자는 목에 금목걸이를 두른 푸들개를 끌고 와서 말했습니다.

"이게 바로 그 못된 요리사입니다."

왕자는 벌겋게 단 숯덩이를 가져오게 했습니다. 모두가 지켜보는 가운데 푸들개가 벌건 숯덩이를 삼키자 목구멍에서 불꽃이 치솟았습니다. 왕자는 왕에게 푸들개의 본래 모습을 보고 싶으시냐고 물었습니다. 그리고 푸들개를 다시 요리사로 만들어달라고 빌자 하얀 앞치마를 두르고 식칼을 든 요리사가 나타났습니다. 왕은 요리사를 보고 불같이 화를 내며 가장 깊은 지하 감옥에 처넣으라고 명령했습니다. 그러자 왕자가 말했습니다.

"아버지, 저를 사랑으로 보살펴준 아가씨를 보시겠어요? 아가씨는 생명의 위험을 무릅쓰고 저를 죽이라는 요리사의 말을 듣지 않았어요."

왕이 대답했습니다.

"그래, 보고 싶구나."

아들이 말했습니다.

"아버지, 그럼 아름다운 한 송이 꽃의 모습으로 아가씨를 보여드리겠습니다."

왕자는 주머니에서 카네이션을 꺼내 왕의 식탁에 올려놓았습니다. 생전 처음 보는 더없이 아름다운 꽃이었습니다. 왕자가 말했습니다.

"이제 아가씨의 본래 모습을 보여드릴게요."

왕자는 꽃을 아가씨로 만들어달라고 빌었습니다. 그렇게 하자마자 아가씨가 모습을 드러냈습니다. 그림보다 더 어여쁜 아가씨였습니다.

왕은 왕비를 데려오라고 시녀 두 명과 시종 두 명을 탑으로 보냈습니다. 하지만 왕의 식탁에 앉은 왕비는 음식은 입에 대지도 않고 이렇게 말했습니다.

"탑에 갇힌 저를 지켜주신 자비로운 하나님, 그분께서 저를 곧 데리고 가실 겁니다."

그러고서 왕비는 사흘을 더 살다가 평화롭게 눈을 감았습니다. 왕비를 땅에 묻던 날, 탑으로 먹을 것을 날라 주었던 천사들, 흰 비둘기 두 마리가 따라와서 포르르 무덤 위에 앉았습니다. 왕은 요리사에게 사지를 찢는 형벌을 내렸습니다. 하지만 깊은 상심에 빠져 지내다가 왕도 곧 세상을 떠나고 말았습니다. 왕자는 호주머니에 넣어 가지고 온 카네이션, 그 아름다운 아가씨와 결혼했답니다. 아직도 살고 있는지 궁금하다고요? 그건 하나님만이 아실 겁니다.

◆87◆
영리한 그레텔

옛날에 그레텔이라는 여자요리사가 있었습니다. 그레텔은 빨간 굽이 달린 구두를 신고 밖으로 나가서 몸을 이리저리 돌려보며 즐거워했습니다.

'넌 정말 예쁜 아가씨라니까.'

그리고 집에 돌아오면 기분 좋게 포도주를 한 잔 마셨습니다. 포도주는 식욕을 돋우어줘서지요. 그레텔은 요리 솜씨를 마냥 발휘해서 배부르게 먹고 말했습니다.

"요리사는 음식 맛이 어떤지 알아야 하잖아."

어느 날, 주인이 그레텔에게 말했습니다.

"그레텔, 오늘 저녁에 손님이 오시니까 닭 두 마리를 맛있게 요리해주렴."

그레텔이 대답했습니다.

"그럴게요, 주인님."

그레텔은 닭 두 마리를 잡아 끓는 물에 삶아서 털을 뽑고 꼬챙이에 끼워놓았습니다. 저녁때가 되자 그레텔은 닭 꼬챙이를 불 위에 올려놓고 굽기 시작했습니다. 그런데 닭고기는 노릇노릇 익어 가는데 손님이 오지 않았습니다. 그레텔이 주인에게 말했습니다.

"손님이 안 오시네요. 이제 닭고기를 불에서 내려놓아야 하는데, 어쩌죠? 기름기가 자르르할 때 바로 먹어야 제맛인데."

주인이 말했습니다.

"그럼 내가 가서 손님을 모셔오겠다."

주인이 나가자 그레텔은 닭고기를 한쪽에 내려놓고 생각했습니다.

'내내 불 앞에 서 있으니까 땀도 나고 목도 마르네. 주인님과 손님이 언제 올지 누가 알아. 얼른 지하실에 내려가 한 모금 마시고 오자.'

그레텔은 지하실로 쪼르르 내려가 술잔을 입에 대고 말했습니다.

"그레텔을 위하여, 축배!"

그러고는 한 잔 쭉 들이켰습니다.

"마시다 말면 안 마시느니만 못하지."

그레텔은 이렇게 말하고 또 한 잔 쭉 들이켰습니다. 그러고 나서는 부엌으로 가서 불 위에 다시 닭고기를 올려놓고 기름을 발라가며 꼬챙이를 요리조리 신 나게 돌렸습니다. 고기 굽는 고소한 냄새가 솔솔 나자 그레텔은 생각했습니다.

'빠진 게 없는지 맛 좀 봐야겠다!'

그레텔은 손가락을 쪽쪽 빨며 말했습니다.

"흠, 닭고기 맛이 기가 막히네! 얼른 먹어야 하는데."

그레텔은 창가로 가서 주인과 손님이 오는지 내다보았지만 아무도 보이지 않았습니다. 그레텔은 돌아와 생각했습니다.

'한쪽 날개가 타잖아. 차라리 내가 먹어 버리는 게 낫겠다.'

그레텔은 날개 한쪽을 떼어먹었습니다. 맛이 기가 막혔습니다. 날개 한쪽을 다 먹고 나서 그레텔은 생각했습니다.

'다른 날개도 먹어치우는 게 나아. 그냥 놔두면 주인님이 날개 한쪽이 없어진 걸 알아챌 테니까.'

다른 쪽 날개도 냉큼 먹어치운 그레텔은 다시 창문으로 가서 주인이 오는지 내다보았습니다. 하지만 아무도 보이지 않았습니다.

'어쩌면 어디 다른 데 들르러 가서 아예 안 오실지도 모르지.'

그레텔이 말했습니다.

"헤이, 그레텔, 어차피 먹기 시작한 거, 기분 좋게 한 잔 더 마시고 다 먹어치우자고. 그래야 마음이 편하지. 하나님이 주신 좋은 선물을 그냥 내버려둘 수는 없잖아."

그레텔은 다시 지하실로 내려가 얼큰하게 한 잔 들이켰고, 닭 한 마리를 맛있게 먹어치웠습니다. 그래도 주인이 오지 않자 그레텔은 남은 닭을 바라보며 말했습니다.

"바늘 가는 데 실 가듯, 둘은 늘 같이 있어야 해. 두 개의 도리란 있을 수가 없지[1]. 술 한 잔 더한다고, 별일이야 있으려고."

그레텔은 한 잔 더 쭉 들이켜고는, 먼저 간 닭이 있는 곳으로 남은 닭도 따라 보냈습니다.

그레텔이 한참 맛있게 먹고 있는데 주인이 돌아와서 소리쳤습니다.

"어서 서둘러, 그레텔. 손님이 곧 오실 거야."

그레텔이 대답했습니다.

"예, 주인님, 준비할게요."

주인은 상이 제대로 차려졌는지 살펴본 뒤 닭고기를 자를 커다란 칼을 들고 복도로 나와 쓱쓱 갈기 시작했습니다. 그때 손님이 와서 점잖고 공손하게 문을 똑똑 두드렸습니다. 그레텔이 달려나가 손님을 보고는 입에 손가락을 대고 말했습니다.

"쉿! 조용! 어서 빨리 달아나세요. 주인님한테 잡히시면 큰일 나요. 주인님이 저녁 식사에 초대한다고 했겠지만, 실은 손님의 양쪽 귀를 잘라버리려고 하거든요. 저 칼 가는 소리 좀 들어보세요."

손님은 칼 가는 소리를 듣더니 걸음아 날 살려라 하며 계단을 구르듯 내려갔습니다. 그레텔도 비명을 지르며 주인에게 달려가 소리쳤습니다.

"무슨 저런 손님을 초대했어요?"

"뭐라고, 그레텔? 무슨 소리야?"

---

1 독일 속담.

그레텔이 말했습니다.

"그게 말이에요, 닭고기를 들고 가는데 손님이 홱 낚아채 그대로 달아났다고요."

주인이 말했습니다.

"나 참, 기가 막혀서!"

주인은 그 맛있는 닭고기가 너무 아까웠습니다.

"그래도 우리 먹으라고 한 마리는 남겨둬야지."

주인은 손님의 등 뒤에 대고 거기 서라고 소리쳤지만, 손님은 들은 척도 하지 않았습니다. 그러자 주인이 한 손에 칼을 든 채 손님을 쫓아가며 소리쳤습니다.

"하나만! 하나만!"

두 마리 다 가져가지 말고 한 마리는 남겨놓고 가라는 소리였습니다. 하지만 손님에게는 귀 하나만 내놓으라는 소리로밖에 들리지 않았습니다. 그래서 양쪽 귀가 무사하기를 바라며 꽁무니에 불이 붙은 듯 집으로 냅다 달려갔답니다.

◆88◆
늙은 할아버지와 손자

옛날에 호호백발 할아버지가 있었습니다. 할아버지는 눈이 침침한데다 귀도 먹었고 또 무릎도 후들거렸습니다. 식탁에 앉으면 숟가락도 제대로 쥐지 못해 수프를 식탁보에 흘리고 입에 들어간 음식을 질질 흘리기도 했습니다. 아들과 며느리가 그 모습을 보고 있으려면 속이 메슥거렸습니다. 그래서 늙은 할아버지를 난로 뒤 한쪽 구석에 앉도록 하고 작은 질그릇에 음식을 담아주었습니다. 배가 부를 만큼 많이 주지도 않았습니다. 그럼 할아버지는 애처롭게 식탁을 바라보며 눈시울을 적시곤 했습니다. 어느 날, 할아버지가 손이 벌벌 떨려 질그릇을 꼭 잡지 못하고 땅에 떨어뜨리는 바람에 그릇이 산산조각이 나고 말았습니다. 며느리가 할아버지를 나무라자 할아버지는 아무 말도 못 하고 한숨만 푹 내쉬었습니다. 며느리는 몇 푼주고 나무그릇을 사왔습니다. 할아버지는 나무그릇에 담긴 음식을 먹어야 했습니다. 어느 날, 식구들 모두 식탁에 앉아있는데 네 살배기 어린 손자가 나무판자 조각들을 가져와 바닥에 모았습니다. 아버지가 물었습니다.

"뭐 하는 거냐?"

아이가 대답했습니다.

"작은 여물통을 만들어요. 내가 크면 엄마랑 아빠가 먹을 그릇이에요."

그러자 아들 부부는 잠시 서로 쳐다보다가 눈물을 뚝뚝 흘렸습니다. 그리고 당장 늙은 할아버지를 식탁으로 모셔왔죠. 그때부터 할아버지는 식구들과 함께 식사했습니다. 할아버지가 약간 음식을 흘리더라도 아들 부부는 아무 말도 하지 않았답니다.

◆89◆
물의 요정

오누이가 샘물가에서 놀다가 풍덩 샘물에 빠지고 말았습니다. 그러자 물속에 사는 물의 요정이 말했습니다.

"요놈들, 드디어 내 손에 걸려들었구나. 이제부턴 날 위해 얌전히 일해야 한다."

물의 요정은 오누이를 데리고 갔습니다. 요정은 누이동생에게 헝클어지고 더러운 아마를 주며 실을 자으라고 했습니다. 또 빈 통에 물을 가득 길어 오라고 했죠. 그리고 오빠는 날이 무딘 도끼로 나무를 베야 했습니다. 그런데 먹을 것이라곤 돌처럼 딱딱한 밀가루 경단밖에 없었습니다. 마침내 아이들은 견디다 못해 어느 일요일 물의 요정이 교회에 간 틈을 타 달아났습니다. 교회에서 돌아온 요정은 아이들이 달아난 것을 알고 번개처럼 뒤를 쫓았습니다. 멀리서 물의 요정이 쫓아오는 것을 보고 누이동생이 솔을 뒤로 휙 던졌습니다. 그러자 솔은 수천수만 개의 뾰족뾰족한 가시들이 촘촘하게 박힌 거대한 산으로 변했습니다. 그러나 요정은 안간힘을 다해 기어올라 산을 넘어왔습니다. 그러자 오빠가 머리빗을 뒤로 휙 던졌습니다. 머리빗은 수천수만 개의 뾰족뾰족한 빗살들이 촘촘하게 난 거대한 산으로 변했습니다. 하지만 물의 요정은 빗살들을 꽉 잡고 또 산을 넘어왔습니다. 누이동생이 이번에는 거울을 뒤로 던졌습니다. 그러자 거울은 유리산이 되었습니다. 미끌미끌한 유리산을 넘을 수 없었던 물의 요정이 생각했습니다.

'빨리 집에 가서 도끼를 가져와야지. 유리산을 반으로 박살 내버리겠다.'

하지만 도끼를 가져와 유리산을 박살 냈지만, 이미 아이들은 멀리 도망간 뒤였습니다. 물의 요정은 터벅터벅 다시 샘으로 돌아오고 말았답니다.

◆90◆
암탉의 죽음

어느 날, 암탉이 수탉하고 같이 도토리 산에 갔습니다. 둘은 도토리를 찾으면 사이좋게 나눠 먹기로 했습니다. 먼저 암탉이 아주 커다란 호두를 찾았습니다. 하지만 혼자 먹고 싶어서 아무 말도 하지 않았죠. 그런데 도토리가 너무 커서 목에 딱 걸리는 바람에 도저히 삼킬 수가 없었습니다. 암탉은 숨이 막혀 죽을 것 같으니까 겁이 나서 소리쳤습니다.

"수탉아, 얼른 뛰어가 물 좀 떠다 줘, 부탁이야. 숨이 막혀 죽을 것 같아."

수탉은 얼른 샘물에 뛰어가 말했습니다.

"샘물아, 물 좀 주렴. 암탉이 도토리 산에서 커다란 도토리를 삼켜 숨이 막혀 죽으려고 해."

샘물이 말했습니다.

"먼저 신부 아가씨한테 가서 빨간 비단을 얻어오렴."

수탉은 신부 아가씨에게 뛰어갔습니다.

"신부 아가씨, 빨간 비단 좀 주세요. 샘물한테 주려고요. 그래야 샘물이 물을 준대요. 암탉한테 물을 떠다 줘야 하거든요. 암탉이 도토리 산에서 커다란 도토리를 삼키다 숨이 막혀 죽으려고 한다고요."

신부 아가씨가 말했습니다.

"먼저 나한테 화관을 가져오렴. 버들가지에 걸려있단다."

수탉은 버드나무에 뛰어가서 가지에 걸린 화관을 내려 신부 아가씨에게 가져다주었습니다. 신부 아가씨는 수탉에게 빨간 비단을 줬습니다. 수탉은 빨간 비단을 샘물에 가져다주었고, 샘물은 수탉에게 물을 주었습니다. 수탉은 물을 가지고 암탉에게 왔습니다. 그런데 그새 암탉은 숨이 막혀 쓰러져 죽어있었습니다. 수탉은 너무 슬퍼서 울부짖었습니다. 동물들도 우르르 몰려와 함께 슬퍼했습니다. 여섯 마리의 생쥐가 암탉을 무덤으로 운반하려고 마차를 만들었습니다. 마차가 완성되자 생쥐들이 마차를 끌고 수탉이 마차를 몰았습니다. 가는 도중에 여우가 왔습니다.

"수탉아, 어디 가니?"

"암탉을 묻으러 가."

"나도 좀 태워줄래?"

"그래, 뒤에 앉으렴,

　앞에 앉으면 끌기가 힘들단다."

여우는 뒤에 앉았습니다. 숲에 사는 늑대랑 곰이랑 사슴이랑 사자도 와서 뒤에 탔습니다. 가다가 자그마한 냇물이 나왔습니다. 수탉이 말했습니다.

"어떻게 건너지?"

그러자 물가에 누워있던 지푸라기가 말했습니다.

"내가 물 위에 길게 누울 테니, 날 다리삼아 건너가렴."

그러나 생쥐 여섯 마리가 다리를 걸어가자 지푸라기가 풀썩 꺾여 물속으로 빠져버렸습니다. 생쥐들도 그만 풍덩 물에 빠져 죽고 말았습니다. 그런데 또 위기가 시작되었습니다. 숯이 오더니 말했습니다.

"내가 물 위에 길게 누울 테니, 날 다리삼아 건너가렴. 난 크잖아."

숯도 물 위에 길게 누웠습니다. 하지만 물이 살짝 닿자 치직거리며 딱하게도 죽어버렸습니다. 돌멩이가 그것을 보고 불쌍한 마음이 들어 수탉을 도와주려고 물 위에 길게 누웠습니다. 수탉은 직접 마차를 끌고 개울을 건너 죽은 암탉을 땅에 내려놓았습니다. 수탉은 뒤에 탄 다른 동물들을 밖으로 끌어냈습니다. 하지만 동물들이 너무 무거워서 마차가 뒤로 훌러덩 넘어졌습니다. 동물들은 다 물에 빠져 죽고 말았습니다. 이제 혼자 남은 수탉은 땅을 파서 죽은 암탉을 안에 눕히고 흙을 둥글게 쌓아올려 무덤을 만들었습니다. 그런데 수탉도 무덤 위에 앉아 몹시 슬퍼하다가 죽었답니다. 그래서 모두 죽고 말았죠.

◆91◆
익살쟁이 친구 루스티히

옛날에 큰 전쟁이 일어났습니다. 전쟁이 끝나자 제대명령을 받은 병사들이 많았습니다. 병사 루스티히[2]도 제대명령을 받고, 나라에서 주는 작은 빵 한 덩이와 단돈 4크로이처[3]를 가지고 길을 떠났습니다. 그런데 성 베드로가 불쌍한 거지 모양을 하고 길에 앉아 있다가 루스티히가 지나가자 한 푼 도와달라고 구걸했습니다. 루스티히가 말했습니다.

"거지 양반, 내가 줄 게 뭐가 있겠나? 나는 군인이었는데 군에서 막 제대를 하고 나오는 길이네. 가진 것이라고는 작은 빵 한 덩이와 단돈 4크로이처밖에 없어. 이게 다 떨어지면 나도 자네처럼 구걸해야 할 판이야. 그래도 조금 나누어주지."

루스티히는 빵을 네 조각으로 잘라 성 베드로에게 한 조각을 주고 1크로이처를 주었습니다. 성 베드로는 고맙다고 인사하고 가다가 또 다른 거지의 차림을 하고 앉아서 루스티히를 기다렸습니다. 루스티히가 다가오자 성 베드로는 아까처럼 한 푼 도와달라고 했습니다. 루스티히는 성 베드로에게 조금 전에 했던 말을 하고 빵 한 조각과 1크로이처를 주었습니다. 성 베드로는 고맙다고 하고 자리를 떴습니다. 그리고 또 다른 거지 모양을 하고 앉아 있다가 루스티히에게 한 푼 도와달라고 했습니다. 루스티히는 세 번째로 빵 한 조각과 1크로이처를 주었습니다. 또 성 베드로는 고맙다고 하고 갔습니다. 이제 남은 빵 한 조각과 1크로이처를 가지고 루스티히는 계속 걸어가다가 어느 여관으로 들어갔습니다. 루스티히는 1크로이

---

2   부르더 루스티히, Bruder Lustig, 익살쟁이라는 뜻.

3   크로이처, 13-19세기에 사용한 동전의 이름.

처로 맥주를 시키고 남은 빵 한 조각을 마저 먹었습니다. 그리고 다시 길을 가는데, 성 베드로가 이번에는 제대한 병사로 변장하고 와서 루스티히에게 말을 건넸습니다.

"이보게, 형제, 빵 한 조각과 맥주 한 잔을 먹게 1크로이처만 줄 수 있나?"

루스티히가 대답했습니다.

"이를 어쩌나? 군대를 제대하면서 받은 것이라고는 빵 한 덩이와 단돈 4크로이처밖에 없었거든. 그런데 오다가 길에서 거지를 셋이나 만나 빵 한 조각씩 그리고 1크로이처씩 나눠줬네. 여관에서 남은 빵 한 조각을 먹고 1크로이처로 맥주를 시켜 마셨더니 이제 나도 빈털터리가 됐다네. 자네도 없기는 마찬가지니 우리 구걸하며 같이 다니세."

성 베드로가 대답했습니다.

"아니, 꼭 그러지 않아도 되지. 내가 병자들을 좀 고칠 수 있거든. 웬만큼은 돈을 벌 수 있을 거야."

루스티히가 말했습니다.

"그렇구먼. 나는 그런 재주가 없네. 그러니 혼자서 구걸이나 다녀야지."

성 베드로가 말했습니다.

"나하고 같이 가세. 내가 번 돈의 절반을 줄 테니까."

루스티히가 말했습니다.

"그럼 나야 좋지."

그래서 둘은 함께 길을 떠났습니다.

두 사람이 걸어가는데 농장이 나왔습니다. 그런데 집 안에서 아이고 통곡하는 소리가 났습니다. 안으로 들어가 보니, 병상에 누운 농장주인은 숨을 깔딱거리고 있었고, 옆에서 그의 아내가 목 놓아 울고 있었습니다. 성 베드로가 말했습니다.

"그만 울어요. 남편을 낫게 해주겠소."

성 베드로는 주머니에서 향유를 꺼내 병자를 치료했습니다. 그러자 병자는 금세 나아 벌떡 일어났습니다. 부부는 기쁨에 넘쳐 말했습니다.

"이 은혜를 어찌 갚아야 하죠? 뭐를 드릴까요?"

그러나 성 베드로는 아무것도 받으려 하지 않았습니다. 농장 부부가 자꾸 뭔가 보답을 하려 했지만 성 베드로는 부득부득 사양했습니다. 그러자 루스티히가 성 베드로를 쿡 찌르며 말했습니다.

"어서 받겠다고 하게. 필요하잖나."

기어이 부인은 양을 끌고 와서 꼭 받아야 한다고 했습니다. 하지만 성 베드로는 받지 않았습니다. 그러자 루스티히가 또 성 베드로의 옆구리를 쿡 찌르며 말했습니다.

"어서 받으라고, 멍청한 친구야. 우리한테 필요하다니까."

마침내 성 베드로가 말했습니다.

"좋아, 양을 받지. 하지만 들고 가진 않겠어. 원하면 자네가 들고 가게."

루스티히가 대답했습니다.

"염려 말게. 내가 들고 갈 테니."

루스티히는 양을 어깨에 짊어졌습니다. 두 사람은 다시 길을 떠나 얼마 뒤 숲에 닿았습니다. 루스티히는 짊어진 양이 너무 무거운데다 배도 고파서 성 베드로에게 말했습니다.

"흠, 저 자리가 좋겠다. 저기서 양을 잡아먹고 가세."

성 베드로가 말했습니다.

"그러게. 하지만 난 요리를 못 해. 여기 솥이 있으니 먹고 싶으면 자네가 요리하게. 고기가 익을 동안 나는 한 바퀴 휘둘러보고 오겠네. 시간 맞춰 돌아올 테니 그때까지 혼자서 먹지 말게."

루스티히가 말했습니다.

"염려 말고 다녀오게. 요리해 놓고 있을 테니까."

성 베드로는 어디론가 갔습니다. 루스티히는 양을 잡아 솥에 넣고 불을 피워 푹푹 삶았습니다. 어느덧 양고기는 다 익어 가는데 성 베드로 사도는 돌아오지 않았습니다. 루스티히는 솥에서 양고기를 꺼내 쓱쓱 잘랐습니다. 심장이 나오자 루스티히가 말했습니다.

"이게 가장 맛있지."

그러고 나서 맛을 본다는 게 야금야금 다 먹어버리고 말았습니다. 얼마 후 성 베드로가 돌아와서 말했습니다.

"나는 심장만 먹겠네. 심장만 나한테 주고 혼자서 다 먹으라고."

그러자 루스티히는 나이프와 포크를 들고 양고기를 이리저리 뒤적거리며 심장을 찾는 척했습니다. 물론 심장이 나올 리 없었죠. 루스티히가 툭 말했습니다.

"심장이 없군."

성 베드로 사도가 말했습니다.

"아니, 그게 무슨 소린가?"

루스티히가 대답했습니다.

"글쎄, 그런데 이보게, 우리 같은 바보가 또 어디에 있을까! 양은 원래 심장이 없잖아. 그 생각은 못 하고 심장을 찾고 있으니 말이야."

그러자 성 베드로가 말했습니다.

"에이, 말도 안 돼! 심장 없는 동물이 어디 있나? 양도 당연히 심장이 있지."

"아니, 양은 정말 심장이 없다고. 잘 생각해보면 기억날 걸세. 정말 없다니까."

성 베드로가 말했습니다.

"알았네, 알았어. 심장이 없으니 내가 먹을 건 없군. 혼자서 다 먹게나."

루스티히가 말했습니다.

"먹다 남은 건 배낭에 넣어가겠네."

루스티히는 양고기를 반만 먹고 나머지는 배낭에 챙겨 넣었습니다.

두 사람은 계속 길을 갔습니다. 가다가 성 베드로는 길 가운데로 강물이 흘러가게 하였습니다. 강을 건너게 되자 성 베드로가 말했습니다.

"먼저 건너가게."

루스티히가 말했습니다.

"아니, 자네가 먼저 건너가게."

루스티히는 물이 너무 깊으면 건너지 않으려는 속셈이었습니다. 성 베드로는 첨벙첨벙 강물로 들어갔습니다. 물은 무릎밖에 차지 않았습니다. 루스티히도 강물로 들어갔습니다. 그런데 강물이 점점 불어나더니 목에까지 차올랐습니다. 루스티히가 소리쳤습니다.

"이보게 형제, 나 좀 살려주게."

성 베드로가 말했습니다.

"바른대로 말하게. 양의 심장을 먹었지?"

루스티히가 말했습니다.

"아니, 안 먹었네."

그러자 강물은 더 불어나 입까지 차올랐습니다.

제대병사 루스티히가 소리쳤습니다.

"이보게 형제, 나 좀 살려주게."

성 베드로가 다시 말했습니다.

"바른대로 말하게. 양의 심장을 먹었지?"

루스티히가 소리쳤습니다.

"글쎄, 안 먹었다니까."

성 베드로는 루스티히를 물에 빠져 죽게 할 생각은 없었습니다. 그래서 물을 다시 빼고 루스티히를 건너오게 했습니다.

두 사람은 계속 걸어서 어느 왕국에 닿았습니다. 그런데 그 나라의 공주가 병에 걸려 죽게 되었다는 소식이 들렸습니다. 루스티히가 성 베드로에게 말했습니다.

"오호, 좋은 기회일세. 공주의 병을 고쳐주면 평생 편히 살 수 있을 거야."

그러나 성 베드로가 너무 꾸물거리는 것 같아서 루스티히가 말했습니다.

"사랑하는 형제여, 빨리 좀 가세. 늦기 전에 도착해야 한다고."

하지만 성 베드로는 더 느릿느릿 걸었습니다. 루스티히가 성 베드로를 밀고 당기고 재촉하며 걸어가는데 마침내 공주가 죽었다는 소식이 들렸습니다. 루스티히가 말했습니다.

"그것 보게. 어슬렁어슬렁 걷더니 이렇게 되지 않았나."

그러자 성 베드로가 말했습니다.

"가만, 난 병든 사람을 고칠 뿐 아니라 죽은 사람도 살릴 수 있네."

루스티히가 말했습니다.

"그럼 다행이야. 적어도 왕국의 절반은 받아내야 하네."

두 사람은 왕이 사는 성으로 갔습니다. 모두 깊은 슬픔에 잠겨있었습니다. 성 베드로는 왕에게 공주를 다시 살려내겠다며 공주가 있는 방으로 가서 말했습니다.

"솥에 물을 담아 가져오시오."

물이 담긴 솥이 날려져 오자 성 베드로는 루스티히만 남으라고 하고 모두 밖으로 내보냈습니다. 성 베드로는 죽은 공주의 팔다리를 쓱쓱 잘라 솥에 던져 넣고 불을 지펴 펄펄 끓였습니다. 뼈에 붙은 살점이 흐물흐물 다 떨어지자 성 베드로는 하얀 뼈만 추려서 식탁 위에 순서대로 늘어놓았습니다. 그런 다음 성 베드로는 식탁 앞에 서서 똑같은 말을 세 번 되풀이했습니다.

"거룩하신 성부와 성자와 성령의 이름으로 명하노니, 죽은자여 일어나라!"

베드로의 입에서 마지막 말이 떨어지자 공주가 벌떡 일어났습니다. 건강하고 아름답고 생기가 넘치는 모습이었습니다. 왕은 뛸 듯이 기뻐하며 성 베드로에게 말했습니다.

"뭘 원하는지 말하라. 왕국을 절반 떼어달라고 해도 그리하겠노라."

성 베드로가 대답했습니다.

"아무것도 원하는 게 없습니다."

루스티히는 '어휴, 저 바보 멍청이!' 하고 속으로 생각하며 성 베드로의 옆구리를 쿡 찔렀습니다.

"바보 같은 짓 좀 그만하라고. 원하는 게 없다니. 난 필요한 게 많다고."

하지만 성 베드로는 아무것도 원하지 않았습니다. 하지만 왕은 루스티히가 상을 받고 싶어 하는 것 같으니까 재무담당 신하를 시켜 배낭에 금화를 가득 채워주게 했습니다.

두 사람은 다시 길을 떠나 숲 속에 들어왔습니다. 성 베드로가 루스티히에게 말했습니다.

"이제 금을 나누세."

루스티히가 말했습니다.

"좋아, 그렇게 하자고."

성 베드로는 금을 똑같이 셋으로 나눴습니다. 루스티히가 속으로 생각했습니다.

'이 친구 머리가 좀 이상하군! 두 사람뿐인데, 왜 셋으로 나누지?'

성 베드로가 말했습니다.

"자, 똑같이 나눴네. 하나는 내 거, 하나는 자네 거, 또 하나는 양의 심장을 먹은 사람 것일세!"

그러자 루스티히가 말했습니다.

"아, 그건 내가 먹었네. 정말이야."

그러고는 금을 얼른 주머니에 집어넣었습니다. 성 베드로가 말했습니다.

"에이, 그럴 리가 없네. 양은 심장이 없잖아."

"어이구 세상에, 그게 무슨 소리야! 다른 동물들처럼 심장이 있는 게 당연하지. 왜 양만 심장이 없겠나?"

성 베드로가 말했습니다.

"알았네, 알았어. 그 금도 가지게. 하지만 이제부터 자네랑 헤어져 나혼자 가겠네."

제대병사 루스티히가 말했습니다.

"그러시게, 사랑하는 형제여. 잘 가게."

성 베드로는 다른 길로 갔습니다. 그러자 루스티히는 생각했습니다.

'차라리 잘됐어. 정말 괴짜라니까.'

루스티히는 이제 부자였습니다. 하지만 돈을 제대로 쓸 줄 몰라 흥청망청 써버리더니 얼마 지나 또 빈털터리가 되었습니다. 그렇게 어느 나라에 이르렀는데 그 나라의 공주가 죽었다는 소식이 들려왔습니다.

'오호, 내가 공주를 살려내면 돈을 두둑이 챙길 수 있겠지.'

루스티히는 왕을 찾아가 죽은 공주를 다시 살려내겠다고 했습니다. 왕은 어떤 제대병사가 돌아다니며 죽은 사람을 다시 살려낸다는 소문을 들은 적이 있었습니다. 루스티히가 바로 그 사람이라고 생각한 왕은 그래도 믿을 수가 없어서 대신들의 의견을 물었습니다. 대신들은 공주님은 어차피 죽었으니까 한번 맡겨보라고 했습니다. 루스티히는 솥에 물을 담아 가져오라고 했습니다. 그리고 사람들을 모두 내보내고 나서 성 베드로가 했던 것처럼 죽은 공주의 팔다리를 쓱쓱 잘라 솥에 던져 넣고 불을 지폈습니다. 물이 펄펄 끓자 뼈에 붙은 살점이 흐물흐물 떨어졌습니다. 루스티히는 뼈를 추려서 식탁 위에 놓았습니다. 하지만 순서대로 놓아야 하는데 알 수 없으니까 뒤죽박죽 아무렇게나 늘어놓고 말했습니다.

"거룩하신 성부, 성자, 성령의 이름으로 명하노니, 죽은 자여 일어나라."

그런데 세 번이나 말했지만 뼈는 옴짝달싹하지 않았습니다. 루스티히는 다시 세 번 되풀이했습니다. 하지만 아무 소용이 없었습니다.

"잽싼 아가씨, 어서 일어나라니까, 안 그러면 좋지 않을 거라고."

그때 성 베드로가 예전처럼 제대한 병사의 모습으로 불쑥 창문으로 들어와 말했습니다.

"이 못된 사람아, 이게 무슨 짓이야? 뼈를 뒤죽박죽 늘어놓으니까 어떻게 죽은 사람이 일어날 수 있나?"

루스티히가 대답했습니다.

"사랑하는 형제여, 나는 할 수 있는 데까지 다 했어."

"이번 한 번은 도와주겠네. 하지만 경고하는데, 또다시 이런 짓을 하면 자네는 불행한 일을 당할 걸세. 그리고 조금이라도 왕에게 뭘 달라고 해선 안 돼. 아무것도 받지 말아야 하네."

성 베드로는 이렇게 말하고 뼈를 순서대로 늘어놓은 뒤에 세 번 말했습니다.

"거룩하신 성부와 성자와 성령의 이름으로 명하노니, 죽은 자여, 일어나라."

그러자 죽은 공주가 벌떡 일어났습니다. 예전처럼 건강하고 아름다운 모습이었습니다. 성 베드로는 다시 창문으로 사라졌습니다. 루스티히는 일이 술술 풀려서 기뻤지만, 아무것도 받지 말라는 말이 가슴에 걸렸습니다. 루스티히는 생각했습니다.

'저 친구 머릿속에 뭐가 들었는지 알 수가 있어야지. 한 손으로 주고 다른 손으로 빼앗아 가니. 도대체 알다가도 모르겠어.'

왕은 뭘 받고 싶은지 말하라고 했습니다. 하지만 루스티히는 받을 수가 없었습니다. 그래서 잔꾀를 부려 넌지시 속마음을 내비치니까 왕은 배낭 한가득 금을 주었습니다. 루스티히가 금을 갖고 밖으로 나오는데, 성 베드로가 성문 앞에 서 있다가 말했습니다.

"여보게, 사람이 왜 그래. 내가 아무것도 받지 말라고 하지 않았나? 그런데 배낭에 금이 가득 들었군."

루스티히가 대답했습니다.

"배낭에 막 넣어주는데, 난들 어쩌겠나?"

"경고하는데, 두 번 다시 그런 짓을 하지 말게. 아주 따끔한 맛을 보게 될 거야."

"에이, 걱정하지 말게. 이제 금이 있는데, 뼈다귀 씻는 일을 내가 왜 하겠어."

그러자 성 베드로가 말했습니다.

"허, 그 정도 금이라면 오랫동안 걱정 없이 살 거야! 하지만 혹시 나중에 하지 말라는 짓을 또 할까 봐 배낭에 신비한 힘을 불어넣어 주겠네. 자네가 원하는 것은 무엇이든 다 배낭에 들어있을 걸세. 잘 가게. 다시는 날 보지 못할 거야."

"잘 가게."

루스티히는 이렇게 말하고 속으로 생각했습니다.

'네가 가니까 나도 좋다, 이 괴짜 친구야. 나도 널 쫓아다닐 생각이 없다고.'

루스티히는 배낭이 지닌 신비한 힘에 대해서는 더는 생각하지 않았습니다. 예전처럼 금을 가지고 돌아다니며 흥청망청 썼습니다. 그랬더니 또 금이 바닥이 났습니다. 마침내 남은 돈 4크로이처를 가지고 루스티히는 여관 앞을 지나게 되었습니다.

"어차피 없어질 돈."

루스티히는 이렇게 생각하고 3크로이처로 포도주를 시키고 1크로이처로 빵을 시켰습니다. 그런데 포도주를 마시며 앉아있는데 거위구이 냄새가 솔솔 코끝을 스쳤습니다. 루스티히는 이리저리 두리번거리다가 여관 주인이 화덕에 넣어둔 거위 두 마리를 보았습니다. 문득 배낭에 원하는 것은 다 들어가 있게 해주겠다던 성 베드로의 말이 떠올랐습니다.

'옳지, 저 거위로 시험해봐야지!'

루스티히는 밖으로 나가 문 앞에 서서 말했습니다.

"화덕에 있는 거위 두 마리, 내 배낭으로 들어와라."

루스티히는 배낭의 쇠를 열고 배낭 안을 들여다보았습니다. 배낭에는 거위 두 마리가 얌전히 들어있었습니다.

"와우, 됐어. 이제 난 성공의 종결자야."

루스티히는 이렇게 말하고 풀밭에 가서 거위구이를 꺼냈습니다. 루스티히가 신 나게 먹고 있는데 수련공 둘이 와서 손대지 않은 거위를 바라보며 군침을 흘렸습니다. 루스티히는 한 마리면 충분하겠다 싶어 젊은이들을 불렀습니다.

"이 거위를 먹고 내 건강이나 빌어주게."

젊은이들은 고맙다고 하며 거위구이를 가지고 여관으로 갔습니다. 그리고 포도주 반병과 빵 한 덩이를 시키고 얻어온 거위를 꺼내 먹기 시작했습니다. 여관집 안주인이 그것을 보고 남편에게 말했습니다.

"저 두 사람이 거위를 먹는데, 화덕에 넣어둔 우리 거위가 그대로 있는지 어서 보고 와요."

여관 주인이 가서 보니, 화덕이 텅 비어있었습니다.

"야, 이 도둑놈들아, 공짜로 거위를 먹으려고 하다니! 당장 돈을 내지 않으면 몽둥이 세례를 면치 못할 거야."

젊은이들이 말했습니다.

"우리는 도둑이 아니에요. 어떤 제대병사가 풀밭에서 줬다니까요."

"나를 놀릴 참인가? 그 사람은 여기 얌전히 있다가 나갔다고. 내가 두 눈으로 똑똑히 봤거든, 이 도둑놈들아. 당장 돈을 내놓지 못하겠어?"

하지만 젊은이들은 돈이 없었습니다. 그래서 여관 주인은 두 젊은이를 몽둥이로 두들겨 패고 대문 밖으로 내쫓았습니다.

루스티히는 계속 길을 가다가 어느 마을에 닿았습니다. 마을에는 으리으리한 성이 있었고, 성에서 얼마 떨어지지 않은 곳에 초라한 여관이 있었습니다. 루스티히가 여관에 가서 하룻밤 자고 갈 수 있느냐고 묻자 주인은 안 된다고 했습니다.

"자리가 없소. 귀한 손님들이 와서 방마다 꽉 찼어요."

그러자 루스티히가 말했습니다.

"거 참 이상하군요. 귀한 양반들이 왜 으리으리한 성을 놔두고 여기로 오죠?"

여관 주인이 말했습니다.

"하룻밤 잔다고 성에 들어갔다간 큰일 나지요. 그랬던 사람 중 살아나온 사람이 아무도 없거든요."

루스티히가 말했습니다.

"남들도 했다는데, 나도 한번 시도해봐야겠어요."

여관 주인이 말했습니다.

"그만둬요. 죽고 싶지 않거든."

그러자 루스티히가 말했습니다.

"당장 죽진 않을 테니, 성문 열쇠나 주세요. 빵과 마실 것도요."

여관 주인은 루스티히에게 열쇠를 주고 음식과 마실 것을 내왔습니다. 루스티히는 성으로 들어가 가져온 음식들을 맛있게 먹었습니다. 먹고 나니 두 눈이 스르르 감겨 왔습니다. 침대가 없어서 루스티히는 바닥에 벌러덩 드러누워 금세 잠이 들었습니다. 그런데 깊은 한밤중에 시끌벅적 요란한 소리가 났습니다. 퍼뜩 잠이 깬 루스티히가 정신을 차리고 보니 추하게 생긴 악마 아홉 명이 루스티히를 둥그렇게 둘러싸고 춤을 추고 있었습니다. 루스티히가 말했습니다.

"춤추는 건 좋은데 너무 가까이 오지만 마."

하지만 악마들은 점점 다가왔습니다. 징그러운 발들이 루스티히의 얼굴에 거의 스칠 것만 같았습니다.

"그만하라니까, 이 악마 녀석들아."

루스티히가 말했지만, 악마들은 더욱 날뛰었습니다. 루스티히는 화가 나서 소리를 버럭 질렀습니다.

"좋다, 당장 얌전하게 만들어주마!"

루스티히는 의자 다리 하나를 부러뜨려 들고 악마들에게 냅다 휘둘렀습니다. 하지만 병사 혼자서 악마 아홉을 상대하기엔 힘이 부쳤습니다. 앞에 있는 녀석을 몽둥이로 때리고 있으면 다른 녀석들이 뒤에서 머리카락을 잡고 사정없이 잡아당겼습니다. 루스티히가 호통쳤습니다.

"이 악마 새끼들아, 기분이 되게 나빠 이제 못 참겠다. 기다려! 너희 모두 이 배낭 안으로 들어가!"

그러자 악마들은 모두 배낭 안으로 휙 들어갔습니다. 루스티히는 배낭을 단단히 조여서 한구석에 내던졌습니다. 이내 주위가 잠잠해지자 루스티히는 다시 자리에 누워 날이 환히 밝을 때까지 쿨쿨 잤습니다. 여관 주인과 성의 주인이 루스티히가 무사한지 보려고 왔습니다. 건강하고 생기 넘치는 루스티히를 보자 두 사람은 깜짝 놀라서 물었습니다.

"악마들이 아무 짓도 안 합디까?"

루스티히가 대답했습니다.

"왜 안 했겠어요? 하지만 아홉 녀석 모두 내 배낭에 들어있지요. 이제 성에서 마음 편히 사실 수 있어요. 녀석들이 돌아다니지 못할 테니까요!"

귀족은 고맙다면서 많은 선물을 주고는 자기를 위해 일해주면 평생 보살펴주겠다고 했습니다. 그러자 루스티히가 말했습니다.

"아닙니다. 저는 떠돌아다니는 버릇이 몸에 배어서요. 이만 길을 떠나겠습니다."

루스티히는 다시 길을 떠났습니다. 가는 길에 대장간에 들러 악마 녀석들이 들어있는 배낭을 모루 위에 내려놓고 대장장이에게 내리치라고 했습니다. 대장장이가 커다란 망치로 배낭을 힘껏 내리치자 악마들은 비명을 꽥꽥 질렀습니다. 배낭을 끌러보니까 여덟 녀석은 죽었고 배낭 주름 속에 끼어있던 한 녀석만 살아있었습니다. 녀석은 혼자 빠져나와 냅다 지옥으로 달아났습니다.

루스티히는 오랜 세월 동안 세상을 두루 돌아다녔습니다. 루스티히의 모험담을 아는 사람은 할 이야기가 참 많을 겁니다. 어느덧 루스티히도 나이가 들어 마지막을 생각하게 되었습니다. 루스티히는 성자로 알려진 수도사를 찾아가 말했습니다.

"이젠 떠돌아다니는 데도 지쳤어요. 하늘나라에 가고 싶어요."

수도사가 말했습니다.

"두 길이 있습니다. 하나는 넓고 편안하지만, 지옥으로 가는 길이요. 다른 하나는 좁고 험하지만 천당으로 가는 길이죠."

루스티히는 생각했습니다.

'내가 바본가? 좁고 험한 길을 뭐하러 가.'

루스티히는 넓고 편한 길을 따라 걸어갔습니다. 이윽고 커다란 검정 문이 나왔습니다. 지옥으로 가는 문이었습니다. 루스티히가 문을 두드리자 문지기가 누가 왔는지 내다보았습니다. 문지기는 루스티히를 보자 소스라치게 놀랐습니다. 그는 다름 아닌 배낭에 들어갔다가 겨우 목숨을 건진 바로 그 아홉 번째 악마였습니다. 문지기는 얼른 다시 빗장을 지르고 악마들의 대장에게 뛰어가서 말했습니다.

"배낭을 멘 녀석이 와서 들어오겠다는데 절대로 안 됩니다. 지옥을 송두리째 배낭 안에 넣을 테니까요. 나도 한번 배낭에 들어갔다가 망치에 얻어맞고 죽을 뻔했거든요."

문지기는 들어올 수 없으니까 가라고 밖에다 대고 소리 지르자 루스티히가 생각했습니다.

'지옥에서 들어오지 말라는군. 천당에 가서 자리를 알아봐야겠다. 어디든 머무를 데가 있어야 하잖아.'

루스티히는 발길을 돌려 계속 걸었습니다. 천국으로 들어가는 문이 나오자 루스티히는 똑똑 문을 두드렸습니다. 마침 성 베드로가 문을 지키고 있었습니다. 루스티히는 성 베드로를 단박에 알아보고 생각했습니다.

'옛 친구가 있으니까 여기는 괜찮겠지.'

하지만 성 베드로가 말했습니다.

"정말 천당에 들어오려고?"

"들여보내 주게, 형제여. 어디든 머물 곳이 있어야 하잖나? 지옥에서 나를 받아주었으면 여긴 오지도 않았을 거네."

성 베드로가 말했습니다.

"안 돼. 여긴 들어올 수 없네."

그러자 루스티히가 말했습니다.

"안 들여보내 준다고? 그럼 내 배낭을 도로 가져가게. 이제 자네한테 아무것도 원하지 않아."

성 베드로가 말했습니다.

"배낭을 이리 주게."

루스티히는 천국 문의 창살 사이로 배낭을 디밀었습니다. 성 베드로는 배낭을 받아 의자 옆에 걸었습니다. 루스티히가 말했습니다.

"저 배낭 안으로 들어가고 싶다."

그러자 루스티히는 배낭 안에 들어가 있었습니다. 천국에 들어간 거죠. 성 베드로도 루스티히를 천국에 그대로 둘 수밖에 없었답니다.

◆92◆
노름꾼 한스

옛날에 노름밖에 모르던 사람이 있었습니다. 그래서 사람들은 그를 노름꾼 한스라고 불렀습니다. 노름꾼 한스는 노름만 하다가 집과 전 재산을 날려버리고 말았습니다. 집이 빚쟁이에게 넘어가기 바로 전날, 하나님과 성 베드로가 와서 하룻밤 재워달라고 말했습니다. 그러자 노름꾼 한스가 말했습니다.

"하룻밤 잘 수는 있지만, 침대도 없고 음식도 드릴 수가 없군요."

그러자 재워주기만 하면 먹을 것은 직접 사겠노라고 하나님이 말했습니다. 노름꾼 한스는 그러라고 했습니다. 성 베드로는 한스에게 은화[4] 세 개를 주면서 빵집에 가서 빵을 사다 달라고 했습니다. 그런데 노름꾼 한스는 빵집으로 가다가 노름친구들이 있는 집을 지나게 되었습니다. 노름꾼 한스의 전 재산을 몽땅 털어간 친구들이었습니다. 그 친구들이 한스를 불렀습니다.

　　"한스, 어서 들어오게!"

　　한스가 말했습니다.

　　"흠, 이 은화 세 개마저 따먹으려고?"

　　그러나 노름친구들은 한스를 가만히 내버려두지 않았습니다. 결국, 집 안으로 들어간 한스는 은화 세 개마저 잃고 말았습니다. 목을 길게 빼고 한스를 기다리던 두 손님은 아무리 기다려도 한스가 돌아오지 않자 밖으로 나가보았습니다. 노름꾼 한스는 손님들이 다가오자 마치 돈을 물구덩이에 빠뜨린 것처럼 막대기로 구덩이 속을 쿡쿡 찔러댔습니다. 하지만 한스가 노름으로 돈을 잃은 것을 하나님은 이미 알고 있었습니다. 성 베드로는 한스에게 다시 은화 세 개를 주었습니다. 한스는 이번에는 노름친구들의 유혹에 넘어가지 않고 빵을 사서 돌아왔습니다. 하나님이 집 안에 포도주가 있느냐고 묻자 한스가 말했습니다.

　　"손님, 포도주 통도 텅텅 비었어요."

　　그러자 하나님이 최고급 포도주가 있을 거니 지하실로 내려가 보라고 했습니다. 그 말을 믿을 수가 없었던 노름꾼 한스가 말했습니다.

　　"내려가 보기는 하겠지만, 포도주가 있을 턱이 없죠."

　　그러나 포도주 통의 주둥이를 열자 최고급 포도주가 줄줄 흘러나왔습

4　그로쉐 Grosche: 옛 독일의 소 은화.

니다. 한스는 손님들에게 포도주를 갖다 주었고, 손님들은 그곳에서 하룻밤을 묵어가게 되었습니다.

다음 날 아침, 하나님이 노름꾼 한스에게 세 가지 소원을 들어줄 테니 말하라고 했습니다. 하나님은 한스가 천국에 가기를 바라리라고 생각했습니다. 하지만 노름꾼 한스는 노름에서 항상 이기는 카드와 주사위를 달라고 했습니다. 그뿐만 아니라 온갖 과일이 자라는 나무도 달라면서 한번 올라가면 명령을 받아야만 내려올 수 있는 나무여야 한다고 했습니다. 하나님은 한스에게 원하는 것을 모두 주고 성 베드로와 함께 다시 길을 떠났습니다.

노름꾼 한스는 열심히 놀음했습니다. 얼마 지나지 않아 이 세상의 절반을 손에 넣을 정도가 되었습니다. 그러자 성 베드로가 하나님에게 말했습니다.

"하나님, 이대로는 안 됩니다. 저자는 온 세상을 손에 넣을 거예요. 저승사자를 보내야 합니다."

그래서 하나님은 저승사자를 보냈습니다. 저승사자가 왔을 때 노름꾼 한스는 물론 노름판에 앉아있었습니다. 저승사자가 말했습니다.

"한스, 잠깐 나오게!"

노름꾼 한스가 말했습니다.

"판이 끝날 때까지 잠깐만 기다리게. 우리 가는 길에 군것질 좀 하게 그동안 저 바깥에 있는 나무에 올라가서 과일 서너 개만 따라고."

그래서 저승사자는 나무에 올라갔습니다. 하지만 다시 내려올 수가 없었습니다. 노름꾼 한스는 저승사자를 7년 동안 나무 위에 내버려두었고, 그동안은 세상 사람 아무도 죽지 않았습니다. 성 베드로가 하나님에게 말했습니다.

"하나님, 이대로는 안 됩니다. 아무도 죽지를 않아요. 우리가 직접 가봐야 할 것 같습니다."

하나님과 성 베드로는 직접 노름꾼 한스를 찾아와 저승사자를 나무에서 내려오게 하라고 명령했습니다. 노름꾼 한스는 곧바로 저승사자에게 가서 말했습니다.

"내려오게."

내려온 저승사자는 그 자리에서 노름꾼 한스를 붙잡아 단박에 목을 졸라 죽였습니다. 둘은 함께 길을 떠나 저 세상으로 왔습니다. 우리의 노름꾼 한스는 천국의 문을 똑똑 두드렸습니다.

"누구냐?"

"노름꾼 한스입니다!"

"아, 우린 자네가 필요 없네. 어서 돌아가게."

노름꾼 한스는 연옥의 문을 찾아가 똑똑 두드렸습니다.

"누구냐?"

"노름꾼 한스입니다."

"어휴, 여긴 절망과 슬픔뿐인데, 뭔 노름이겠나! 어서 돌아가게."

그래서 노름꾼 한스는 지옥문을 찾아갔고, 지옥에서는 한스를 들여보냈습니다. 그런데 그곳에는 늙은 루시퍼[5]와 몇몇 곱사등이 악마밖에 없었습니다. 몸이 반듯한 악마들은 모두 일하러 세상에 나가고 없었습니다. 노름꾼 한스는 바로 자리를 잡고 앉아 노름을 시작했습니다. 그런데 루시퍼가 가진 것이라고는 곱사등이 악마들뿐이었습니다. 노름꾼 한스는 노름에 이겨 악마들을 모두 땄습니다. 항상 이기는 카드로 노름하니까 당연했

---

5   사탄의 우두머리.

죠. 곱사등이 악마들을 이끌고 노름꾼 한스는 호엔피르트로 가서 홉[6]덩 굴을 떠받치는 막대기를 뽑아내 그것을 타고 천국으로 올라가 문을 쿵쿵 치기 시작했습니다. 천국이 쿵쾅하며 소란스러워지자 성 베드로가 다시 하나님에게 말했습니다.

"이대로는 안 됩니다. 들어오라고 해야겠어요. 안 그러면 천국을 무너 뜨리고 말겠습니다."

그래서 하나님과 성 베드로는 노름꾼 한스를 들어오게 했습니다. 그런데 들어오자마자 노름꾼 한스는 다시 노름을 시작했습니다. 그러더니 자기 목소리도 알아들을 수 없을 만큼 왈왈 시끌시끌 한바탕 소동이 일었습니다. 성 베드로가 다시 말했습니다.

"하나님, 이대로는 안 됩니다. 녀석을 쫓아내야겠어요. 안 그러면 천국이 온통 아수라장이 되고 말겠습니다."

그래서 그들은 노름꾼 한스를 붙잡아 밖으로 내던져버렸습니다. 그러자 노름꾼 한스의 영혼도 조각조각 흩어져서 이 세상에 사는 노름꾼들 영혼으로 들어갔답니다.

◆93◆
운 좋은 한스

한스가 주인을 위해 일한 지 어느덧 7년이 되자 주인에게 말했습니다.

"주인님, 이제 떠날 때가 되었어요. 집에 가서 어머니를 뵙고 싶어요. 그

---

6 뽕나뭇과의 여러해살이 덩굴풀로 열매는 맥주의 원료로 쓰인다.

동안 일한 품삯을 주세요."

"착실하고 충실하게 일해 주었으니 그런 만큼 품삯을 줘야지."

주인은 이렇게 말하고 한스의 머리통만 한 금덩어리를 하나 주었습니다. 한스는 주머니에서 보자기를 꺼내 금덩어리를 둘둘 싼 다음, 어깨에 질끈 메고 집으로 떠났습니다. 한스가 부지런히 발을 놀리며 집으로 가는데, 기사가 눈에 들어왔습니다. 기사는 튼튼한 말을 타고 타닥타닥 경쾌하고 힘차게 가고 있었습니다. 한스가 큰소리로 외쳤습니다.

"아, 말을 타는 건 정말 멋져! 의자에 앉은 것처럼 턱 앉아서 돌멩이에 채이지도 않고 신발도 안 닳고 가고 있잖아. 어떻게 가는지도 모르게 말이야."

말 탄 사람이 그 말을 듣고 멈춰 서서 말했습니다.

"어이, 한스, 왜 걷고 있는 거요?"

한스가 대답했습니다.

"어쩔 수 없어요. 이 덩어리를 집에 가져가야 하니까요. 금덩어리에요. 하지만 머리를 제대로 들 수도 없고, 어깨를 짓누르네요."

그러자 기사가 말했습니다.

"이러면 어떻겠소? 서로 바꿉시다. 내가 말을 줄 테니까 그 덩어리를 나한테 줘요."

한스가 말했습니다.

"나야 좋죠. 하지만 경고하는데, 금덩어리를 질질 끌면서 걸어야 할 거예요."

기사는 말에서 내려 금덩어리를 받았습니다. 그리고 한스가 말에 올라타는 것을 도와주고 고삐를 손에 꼭 쥐여주며 말했습니다.

"빨리 달리고 싶으면 혀를 쯧쯧 차면서, 이랴 쯧쯧, 이랴 쯧쯧 하고 소리쳐요."

떡하니 앉아서 가고 싶은 대로 말을 달리며 한스는 신이 났습니다. 얼마 지나지 않아 더 빨리 가보자는 생각에 이랴 쯧쯧 소리쳤습니다. 말은 쌩쌩 달리기 시작했습니다. 한스는 그만 엉겁결에 말에서 굴러떨어져 길과 밭 사이의 도랑에 빠지고 말았습니다. 마침 소를 몰고 오던 농부가 말을 붙잡지 않았더라면 말은 그대로 달아났을 겁니다. 팔다리를 겨우 추스르며 한스는 도랑에서 나왔습니다. 한스는 짜증이 나서 농부에게 투덜거렸습니다.

"말을 타는 건 재미없군요. 더욱이 주인을 떨어뜨려 다치게까지 하는 이런 녀석이면 말이죠. 다시는 말을 타지 않을 거예요. 나는 아저씨 소가 좋아요. 편안하게 뒤에서 따라가면 되고, 게다가 우유랑 버터랑 치즈를 날마다 먹을 수 있잖아요. 암소를 가질 수 있다면 뭐든지 내놓을 텐데!"

농부가 말했습니다.

"그럼 내가 큰 맘 먹고 이 암소를 말과 바꾸어주겠소."

한스는 뛸 듯이 기뻐하며 그러자고 했습니다. 농부는 말에 훌쩍 올라타더니 부랴부랴 달려갔습니다.

한스는 유유히 소를 몰고 가면서 말과 바꾸길 참 잘했다고 생각했습니다.

"빵 한 덩이밖에 없지만, 그걸로 충분해. 먹고 싶을 때마다 버터와 치즈를 빵하고 같이 먹을 수 있잖아. 목이 마르면 우유를 짜서 마시면 되고. 더 필요한 게 뭐가 있겠어?"

여관에 온 한스는 점심과 저녁에 먹으려고 가져온 빵을 맛있게 싹 먹어치웠습니다. 그리고 남은 동전 몇 푼을 탈탈 털어 맥주 반 잔을 시켰습니다. 한스는 다시 소를 몰고 어머니가 계시는 마을을 향해 갔습니다. 그런데 한낮이 되자 날씨가 찌는 듯이 무더워졌습니다. 한 시간 정도 들판을 걸었더니 너무나도 더웠고 목이 말라서 혀가 입천장에 달라붙었습니다.

'그래, 소젖을 짜서 마시면 되지.'

한스는 이렇게 생각하고 소를 말라비틀어진 나무에다 매었습니다. 그리고 양동이가 없으니까 가죽 모자를 밑에 대었습니다. 그런데 아무리 짜도 젖 한 방울 나오지 않았습니다. 젖 짜는 솜씨도 서툴렀습니다. 급기야 소는 참지를 못하고 한스의 머리를 뒷발로 한 방 세게 걷어찼습니다. 바닥에 벌렁 나가떨어진 한스는 한동안 오락가락 정신을 차릴 수가 없었습니다. 다행히 그때 마침 정육점 주인이 손수레에 돼지 새끼 한 마리를 싣고 왔습니다.

"세상에, 이게 무슨 일이오!"

정육점 주인은 이렇게 소리치며 한스를 도와 일으켜주었습니다. 한스는 무슨 일이 일어났는지 이야기했습니다. 정육점 주인은 한스에게 물병을 건네며 말했습니다.

"한 모금 마시면 한결 나아질 거요. 소가 너무 늙어서 젖이 안 나오는구먼. 기껏해야 수레를 끌거나, 아니면 도살장으로 끌려가게 생겼네."

그러자 한스가 머리를 쓱 쓸어 넘기며 말했습니다.

"아유, 누가 그걸 생각이나 했겠어요! 물론 집에서 소를 잡을 수 있으면 좋죠. 고기가 엄청나게 생기잖아요! 소고기는 부드럽지 않아서 별로 좋아하지는 않지만요. 새끼돼지라면 또 몰라도요! 맛이 다르죠. 게다가 돼지는 소시지까지."

그러자 정육점 주인이 말했습니다.

"한스, 그럼 까짓것 이 돼지를 소랑 바꿔줄게요."

"정말 친절도 하셔라, 복 받으실 거예요."

한스는 이렇게 말하고 소를 넘겨주었습니다. 정육점 주인은 손수레에 잡아맸던 줄을 풀어서 새끼돼지를 내려놓고, 한스의 손에 줄을 쥐여주었습니다.

한스는 계속 길을 가면서 모든 것이 원하는 대로 척척 이루어지니 얼마나 좋아, 하고 생각했습니다. 짜증 나는 일이 생겼다 싶으면 금세 척척 해결되었으니까요. 얼마 안 가서 한스는 하얀 거위를 품에 안고 지나가는 젊은이를 만났습니다. 서로 인사를 나눈 뒤에 한스는 젊은이에게 자기는 운이 좋은 사람이라고 말했습니다. 물건을 바꾸는데, 늘 더 좋은 물건으로 바꿨다는 겁니다. 젊은이는 거위를 유아세례의 축하잔치에 쓰려고 가져가는 길이라고 했습니다.

"얼마나 무거운지 한번 들어봐요."

젊은이는 말을 이으며 거위의 날개를 꽉 잡아 치켜들었습니다.

"여덟 주 내내 잔뜩 먹였죠. 녀석을 구워서 한 입 베어 물면 입가에 기름이 번들번들 묻어 잘 닦아줘야 해요."

"그렇구면요."

한스는 한 손으로 거위를 들어 무게를 어림잡았습니다.

"제법 묵직한데. 그런데 내 돼지는 암돼지가 아니라고요."

그러자 젊은이는 조심스러운 눈초리로 주위를 휘 살피더니 절레절레 고개를 흔들었습니다.

"들어봐요. 이 돼지가 수상해요. 내가 지나온 마을의 시장님 댁 우리에서 누군가 돼지를 훔쳐갔대요. 그런데요, 바로 아저씨가 그 돼지를 가지고 있잖아요. 마을에서는 사람들을 시켜서 범인을 찾아오라고 했다고요. 그 사람들한테 들키면 험한 꼴을 당할 거예요. 아저씨는 최소한 컴컴한 감옥으로 잡혀갈 거라고요."

순진한 한스는 무서웠습니다.

"아이고 맙소사. 날 좀 도와줘요. 이 주변을 잘 아니까 돼지를 가져가고 나한테 거위를 줘요."

젊은이가 말했습니다.

"좀 위험한 일이긴 하지만, 아저씨를 위험에 빠지게 할 수는 없죠."

그리고 돼지 묶은 줄을 잡고 재빨리 샛길로 사라졌습니다. 이제 한시름 놓은 선량한 한스는 거위를 품에 안고 다시 집을 향해 걸어가며 혼잣말로 중얼거렸습니다.

"잘 생각해보면 이번에도 잘 바꾼 거지. 먼저 맛있는 거위구이를 해 먹자. 고기에서 뺀 기름은 석 달 정도 빵에 발라먹을 수 있을 거고. 예쁘고 하얀 깃털을 내 베개에 넣고 자면 잠도 저절로 올 것 같아. 어머니가 얼마나 기뻐하실까!"

한스가 마지막 마을을 지나가는데, 어떤 아저씨가 수레에 앉아 윙윙 돌아가는 숫돌바퀴에 칼을 갈면서 노래를 부르고 있었습니다.

"가위를 가네, 윙윙 돌려라
    필요하면 그때그때 따라간다네."

한스는 가만히 서서 아저씨를 바라보다가 말을 건넸습니다.

"기분이 좋으신가 봐요. 재밌게 칼을 가시네요."

칼갈이 아저씨가 대답했습니다.

"흠, 칼갈이 일은 벌이가 꽤 괜찮다네. 칼을 잘 가는 사람의 주머니에는 늘 돈이 넉넉하지. 그런데 그 아름다운 거위는 어디서 샀나?"

"사지 않았어요. 돼지와 바꾼 거죠."

"그럼 돼지는?"

"소와 바꿨지요."

"그럼 소는?"

"말하고 바꿨지요."

"그럼 말은?"

"내 머리통만 한 금덩어리와 바꿨지요."

"금덩어리는?"

"아, 그건 7년 동안 일하고 받은 품삯이에요."

그러자 칼갈이 아저씨가 말했습니다.

"참 잘했구먼. 그런데 말일세, 일어설 때마다 호주머니에서 짤랑거리는 돈 소리를 듣고 싶지는 않은가? 그럼 자네는 그야말로 행운을 잡은 거지."

한스가 물었습니다.

"어떻게 하면 그렇게 되죠?"

"나처럼 칼을 가는 사람이 돼야지. 그리고 숫돌만 있으면 된다네. 다른 것은 다 저절로 되니까. 약간 금이 가긴 했지만 여기 숫돌이 있네. 숫돌을 줄 테니 그 거위만 나한테 주게나. 어떤가?"

한스가 대답했습니다.

"물어보시나 마나. 나는 세상에서 가장 행복한 사람이 될 거잖아요. 주머니에 손을 넣을 때마다 돈이 집힐 텐데, 무슨 걱정이 있겠어요?"

한스는 아저씨에게 거위를 주고 숫돌을 받았습니다.

"그럼 쓸모 있는 돌멩이 하나 더 얹어주겠네. 이 위에 낡은 못을 놓고 두드려 펴면 딱 좋지. 가지고 가서 잘 보관하시게."

한스는 돌멩이를 등에 지고 기분이 아주 좋아서 계속 길을 걸었습니다. 한스의 눈은 기쁨으로 반짝반짝 빛났습니다. 한스가 소리쳤습니다.

"나는 번번이 아주 재수가 좋단 말이야. 행운아처럼 원하는 대로 모든 게 척척 이루어지니."

날이 밝자마자 길을 떠나 계속 걸은 한스는 피곤했습니다. 소를 얻은 것이 좋아서 가져온 빵을 한꺼번에 다 먹어버린 탓에 배도 고팠습니다. 가다 섰다 하며 겨우겨우 걸어가는데 등에 진 숫돌과 돌멩이가 온몸을 사정없이 내리눌렀습니다. 한스는 짐을 내려놓을 수 있으면 참 좋겠다 싶었습니다. 한스는 물도 좀 마시면서 쉬어가려고 들판에 있는 우물로 달팽이처럼 기어갔습니다. 그냥 앉으면 깨지기라도 할까 봐 한스는 숫돌과 돌멩이를 우물 옆에 조심스레 내려놓았습니다. 그리고 앉아서 물을 마시려고 몸을 숙이는 순간 아차, 돌멩이들을 살짝 건드리고 말았습니다. 숫돌과 돌멩이는 물속으로 풍덩 빠져버렸습니다. 물속 깊숙이 가라앉는 돌들을 두 눈으로 지켜보던 한스는 기뻐서 펄쩍 뛰었습니다. 눈에 눈물을 머금은 채 무릎을 꿇고 하나님에게 은혜를 베풀어주셔서 감사하다고 기도했습니다. 자신을 나무라지도 않고 이렇게 좋은 방법으로 자신을 방해하는 그 무거운 돌멩이들로부터 구해주셨다고 말입니다. 한스는 소리쳤습니다.

"태양 아래 나만큼 행복한 사람은 아무도 없어."

모든 짐에서 벗어나 한결 가벼워진 마음으로 한스는 어머니가 계신 고향 집으로 달려갔답니다.

◆94◆
한스, 결혼하다

옛날에 한스라는 이름의 젊은 농부가 있었습니다. 사촌 형은 한스를 부잣집 여자와 결혼시키고 싶었습니다. 사촌 형은 한스를 난로 뒤에 앉으라고 하고는 따뜻하게 불을 피우고 우유 한 잔과 흰 빵을 푸짐하게 내왔습니다. 그리고 한스에게 반짝반짝 빛나는 새 은화를 하나 주면서 말했습니다.

"한스, 은화는 손에 꼭 쥐고 있고, 우유에 흰 빵을 부스러뜨려 넣으면서 내가 돌아올 때까지 꼼짝 말고 앉아있어야 한다."

한스가 말했습니다.

"예, 알았어요."

중매쟁이 사촌 형은 헝겊 조각으로 더덕더덕 기운 낡은 바지를 입고 이웃마을에 사는 부자 농부의 딸을 찾아가 말했습니다.

"내 사촌 동생 한스와 결혼하지 않겠어요? 야무지고 영리한 젊은이라 아가씨 마음에 들 거예요."

그러자 구두쇠 아버지가 물었습니다.

"재산이 얼마나 있소? 가진 게 좀 있나요?"[7]

"내 사촌 동생은 따뜻한 곳에 앉아서[8] 반짝거리는 새 돈을 손에 쥐고, 부스러뜨려 넣고 있지요[9]. 나 못지않게 헝겊조각[10]도 많이 있답니다."

사촌 형은 이렇게 말하며 더덕더덕 헝겊쪼가리로 기운 바지를 탁탁 쳤습니다.

"수고스럽지만 저하고 같이 가시죠. 가서 보시면 제가 말한 게 다 진짜라는 것을 알게 될 겁니다."

그러자 구두쇠 아버지는 좋은 기회를 놓칠세라 얼른 말했습니다.

"그렇다면 이 결혼에 반대할 이유가 없소."

그리하여 어느 날, 한스와 아가씨는 결혼식을 올렸습니다. 신부는 밭에 나가 신랑의 땅을 보겠다고 했습니다. 한스는 먼저 양복을 벗고 헝겊을 더

---

7 einbrocken, 무엇을 부스러뜨려 넣다는 뜻인데 etwas einzubrocken haben, 하면 가진 것이 좀 있다는 뜻으로 쓰인다. 일종의 말장난임.

8 유복하게 산다는 뜻.

9 가진 게 좀 있다는 뜻.

10 농토를 헝겊 조각이라고 부르기도 함.

덕더덕 덧대어 기운 작업복으로 갈아입으며 말했습니다.

"좋은 옷을 더럽힐까 봐서요."

두 사람은 함께 들판으로 갔습니다. 가는 길에 포도나무가 보이거나 밭과 초원을 지나게 되면 한스는 손가락으로 그곳을 가리킨 다음 작업복에 덧댄 크고 작은 헝겊 조각을 탁탁 치며 말했습니다.

"이 헝겊조각도 내 거고 저것도 내 거라오. 여보, 자 한번 봐요."

멍청하니 저 멀리 들판을 바라보라는 것이 아니라 작업복을 보라는 말이었습니다. 그게 자기 거라고요.

◆95◆
황금 아이들

옛날에 몹시 가난한 부부가 있었습니다. 가진 것이라고는 달랑 작은 오두막집 한 채뿐이었고, 고기잡이로 하루하루 겨우 살아갔습니다. 어느 날, 어부는 물가에 앉아 그물을 던졌습니다. 얼마 뒤 그물을 올렸더니 황금빛이 나는 물고기가 들어있었습니다. 어부가 깜짝 놀라서 물고기를 바라보니 물고기가 이렇게 말했습니다.

"어부님, 저를 다시 물에 놓아주세요. 그럼 작은 오두막집을 으리으리한 성으로 만들어드릴게요."

어부가 대답했습니다.

"먹을 것도 없는데 성이 무슨 소용이냐?"

그러자 황금 물고기가 말했습니다.

"걱정하지 마세요. 성안에 있는 찬장을 열면 맛있는 음식이 담긴 그릇이 원하는 만큼 많이 들어있을 거예요."

어부가 말했습니다.

"그렇다면 네 소원을 들어주마."

물고기가 말했습니다.

"예, 그런데 조건이 있어요. 어떻게 이런 행운을 얻었는지 아무에게도 말하면 안 돼요. 한마디라도 벙긋하면 모든 게 끝장입니다."

어부는 신기한 물고기를 다시 물에 놓아주고 집으로 돌아왔습니다. 그런데 오두막집이 있던 자리에는 커다란 성이 우뚝 서 있었습니다. 눈이 휘둥그레진 어부가 성안으로 들어가니 아내가 아름다운 옷을 쪽 빼입고 호화찬란한 방에 앉아있었습니다. 아내는 마냥 즐거워하며 말했습니다.

"여보, 갑자기 어떻게 된 거죠? 정말 좋아요."

어부가 말했습니다.

"내 맘에도 드는군. 그런데 배가 고파 죽겠소. 어서 먹을 것부터 주오."

그러자 아내가 말했습니다.

"먹을 게 없어요. 새집이라 어디에 뭐가 있는지 모르겠어요."

어부가 말했습니다.

"걱정하지 마오. 저기 커다란 찬장이 보이죠? 찬장을 한번 열어보구려."

아내가 찬장을 열었더니 안에는 케이크랑 고기랑 과일이랑 포도주가 보기에도 먹음직하게 놓여있었습니다. 아내는 뛸 듯이 기뻐하며 소리쳤습니다.

"여보, 뭘 드실래요?"

부부는 자리에 앉아 먹고 마셨습니다. 배부르게 먹고 나서 아내가 물었습니다.

"그런데 여보, 도대체 이게 다 어디서 났죠?"

어부가 대답했습니다.

"흠, 그건 묻지 마오. 말해줄 수 없소. 내가 이야기를 하면 이 모든 행운이 물거품이 돼버린다오."

"알았어요. 알아서 안 되는 일이라면 굳이 알고 싶지도 않아요."

아내는 이렇게 말했지만, 그것은 진심이 아니었습니다. 알고 싶어서 밤 낮으로 안달을 떨었고 남편을 달달 볶았습니다. 마침내 참다못한 어부는 그물로 잡았다가 다시 놓아준 신기한 황금 물고기 덕분이라고 털어놓고 말았습니다. 그런데 그 말을 하자마자 아름다운 성과 찬장이 연기처럼 사라져버리고 두 사람은 다시 초라한 오두막집에 앉아 있었습니다.

어부는 예전처럼 다시 고기잡이를 나가야 했습니다. 그런데 운이 좋아 또 황금 물고기를 잡았습니다. 물고기가 말했습니다.

"나를 다시 물에 놓아주면 성을 돌려드리겠어요. 찬장에는 삶은 고기 랑 구운 고기가 가득할 거고요. 하지만 다 어디서 얻었는지 다른 사람들 에게 절대로 말하지 마세요. 그렇지 않으면 모든 것을 다시 잃고 말 테니까요."

"조심하겠네."

어부는 이렇게 다짐하고 물고기를 물에 놓아주었습니다. 집에 왔더니 모든 게 다시 이전처럼 으리으리한 모습으로 돌아와 있었습니다. 아내는 다시 찾아온 행운에 뛸 듯이 기뻐했습니다. 그러나 또 궁금해서 안달이 난 아내는 며칠 뒤부터 어떻게 된 일인지 묻기 시작했습니다. 어부는 한참 동안 아무 말도 하지 않았습니다. 하지만 아내가 어찌나 들볶아대는 지 마침내 비밀을 털어놓고 말았습니다. 그러자 눈 깜짝할 새에 성은 연기처럼 사라져버렸고 두 사람은 다시 옛 오두막집에 앉아 있었습니다. 어부가 말했습니다.

"그것 보라고! 다시 쫄쫄 굶게 생겼잖소."

그러자 아내가 말했습니다.

"아이, 그래도 누가 줬는지도 모르면서 부자가 되긴 싫어요. 궁금해 죽을 것 같으니까요."

어부는 다시 고기잡이를 나갔습니다. 그런데 얼마 지나지 않아 또 똑같은 일이 일어났습니다. 세 번째로 황금 물고기가 덥석 걸려든 것입니다. 황금 물고기가 말했습니다.

"어부님, 나는 어부님 손에서 벗어날 수가 없나 봐요. 나를 집으로 가져가서 여섯 토막을 내세요. 그중 두 토막은 부인에게 먹으라고 주세요. 두 토막은 말에게 먹이고요. 나머지 두 토막은 땅에 묻으세요. 그럼 좋은 일이 생길 거예요."

그래서 어부는 황금 물고기를 집으로 가져와 시킨 대로 했습니다. 그랬더니 두 토막을 묻은 땅에서 황금빛이 나는 백합 두 송이가 피어났습니다. 말은 황금빛이 나는 망아지 두 마리를 낳았고, 어부의 아내는 온통 황금빛이 나는 아이 둘을 낳았습니다.

아이들은 무럭무럭 자라서 늠름하고 멋진 젊은이가 되었습니다. 백합과 망아지들도 무럭무럭 잘 자랐습니다. 어느 날, 두 아들이 말했습니다.

"아버지, 황금 말을 타고 넓은 세상으로 나가겠습니다."

하지만 아버지는 슬퍼하며 대답했습니다.

"너희가 떠나면 이 아비가 어떻게 살겠느냐? 어떻게 지내는지도 모르면서 말이다."

아들들이 말했습니다.

"황금 백합이 있으니까 그것을 보시면 우리가 어떻게 지내는지 아실 수 있어요. 꽃이 싱싱하면 우리가 무사하고, 시들면 아프다는 표시입니다. 꽃이 떨어지면 우리가 죽은 거고요."

두 젊은이는 집을 떠나 말을 타고 가다가 어느 여관에 들어갔습니다. 여관은 손님들로 북적였습니다. 사람들은 황금 아이들을 보자 깔깔거리며 놀려댔습니다. 동생은 부끄러워서 세상으로 나가고 싶지 않아 아버지가 계신 집으로 돌아왔습니다. 하지만 형은 계속 말을 달려 커다란 숲에 닿았습니다. 숲에 들어가려고 하자 사람들이 말했습니다.

"들어가지 마오. 숲에는 도둑놈들이 우글거린다오. 젊은이를 가만 놔두지 않을 거요. 더구나 젊은이와 말이 황금이라는 것까지 알게 되면 당장 죽일 거요."

그래도 형은 놀라지 않고 씩씩하게 말했습니다.

"숲을 통과해야만 해요."

그러고는 황금이 보이지 않도록 곰 가죽을 꺼내 푹 뒤집어쓰고 말도 덮어주었습니다. 황금 아이는 말을 타고 태연하게 숲으로 들어갔습니다. 얼마쯤 달리자 우거진 수풀 속에서 부스럭거리는 소리가 나더니 사람들이 두런두런 주고받는 소리가 들렸습니다. 한 사람이 말했습니다.

"저기 한 놈 온다."

다른 사람이 말했습니다.

"그냥 보내버려. 곰 가죽을 입은 가난뱅이잖아. 교회의 생쥐처럼 돈 한 푼 없을 텐데 털어봤자 뭐하겠나!"

그래서 황금 아이는 운 좋게 무사히 숲을 빠져나왔습니다.

어느 날, 황금 아이가 어느 마을을 지나다가 생전 처음 보는 눈부시게 아름다운 이가씨를 보았습니다. 아가씨에게 홀딱 반해버린 황금 아이는 아가씨에게 가서 말했습니다.

"아가씨를 진심으로 사랑해요. 나와 결혼해줄래요?"

아가씨도 황금 아이가 마음에 들어 청혼을 받아들였습니다.

"예, 당신의 아내가 되겠어요. 평생 곁에 머무르며 당신을 사랑할 거예요."

두 사람이 결혼식을 올리고 한창 행복한 기분에 젖어있는데, 신부의 아버지가 집으로 돌아왔습니다. 딸이 결혼식을 올렸다고 하자 아버지는 깜짝 놀라서 사람들에게 물었습니다.

"신랑은 어디 있는가?"

사람들은 아직 곰 가죽을 입고 있는 황금 아이를 가리켰습니다.

"곰 가죽을 입은 저런 자에게 절대로 내 딸을 줄 수 없어."

신부의 아버지는 버럭 호통을 치며 황금 아이를 죽이려고 했습니다. 신부는 아버지에게 애걸복걸 빌었습니다.

"제 남편이에요. 진심으로 사랑한다고요."

아버지는 마음이 조금 누그러졌지만, 완전히 의심을 떨칠 수가 없었습니다. 그래서 천하고 보잘것없는 거지를 사위로 맞았는지 알아보려고 다음 날 아침 일찍 일어나서 딸의 방으로 갔습니다. 그런데 방을 들여다보니 침대에는 황금빛이 찬란한 젊은이가 누워있었고 바닥에는 벗어던진 곰 가죽이 널브러져 있었습니다. 아버지는 다시 돌아와 생각했습니다.

'화를 참은 게 천만다행이지. 하마터면 큰일을 저지를 뻔했잖아.'

그런데 황금 아이는 사슴을 사냥하러 나가는 꿈을 꾸었습니다. 아주 아름다운 사슴이었죠. 황금 아이는 아침에 눈을 뜨자 신부에게 말했습니다.

"사냥하러 나가야겠어요."

하지만 신부는 걱정되어 가지 말라고 했습니다.

"안 좋은 일이 일어날 수 있어요."

"나는 가야 해요."

황금 아이는 이렇게 말하고 벌떡 일어나서 숲에 나갔습니다. 얼마 지나지 않아 바로 꿈에서 보았던 아름다운 사슴이 눈앞에 나타났습니다. 활을 들어 쏘려고 하자 사슴은 펄쩍펄쩍 달아났습니다. 황금 아이는 사슴을 쫓아갔습니다. 개울을 건너고 덤불을 헤치며 온종일 뒤를 쫓았습니다. 하지만 저녁 무렵 사슴이 홀연 눈앞에서 사라졌습니다. 주위를 둘러보니 작은 오두막집이 앞에 있었고, 집 안에는 마녀가 앉아 있었습니다. 황금 아이는 똑똑 문을 두드렸습니다. 그러자 마녀가 나와서 물었습니다.

"이렇게 늦은 시간에 깊은 숲 속 한가운데서 뭘 하고 있나?"

황금 아이가 말했습니다.

"혹시 사슴을 보셨나요?"

마녀가 대답했습니다.

"봤지. 내가 아는 사슴이란다."

그때 마녀를 따라 나온 작은 개가 황금 아이를 향해 컹컹 사납게 짖었습니다. 그러자 황금 아이가 버럭 소리쳤습니다.

"그만 조용히 해, 버르장머리 없는 놈 같으니라고. 안 그러면 쏴 죽일 테다."

그러자 마녀는 불같이 화를 내며 소리 질렀습니다.

"뭐라고? 내 개를 죽인다고?"

마녀는 황금 아이를 그 자리에서 돌로 만들어버렸습니다. 신부는 남편을 기다렸지만 돌아오지 않자 이렇게 생각했습니다.

'분명 마음속 깊이 우려했던 일이 터진 거야.'

그때 집으로 돌아온 동생이 황금 백합을 봤더니 갑자기 백합 한 송이가 시들어 고개를 숙였습니다. 동생이 말했습니다.

"이런 세상에. 형한테 안 좋은 일이 생겼구나. 당장 가서 형을 구해야겠다."

그러자 아버지가 말했습니다.

"떠나지 마라. 너마저 잃으면 이 아비는 어쩌란 말이냐."

"무슨 일이 있어도 가야 해요."

동생은 이렇게 대답하고 황금 말에 올라탔습니다. 말을 달려 형이 돌
이 되어 누워있는 커다란 숲에 이르렀습니다. 늙은 마녀가 집에서 나와 동
생을 유혹하려고 큰 소리로 불렀습니다. 하지만 동생은 가까이 가지 않고
말했습니다.

"형을 다시 살려놓지 않으면 쏴버리겠다."

마녀가 마지못해 손가락으로 돌을 툭 건드리자 형은 다시 인간의 모습
으로 돌아왔습니다. 다시 만난 황금 아이들은 서로 껴안고 입맞춤을 하
며 기뻐했습니다. 그리고 말을 타고 함께 숲을 빠져나와 형은 신부에게 가
고, 동생은 아버지가 계신 집으로 돌아왔습니다. 아버지가 말했습니다.

"네가 형을 구한 것을 알았단다. 황금 백합이 별안간 고개를 들며 활
짝 피어났거든."

이렇게 식구 모두 평생을 즐겁고 행복하게 살았답니다.

◆96◆
여우와 거위들

여우가 풀밭에 왔다가 통통하게 살찐 거위들이 무리 지어 앉아 있는 것을
보았습니다. 여우는 빙긋이 웃으며 말했습니다.

"마침 잘 왔다. 이렇게 사이좋게 모여들 있다니. 한 마리씩 차례차례 잡
아먹어야지."

놀란 거위들은 푸드덕 뛰어올라 꽥꽥거리며 제발 살려달라고 애원했습니다. 그러나 여우는 들은 체 만 체하며 말했습니다.

"어림없어. 너희는 끝장이야."

그러자 거위 한 마리가 겨우 용기를 내어 말했습니다.

"우리 불쌍한 거위들은 아직 어린데 죽어야 한다니요. 그럼 딱 한 번 마지막으로 자비를 베풀어 기도하게 해주세요. 죄 속에서 죽고 싶지는 않으니까요. 기도한 뒤에 한 줄로 설 테니까 가장 통통한 거위를 고르세요."

여우가 말했습니다.

"좋아. 깊은 믿음에서 우러나오는 부탁인데 마땅히 들어줘야지. 기도하라고, 기다려줄 테니."

그러자 첫 번째 거위가 기도하기 시작했습니다.

"꽥! 꽥!"

기도는 끝없이 길어졌습니다. 그러자 두 번째 거위가 차례를 기다리지 못하고 기도하기 시작했습니다.

"꽥! 꽥!"

그 뒤를 이어 세 번째 거위와 네 번째 거위도 기도를 시작했고 마침내 거위들 모두 꽥꽥거리기 시작했습니다.

기도가 끝났더라도 이야기가 끝나서는 안 되죠. 이야기는 계속되어야 하니까요. 거위들은 바로 지금도 기도하느라고 꽥꽥거리고 있답니다.

◆97◆
가난뱅이와 부자

옛날 아주 먼 옛날, 하나님이 이 땅에 살며 사람들과 어울려 지낼 때였습니다. 어느 날, 해는 저물어 하나님은 무척 피곤했지만, 여관이 보이지 않았습니다. 그런데 가는 길 앞에 집 두 채가 서로 마주 보고서 있었습니다. 하나는 크고 화려한 부잣집이었고 다른 하나는 작고 형편없는 가난한 사람의 집이었습니다. 하나님은 이렇게 생각했습니다.

'부잣집에는 폐가 되지 않을 테니 여기서 하룻밤 묵어가야겠다.'

하나님이 문을 똑똑 두드리자 부자가 창문을 열고 무슨 일이냐고 물었습니다. 하나님이 말했습니다.

"하룻밤 재워줄 수 있어요?"

부자는 나그네를 머리부터 발끝까지 쓱 훑어보았습니다. 초라한 옷차림에 돈이 있어 보이는 모습은 아니었습니다. 부자는 머리를 절레절레하며 말했습니다.

"재워줄 수가 없소. 방마다 약초와 씨앗이 가득 차서 말이오. 내 집 문을 두드리는 사람들을 모두 재워주면 난 거지 신세가 되고 말 거요. 다른 데 가서 알아보시오."

부자는 하나님을 밖에 세워둔 채 창문을 쾅 닫았습니다. 하나님은 돌아서서 맞은편에 있는 작은 집으로 갔습니다. 대문을 두드리자 가난한 집 주인이 얼른 나와 문을 활짝 열더니 들어오라고 했습니다.

"오늘 밤 우리 집에서 주무세요. 날이 어두워서 오늘은 가실 수 없어요."

하나님은 흐뭇한 마음으로 안으로 들어갔습니다. 가난한 집의 안주인도 나그네의 손을 잡으며 반갑게 맞이하면서 비록 넉넉한 살림은 아니지만, 정성껏 대접하겠으니 편히 쉬어가라고 했습니다. 부부는 화덕에 감자를 올려놓았습니다. 감자를 끓이는 동안 조금이나마 우유도 대접하고 싶어서 염소 젖을 짰습니다. 상이 다 차려지자 하나님은 자리에 앉아 부부와 함께 식사했습니다. 초라한 식탁이었지만 정다운 얼굴들을 마주하며 식사를 하니까 맛이 참 좋았습니다. 식사를 마치고 잘 시간이 되자 안주인이 남편을 몰래 불러 말했습니다.

"여보, 우린 오늘 밤 지푸라기를 깔고 자요. 저 불쌍한 나그네가 침대에서 편하게 잘 수 있게 해주자고요. 온종일 걸었으니 얼마나 피곤하겠어요."

남편이 대답했습니다.

"그럽시다. 내가 가서 그렇게 말하리다."

가난한 사람은 하나님에게 가서 괜찮다면 자기네 침대에서 다리 쭉 뻗고 편하게 자라고 말했습니다. 하나님은 주인 부부의 잠자리를 빼앗고 싶지 않았습니다. 하지만 가난한 부부가 어찌나 고집을 부리는지 하나님은 할 수 없이 부부의 침대에 누웠습니다. 가난한 부부는 바닥에 지푸라기를 깔고 누웠습니다. 다음 날 아침, 주인 부부는 날이 밝기도 전에 일어나 손님을 위해 아침 식사를 정성껏 준비했습니다. 창문으로 아침 햇살이 비치자 하나님도 일어났습니다. 하나님은 다시 부부와 함께 식사한 뒤 길을 떠날 채비를 했습니다. 하나님은 대문을 나서다가 몸을 돌리고 말했습니다.

"마음이 따뜻하고 믿음이 깊은 분들이군요. 소원을 세 가지 말해보세요. 내가 들어주리다."

그러자 가난한 사람이 말했습니다.

"뭘 더 바라요? 영생을 누리는 것과 우리가 살아있는 동안 건강하고, 매일 끼니를 거르지만 않으면 되죠. 세 번째 소원은 뭘 빌어야 할지 모르겠군요."

하나님이 말했습니다.

"헌 집 대신 새집을 원하지 않으세요?"

가난한 사람이 말했습니다.

"오, 그러면 좋죠. 새집을 얻을 수 있으면요."

그러자 하나님은 소원대로, 헌 집을 새집으로 바꿔주고 주인 부부를 다시 한 번 축복해준 뒤 길을 떠났습니다.

부자는 해가 하늘 높이 떠올랐을 때에야 겨우 일어나 창밖을 내다보았습니다. 그런데 맞은 편 허름한 오두막집이 있던 자리에 새집이 우뚝 들어서 있는 것이 아닙니까. 깔끔하게 지은 붉은 벽돌집이었습니다. 부자는 눈이 휘둥그레져 아내를 불렀습니다.

"이게 어찌 된 일이오? 어제저녁만 해도 다 쓰러져가는 오두막집이었잖소? 그런데 오늘 어찌 저렇게 아름다운 새집이 저기 있단 말이오? 건너가서 무슨 일인지 알아보고 와요."

부자의 아내는 가난한 사람에게 가서 꼬치꼬치 캐물었습니다. 그러자 가난한 사람이 말했습니다.

"어제저녁에 나그네가 와서 하룻밤 자고 갔어요. 그런데 오늘 아침, 나그네가 길을 떠나기 전에 세 가지 소원을 들어주겠다고 하더군요. 그래서 영생을 누리는 것과 살아있는 동안 건강하고 매일 끼니를 거르지만 않게 해달라고 했어요. 그리고 마지막으로 헌 집 대신 좋은 새집을 원한다고 했고요."

부자의 아내는 부랴부랴 집으로 뛰어가 무슨 일이 일어났는지 남편에게 말했습니다. 부자가 말했습니다.

"내가 미쳤지, 미쳤어. 그걸 알았더라면! 그 나그네는 우리 집에 먼저 왔었다고. 하룻밤 자고 간다기에 내가 안 된다고 했단 말이야."

그러자 부자의 아내가 말했습니다.

"당장 말을 타고 나그네를 쫓아가세요. 세 가지 소원을 들어달라고 말하라고요."

부자는 아내의 말을 듣고 번개처럼 말을 달려 하나님을 쫓아가서 만났습니다. 부자는 대문열쇠를 찾느라고 금방 안으로 모실 수가 없었다고 공손하고 다정하게 말했습니다. 열쇠를 찾아가지고 오니 벌써 가버렸더라고 하며 너무 기분 나빠하지 말라고 했습니다. 그리고 다시 돌아오면 자기 집에 꼭 들르라고 하자 하나님이 말했습니다.

"다시 오면, 그리하리다."

그러자 부자가 이웃집사람처럼 자기도 소원 세 가지를 말할 수 있느냐고 물었습니다. 그러자 하나님은 안될 것은 없지만, 소원을 빌면 좋지 않을 거라고 했습니다. 차라리 빌지 않는 것이 더 나을 거라고요. 부자는 소원이 이루어지는지만 알면 행복해질 수 있는 소원을 잘 생각해보겠다고 했습니다. 하나님이 말했습니다.

"말을 돌려 집으로 가시오. 세 가지 소원을 들어주리다."

원하던 것을 얻은 부자는 집으로 돌아오면서 어떤 소원을 빌어야 할지 곰곰 생각했습니다. 그런데 그 생각에 너무 몰두한 나머지 그만 고삐를 놓쳐버리고 말았습니다. 말이 펄쩍펄쩍 뛰자 부자는 집중해서 생각할 수가 없었습니다. 생각이 정리가 안 되자 부자는 말의 목덜미를 툭툭 치며 말했습니다.

"진정해, 리제."

하지만 말은 또다시 뒷다리로 섰습니다. 분통이 터진 부자는 참지 못하고 버럭 소리를 질렀습니다.

"이놈, 목이나 부러져라!"

그렇게 하자마자 부자는 말에서 쿵, 땅에 굴러떨어졌습니다. 말은 죽어서 꼼짝도 하지 않았습니다. 이렇게 첫 번째 소원이 이루어졌습니다. 하지만 천성이 워낙 욕심쟁이여서 부자는 안장을 두고 갈 수가 없었습니다. 그래서 안장을 풀어내려 등에 짊어지고 걷기 시작했습니다. 부자는 아직 두 가지 소원이 남았으니 괜찮다고 자신을 달랬습니다. 부자는 메마른 모래

땅 위를 터벅터벅 걸었습니다. 한낮이 되자 햇볕이 쨍쨍 내리쬐었습니다. 부자는 너무 덥고 짜증이 났습니다. 짊어진 안장이 등을 무겁게 짓누르는 데다 어떤 소원을 빌어야 할지도 생각나지 않았습니다. 부자는 혼잣말로 중얼거렸습니다.

"이 세상의 모든 부와 보물을 달라고 하고 싶지만, 나중에 이것저것 또 딴 것들이 생각날 거야. 내가 잘 알지. 나중에 더 바랄 것이 없는 소원이어야 하는데."

그러고는 한숨을 푹 내쉬었습니다.

"그래, 내가 바이에른[11]의 농부라면 세 가지 소원은 아마도 이럴 것이야. 먼저 맥주를 많이 달라고 하겠지. 두 번째는 실컷 마실 수 있을 만큼 달라고 할 거고, 세 번째는 아예 맥주 한 통을 더 달라고 하겠지."

부자는 이 소원을 빌어야지 하다가도 또 금세 너무 작은 소원처럼 여겨졌습니다. 그러다가 집에 있는 아내는 얼마나 편할까 하는 생각이 문득 들었습니다. 아마 지금 시원한 방에 앉아서 맛있는 음식을 먹고 있을 거로 생각하니 화가 확 치밀었습니다. 그래서 자기도 모르는 사이에 이렇게 말해버리고 말았습니다.

"에이, 이 안장을 등에 짊어지고 가느니 마누라 엉덩이에 안장이 철썩 들러붙어서 마누라가 못 내려왔으면 좋겠다."

부자의 입에서 이 말이 떨어지기가 무섭게 등에 짊어진 안장이 감쪽같이 사라졌고, 부자는 두 번째 소원이 이루어졌다는 것을 알았습니다. 부자는 너무 더워 뛰기 시작했습니다. 집에 가서 방 안에 홀로 앉아 마지막 소원으로 크고 멋진 것을 생각해내고 싶었습니다. 집에 도착한 부자가 방문을 열고 보니 아내가 방 한복판에서 안장 위에 앉아 내려오지도 못하고

---

11 남부 독일의 주.

울고불고 야단을 떨고 있었습니다. 부자가 말했습니다.

"가만있어요. 이 세상의 모든 부를 줄 테니까 가만히 앉아 있으라고요."

하지만 아내는 부자를 멍청이라고 야단치며 소리소리 질렀습니다.

"세상의 모든 부가 무슨 소용이 있어. 안장 위에 앉아서 어쩌라고요. 나를 이렇게 만들었으니 안장에서 다시 내려오게 해달라고요."

싫든 좋든 부자는 어쩔 수 없이 세 번째 소원으로 아내가 안장에서 내려오게 해달라고 빌었습니다. 소원은 곧 이루어졌습니다. 부자가 얻은 것이라고는 화나고 힘든 하루와 욕지거리와 잃어버린 말뿐이었습니다. 그러나 가난한 사람은 깊은 믿음 속에서 평화롭고 행복하게 평생을 살았다고 합니다.

◆98◆
노래하며 팔짝거리는 종달새

옛날에 한 아버지가 먼 여행을 떠나면서 세 딸에게 무엇을 사다 줄까 물었습니다. 첫째 딸은 진주를 원했고, 둘째 딸은 다이아몬드를 원했습니다. 하지만 셋째 딸은 이렇게 말했습니다.

"아버지, 노래하며 팔짝거리는 종달새를 갖고 싶어요."

아버지가 말했습니다.

"그래, 가능하면 꼭 구해다 주마."

아버지는 세 딸에게 입맞춤하고 길을 떠났습니다. 집에 돌아올 때가 되자 아버지는 두 딸을 위해 진주와 다이아몬드를 샀습니다. 하지만 막내딸에게 줄 노래하며 팔짝거리는 종달새는 여기저기 다 찾아보았지만 구할 수가 없었습니다. 막내딸을 가장 사랑하는 아버지는 속이 상했습니다. 그런데 아버지가 숲 속을 지나가는데 숲 한가운데에 으리으리한 성이 보였습니다. 성 옆에는 나무가 한 그루 서 있었고 나무꼭대기에 종달새 한 마리가 노래하며 팔짝거리고 있었습니다.

"아, 너 참 잘 만났다."

아버지는 기뻐서 이렇게 말하고 하인에게 나무에 올라가 종달새를 잡아오라고 했습니다. 하인이 나무에 다가가자 갑자기 사자가 펄쩍 튀어나와 몸을 부르르 떨며 나무 이파리가 흔들거릴 만큼 으르렁으르렁 울부짖었습니다.

"어떤 놈이 노래하며 팔짝거리는 내 종달새를 훔치려고 하느냐? 잡아먹고 말 테다."

그러자 아버지가 말했습니다.

"자네 새인 줄 정말 몰랐네. 내가 잘못했어. 사과하는 의미에서 금을 한 뭉텅이 줄 테니 제발 목숨만 살려주게."

사자가 말했습니다.

"아무것도 소용이 없다. 하지만 집에 돌아갔을 때 맨 먼저 마주치는 것을 나한테 준다고 약속하면 살려주겠다. 네 딸이 갖고 싶어 하는 저 꼭대기에 있는 새도 주마."

하지만 아버지는 그럴 수 없다고 했습니다.

"집에 가면 막내딸이 맨 먼저 뛰어 나올 텐데. 나를 가장 사랑하는 아이이거든."

하지만 하인은 겁에 질려 말했습니다.

"주인님, 맨 먼저 꼭 딸하고 마주치리라는 법이 어디 있어요? 고양이나 개일 수도 있죠."

아버지는 하인의 말에 넘어가 노래하며 팔짝거리는 종달새를 받았습니다. 그리고 집에 갔을 때 맨 먼저 마주치는 것을 주겠다고 사자에게 약속했습니다.

아버지는 집에 도착해 안으로 들어갔습니다. 그런데 아버지가 맨 먼저 마주친 것은 다름 아닌 가장 사랑하는 막내딸이었습니다. 막내딸은 뛰어 와서 아버지를 얼싸안고 입맞춤을 했습니다. 그리고 아버지가 가져온 노 래하며 팔짝거리는 종달새를 보자 기뻐서 어쩔 줄을 몰랐습니다. 하지만 기뻐할 수 없었던 아버지는 눈물을 흘리며 말했습니다.

"사랑하는 내 딸아, 이 아비가 그만 엄청난 짓을 저질렀구나. 이 작은 새 를 가지는 대신 너를 사나운 사자에게 주기로 했단 말이다. 사자가 너를 보 면 아마 갈기갈기 찢어 먹어버릴 거야."

아버지는 무슨 일이 있었는지 막내딸에게 다 털어놓은 다음 사자한테 가지 말라고 했습니다. 어떤 어려움이 닥치더라도 말입니다. 그러나 막내 딸은 아버지를 위로하며 말했습니다.

"아버지, 약속은 지키셔야죠. 제가 가서 사자를 살살 달래보겠어요. 꼭 살아서 건강한 모습으로 돌아올게요."

다음 날 아침, 막내딸은 아버지에게 사자에게 가는 길을 가르쳐달라고 한 뒤 작별인사를 하고 숲으로 들어갔습니다. 그런데 사자는 마법에 걸린 왕자였습니다. 왕자와 신하들은 낮에는 사자로 변했다가 밤에는 사람이 되었습니다. 그들은 성에 도착한 막내딸을 반갑게 맞이하며 성안으로 안 내했습니다. 밤이 되자 사자는 멋진 왕자로 변했습니다. 왕자와 막내딸은 성대한 결혼식을 올리고 행복하게 살았습니다. 두 사람은 낮에는 자고 밤 에는 깨어있었습니다. 그러던 어느 날, 왕자가 말했습니다.

"내일 친정집에서 큰언니 결혼식이 있지 않소. 가고 싶으면 내 사자들 이 데려다 줄 거요."

막내딸은 아버지가 보고 싶어서 가겠다고 했습니다. 사자들의 보호를 받으며 집에 온 막내딸을 보고 식구들은 뛸 듯이 기뻐했습니다. 사자에게 갈기갈기 찢겨 오래전에 죽은 줄로만 알고 있었으니까요. 막내딸은 멋진 신랑을 얻어 잘살고 있다고 말했습니다. 그리고 결혼 잔치가 끝날 때까지 식구들과 함께 지내다가 다시 숲으로 돌아왔습니다. 얼마 뒤 막내딸은 둘째 언니의 결혼식에 또 초대를 받았습니다. 막내딸이 말했습니다.

"이번에는 혼자 가지 않을래요. 당신도 같이 가요."

그러나 사자는 너무 위험하다고 했습니다. 불빛이 몸에 닿으면 비둘기가 되어 칠 년 동안 비둘기들과 같이 날아다녀야 한다고 했습니다. 그러나 막내딸이 말했습니다.

"아이, 같이 가요. 어떤 불빛도 당신 몸에 닿지 않게 제가 주의할게요."

두 사람은 아이도 데리고 잔치에 갔습니다. 그리고 빛이 새어들어 오지 못하도록 벽을 튼튼하고 두껍게 쌓아 홀을 짓게 했습니다. 결혼식의 불이 밝혀지면 왕자가 홀에 들어가 앉아있기로 했습니다. 그런데 갓 베어낸 나무로 만든 문이 갈라져 작은 틈이 생겼는데, 아무도 그것을 보지 못했습니다. 결혼식은 성대하게 치러졌습니다. 사람들이 횃불과 등불을 환하게 밝히며 행렬을 지어 교회에서 돌아와 홀 문 앞을 지나갔습니다. 그때 머리카락만큼 가느다란 빛 한 줄기가 비쳐 들어와 왕자의 몸에 닿았습니다. 순간 왕자의 모습이 변했습니다. 막내딸이 들어와 보니 왕자는 온데간데없고 하얀 비둘기만 앉아있었습니다. 비둘기가 말했습니다.

"이제 나는 칠 년 동안 세상을 날아다녀야 해요. 하지만 일곱 걸음마다 붉은 피 한 방울과 하얀 깃털 하나를 떨어뜨려 길을 가르쳐주겠소. 그 흔적을 쭉 따라오면 나를 마법에서 풀어줄 수 있을게요."

비둘기는 문밖으로 포르르 날아갔고, 막내딸은 비둘기를 따라갔습니다. 일곱 걸음을 걸을 때마다 붉은 피 한 방울과 하얀 깃털 하나가 떨어져 길을 가르쳐주었습니다. 막내딸은 계속 넓은 세상으로 나갔습니다. 주변에 눈길 한번 주지 않았고 쉬지도 않았습니다. 거의 칠 년이 다 되어갈 무렵, 곧 마법이 풀릴 거로 생각하니까 막내딸은 마음이 설레었습니다. 하지만 갈 길은 아직 한참 멀었습니다. 어느 날 길을 걸어가는데, 하얀 깃털도 떨어지지 않고 핏방울도 떨어지지 않았습니다. 눈을 들어보니 비둘기가 온데간데없었습니다. 막내딸은 사람들은 도와줄 수 없을 거로 생각하고 해님에게 올라가서 말했습니다.

"해님은 세상을 구석구석까지 두루 비춰 주시잖아요? 혹시 하얀 비둘기가 날아가는 것을 보셨나요?"

해님이 말했습니다.

"아니, 보지 못했어요. 하지만 작은 상자를 하나 줄 테니 몹시 어려운 일이 생기면 열어보세요."

막내딸은 해님에게 고맙다고 하고 계속 길을 걸었습니다. 어느새 날이 저물어 달빛이 비치고 있었습니다. 막내딸이 달님에게 물었습니다.

"달님은 밤새 내내 들판이며 숲이며 두루두루 다 비춰 주시잖아요? 혹시 하얀 비둘기가 날아가는 것을 보시지 않았나요?"

달님이 말했습니다.

"아니, 보지 못했어요. 하지만 달걀을 하나 줄 테니 몹시 어려운 일이 생기면 깨뜨리세요."

막내딸은 달님에게 고맙다고 하고 계속 걸었습니다. 그런데 밤바람이 막내딸을 스치고 지나갔습니다. 막내딸이 물었습니다.

"밤바람님, 나무 위나 이파리 밑을 모조리 휩쓸며 지나가시잖아요? 혹시 하얀 비둘기가 날아가는 것을 보시지 않았나요?"

밤바람이 말했습니다.

"아니, 보지 못했어요. 하지만 세 가지 바람에 물어볼게요. 혹시 봤을지 모르니까요."

하지만 동쪽 바람과 서쪽 바람은 아무것도 보지 못했다고 했습니다. 그런데 남쪽 바람이 말했습니다.

"하얀 비둘기를 봤어요. 홍해로 날아갔는데 거기서 다시 사자가 되었어요. 칠 년이 지났으니까요. 사자는 지금 린트부름[12]과 싸우고 있어요. 린트부름은 사실 마법에 걸린 공주이고요."

그러자 밤바람이 막내딸에게 말했습니다.

"내 말 잘 들어요. 홍해로 가세요. 바닷가 오른쪽에 큰 나뭇가지들이 보이면 하나하나 세어보고 열한 번째 가지를 잘라 린트부름을 내리치세요. 그래야 사자가 린트부름을 누르고, 둘은 사람의 모습으로 돌아올 수 있지요. 그러고 나서 주위를 둘러보세요. 그라이프[13]가 바닷가에 앉아있을 거예요. 사랑하는 왕자와 같이 그라이프의 등에 올라타면 그라이프가 바다를 건너서 집으로 데려다 줄 거예요. 자, 이 호두를 가지고 가서 바다 한가운데에 떨어뜨려요. 호두는 싹이 터서 물속에서 쑥쑥 자라 커다란 호두나무가 될 거예요. 그럼 그라이프가 호두나무에 앉아 쉴 수 있거든요. 쉬지를 못하면 힘이 약해져 두 사람을 건네줄 수 없어요. 호두를 떨어뜨리는 것을 잊어버리면 그라이프가 당신들을 바다에 떨어뜨릴 거예요."

막내딸은 홍해로 가서 밤바람이 말한 것을 다 찾았습니다. 바닷가에서 나뭇가지를 세어보고 열한 번째 가지를 잘라 린트부름을 내리쳤습니다. 사자가 린트부름을 누르자마자 둘은 다시 사람으로 변했습니다. 하지만 조금 전까지 린트부름이었던 공주는 마법에서 풀려나자 왕자를 꼭 껴

---

12 전설 속의 용처럼 생긴 괴물.

13 독수리 머리와 날개에 사자 몸을 한 그리스신화에 나오는 괴물.

안더니 그라이프의 등에 올라타고 떠나버렸습니다. 먼 길을 헤쳐 온 불쌍한 막내딸은 덩그러니 다시 혼자 남게 되었습니다. 막내딸은 털썩 주저앉아 엉엉 울다가 다시 용기를 내 이렇게 말했습니다.

"바람이 부는 저 먼 곳으로, 닭이 울음을 멈출 때까지 당신을 찾고야 말 거야."

막내딸은 멀고도 먼 길을 걸어서 두 사람이 같이 사는 성에 왔습니다. 곧 두 사람이 결혼식을 올릴 거라는 소식을 듣고 막내딸이 말했습니다.

"하나님 도와주세요."

그러고 나서 막내딸은 해님이 준 자그마한 상자를 열었습니다. 상자 안에는 해님처럼 눈부시게 빛나는 옷이 들어있었습니다. 막내딸은 옷을 꺼내 입고 성으로 갔습니다. 모든 사람과 신부는 막내딸을 감탄의 눈길로 바라보았습니다. 신부는 막내딸이 입은 옷이 마음에 쏙 들었습니다. 웨딩드레스로 입으면 참 좋겠다 싶어서 막내딸에게 팔지 않겠느냐고 물었습니다.

"돈이나 재물로는 안 되고요, 살과 피를 주면 팔죠."

막내딸이 이렇게 대답하자 신부가 그게 무슨 말이냐고 물었습니다. 막내딸이 말했습니다.

"신랑이 자는 방에서 하룻밤만 자게 해주세요."

신부는 그러고 싶지 않았습니다. 하지만 옷이 너무 갖고 싶어서 마침내 승낙했습니다. 그러나 왕자가 잠자리에 들기 전 왕자에게 술을 주라고 시종에게 일렀습니다. 밤에 왕자가 잠들자 막내딸이 방으로 들어왔습니다. 막내딸은 침대 곁에 앉아 이렇게 말했습니다.

"칠 년 동안 당신을 찾아다녔어요. 해님에게도 달님에게도 네 가지 바람에게도 당신이 어디 있느냐고 물었지요. 린트부름과 싸울 때도 도와드렸잖아요? 그런데 날 영원히 잊으시겠다고요?"

하지만 깊은 잠에 빠진 왕자의 귀에는 막내딸이 하는 말이 바깥 전나무를 스치고 지나가는 바람 소리처럼 들렸습니다. 아침이 밝아오자 막내딸은 방에서 나와 신부에게 황금 옷을 벗어주었습니다. 이것도 아무런 소용이 없자 막내딸은 슬픔에 잠겨 풀밭으로 나가 털썩 주저앉아 울었습니다. 그런데 문득 달님이 준 달걀이 생각났습니다. 막내딸은 달걀을 깨뜨렸습니다. 그랬더니 열두 마리 황금 병아리를 거느린 암탉이 푸드덕 튀어나왔습니다. 병아리들은 삐악 거리며 종종 돌아다니다가 어미 닭 품속으로 다시 기어들어갔습니다. 세상에서 가장 아름다운 광경이었습니다. 막내딸은 벌떡 일어나 풀밭에서 병아리들을 몰고 다녔습니다. 신부가 창밖을 내다보다가 병아리들을 보고 마음에 쏙 들어 내려왔습니다. 그리고 막내딸에게 병아리들을 팔겠느냐고 물었습니다.

"돈이나 재물로는 안 되고요, 살과 피를 주면 되죠. 신랑이 자는 방에서 하룻밤만 자게 해주세요."

신부는 그러라고 했습니다. 어젯밤처럼 막내딸을 속이려는 거였죠. 그날 밤 왕자는 잠자리에 들며 밤에 웅얼웅얼하고 부스럭거리는 소리가 난 것 같은데 도대체 무슨 소리냐고 시종에게 물었습니다. 그러자 시종은 어떤 불쌍한 아가씨가 방에서 몰래 자고 갔다고 말했습니다. 그래서 잠자리에 들기 전에 왕자에게 술을 준 것이라고 했습니다. 오늘 밤에도 또 술을 줄 것이라고 하자 왕자가 말했습니다.

"술을 침대 옆에 쏟아버려라."

밤이 되자 막내딸이 들어와서 얼마나 슬픈 일을 당했는지 이야기를 시작했습니다. 왕자는 목소리를 듣고 아가씨가 사랑하는 아내임을 단박 알아차렸습니다. 왕자는 벌떡 일어나 외쳤습니다.

"이제야 완전히 마법에서 풀려난 것 같소. 마치 꿈에서 깨어난 듯하오. 나도 모르는 공주가 마법을 부려 당신을 잊도록 했다오. 하지만 하나님이 알맞은 때에 나의 어리석음을 거두셨군요."

두 사람은 밤에 몰래 성을 빠져나왔습니다. 공주의 아버지가 마법사라 무서웠으니까요. 두 사람이 그라이프의 등에 올라타자 그라이프는 홍해 위를 날아갔습니다. 막내딸은 호두를 바다 한가운데 떨어뜨렸습니다. 그러자 아름드리 호두나무가 바닷속에서 쑥쑥 올라왔고, 그라이프는 나무 위에서 쉬었습니다. 그라이프는 두 사람을 무사히 집에 데려다 주었습니다. 집에는 아이가 벌써 커서 아름다운 젊은이가 되어있었습니다. 두 사람은 아들과 함께 평생을 아주 행복하게 살았답니다.

◆99◆
거위 치는 아가씨

옛날에 아름다운 딸을 둔 늙은 여왕이 살았습니다. 여왕의 남편은 이미 오래전에 세상을 떠났습니다. 공주는 아름다운 아가씨로 자라나 먼 나라의 왕자와 결혼하게 되었습니다. 결혼 날짜가 다가오자 공주는 먼 나라로 떠날 채비를 했습니다. 여왕은 딸을 위해 금은으로 만든 그릇이랑 잔이랑 보석 같은 값진 살림살이와 패물을 가득 싸주었습니다. 말하자면 왕실의 신부지참금에 걸맞은 모든 것을 해준 것입니다. 공주를 무척 사랑했으니까요. 여왕은 공주를 신랑에게 인도해 줄 시녀도 같이 말을 타고 가게 했습니다. 공주와 시녀는 여행에 타고 갈 말을 각자 한 마리씩 받았습니다. 공주의 말은 이름이 팔라다였고 말을 할 줄도 알았습니다. 작별할 시간이 되자 늙은 여왕은 침실로 가서 조그만 칼로 손가락을 베었습니다. 피가 흘러내리자 여왕은 하얀 헝겊을 밑에 대고 피 세 방울을 받았습니다. 그리고 그것을 딸에게 주면서 말했습니다.

"얘야, 잘 간직해라. 도중에 요긴하게 쓰일 것이다."

공주는 여왕에게 슬픈 작별인사를 하고 피 묻은 헝겊을 품에 넣은 뒤 말에 올라타 신랑이 있는 곳으로 길을 떠났습니다. 한 시간쯤 달렸더니 두 사람은 목이 몹시 말랐습니다. 공주가 시녀에게 말했습니다.

"말에서 내려 가져온 황금 잔에 개울물을 떠 오너라. 얼른 마시고 싶구나."

그러자 시녀가 말했습니다.

"목이 마르면 말에서 내려 개울물에 가서 직접 떠 마시라고요. 이제 시녀 노릇 하기 싫거든요."

공주는 목이 몹시 말랐습니다. 그래서 할 수 없이 말에서 내려 황금 잔으로 물을 마시지 못하게 하니까 몸을 굽히고 개울물을 마셨습니다.

"오, 하나님!"

공주의 입에서 탄식이 흘러나오자 피 세 방울이 말했습니다.

"어머니가 아시면 심장이 터질 거예요."

공주는 풀이 죽어 잠자코 다시 말에 올라탔습니다. 그리고 두서너 마일쯤 달렸는데 날은 무덥고 뙤약볕이 쨍쨍 내리쬐니까 또 목이 말랐습니다. 마침 개울이 나오자 공주는 시녀의 못된 행동은 벌써 까맣게 잊어버리고 또 말했습니다.

"말에서 내려 황금 잔에 물을 떠 오너라."

그런데 시녀는 더욱 건방지게 이렇게 말했습니다.

"마시고 싶으면 알아서 혼자 마셔요. 이제 시녀 노릇 하기 싫다고요."

공주는 목이 너무 말라서 털썩 주저앉아 흐르는 개울물에 몸을 숙인 채 울면서 말했습니다.

"오, 하나님!"

그러자 피 세 방울이 또다시 말했습니다.

"어머니가 아시면 심장이 터질 거예요."

그런데 개울물을 마시려고 몸을 너무 숙이는 바람에 품에 지녔던 피 묻은 헝겊이 물에 떨어져 둥둥 떠내려갔습니다. 하지만 두려움에 떨고 있던 공주는 그것을 미처 알아채지 못했습니다. 하지만 시녀는 그것을 보고 이제 신부를 마음대로 할 수 있다고 기뻐했습니다. 세 핏방울을 잃어버린 공주는 힘이 약해져 아무것도 할 수 없게 되었습니다. 공주가 다시 팔라다에 올라타려고 하자 시녀가 말했습니다.

"이제 내가 팔라다를 타고 갈 거예요. 공주님은 내 말을 타요."

공주는 어쩔 수 없이 그러자고 했습니다. 또 시녀는 공주에게 공주 옷을 벗고 볼품없는 자기 옷을 입으라고 딱딱거렸습니다. 그러고 나서 왕궁에 가서 아무에게도 이 사실을 말하지 않겠다고 공주는 맹세해야 했습니다. 공주가 맹세하지 않았더라면 아마 그 자리에서 당장 목숨을 잃었을 겁니다. 하지만 팔라다는 이 모든 것을 주의 깊게 지켜보고 있었습니다.

시녀는 팔라다에 올라타고 진짜 신부는 볼품없는 말에 올라 계속 길을 달렸습니다. 드디어 신랑이 사는 성에 도착하자 모두 기쁜 마음으로 두 사람을 반갑게 맞아주었습니다. 왕자도 뛰어와서 시녀를 말에서 안아 내렸습니다. 신부인 줄 알았던 것입니다. 시녀는 안내를 받으며 계단을 올라갔고 진짜 공주는 밑에 남아서 서 있었습니다. 그때 늙은 왕이 창문으로 밖을 내다보다가 마당에 서 있는 공주를 보았습니다. 사랑스럽고 우아한 아주 아름다운 아가씨였습니다. 왕은 거실로 가서 가짜 신부에게 저 아래 마당에 서 있는, 데리고 온 아가씨는 누구냐고 물었습니다.

"오는 길에 말동무 삼아 데려온 아이예요. 빈둥거리지 않게 할 일을 주세요."

그러나 늙은 왕은 아가씨에게 시킬 일이 없었습니다. 그래서 이렇게 말했습니다.

"거위를 치는 어린 소년이 있는데, 그 아이나 도와주거라."

소년의 이름은 퀴르드헨[혹은 콘레드헨]이었는데, 진짜 신부는 소년을 도와 거위를 치게 되었습니다.

얼마 지나지 않아 가짜 신부가 왕자에게 말했습니다.

"여보, 부탁이 있는데 들어주시겠어요?"

왕자가 대답했습니다.

"물론이오."

"도살자를 불러 제가 타고 온 말의 목을 베라고 하세요. 오다가 저를 화나게 했거든요."

사실 가짜 신부는 자신이 저지른 못된 짓을 팔라다가 말해버릴까 봐 두려웠던 것입니다. 충성스러운 팔라다가 죽게 되었다는 소문이 공주의 귀에도 들려왔습니다. 공주는 몰래 도살자에게 가서 금화 한 닢을 주겠으니 작은 부탁 하나만 들어달라고 했습니다. 도시에는 커다랗고 어두운 성문이 있었는데, 공주가 아침저녁으로 거위를 몰고 드나드는 곳이었습니다. 공주는 도살자에게 어두운 성문 아래에 팔라다의 목을 못 박아 매달아놓으라고 했습니다. 공주가 한 번만이 아닌 여러 번 볼 수 있도록 말입니다. 도살자는 그렇게 하겠다고 하고 팔라다의 목을 베어 어두운 성문 아래에 매달아 놓았습니다.

아침 일찍 공주가 퀴르드헨과 함께 거위를 몰고 성문을 지나가며 말했습니다.

"오, 팔라다야, 매달려있구나."

그러자 머리가 대답했습니다.

　"오, 공주 아가씨, 지나가시네요,
　어머니가 아시면
　심장이 터질 거예요."

　그러나 공주는 퀴르드헨과 함께 잠자코 성 밖 들판으로 나가 거위들을
몰았습니다. 풀밭에 이르자 공주는 자리에 앉아 황금빛 금발 머리를 풀었
습니다. 반짝거리는 금발이 아주 아름다워 퀴르드헨이 몇 올 뽑으려고 하
자 공주가 말했습니다.

　"불어라, 불어라, 바람아,
　퀴르드헨의 모자를 날려 보내렴,
　모자 쫓아 뛰어가면,
　내 머리 총총 땋아
　다시 감아올리려고."

　그러자 바람이 쌩 불더니 퀴르드헨의 모자가 들판 멀리 휙 날아갔습니
다. 퀴르드헨은 모자를 쫓아 뛰어갔습니다. 다시 돌아왔더니 공주는 이미
머리를 땋아 감아올린 뒤였습니다. 머리카락을 한 올도 얻지 못해 약이 오
른 퀴르드헨은 공주에게 말도 걸지 않았습니다. 두 사람은 거위를 돌보다
가 저녁이 되어 집으로 돌아왔습니다.

　다음 날 아침, 두 사람이 거위를 몰고 성문 아래를 지날 때 공주가 다
시 말했습니다.

"오, 팔라다야, 매달려있구나."

그러자 팔라다가 대답했습니다.

"오, 공주 아가씨, 지나가시네요,
어머니가 아시면
심장이 터질 거예요."

들판으로 나가자 공주는 다시 풀밭에 앉아 머리를 빗기 시작했습니다. 퀴르드헨이 뛰어와서 머리를 잡으려고 하자 공주가 얼른 말했습니다.

"불어라, 불어라, 바람아,
퀴르드헨의 모자를 날려 보내렴,
모자 쫓아 뛰어가면,
내 머리 총총 땋아
다시 감아올리려고."

그러자 바람이 쌩쌩 불더니 모자가 멀리 날아갔고, 퀴르드헨은 모자를 쫓아가야만 했습니다. 다시 돌아왔더니 공주는 이미 머리를 다 빗은 뒤였고 퀴르드헨은 또 머리카락 한 올도 얻지 못했습니다. 그렇게 두 사람은 저녁때까지 거위를 돌보았습니다.

저녁에 집에 돌아오자 퀴르드헨은 늙은 왕에게 가서 말했습니다.

"더는 저 아가씨하고는 거위를 돌보고 싶지 않아요."

늙은 왕이 물었습니다.

"왜 그러느냐?"

"예, 온종일 약을 올리니까요."

그러자 늙은 왕은 도대체 무슨 일이 있었는지 말하라고 했습니다.

퀴르드헨이 말했습니다.

"아침에 거위 떼를 몰고 어두운 성문 아래를 지나갈 때마다 벽에 매달린 말의 머리를 보고 아가씨가 이렇게 말한답니다.

'오, 팔라다야, 매달려있구나.'

그러면 머리가 이렇게 대답해요.

'오, 공주 아가씨, 지나가시네요,
어머니가 아시면
심장이 터질 거예요.'"

퀴르드헨은 거위 치는 풀밭에서 무슨 일이 일어났는지 말을 이었습니다. 바람에 날아가는 모자를 쫓아갔던 일까지 다 이야기했습니다.

늙은 왕은 다음 날 다시 거위를 몰고 나가라고 명령했습니다. 다음 날 아침, 늙은 왕은 친히 어두운 성문으로 가서 뒤에 앉아 있다가 공주가 팔라다의 머리와 이야기하는 것을 엿들었습니다. 왕은 들판으로 나가 풀밭 덤불 뒤에 몸을 숨기고 아가씨와 젊은이가 거위 떼를 몰고 오는 것을 지켜보았습니다. 얼마 뒤 공주가 자리에 앉아 머리를 풀어내리니 금발이 반짝반짝 빛났습니다. 공주가 말했습니다.

"불어라, 불어라, 바람아,
퀴르드헨의 모자를 날려 보내렴,

모자 쫓아 뛰어가면,

내 머리 총총 땋아

다시 감아올리려고."

그러자 바람이 쌩 불더니 퀴르드헨의 모자를 획 날려버렸습니다. 퀴르드헨이 멀리까지 뛰어가는 동안 아가씨는 잠자코 머리를 빗어 땋아 올렸습니다. 늙은 왕은 이 광경을 다 지켜보았고 아무도 모르게 다시 성으로 돌아왔습니다. 저녁에 양치기 아가씨가 돌아오자 왕은 아가씨를 불러 왜 그렇게 하느냐고 물었습니다.

"말씀드릴 수 없어요. 아무에게도 저의 괴로움을 털어놓을 수 없답니다. 하늘을 두고 맹세했거든요. 한마디 벙긋하면 죽어야 하니까요."

왕은 말하라고 계속 다그쳤지만 단 한마디도 들을 수 없었습니다.

"짐에게 말할 수 없다면 저기 있는 무쇠 난로에 네 괴로움을 털어놓아라."

결국, 왕은 이렇게 말하고 가버렸습니다. 그러자 공주는 무쇠 난로 안으로 기어들어가 슬피 흐느끼면서 마음속을 털어놓았습니다.

"세상에서 버림받았지만 나는 공주랍니다. 못된 시녀가 억지로 내 공주 옷을 빼앗고 신부 자리를 차지했어요. 나는 거위를 치며 궂은일을 해야 하고요. 만약 어머니가 아신다면 가슴이 터지실 거예요."

늙은 왕은 바깥에서 난로 연통 가까이에서 귀를 세우고 있다가 공주의 말을 다 들었습니다. 왕은 다시 들어와서 공주에게 난로에서 나오라고 했습니다. 그리고 공주에게 공주 옷을 입으라고 했습니다. 그러자 마치 기적이 일어난 듯 공주는 눈부시게 아름다운 모습으로 변했습니다. 늙은 왕은 왕자를 불러 신부가 가짜라고 알려주었습니다. 가짜 신부는 시녀에 불과하고 진짜 신부는 여기서 서 있는 거위 치기 아가씨라고 말입니다. 왕자는 아름답고 기품 있는 공주를 바라보며 무척 기뻤습니다. 곧 성대한 만찬을 베풀어 왕실 사람들과 친한 지인들을 초대했습니다. 상석에 신랑이 앉았습니다. 그 옆에 공주가 앉았고 또 한쪽 옆에는 시녀가 앉았습니다. 공주가 단 장신구들이 눈부시게 반짝거려서 시녀는 공주를 알아보지 못했습니다. 시녀는 먹고 마시고 기분이 좋았습니다. 그때 늙은 왕이 시녀에게 수수께끼를 하나 냈습니다. 그동안 일어난 일들을 쭉 이야기하며 주인을 이렇게 저렇게 속인 시녀를 어떻게 생각하느냐고 물었습니다.

"어떤 벌을 내려야 마땅하겠느냐?"

"그런 여자는 홀랑 발가벗겨서 날카로운 못이 삐죽삐죽 박힌 통 안에 던져 넣어도 모자라지요. 하얀 말 두 마리에 통을 매달아서 죽을 때까지 이 거리 저 거리 끌고 다니게 해야 합니다."

늙은 왕이 말했습니다.

"그게 바로 너다. 네 입으로 내린 판결이니 그에 따라 벌을 받을지니라."

이렇게 시녀는 벌을 받았고, 왕자는 진짜 신부와 결혼해서 나라를 평화롭게 다스리며 행복하게 잘 살았답니다.

◆100◆
어린 거인

아들을 하나 둔 농부가 있었습니다. 그런데 아들은 키가 딱 엄지손가락만 했고 더는 자라지 않았습니다. 몇 년이 지나도 털끝만큼도 자라지 않았죠. 어느 날, 농부가 밭을 갈러 나가려고 하는데 아들이 말했습니다.

"아버지, 지도 같이 갈래요."

아버지가 말했습니다.

"같이 가겠다고? 여기 있어라. 밭에서 아무 쓸모도 없을 텐데. 너를 잃어버리기도 한다면 어쩌겠니?"

그러자 엄지둥이는 엉엉 울기 시작했습니다. 아버지는 할 수 없이 아들을 주머니에 넣어 데리고 갔습니다. 밭에 이르자 아버지는 아들을 주머니에서 꺼내 새로 만든 이랑에 내려놓았습니다. 아들이 앉아있는데 커다란 거인이 산을 넘어왔습니다. 아버지가 말했습니다.

"저기 커다란 도깨비 보이지? 널 잡으러 오는구나."

아버지는 그저 겁을 좀 줘서 아이를 얌전히 만들려는 생각이었습니다. 거인은 긴 다리로 성큼성큼 걸어왔습니다. 몇 걸음 걷지도 않았는데 벌써 이랑에 와서 꼬마 엄지둥이를 두 손가락으로 조심스레 집어 올려 요리조리 살펴보더니 아무 말도 없이 데려가 버렸습니다. 옆에 있던 아버지는 너무 겁에 질려 말문이 턱 막혀버렸습니다. 이제 아들을 잃어버렸으니 살아 있는 동안 다시는 볼 수 없을 거로 생각했습니다.

거인은 엄지둥이를 집으로 데려가 젖을 먹였습니다. 엄지둥이는 무럭무럭 자라서 거인처럼 크고 아주 힘이 센 사내아이가 되었습니다. 이 년이 지나자 거인은 아이를 시험하려고 숲 속으로 데려가 말했습니다.

"나뭇가지를 하나 뽑아보아라."

기운이 세진 아이는 땅에서 어린나무를 뿌리째 쑥 뽑아버렸습니다. 그러나 거인이 말했습니다.

"아직 멀었다."

거인은 아이를 도로 집으로 데려가서 이 년을 더 젖을 먹여 키웠습니다. 그리고 또다시 아이를 시험했습니다. 아이는 힘이 더 세져서 늙은 나무를 쑥 뽑아 꺾어버렸습니다. 하지만 거인에게는 충분하지가 않았습니다. 다시 아이에게 이 년을 더 젖을 먹였습니다. 그런 뒤에 다시 아이를 데리고 숲에 가서 말했습니다.

"자, 이제 아름드리나무 하나를 뽑아보아라."

아이는 가장 굵은 떡갈나무를 장난처럼 우지끈 뽑아 올렸습니다. 거인이 말했습니다.

"이제 됐다. 더 배울 게 없다."

거인은 아이를 데려왔던 밭으로 다시 데려갔습니다. 거인은 쟁기 뒤에서 있는 아이의 아버지에게 다가가 말했습니다.

"보세요. 아들이 얼마나 훌륭한 사내가 되었는지 보시라고요."

농부는 깜짝 놀라 말했습니다.

"아냐, 내 아들이 아니야. 나는 너 같은 아들이 없어. 저리 가라."

"저예요. 아버지 아들이에요. 일하게 해주세요. 아버지만큼 밭도 잘 갈 수 있다고요. 아니 더 잘할 겁니다."

"아니다, 아냐. 넌 내 아들이 아니다. 밭도 갈지 말고 저리 가, 가라니까."

하지만 아버지는 거인 아들이 무서워서 얼른 쟁기를 내려놓고 뒤로 비키더니 밭 옆쪽에 가서 앉았습니다. 그러자 어린 거인은 한 손으로 쟁기를 잡고 콱 밀었습니다. 그런데 너무 힘을 줘서 쟁기가 땅속에 푹 꽂혀버렸습니다. 농부는 차마 보고만 있을 수가 없어서 소리쳤습니다.

"밭을 갈 때 너무 세게 누르지 말라고. 일을 망친다니까."

어린 거인은 말의 멍에를 풀어주고 직접 쟁기를 잡고 땅을 갈면서 말했습니다.

"아버지는 집으로 가세요. 어머니에게 커다란 그릇으로 하나 가득 음식이나 준비해 놓으라고 하시고요. 그동안 제가 밭을 다 갈아놓을게요."

농부는 집으로 가서 아내에게 음식을 준비하라고 일렀습니다. 그러는 동안 어린 거인은 2 모르겐[14]이나 되는 밭을 혼자서 다 갈아엎었습니다.

---

14 옛 토지면적의 단위, 약 2에이커.

그리고 두 개의 써레를 양어깨에 메고 땅바닥을 평평하게 골라놓았습니다. 일을 끝내자 어린 거인은 숲으로 들어가서 떡갈나무 두 그루를 쑥 뽑아 어깨에 메었습니다. 그리고 나무 양쪽 끝에 각각 하나씩 두 개의 써레를 매고, 또 다른 나무의 양쪽 끝에다가는 말 한 마리씩 맸습니다. 그러고 나서 아이는 그 모든 것을 짚단을 메듯 가벼이 메고 집으로 돌아왔습니다. 아이가 마당으로 들어서자 어머니는 아들을 알아보지 못하고 물었습니다.

"이 무시무시하게 커다란 사내는 도대체 누구예요?"

농부가 말했습니다.

"우리 아들이라오."

아내가 말했습니다.

"설마, 그럴 리가 없어요. 저렇게 큰 아이가 어떻게 우리 아들이라고. 우리 아들은 아주 작잖아요."

아내는 어린 거인에게 소리쳤습니다.

"저리 가거라! 널 받아들일 수 없어."

어린 거인은 잠자코 말들을 마구간으로 끌고 가 평소 먹이던 대로 귀리와 건초를 주었습니다. 그러고는 방으로 들어와 의자에 앉으며 말했습니다.

"어머니, 배가 고픈데, 저녁 다 됐나요?"

어머니가 말했습니다.

"그래."

어머니는 그릇 두 개에 음식을 가득 담아 왔습니다. 부부가 여드레 동안 배불리 먹을 수 있는 양이었습니다. 그런데 아이는 음식을 혼자서 냉큼 다 먹어치우더니 먹을 게 더 없느냐고 물었습니다. 어머니가 말했습니다.

"없다. 그게 다야."

"이제 겨우 맛만 봤는데, 더 주세요."

어머니는 차마 안 된다고 할 수가 없어 커다란 가마솥에 돼지고기를 한가득 담아 불 위에 올렸습니다. 고기가 익자 어머니는 솥째 들고 들어왔습니다.

"이제야 좀 먹을 만하네요."

어린 거인은 이렇게 말하고 꿀꺽 먹어치웠습니다. 그러고도 배가 부르지 않는지 또 말했습니다.

"아버지, 집에서는 통 배불리 먹을 수가 없겠네요. 쇠막대기를 하나 구해주세요. 무릎에 대고 꺾어도 부러지지 않는 튼튼한 거로요. 그러면 제가 집에서 나갈게요."

농부는 그 말이 반가워서 두 마리의 말을 수레에 매고 대장간으로 갔습니다. 그곳에서 두 마리의 말이 간신히 끌 수 있을 정도의 커다랗고 두꺼운 쇠막대기를 구해왔습니다. 어린 거인은 쇠막대기를 무릎에 대고 확 꺾었습니다. 그러자 쇠막대기는 콩 줄기를 받치는 막대기처럼 가볍게 두 동강이 났습니다. 어린 거인은 부러진 쇠막대기를 휙 던져버렸습니다. 아버지는 이번에는 네 마리의 말을 수레에 맸습니다. 그리고 말 넷이 간신히 끌 수 있을 정도의 커다랗고 두꺼운 쇠막대기를 구해왔습니다. 하지만 이번에도 어린 거인은 쇠막대기를 무릎에 대고 꺾어 단박 두 동강이를 내고는 던져버렸습니다.

"아버지, 이 정도로는 안 돼요. 더 많은 말을 끌고 가서 더 강하고 튼튼한 쇠막대기를 가져오세요."

어린 거인이 이렇게 말하자 아버지는 여덟 마리의 말을 수레에 매고 말 여덟이 겨우 끌 수 있을 정도의 쇠막대기를 실어왔습니다. 어린 거인은 쇠막대기를 손에 들더니 위쪽 끝을 또 댕강 부러뜨린 뒤 말했습니다.

"아버지, 제게 필요한 쇠막대기를 구해 주실 수 없나 봐요. 그냥 집을 떠나겠습니다."

어린 거인은 집을 떠나 대장장이처럼 행세하며 다녔습니다. 그러다가
어느 마을에 이르렀는데, 그곳에 대장장이가 한 사람 살고 있었습니다. 그
런데 그 사람은 남한테 뭘 나눠주는 법이 없었고, 혼자서 모두 가지려는
지독한 구두쇠였습니다. 어린 거인은 대장간에 들어가서 혹시 일꾼이 필
요하지 않으냐고 물었습니다. 대장장이는 예, 하더니 힐끗 쳐다보면서 이
렇게 생각했습니다.

'꽤 쓸 만한 녀석 같은데. 망치질도 잘하겠어. 밥값은 하겠네.'

대장장이가 물었습니다.

"품삯은 얼마나 받고 싶나?"

어린 거인이 말했습니다.

"품삯은 필요 없어요. 다른 일꾼들은 이 주마다 한 번씩 품삯을 받지만
저는 그냥 주인님을 두 번 치기만 할 테니 참으셔야 합니다."

구두쇠는 귀가 번쩍 띄었습니다. 많은 돈을 아낄 수 있겠다 싶었습니
다. 다음 날 아침, 새로 들어온 일꾼은 먼저 망치질을 해야 했습니다. 장인
이 벌겋게 달구어진 쇠막대기를 가져오자 어린 거인은 망치로 한 번 쾅 내
리쳤습니다. 그런데 쇠막대기는 댕강 부러져 날아가 버렸고 모루는 땅속
깊숙이 박혀서 다시 꺼낼 수가 없었습니다. 구두쇠 대장장이는 화를 더럭
내며 말했습니다.

"에이 이런, 자네 안 되겠네. 망치질이 너무 거칠잖나. 그런데 망치질을
한 번은 했으니 얼마를 주면 되겠나?"

어린 거인이 말했습니다.

"그냥 살짝 한 번만 칠게요."

그리고는 구두쇠를 냅다 걷어찼습니다. 구두쇠는 마차 네 대분의 건초

더미 너머로 휙 날아갔습니다. 어린 거인은 대장간에서 가장 두꺼운 쇠막대기를 골라 지팡이 삼아 짚으며 계속 길을 갔습니다.

어린 거인은 얼마 동안 길을 가다가 어느 농장에 이르렀습니다. 관리에게 일꾼 우두머리가 필요하지 않으냐고 물었더니 관리가 말했습니다.

"그래, 필요하긴 하지. 보아하니 일을 꽤 할 것 같구먼. 일 년에 얼마를 주면 되겠나?"

어린 거인은 또다시 품삯은 받지 않겠다고 했습니다. 하지만 일 년에 한 번씩 세 번 치겠으니 참고 맞으면 된다고 말했습니다. 관리 역시 구두쇠라 귀가 번쩍 뜨여 그러자고 했습니다. 다음 날 아침, 다른 일꾼들은 숲에 가려고 모두 일어났는데 어린 거인은 여전히 쿨쿨 자고 있었습니다. 한 일꾼이 소리쳤습니다.

"어서 일어나게, 나무하러 갈 시간인데, 같이 가야지."

어린 거인은 퉁명스럽게 내뱉었습니다.

"아하, 자네들 먼저 가라고. 어차피 내가 자네들보다 먼저 돌아올 텐데."

그러자 일꾼들은 관리에게 가서 일꾼 우두머리가 아직 자고 있다고, 같이 숲에 가지 않으려 한다고 말했습니다. 관리는 일꾼들에게 우두머리를 다시 한 번 깨워서 말을 수레에 매도록 하라고 했습니다. 하지만 우두머리의 대답은 여전했습니다.

"먼저들 가게. 어차피 내가 자네들보다 더 빨리 돌아올 텐데."

그러고서 어린 거인은 두 시간을 더 잔 다음 침대에서 일어났습니다. 일어나서 먼저 완두콩 두 셰펠[15]을 가져와 죽을 끓여 느긋하게 다 먹어치웠습니다. 식사를 마친 어린 거인은 수레에 말을 매고 숲으로 갔습니다. 그

---

15 곡량의 옛 단위. 지방에 따라 30-300리터로 일정치 않음.

런데 숲 속 가까이에 험하고 좁은 골짜기가 있는데, 그곳을 지나가야 했습니다. 어린 거인은 우선 수레를 앞으로 몰고 가서 멈춰 선 다음 수레 뒤로 갔습니다. 그리고 말이 지나가지 못하도록 나무와 가지들을 쌓아올려 울타리를 만들었습니다. 숲 어귀에 이르렀을 때 다른 일꾼들은 벌써 나무를 가득 싣고 숲에서 막 나오는 참이었습니다. 어린 거인이 일꾼들에게 말했습니다.

"먼저들 가게. 어차피 내가 집에 더 빨리 갈 텐데."

어린 거인은 숲 속 멀리 들어가지도 않았습니다. 그 자리에서 가장 커다란 나무 두 그루를 땅에서 쑥 뽑아 올려 마차에 휙 던져 넣고는 다시 수레를 돌렸습니다. 울타리 앞에 오니 다른 일꾼들이 지나가지 못하고 서성거리고 있었습니다. 어린 거인이 말했습니다.

"거봐, 나랑 같이 있었더라면 같이 집에 갈 수 있었을 텐데. 그리고 한 시간은 더 잘 수 있었을 것 아닌가."

그러면서 어린 거인은 앞으로 수레를 몰았습니다. 그런데 말이 울타리를 넘어가지 못하니까 말고삐를 풀고 말들을 수레에 실은 뒤에 수레의 채[16]를 직접 손에 잡고 영차! 끌면서 울타리를 펄쩍 넘었습니다. 마치 깃털을 끌고 가는 것처럼 가뿐히 해치웠습니다. 그러고는 말했습니다.

"거봐, 자네들보다 더 빠르잖아."

어린 거인은 집으로 달렸고 일꾼들은 울타리 뒤에 서 있을 수밖에 없었습니다. 마당에서 어린 거인은 나무 하나를 번쩍 들어 관리에게 보여주며 말했습니다.

"훌륭하지 않나요?"

그러자 관리가 아내에게 말했습니다.

---

16 수레의 앞쪽 양옆에 댄 긴 나무.

"저 친구 제법 쓸 만하네. 그렇게 오래 잤는데도 다른 사람들보다 더 빨리 갔다 왔지 않아."

어린 거인은 일 년 동안 관리 밑에서 일했습니다. 일 년이 지나 일꾼들이 품삯을 받자 어린 거인도 품삯을 달라고 했습니다. 관리는 거인한테 맞을 것을 생각하니 더럭 겁이 났습니다. 그래서 어린 거인에게 자기가 일꾼 우두머리가 될 테니 관리가 되라고 말했습니다. 어린 거인이 말했습니다.

"싫어요. 관리가 되기 싫어요. 일꾼 우두머리로 있겠어요. 그리고 약속한 대로 하자고요."

관리는 어린 거인이 요구하는 건 뭐든지 주겠다고 했지만 아무 소용이 없었습니다. 모든 제안을 딱 잘라 거절하니까 관리도 어쩔 수가 없어서 생각할 시간을 이 주 달라고 했습니다. 어린 거인은 이 주 시간을 주겠다고 말했습니다. 관리는 농장관리인들을 불러 모아 해결할 방법이 있는지 도움말을 해달라고 했습니다. 농장관리인들은 오랜 심사숙고 끝에 일꾼 우두머리는 사람을 파리 잡듯 죽일 수가 있기 때문에 목숨이 안전한 사람은 아무도 없다고 말했습니다. 그래서 우물 청소를 시키자고 했습니다. 어린 거인이 우물에 들어가면 우물가에 있는 맷돌을 굴려 머리 위로 떨어뜨려 버리면 다시는 햇빛을 볼 수 없을 거라고 했습니다. 관리는 좋은 방법이라고 생각했고, 일꾼 우두머리도 우물에 들어가겠다고 했습니다. 어린 거인이 우물 밑으로 내려가자 사람들은 가장 큰 맷돌을 굴려서 떨어뜨렸습니다. 그리고 머리에 바로 맞았겠지, 하는데 웬걸 어린 거인의 목소리가 쩌렁쩌렁 들려왔습니다.

"그놈의 닭들 좀 쫓아버리라고요. 녀석들이 모래를 파헤쳐 눈에 뿌려대니까 앞이 안 보이잖아요."

그러자 관리는 휘이, 휘이! 하며 닭 쫓는 소리를 냈습니다. 일꾼 우두머리가 우물 청소를 마치고 올라와서 말했습니다.

"이것 봐요, 멋진 목걸이가 생겼어요."

목에는 맷돌이 턱 하니 걸려있었습니다. 일꾼 우두머리가 다시 품삯을 받겠다고 하자 관리는 이 주만 더 생각할 시간을 달라고 했습니다. 다시 농장관리인들이 모여 궁리를 했습니다. 이번에는 일꾼 우두머리를 마법에 걸린 방앗간에 보내 밤새 곡식을 빻게 하자고 의견을 모았습니다. 살아서 아침에 나온 사람은 지금까지 아무도 없다고 했습니다. 관리는 그 제안을 받아들이고 그날 저녁 어린 거인을 불러 급한 일이라면서 곡식 여덟 가마니[17]를 방앗간에 싣고 가서 밤새 빻아오라고 했습니다. 어린 거인은 다락방으로 갔습니다. 가서 두 가마니는 오른쪽 주머니에 두 가마니는 왼쪽 주머니에 넣었습니다. 나머지 네 가마니는 자루에 넣어 반은 등에 짊어지고 반은 앞에 늘어뜨린 채 마법에 걸린 방앗간으로 갔습니다. 방앗간 주인은 낮에는 얼마든지 곡식을 빻아도 좋지만, 밤에는 안 된다고 말했습니다. 마법에 걸린 방앗간이라서 밤에 들어간 사람이 아침에 살아서 나온 적이 없다고 했습니다. 그러자 어린 거인이 말했습니다.

"문제없어요. 걱정하지 말고 가서 푹 주무세요."

그러고는 방앗간에 가서 곡식을 쏟아놓았습니다. 밤 열한 시 무렵, 어린 거인은 방앗간의 방에 들어가 긴 의자에 앉았습니다. 그리고 앉아있는데 벌컥 문이 열리며 아주, 아주 커다란 식탁이 쑥 들어왔습니다. 그러더니 포도주랑 구운 고기랑 맛있는 음식들이 식탁 위에 가득 차려졌습니다. 음식을 날라 오는 사람도 없는데 저절로 척척 차려졌습니다. 아무도 없는데 의자들도 저절로 움직여 식탁 옆에 가지런히 놓였습니다. 그리고 불쑥

---

17 말터: 옛 독일에서 사용된 곡물의 용량단위, 150~700리터인데 여기서는 그냥 가마니로 번역함.

손가락이 나타나 나이프와 포크를 들더니 접시에 음식을 옮겨 담았습니다. 보이는 것이라고는 손가락들밖에 없었습니다. 배가 고팠던 거인은 음식을 보고 식탁에 같이 앉아 맛있게 먹었습니다. 배불리 먹고 나서 손가락들이 그릇을 싹싹 비우자 훅, 하는 소리가 또렷이 나더니 촛불이 모두 꺼지며 아주 깜깜해졌습니다. 그때 누군가 거인의 따귀를 철썩 때렸습니다. 어린 거인이 말했습니다.

"또 한 번 따귀를 때리면 그대로 갚아주마."

그런데 또 철썩 따귀가 날아왔습니다. 그러자 어린 거인도 철썩 따귀를 날렸습니다. 따귀를 맞고 때리기는 밤새 내내 계속되었습니다. 거인은 아무렇게나 따귀를 날리지 않았습니다. 빈틈없이 골고루 부지런히 사방을 향해 따귀를 돌려주었습니다. 날이 밝아오자 갑자기 모든 것이 뚝 멈췄습니다. 방앗간 주인이 일어나 어떻게 되었는지 보러왔다가 어린 거인이 멀쩡하니 살아있으니까 깜짝 놀랐습니다. 어린 거인이 말했습니다.

"실컷 먹었는데 누가 따귀를 때려서 나도 냅다 때려줬지요."

방앗간 주인은 이제 방앗간이 마법에서 풀렸다고 기뻐하며 답례로 많은 돈을 주겠다고 했습니다. 그러나 어린 거인이 말했습니다.

"돈은 필요 없어요. 충분히 있어요."

그리고는 밀가루를 등에 짊어지고 돌아와서 관리에게 시킨 일을 다 했으니까 약속한 품삯을 받겠다고 했습니다. 그 말을 듣자 관리는 겁이 덜컥 났습니다. 안절부절 어쩔 줄을 모르며 방에서 왔다 갔다 하는 관리의 이마에서 식은땀이 흘러내렸습니다. 그래서 창문을 활짝 열었는데, 순간 아차 일꾼 우두머리에게 뻥 걷어차였습니다. 관리는 창문 밖으로 멀리, 아주 멀리 보이지 않는 곳으로 날아갔습니다. 어린 거인이 관리의 아내에게 말했습니다.

"남편이 안 돌아오면 아주머니가 대신 맞아야 해요."

관리의 아내가 소리쳤습니다.

"안 돼, 안 돼, 난 그거 못 견뎌."

이마에서 식은땀이 흘러내리자 관리의 아내도 창문을 활짝 열었습니다. 어린 거인은 그녀를 뻥 걷어찼습니다. 그녀도 창밖으로 휙 날아갔습니다. 그런데 남편보다는 몸이 가벼워서 더 높이 날아갔습니다. 그러자 관리가 소리쳤습니다.

"나한테로 와요."

관리의 아내도 소리쳤습니다.

"당신이 나한테 와요. 난 갈 수 없다고요."

관리 부부는 서로 갈 수가 없어서 하늘에서 둥둥 떠다녔습니다. 아직도 둥둥 떠다니는지, 그건 알 수가 없죠. 아무튼, 어린 거인은 쇠막대기를 들고 계속 길을 갔답니다.

◆101◆
땅속 나라 난쟁이

옛날에 딸 셋을 둔 부자 왕이 살았습니다. 세 공주는 날마다 성의 정원에서 산책했습니다. 왕은 온갖 종류의 아름다운 나무를 무척 좋아했는데, 그중에서도 끔찍이 아끼는 사과나무가 있었습니다. 왕은 사과를 따는 사람은 영원히 땅속으로 떨어지는 저주를 받을 것이라고 했습니다. 가을이 찾아들자 나무에 달린 사과가 핏빛처럼 빨갛게 물들어갔습니다. 공주들은 날마다 사과나무 아래 가서 바람이 불면 혹시 사과가 떨어지지 않을까 지켜보았습니다. 이제껏 땅에 떨어진 사과는 하나도 없었습니다. 나무는 주렁주렁 한가득 매달린 사과가 무거운 듯 가지를 땅 위로 축 늘어뜨린 채 금세 쓰러질 것만 같았습니다. 막내 공주는 사과가 몹시 탐났습니다. 그래서 언니들에게 이렇게 말했습니다.

"아버지는 우리를 사랑하시니까 절대로 저주를 내리지 않으실 거야. 다른 사람들 때문에 그렇게 말씀하신 거라고."

막내 공주는 통통한 사과 하나를 따 언니들에게 뛰어와서 말했습니다.

"이렇게 맛있는 사과는 생전 처음 먹어보네."

두 언니도 사과를 한입씩 베어 물었습니다. 그러자 세 공주 모두 쥐도 새도 모르게 감쪽같이 땅속으로 떨어지고 말았습니다.

점심때가 되자 왕은 식사하려고 딸들을 불렀습니다. 하지만 그들은 아무 데도 없었습니다. 왕은 성안과 정원을 샅샅이 뒤졌지만 세 공주를 찾을 수가 없었습니다. 왕은 몹시 슬펐습니다. 그래서 누구든 공주들을 찾아서 데려오는 사람에게는 그들 중 하나를 아내로 주겠다고 온 나라에 알렸습니다. 그러자 많은 젊은이가 세 공주를 찾으러 길을 나섰습니다. 아름다운데다 누구에게든 친절했던 공주들을 사람들은 아주 좋아했기 때문입니다. 젊은 사냥꾼 삼 형제도 공주들을 찾으러 길을 떠났습니다. 여기저기 돌아다닌 지 여드레째 되던 날, 세 사냥꾼은 커다란 성에 이르렀습니다. 성에는 아름다운 방들이 많이 있었습니다. 그 방들 가운데 하나에는 김이 모락모락 나는 달콤한 음식이 차려져 있었습니다. 하지만 성안 어디에도 인기척 하나 들리지 않았습니다. 사냥꾼들은 반나절 내내 기다렸습니다. 음식에서는 여전히 김이 모락모락 났습니다. 배가 너무 고팠던 사냥꾼들은 마침내 식탁에 앉아 음식을 먹고 성에 머무르기로 했습니다. 두 사람이 나가서 공주들을 찾을 동안 한 사람은 성에 남기로 하고, 누가 남을지 제비를 뽑았습니다. 그래서 뽑힌 것은 큰형이었습니다. 다음 날 아침, 두 동생은 공주들을 찾으러 나갔고 큰형 혼자 성에 남았습니다. 그런데 점심때쯤 아주 작은 난쟁이가 와서 빵 한 조각만 달라고 했습니다. 큰형은 식탁에 있는 빵을 한 조각 잘라 난쟁이에게 건넸습니다. 그런데 난쟁이가 빵을 떨어뜨리더니 사냥꾼에게 바닥에 떨어진 빵을 집어달라고 했습니다. 큰형이 빵을 집으려고 허리를 구부리자 난쟁이가 냅다 큰형의 머리카락을 휘어잡더니 몽둥이로 후려쳤습니다. 다음날, 둘째 형도 성에 혼자 남아 있다가 똑같은 일을 당했습니다. 저녁이 되어 나갔던 두 형제가 집에 돌아왔습니다. 큰형이 둘째에게 물었습니다.

"그래, 오늘 무슨 일이 있었니?"

어휴, 끔찍했어요."

큰형과 둘째 형은 무슨 일을 당했는지 서로 이야기했지만, 막내에게는 말하지 않았습니다. 두 사람은 막냇동생을 좋아하지 않았습니다. 세상살이에 약삭빠르지 않다고 막내를 바보 한스라고 불렀죠.

셋째 날에는 막내 한스가 성에 혼자 남았습니다. 이번에도 난쟁이가 와서 빵 한 조각을 달라고 했습니다. 빵을 주자 난쟁이는 빵을 또 떨어뜨리고 막내 한스에게 바닥에 떨어진 빵을 집어달라고 말했습니다. 그러자 바보 한스가 말했습니다.

"뭐야? 네 손으로 빵 한 조각 집을 수 없단 말이냐? 매일 먹는 빵인데 손가락 하나 까딱하지 않겠다면 넌 먹을 자격도 없어."

난쟁이는 화를 발칵 내며 빵을 집어달라고 소리쳤습니다. 그러자 한스는 잽싸게 난쟁이의 멱살을 잡고 두들겨 팼습니다. 난쟁이는 고래고래 소리를 질렀습니다.

"그만, 제발 그만 해. 날 놔달라고. 그럼 공주들이 어디 있는지 말해줄게."

그제야 한스는 난쟁이를 놓아주었습니다. 난쟁이는 자기가 땅속에서 왔으며 그곳에는 천명도 넘는 난쟁이가 살고 있다고 말했습니다. 그리고 공주들이 있는 곳을 알려주겠으니 따라오라고 했습니다. 난쟁이는 깊고 마른 우물을 가르쳐주면서 같이 온 형들은 믿을 수 없으니까 공주들을 구하려면 혼자 가라고 했습니다. 형들도 공주들을 구하고 싶겠지만, 힘이 드는데다 위험을 무릅쓰고까지 갈 사람들은 아니라고 했습니다. 난쟁이는 공주들을 구해내려면 사냥 칼과 방울을 준비해서 커다란 바구니를 타고 우물 속으로 내려가라고 했습니다. 우물 밑에는 방이 세 개 있는데 각 방에서 공주들이 머리가 여러 개 달린 용의 몸을 긁어주고 있으니 방에 들어가 용의 머리를 베라고 했습니다.

땅속에 사는 난쟁이는 말을 마치자 사라졌습니다. 저녁이 되자 나갔던 형들이 돌아왔습니다. 형들이 그동안 무슨 일이 있었느냐고 묻자 막내가 말했습니다.

"흠, 별일 없었어요."

그리고 사람은 보지 못했는데 점심때 난쟁이가 왔다고 말했습니다. 난쟁이가 빵 한 조각을 달라고 해서 줬더니 빵을 바닥에 떨어뜨리고 다시 집어달라고 해서 싫다고 했다고, 그런데 난쟁이가 하도 버릇없이 굴어서 막 때려줬더니 공주들이 있는 곳을 알려줬다고 막내는 그대로 털어놓았습니다. 두 형은 막냇동생의 말을 듣고 화가 나서 얼굴이 붉으락푸르락 달아올랐습니다. 다음 날 아침, 세 형제는 모두 같이 우물로 갔습니다. 그리고 누가 먼저 바구니를 타고 우물로 들어갈지 제비를 뽑았습니다. 첫 번째로 뽑힌 것은 큰형이었습니다. 큰형은 방울을 가지고 바구니에 올라타며 말했습니다.

"방울을 울리면 얼른 나를 끌어올려야 한다."

그런데 얼마 내려가지도 않아 짤랑짤랑 방울 소리가 났습니다. 두 형제는 큰형을 다시 끌어올렸습니다. 다음에는 둘째가 바구니를 타고 내려갔지만, 큰형과 똑같았습니다. 마지막으로 막내가 바구니를 타고 내려갔습니다. 막내는 단번에 밑바닥까지 내려왔습니다. 막내는 바구니에서 나와 사냥 칼을 들고 첫 번째 방문 앞에 가서 귀를 기울였습니다. 방 안에서 용의 코 고는 소리가 드르렁드르렁 났습니다. 막내는 슬며시 문을 열었습니다. 안에는 공주가 아홉이나 되는 용의 머리들을 무릎에 뉘고 긁어주고 있었습니다. 막내는 사냥 칼로 용의 머리들을 댕강댕강 모두 베어버렸습니다. 공주는 벌떡 일어나 막내의 목을 얼싸안고 진심으로 입을 맞췄습니다. 그리고 목에 걸고 있던 오래된 금목걸이를 막내의 목에 걸어주었습니다. 막내는 둘째 공주가 있는 방으로 갔습니다. 둘째 공주는 머리가 일곱 개 달린 용의 몸을 긁어주고 있었습니다. 둘째 공주를 구한 뒤 마지막으로 머리가 네 개 달린 용의 몸을 긁어주고 있던 막내 공주도 구해냈습니다. 세 공주는 서로 이것저것 물으며 정신없이 얼싸안았습니다. 막내는 위에서 들으라고 방울을 짤랑짤랑 크게 울린 뒤에 공주들을 차례차례 바구니에 태워 위로 올려보냈습니다. 막내 차례가 되었습니다. 그런데 문득 형들을 믿지 말라던 난쟁이의 말이 떠올랐습니다. 막내는 거기에 있던 커다란 돌멩이를 바구니에 넣었습니다. 바구니가 중간 정도쯤 올라갔을 때 아니나 다를까 못된 형들은 줄을 싹둑 잘라버렸습니다. 돌멩이가 든 바구니가 바닥에 쿵 떨어지자 형들은 막내가 죽었다고 생각했습니다. 그리고 공주들을 데리고 가면서 왕에게는 자기네들이 구해줬다고 말하라고 을러댔습니다. 형들은 왕 앞에 가자 저마다 공주 중 하나와 결혼하겠다고 나섰습니다.

그러는 동안 막내 사냥꾼은 암울한 마음으로 세 방을 들락날락하며 이제 곧 죽겠구나, 하고 생각했습니다. 그런데 벽에 피리가 하나 걸려 있었습니다. 막내가 피리를 보고 말했습니다.

"넌 왜 여기 걸려있니? 여긴 재미없잖아."

또 용의 머리를 보며 막내가 말했습니다.

"네놈들도 날 도와줄 수 없어!"

그러고는 땅바닥이 반들반들 닳도록 왔다 갔다 했습니다. 그런데 불현
듯 좋은 생각이 떠올랐습니다. 막내는 피리를 벽에서 내려 한가락 불었습
니다. 그러자 갑자기 땅속에 사는 난쟁이들이 몰려왔습니다. 한가락 뽑을
때마다 난쟁이가 하나씩 늘어났습니다. 막내는 방이 꽉 찰 때까지 피리를
불어댔습니다. 난쟁이들은 막내에게 무엇을 원하느냐고 물었습니다. 막내
는 밝은 땅 위로 다시 올라가고 싶다고 했습니다. 그러자 난쟁이들은 막내
의 머리카락을 한 올씩 잡고 휙 날아올랐습니다. 땅 위로 올라온 막내는
그 길로 왕이 사는 성으로 갔습니다. 성에서는 공주 하나가 막 결혼식을
올리려던 참이었습니다. 막내는 왕과 세 공주가 모여 있는 방으로 갔습니
다. 공주들은 막내를 보는 순간 그대로 기절하고 말았습니다. 왕은 노발
대발하며 막내를 당장 감옥에 가두라고 소리쳤습니다. 막내가 공주들을
해친 범인이라고 생각한 겁니다. 하지만 다시 정신을 차린 공주들은 왕에
게 막내를 다시 풀어달라고 애원했습니다. 왕이 그 이유를 묻자 공주들
은 말할 수 없다고 했습니다. 왕은 그러면 난로에 대고 이야기하라고 했습
니다. 그리고 왕은 밖으로 나가 문에 귀를 대고 엿들었습니다. 모든 사정
을 알게 된 왕은 못된 형들을 교수대로 보내고 막내 사냥꾼을 막내 공주
와 결혼시켰답니다.

결혼식 때 난 유리 구두를 신었어요. 그런데 그만 돌멩이에 채어 유리
구두가 쨍강! 두 동강이 나고 말았지 뭡니까.

◆102◆
황금산의 임금님

옛날에 아들과 딸 남매를 둔 한 상인이 살았습니다. 아이들은 아직 어려서 걸음마도 할 줄 몰랐습니다. 어느 날, 상인의 배 두 척이 물건을 가득 싣고 먼 바다로 나갔습니다. 상인이 큰돈을 벌 줄 알고 전 재산을 투자한 것입니다. 그런데 배가 침몰했다는 소식이 들렸습니다. 상인은 부자는커녕 가난뱅이가 되고 말았습니다. 남은 것이라고는 성문 밖의 밭 한 뙈기밖에 없었습니다. 상인은 자신의 불행을 잠시 잊고 싶어서 밭으로 나갔습니다. 밭에서 왔다 갔다 하는데 불쑥 까만 난쟁이가 옆에 서 있었습니다. 난쟁이는 무슨 걱정이기에 그렇게 슬퍼하느냐고 물었습니다. 상인이 대답했습니다.

"나를 도와줄 수 있다면 말해줄 텐데."

"누가 알아, 도와줄 수 있을지?"

까만 난쟁이가 이렇게 말하자 상인은 전 재산을 바다에 잃어버려서 남은 재산은 여기 있는 밭 한 뙈기밖에 없다고 말했습니다. 그러자 난쟁이가 말했습니다.

"걱정하지 마. 집에서 맨 먼저 다리에 부딪히는 것을 십이 년 뒤 여기 이 자리로 가져오겠다고 약속하면 원하는 만큼 돈을 가질 수 있어."

상인은 생각했습니다.

'내 개밖에 더 있겠어?'

아들 생각은 하지도 않고 상인은 그러겠다고 까만 난쟁이에게 약속문서를 써서 주고 집으로 돌아왔습니다.

상인이 집에 들어서자 어린 아들이 좋아서 긴 의자를 짚으며 아장아장 걸어와 아버지의 다리를 꼭 잡았습니다. 상인은 소스라쳤습니다. 난쟁이와 약속한 것이 떠올라서였습니다. 어떤 약속을 했는지 그제야 깨달은 겁니다. 그러나 돈궤 속에 돈은 보이지 않았습니다. 상인은 난쟁이가 농담했나보다고 생각했습니다. 한 달 뒤, 상인은 오래된 주석식기를 찾아서 내다 팔려고 다락방으로 올라갔습니다. 그런데 그곳에 돈이 산처럼 쌓여있었습니다. 상인은 아주 기뻐서 물건들을 사들였고, 이전보다 더 큰 상인이 되어 선량하게 살았습니다.

어느덧 아들은 영리하고 똑똑한 젊은이로 무럭무럭 자랐습니다. 그러나 십이 년이 가까워져 오자 상인의 일굴은 근심·걱정으로 점점 얼굴이 어두워졌습니다. 그러자 아들이 어디 아프냐고 물었습니다. 상인이 말을 못하자 아들은 계속 물었습니다. 마침내 상인은 제대로 알지도 못한 채 까만 난쟁이와 덜컥 약속해서 많은 돈을 받았다고 털어놓았습니다. 약속문서를 써 줬기 때문에 십이 년째 되는 날 아들을 난쟁이에게 넘겨줘야 한다고 했습니다. 그러자 아들이 이렇게 말했습니다.

"아, 아버지 걱정하지 마세요. 다 잘 될 거예요. 까만 난쟁이가 저를 잡아가지 못해요."

아들은 신부님에게 축복기도를 받고 시간이 되자 아버지와 함께 밭으로 나갔습니다. 아들은 둥그렇게 원을 그리고 아버지와 같이 안에 들어가 섰습니다. 그러자 까만 난쟁이가 와서 아버지에게 말했습니다.

"약속한 것을 가져왔니?"

아버지는 아무 말도 하지 않았고 아들이 물었습니다.

"원하는 게 뭐예요?"

까만 난쟁이가 대답했습니다.

"네 아버지하고 이야기하고 있지, 너하고 하는 게 아니란다."

"꾀를 써서 아버지를 속였잖아요. 약속문서를 내놔요."

아들이 이렇게 말하자 까만 난쟁이가 말했습니다.

"아니, 내 권리를 포기하지 않겠다."

아버지와 난쟁이는 한참을 옥신각신하다가 마침내 의견을 하나로 모았습니다. 아들은 난쟁이나 아버지의 소유물이 아니므로 작은 배에 태워 아래쪽으로 흐르는 강물에 떠내려 보내자고 했습니다. 아버지가 발로 배를 밀어 물결이 흐르는 대로 가게 내버려두자는 것이었습니다. 아들은 아버지에게 작별인사를 하고 작은 배에 올라탔습니다. 아버지는 발로 배를 밀었습니다. 하지만 배는 그대로 뒤집혀서 밑바닥이 위로 올라오고 갑판은 물에 잠겨버렸습니다. 아버지는 아들이 죽었다고 생각하고 집으로 돌아와 아들의 죽음을 슬퍼했습니다.

그러나 배는 가라앉지 않고 유유히 떠내려갔습니다. 젊은이도 안전하게 자리 잡고 앉아 같이 한참을 떠내려가다 어느 이름 모를 강가에 이르러 뭍에 올랐습니다. 그런데 눈앞에 아름다운 성이 보였습니다. 젊은이는 성으로 갔습니다. 하지만 안에 들어가서 보니 그 성은 마법에 걸린 성이었습니다. 젊은이는 이 방 저 방을 기웃거렸지만 모두 텅 비어있었습니다. 그런데 마지막으로 남은 방에 들어서니 뱀 한 마리가 똬리를 틀고 있었습니다. 사실 뱀은 마법에 걸린 아가씨였습니다. 뱀은 젊은이를 보고 기뻐서 말했습니다.

"나의 구원자, 이제 오셨네요. 십이 년 동안 당신을 기다렸어요. 이 왕국은 마법에 걸려있어요. 당신이 마법을 풀어줘야 해요."

젊은이가 물었습니다.

"내가 어떻게 해야 하오?"

"오늘 밤 쇠사슬을 칭칭 동여맨 까만 남자들 열두 명이 와서 여기서 뭘 하느냐고 물을 거예요. 잠자코 아무 말도 하지 마세요. 무슨 짓을 하든지 그냥 내버려둬요. 당신을 때리고 찌르고 괴롭히겠지만, 가만히 있어요. 아무 말도 하지 말고요. 그들은 밤 열두 시가 되면 가야 하니까요. 다음날 밤에도 다른 남자들 열두 명이 또 올 거고, 마지막 날 밤에는 스물네 명이 몰려와서 당신 머리를 벨 거예요. 하지만 밤 열두 시가 되면 마법의 힘이 사라지니까 그때까지만 묵묵히 꾹 참고 견디세요. 그럼 난 마법에서 풀려날 거예요. 내가 생명의 물이 담긴 병을 가지고 와서 당신 몸에 바르면 당신도 다시 살아나서 이전처럼 건강할 거예요."

젊은이가 말했습니다.

"꼭 구해주리다."

아가씨가 말한 그대로 모든 일이 일어났습니다. 까만 남자들은 아무 말도 들을 수 없었습니다. 마지막 날 밤, 뱀은 아름다운 공주가 되었습니다. 공주는 생명의 물을 가져와 젊은이의 목숨을 다시 살린 뒤에 목을 끌어안고 입맞춤을 했습니다. 온 성에 환호소리가 가득했습니다. 두 사람은 결혼식을 올렸고 젊은이는 황금산의 임금님이 되었습니다.

두 사람은 행복하게 살았고 왕비는 예쁜 아들도 하나 낳았습니다. 팔 년이 지난 어느 날, 왕은 문득 아버지 생각이 났습니다. 아버지를 뵈러 집에 가고 싶은 생각이 무럭무럭 일었습니다. 하지만 왕비는 왕을 보내고 싶지 않아 이렇게 말했습니다.

"틀림없이 불행한 일이 일어날 거예요."

그러나 왕이 뜻을 굽히지 않자 마지못해 그렇게 하라고 했습니다. 그리고 작별할 때 왕에게 소원의 반지를 주며 이렇게 말했습니다.

"이 반지를 손가락에 끼세요. 그리고 가고 싶은 곳이 어디든 소원을 빌면 금방 갈 수 있어요. 그런데 한 가지만 약속해줘요. 이 반지를 이용해 나를 당신 아버지한테 데려가려고 하지 않겠다고요."

왕은 그러겠다고 약속하고 손가락에 반지를 낀 다음 아버지가 사는 도시의 성문 앞으로 가고 싶다고 소원을 빌었습니다. 그랬더니 눈 깜짝할 사이에 왕은 도시의 성문 앞에 와 있었습니다. 왕은 도시로 들어가려고 성문 앞으로 갔습니다. 그런데 성문을 지키던 보초들이 왕을 안으로 들여보내지 않았습니다. 왕의 화려한 옷차림이 야릇해 보였기 때문입니다. 왕은 언덕으로 올라가 그곳에서 양들을 먹이고 있는 양치기와 옷을 바꿔 입었습니다. 양치기의 낡은 옷으로 갈아입은 왕이 성문으로 들어가자 보초들도 왕을 막지 않았습니다. 왕이 아버지에게 가서 아들이 왔다고 하자 아버지는 믿지 않았습니다. 아버지는 아들이 하나 있었지만 오래전에 죽었다고 말했습니다. 그리고 가난하고 꾀죄죄한 양치기의 모습을 보고 음식 한 그릇을 내주었습니다. 왕은 아버지와 어머니를 보고 물었습니다.

"제가 바로 그 아들이에요. 혹시 몸에 아들을 알아볼 수 있는 반점 같은 게 있나요?"

그러자 어머니가 말했습니다.

"있지. 우리 아들은 오른쪽 팔에 검붉은 반점이 있네."

왕이 소매를 걷어 올리자 오른쪽 팔에 검붉은 반점이 선명했습니다. 부부는 그제야 그가 아들이라는 것을 믿었습니다. 왕은 자기가 황금산의 임금님이 되었고 공주와 결혼해서 일곱 살짜리 아들이 하나 있다고 이야기했습니다. 그러자 아버지가 말했습니다.

"그걸 어찌 믿으라는 거냐! 너덜너덜해진 양치기 옷을 입고 다니는 왕이 어디 있다고."

왕은 은근히 화가 났습니다. 그래서 안 하기로 한 약속을 까맣게 잊어버리고 반지를 돌리며 아내와 아들을 데려다 달라고 빌었습니다. 그렇게 하자마자 아내와 아들이 그 자리에 나타났습니다. 하지만 왕비는 눈물을 흘리며 왕이 약속을 어기고 자기를 불행하게 만들었다고 원망했습니다.

"내 실수였소. 고의가 아니었소."

왕이 이렇게 말하며 계속 달래자 왕비도 못 이기는 척했습니다. 그러나 못된 생각이 왕비의 마음속에서 꿈틀거렸습니다.

왕은 왕비를 데리고 성문 밖 밭으로 나갔습니다. 그리고 강가로 가서 배가 떠내려간 자리를 왕비에게 보여주고 말했습니다.

"여기 앉아요. 피곤하니까 당신 무릎을 베고 잠깐 자야겠소."

왕은 머리를 무릎 위에 올려놓았고, 왕비는 이를 잡아주었습니다. 왕이 잠들자 왕비는 왕의 손가락에서 반지를 뽑은 다음 머릿밑에서 발을 빼내고 신발 한 짝만 남겨두었습니다. 왕비는 아이를 품에 안고 다시 자기 나라로 돌아가게 해달라고 빌었습니다. 이윽고 왕이 눈을 떴을 때 그곳에는 아무도 없고 혼자 덩그러니 누워있었습니다. 아내도 없고, 아들도 없고, 반지도 없었습니다. 단지 신발 한 짝만 이별을 말해주듯 놓여 있었습니다.

'부모님이 계시는 집으로 돌아갈 수는 없지. 아마 나를 마술사라고 하실 거야. 여기를 떠나 내 나라로 돌아가자.'

왕은 이렇게 생각하고 길을 떠났습니다. 이윽고 어느 산 앞에 이르렀는데, 거인들 셋이 아버지의 유산을 놓고 싸우고 있었습니다. 거인들은 왕을 보자 작은 인간들은 똑똑하니까 유산을 나누어달라고 했습니다. 그런데 유산은 세 가지였습니다. 첫째는 칼이었습니다. 그 칼을 들고 "나만 빼고 모든 사람의 머리를 싹 베어라."라고 말하면 사람들의 머리가 다 땅에 굴러 떨어지는 칼이었습니다. 두 번째는 망토였는데, 망토를 걸치면 다른 사람 눈에 전혀 보이지 않았습니다. 세 번째는 장화였는데, 장화를 신고 어디 가고 싶다고 하면 순식간에 갈 수 있었습니다. 왕이 말했습니다.

"세 가지를 주세요. 쓸 만한지 한번 시험해볼게요."

거인들은 망토를 주었습니다. 망토를 걸치자 왕은 보이지 않고 파리로 변해 있었습니다. 왕은 다시 원래의 모습으로 돌아와 이렇게 말했습니다.

"망토는 좋군요. 이제 칼을 주세요."

그러자 거인들이 말했습니다.

"안 돼. 칼은 줄 수 없어! 자네가 '나만 빼고 모든 사람의 머리를 싹 베어라!' 하면 자네 머리만 빼고 우리 머리들은 다 달아나지 않겠나."

그러나 거인들은 나무에 시험해본다는 조건으로 칼을 내주었습니다. 왕이 그렇게 하자, 칼은 나무줄기를 마치 지푸라기 자르듯 싹둑 잘랐습니다. 마지막으로 왕이 장화를 달라고 하자 거인들이 말했습니다.

"안 돼, 줄 수 없어. 자네가 장화를 신고 산꼭대기로 올라가고 싶다고 하면, 밑에 있는 우리는 빈털터리가 되지 않겠나."

왕이 말했습니다.

"에이, 안 그럴 거예요."

그러자 거인들은 장화도 주었습니다. 이렇게 세 가지를 다 얻어낸 왕은 아내와 아들 생각밖에 없었습니다. 그래서 이렇게 중얼거렸습니다.

"아, 황금산에 갈 수 있다면 얼마나 좋을까."

그러자 왕은 순식간에 거인들의 눈앞에서 사라졌습니다. 유산문제는 깨끗이 해결되었죠. 왕이 다시 돌아와 성에 가까이 가자 환호하는 소리가 바이올린과 피리 소리에 뒤섞여 흥겹게 울려왔습니다. 사람들은 왕비가 다른 남자와 결혼식을 올리고 잔치하고 있다고 했습니다. 왕은 노발대발하며 말했습니다.

"못된 여자 같으니라고. 나를 감쪽같이 속이고 잠든 사이 달아나더니."

왕은 망토를 어깨에 두르고 성안으로 들어갔습니다. 사람들의 눈에는 보이지 않았습니다. 연회장에 들어갔더니 커다란 식탁에 기막히게 맛있는 음식들이 가득 차려져 있었습니다. 손님들은 먹고 마시고 농담을 주고받으며 웃음꽃을 피우고 있었습니다. 왕비는 화려한 옷을 입고 머리에 왕관을 쓰고 한가운데 왕좌에 앉아있었습니다. 왕은 왕비의 뒤에 섰습니다. 하지만 사람들은 왕이 보이지 않으니까 몰랐습니다. 하인들이 왕비의 접시에 고기를 놓아주면 왕은 고기를 날름 집어 먹었고, 포도주를 따라주면 냉큼 잔을 빼앗아 마셨습니다. 하인들이 계속 음식을 주었지만, 왕비는 전혀 먹지를 못했습니다. 접시와 잔이 순식간에 사라져버렸으니까요. 왕비는 당황스럽고 부끄러워 벌떡 일어나 자기 방으로 가서 울었습니다. 왕은 왕비의 뒤를 따라갔습니다. 왕비가 말했습니다.

"내가 귀신에게 홀렸나? 아니면 구원자가 오지 않았던 말인가?"

왕은 왕비의 뺨을 철썩 때리며 말했습니다.

"구원자가 오지 않았다고? 구원자가 여기 있다, 이 배은망덕한 여자야. 내가 이런 대접을 받아야겠느냐?"

왕은 모습을 드러내고 연회장으로 가서 크게 소리쳤습니다.

"결혼식은 끝났다. 진짜 왕이 돌아왔다!"

그러자 그곳에 모인 왕들과 제후들과 대신들이 비웃고 놀렸습니다. 그러나 왕은 짧게 내뱉었습니다.

"어서 나가지 못하겠나?"

사람들은 왕을 잡으려고 달려들었습니다. 왕은 칼을 뽑아들고 말했습니다.

"나만 빼고 모든 사람의 머리를 싹 베어라."

그러자 사람들의 머리가 모두 땅에 굴러떨어졌습니다. 이렇게 왕은 다시 나라의 주인으로 황금산의 임금님이 되었답니다.

◆103◆
까마귀

옛날에 딸을 하나 둔 여왕이 살았습니다. 딸은 아직 어려서 여왕이 품에 안고 다녀야 했습니다. 그러던 어느 날, 어린 딸이 계속 칭얼거리며 울었습니다. 여왕은 아이를 얼러보았지만 아무 소용이 없었습니다. 여왕은 더 참을 수가 없었습니다. 그때 성 주위를 맴도는 까마귀들이 보였습니다. 여왕은 창문을 활짝 열고 말했습니다.

"아가야, 차라리 까마귀가 되어 날아가거라. 그럼 내가 편하겠다."

그런데 말이 끝나기가 무섭게 아이는 까마귀가 되어 여왕의 품을 벗어나 창밖으로 날아가 버렸습니다. 까마귀는 어두운 숲 속으로 날아가 그곳에서 오랫동안 살았습니다. 그래서 부모는 어린 딸의 소식을 전혀 듣지 못했습니다. 세월이 흐른 어느 날, 한 젊은이가 숲 속을 걸어가는데 까마귀가 까옥까옥 울었습니다. 그래서 까마귀 소리를 따라갔더니 까마귀가 이렇게 말했습니다.

"나는 공주로 태어났지만, 마법에 걸려 까마귀가 됐어요. 나를 구해주세요."

젊은이가 물었습니다.

"내가 어떻게 하면 되오?"

그러자 까마귀가 말했습니다.

"더 걸어가면 집이 하나 나올 거예요. 그 집에 할머니가 살고 있는데 먹을 것과 마실 것을 줄 거예요. 하지만 손도 대지 마세요. 조금이라도 먹거나 마시면 깊은 잠에 빠져버리니까요. 그럼 나를 구해줄 수 없어요. 집 뒤쪽으로 가면 정원에 커다란 건초더미가 놓여있어요. 그 위에 서서 나를 기다리세요. 내가 사흘 동안 매일 낮 두 시에 마차를 타고 찾아갈 거예요. 첫

날은 네 마리의 하얀 말이 끄는 마차를 타고 갈 거예요. 다음날은 네 마리의 붉은 말이 끄는 마차를 타고 가고, 마지막 날은 네 마리의 검정말이 끄는 마차를 타고 갈 거고요. 그러나 당신이 깨어있지 않고 자고 있으면 나를 구해줄 수 없어요."

젊은이는 하라는 대로 다 하겠다고 했습니다. 하지만 까마귀는 이렇게 말했습니다.

"아이, 하지만 나를 구해줄 수 없다는 것을 알아요. 할머니가 주는 것을 받을 테니까."

젊은이는 음식이든 마실 것이든 아무것에도 손을 대지 않겠다고 다시 한 번 약속했습니다. 젊은이가 그 집으로 갔더니 할머니가 나오면서 말했습니다.

"아이고 불쌍해라, 완전히 지쳤구면. 어서 와서 먹고 마시고 기운을 차리게."

젊은이가 말했습니다.

"아니요. 먹지도 마시지도 않겠소."

하지만 할머니는 계속 권했습니다.

"먹고 싶지 않으면 물이라도 한 모금 마시게. 그 정도는 안 마시는 거나 마찬가지지."

결국, 젊은이는 할머니의 말에 넘어가 물을 한 모금 마셨습니다. 낮 두시 무렵 젊은이는 정원으로 나가 건초더미 위에서 까마귀를 기다렸습니다. 그런데 갑자기 피곤해져서 도저히 견디지를 못하고 잠시 누웠습니다. 그런데 자지 않으려고 애썼지만 두 다리 쭉 뻗고 눕자마자 눈이 저절로 감겨 깜박 잠이 들고 말았습니다. 그 무엇도 깊이 잠든 젊은이를 깨울 수가 없었습니다. 두 시에 까마귀가 네 마리의 하얀 말이 끄는 마차를 타고 왔습니다. 까마귀는 슬프게 말했습니다.

"틀림없이 잘 거야."

정원에 이르렀을 때 젊은이는 정말 건초더미 위에 누워 쿨쿨 자고 있었습니다. 까마귀는 마차에서 내려 젊은이에게 다가가 일어나라고 흔들어 깨웠지만, 그는 꿈쩍도 하지 않았습니다.

다음 날 점심때가 되자 할머니가 또 먹을 것과 마실 것을 가지고 왔습니다. 젊은이는 한사코 거절했지만, 할머니는 끈질기게 권했습니다. 결국, 할머니의 말에 넘어간 젊은이는 한 모금 물을 마셨습니다. 낮 두 시 무렵 젊은이는 다시 정원으로 가 건초더미 위에서 까마귀를 기다렸습니다. 그런데 피로감이 몰려오며 다리에 힘이 쭉 빠졌습니다. 할 수 없이 젊은이는 또 누웠고 그대로 깊은 잠에 빠지고 말았습니다. 네 마리의 붉은 말이 끄는 마차를 타고 오면서 까마귀는 슬프게 말했습니다.

"틀림없이 잘 거야."

까마귀가 갔더니 역시 젊은이는 깊이 잠들어 깨울 수가 없었습니다. 다음 날, 할머니는 아무것도 먹지 않고, 마시지도 않고 죽고 싶으냐고 말했습니다. 젊은이가 대답했습니다.

"먹으면 안 돼요. 마셔도 안 되고요."

할머니는 음식이 담긴 그릇과 포도주잔을 젊은이 앞에 가져다 놓았습니다. 맛있는 냄새가 코끝에 와 닿자 젊은이는 참지 못하고 포도주를 한 모금 들이켰습니다. 시간이 되자 젊은이는 또 정원으로 나가 건초더미 위에서 공주를 기다렸습니다. 그런데 전날보다 더 피곤했습니다. 결국, 젊은이는 벌러덩 누워버렸고 나무토막처럼 죽은 듯이 잠들었습니다. 낮 두 시에 까마귀가 네 마리의 검정말이 끄는 마차를 타고 왔습니다. 마차도 새까맸고 모든 것이 다 새까맸습니다. 까마귀는 슬프게 말했습니다.

"틀림없이 잘 거야. 날 구해줄 수 없을 거라고."

까마귀가 가서 보니 아니나 다를까 젊은이는 깊은 잠에 빠져 누워있었습니다. 힘껏 흔들어 깨워도 일어나지 않자 까마귀는 빵 한 덩이와 고기 한 조각과 포도주 한 병을 그 옆에 두었습니다. 아무리 먹고 마셔도 없어지지 않는 신기한 것들이었습니다. 까마귀는 자기 이름이 새겨진 반지를 손가락에서 빼 젊은이의 손가락에 끼워주었습니다. 마지막으로 까마귀는 편지를 썼습니다. 먹고 마실 것을 두고 간다고, 아무리 먹어도 없어지지 않을 거라는 내용이었습니다. 또 이렇게 덧붙였습니다.

'여기서는 날 구할 수 없을 거예요. 하지만 정말 나를 구해주고 싶다면 스트롬베르그[18]의 황금 성으로 오세요. 당신이 도와줄 거라 믿습니다.'

까마귀는 편지를 나란히 옆에 놔두고 마차에 올라타 스트롬베르그의 황금 성으로 떠났습니다.

잠에서 깨어난 젊은이는 깜박 잠이 들었다는 사실을 알고 마음이 아팠습니다.

"까마귀가 왔다 갔을 텐데. 내가 구해주지 못했구나."

그때 바로 옆에 놓인 음식들과 편지가 눈에 들어왔습니다. 편지에는 그동안 무슨 일이 일어났는지 쓰여 있었습니다. 젊은이는 벌떡 일어나 길을 나섰습니다. 그런데 스트롬베르그의 황금 성으로 가려고 해도 그곳이 어디인지 몰라 갈 수가 없었습니다. 젊은이는 오랫동안 세상을 떠돌아다녔습니다. 그러던 어느 날, 깊은 숲에 들어가게 되었는데 십사 일 내내 숲 속에서 헤맸는데도 길이 나오지 않았습니다. 다시 저녁이 되어 녹초가 되어버린 젊은이는 덤불 가에 누워 그대로 잠이 들었습니다. 다음날, 젊은이는 또 걸었고, 저녁이 되자 덤불 가에 누웠습니다. 그런데 어디 선지 구슬픈

---

18 독일의 지역 이름.

울음소리가 들려와서 도저히 잠을 이룰 수가 없었습니다. 주변은 캄캄해지고 등불이 켜질 시간이 되었습니다. 그런데 저 멀리서 불빛 하나가 깜박였습니다. 젊은이는 일어나서 불빛을 따라갔습니다. 얼마쯤 가니 집이 하나 나왔는데 앞에 커다란 거인이 딱 버티고 서 있어서, 아주 작아 보이는 집이었습니다. 젊은이는 속으로 생각했습니다.

'들어가다가 거인에게 들키면 끝장인데.'

마침내 젊은이가 용기를 내어 거인에게 다가가자 거인이 말했습니다.

"마침 잘 왔다. 오랫동안 먹지를 못했거든. 당장 오늘 저녁에 널 잡아먹어야겠다."

젊은이가 말했습니다.

"그러지 마시오. 당신한테 잡아먹히고 싶지 않군요. 먹을 건 나한테 충분히 있어요. 배부르게 먹을 수 있다고요."

그러자 거인이 말했습니다.

"정말이냐? 그럼 들어와라. 너밖에 먹을 게 없어서 잡아먹으려 했지."

두 사람은 식탁에 앉았습니다. 남자는 아무리 먹어도 없어지지 않는 빵과 포도주와 고기를 내놓았습니다.

"아주 마음에 드는군."

거인은 이렇게 말하고 맘껏 먹었습니다. 식사가 끝나자 젊은이가 말했습니다.

"스트롬베르그의 황금 성이 어디 있는지 말해줄 수 있어요?"

거인이 말했습니다.

"지도를 찾아볼게. 도시며 마을이며 집이며 거기에 다 나오잖아."

거인은 방에 있던 지도를 가져와 황금 성을 찾았지만, 그 지도에는 나와 있지 않았습니다. 거인이 말했습니다.

"괜찮아. 장롱 속에 더 큰 지도가 있으니까. 그 지도에서 찾아보자."

그러나 거기에도 황금 성은 나와 있지 않았습니다. 젊은이가 다시 길을 떠나려고 하자 거인은 식량을 구하러 나간 형이 돌아올 때까지 며칠만 더 있다가 가라고 했습니다. 거인의 형이 돌아오자 두 사람은 스트롬베르그의 황금 성이 어디 있느냐고 물었습니다. 형이 대답했습니다.

"우선 먹고 나서 지도를 찾아보자."

형은 동생과 젊은이를 데리고 자기 방으로 올라가 지도에서 황금 성을 찾았습니다. 하지만 거기에도 황금 성은 나와 있지 않았습니다. 형은 오래된 지도들을 더 꺼내 와서 열심히 찾았고, 드디어 스트롬베르그의 황금산이 어디에 있는지 알아냈습니다. 하지만 그곳은 수천 마일이나 떨어진 아주 먼 곳이었습니다.

"어떻게 가죠?"

젊은이가 묻자 거인이 말했습니다.

"두 시간 정도 시간이 있으니 자네를 근처까지 데려다 주겠네. 나는 금세 돌아와서 아기에게 젖을 줘야 해."

거인은 젊은이를 안고 성큼성큼 걸었습니다. 그리고 황금 성까지 걸어서 백 시간 정도 걸리는 곳에 젊은이를 내려놓고 말했습니다.

"나머지 길은 혼자서 가게."

거인은 다시 집으로 돌아갔습니다. 젊은이는 밤낮으로 걸어서 이윽고 스트롬베르그의 황금 성에 이르렀습니다. 황금 성은 유리산의 꼭대기에 있었습니다. 그런데 마법에 걸린 아가씨가 마차를 타고 성을 돌아서 성안으로 돌아가는 모습이 보였습니다. 아가씨를 보자 젊은이는 아주 기뻐서 유리산을 오르려고 했습니다. 하지만 유리가 미끌미끌해서 도저히 산에 올라갈 수가 없었습니다. 아가씨에게 갈 수 없다고 생각하자 젊은이는 몹시 슬퍼서 중얼거렸습니다.

"밑에서 아가씨를 기다리자."

젊은이는 유리산 밑에 오두막집을 짓고 일 년을 기다렸습니다. 공주가 마차를 타고 가는 모습만 날마다 지켜볼 뿐, 올라갈 수가 없었습니다.

그러던 어느 날, 오두막집에서 내다보니까 세 명의 도둑들이 서로 잡아 먹을 듯 싸우고 있었습니다. 젊은이가 소리쳤습니다.

"하나님의 은총이 함께 하기를!"

도둑들은 멈칫하더니 아무도 보이지 않으니까 다시 격렬히 치고받으며 싸우기 시작했습니다. 젊은이가 다시 소리쳤습니다.

"하나님의 은총이 함께 하기를!"

도둑들은 또 멈칫하고 주위를 휘휘 둘러보았습니다. 하지만 아무도 보이지 않자 또 계속 싸웠습니다. 젊은이가 또다시 소리쳤습니다.

"하나님의 은총이 함께 하기를!"

젊은이는 도대체 왜들 싸우는지 알아봐야겠다고 생각했습니다. 그래서 녀석들에게 다가가 왜 그렇게 싸우느냐고 물었습니다. 첫째 녀석은 지팡이를 찾았는데, 그 지팡이로 문을 두드리면 문이 활짝 열린다고 했습니다. 둘째 녀석은 망토를 찾았는데, 그 망토를 어깨에 두르면 다른 사람 눈에 전혀 보이지 않는다고 했습니다. 셋째 녀석은 말을 붙잡았는데, 그 말을 타면 어디든 갈 수 있고 유리산에도 올라갈 수 있다고 했습니다. 도둑들은 그 세 가지 물건을 놓고 공동소유로 할 것인지, 아니면 셋이 헤어져야 할지 몰라서 다투는 중이라고 했습니다. 그러자 젊은이가 말했습니다.

"그 세 가지를 내가 다른 것으로 바꿔줄게요. 돈은 없지만 돈보다 더 귀한 것이 나한테 있거든요. 하지만 먼저 당신들 말이 정말인지 시험해봐야겠어요."

그들은 젊은이에게 말에 올라타라고 했습니다. 그리고 망토를 어깨에 둘러주고 지팡이도 손에 쥐어주었습니다. 순간 세 가지 물건을 한꺼번에 가지게 된 젊은이는 눈앞에서 사라졌습니다. 젊은이는 도둑들에게 주먹을 휘두르며 소리쳤습니다.

"어때, 이 게으름뱅이들아. 네놈들은 맞아도 싸다고. 이제 됐지?"

젊은이는 말을 타고 유리산에 올라가 산꼭대기에 있는 황금 성에 이르렀습니다. 그런데 성문은 굳게 닫혀있었습니다. 하지만 지팡이로 문을 두드리니까 성문이 활짝 열렸습니다. 젊은이가 성안으로 들어가 계단을 오르자 홀이 나왔습니다. 홀에는 공주가 포도주가 담긴 황금 잔을 앞에 놓고 앉아있었습니다. 하지만 어깨에 두른 망토 때문에 공주의 눈에는 젊은이가 보이지 않았습니다. 젊은이는 앞으로 가서 공주가 준 반지를 빼서 포도주잔에 던져 넣었습니다. 땡그랑 소리가 나자 공주가 소리쳤습니다.

"이건 내 반지야. 나를 구해주실 분이 왔구나."

공주는 온 성을 구석구석 뒤졌지만, 젊은이를 찾을 수가 없었습니다. 그동안 젊은이는 밖으로 나가 말 위에 앉아 망토를 벗었습니다. 성문 앞에 온 공주는 젊은이를 보고 뛸 듯이 기뻐하며 환호했습니다. 젊은이는 말에서 내려 공주를 품에 안았습니다. 그랬더니 공주가 남자에게 입을 맞추며 이렇게 말했답니다.

"당신이 나를 구해줬어요. 내일 결혼식을 올려요."

◆104◆
영리한 농부의 딸

옛날에 한 가난한 농부가 살았습니다. 농부는 한 뙈기 땅도 없었고, 가진 거라고는 작은 오두막집 한 채와 외동딸뿐이었습니다. 어느 날, 딸이 말했습니다.

"임금님에게 황토밭이라도 한 뙈기 달라고 해야겠어요."

왕은 가난한 농부네 형편을 듣고 풀밭 한 귀퉁이를 내주었습니다. 농부와 딸은 곡식의 씨앗을 뿌리려고 밭을 일궜습니다. 밭일이 거의 끝나갈 즈음 땅속에서 황금 절구통이 나왔습니다. 아버지가 말했습니다.

"임금님이 자비를 베푸셔서 우리에게 밭을 주셨으니 이 절구통을 갖다 드려야겠다."

그러나 딸은 안된다며 이렇게 말했습니다.

"아버지, 절구통만 있고 절굿공이는 없잖아요. 절굿공이까지 찾아서 갖다 드려야 하니까 차라리 잠자코 계세요."

그러나 농부는 딸의 말을 듣지 않고 절구통을 들고 왕을 찾아갔습니다. 농부는 들에서 나온 절구통인데 선물로 바치고 싶다고 했습니다. 왕은 절구통을 받아들더니 다른 것은 없었느냐고 물었습니다.

"절구통밖에 없었어요."

농부가 대답하자 왕은 절굿공이도 찾아오라고 했습니다. 농부는 절굿공이는 없었다고 말했습니다. 하지만 마치 바람에 대고 말하는 것같이 말이 통하지 않았습니다. 왕은 농부를 감옥에 가두고 절굿공이를 찾아올 때까지 갇혀 있어야 한다고 했습니다. 시종들은 날마다 감옥에 갇힌 사람들에게 물과 빵을 갖다 주었는데, 그때마다 농부는 계속 부르짖고만 있었습니다.

"아이고, 딸의 말을 들을걸! 아이고, 딸의 말을 들을걸!"

시종들은 왕에게 감옥에 갇힌 농부가 먹지도 않고 마시지도 않고 '아이고, 딸의 말을 들을걸! 아이고, 딸의 말을 들을걸!' 하고 계속 부르짖고만 있다고 보고했습니다. 그러자 왕은 시종들에게 농부를 데려오라고 했습니다. 왕은 농부에게 왜 '아이고, 딸의 말을 들을걸!' 하고 부르짖느냐고 물었습니다.

"자네 딸이 도대체 뭐라고 했기에 그러느냐?"

"예, 딸아이가 절구통을 바치지 말라고 했습니다. 그러면 절굿공이도 찾아내야 한다고요."

"영리한 딸을 두었구나. 딸아이를 이리로 데려오너라."

그래서 농부의 딸은 왕 앞에 불려 왔습니다. 왕은 그렇게 영리하다면 수수께끼를 하나 낼 테니 맞혀보라고 했습니다. 답을 맞히면 농부의 딸과 결혼을 하겠다고 했습니다. 농부의 딸은 바로 수수께끼를 풀어보겠다고 했습니다. 왕이 말했습니다.

"옷을 입지 말고 나에게 오라. 그렇다고 발가벗고 오면 안 된다. 말을 타지도 말고, 마차를 타지도 마라. 길 안으로 오지도 말고 길 바깥으로 오지도 마라. 그렇게 할 수 있으면 너와 결혼하겠다."

농부의 딸은 집으로 가서 옷을 다 벗었습니다. 그러니까 옷을 입지 않은 것이죠. 커다란 그물을 가져와 온몸에 둘둘 감았습니다. 그러니까 발가벗은 것이 아니었죠. 그런 다음 돈을 주고 당나귀를 빌려와서 당나귀 꼬리에다 그물을 잡아매 끌고 가게 했습니다. 그러니까 말도 타지 않고 마차도 타지 않은 것이죠. 당나귀는 마차의 바퀴 자국을 따라 그물을 끌고 갔고 농부 딸의 엄지발가락만 땅에 닿았습니다. 그러니까 길 안으로 가는 것도 아니었고, 길 바깥으로 가는 것도 아니었죠. 그렇게 농부의 딸이 오자 왕은 수수께끼를 풀었고, 요구한 대로 다 했다고 말했습니다. 왕은 농부를 감옥에서 풀어주고 농부의 딸을 아내로 맞이했습니다. 그리고 아내에게 나라의 전 재산을 맡겼습니다.

그렇게 몇 년의 세월이 흘렀습니다. 어느 날, 왕이 병사들을 이끌고 사열식을 거행하는데, 농부들이 성 앞에 수레를 세워놓고 장작을 팔고 있었습니다. 농부 중에는 황소가 끄는 수레를 가져온 사람도 있었고, 말이 끄는 수레를 가져온 사람도 있었습니다. 어떤 농부가 말 세 마리를 끌고 왔는데, 그중 한 마리가 새끼를 낳았습니다. 그런데 망아지가 태어나자마자 달아나 수레에 매여 있는 두 마리 황소들 사이에 드러누웠습니다. 그러자 두 농부가 모여 티격태격 싸우고, 물건을 내던지고 한바탕 소동을 일으켰습니다. 황소 주인은 황소가 망아지를 낳았다고 했고, 말 주인은 아니라고 말이 망아지를 낳았다고 했습니다. 결국, 두 사람은 왕을 찾아갔습니다. 왕은 망아지가 누워있는 자리에 있어야 한다고 판결을 내렸습니다. 황소 주인은 자기 것도 아닌데 망아지를 얻게 된 것입니다. 그러자 말 주인은 울고불고하며 망아지를 잃은 것을 한탄했습니다. 말 주인은 왕비가 가난한 농가의 출신이라서 인정이 많다고 들었습니다. 그래서 왕비를 찾아가 망아지를 다시 찾고 싶다고 도와달라고 했습니다. 왕비가 말했습니다.

"내가 그랬다고 아무에게도 말하지 않겠다고 약속하면 방법을 알려드릴게요. 내일 아침 임금님께서 경비대를 사열하실 때, 임금님이 지나가시는 길 한가운데 서서 큰 그물로 고기 잡는 시늉을 하세요. 계속 그러면서 고기가 가득 찬 것처럼 그물을 쏟으세요."

그러면서 왕비는 왕이 물으면 어떻게 대답해야 하는지도 가르쳐주었습니다. 다음날, 농부는 그곳에 서서 물도 없는 땅에서 고기 잡는 시늉을 했습니다. 왕이 지나가다가 그것을 보고 시종에게 저 바보 같은 남자가 대체 뭘 하는지 알아보라고 했습니다. 시종이 묻자 농부가 대답했습니다.

"고기를 잡고 있어요."

그러자 시종이 물도 없는 마른 땅에서 고기를 어떻게 잡느냐고 물었습니다. 농부가 말했습니다.

"황소 두 마리가 망아지도 낳는데, 물 없는 곳에서도 고기를 잡을 수 있지 않겠어요?"

시종은 왕에게 농부의 말을 전했습니다. 그러자 왕은 농부를 불러 혼자서 생각해낸 것은 아닐 것이라며 누가 그랬는지를 당장 대라고 했습니다. 그러나 농부는 절대 아니라고, 혼자서 생각한 것이라고 했습니다. 하지만 사람들은 농부를 짚더미 위에 올려놓고 마구 때리며 괴롭혔습니다. 마침내 농부는 왕비가 그랬다고 실토했습니다. 왕은 성에 돌아와 왕비에게 물었습니다.

"짐을 속이다니. 더는 같이 살 수 없소. 이제 끝났으니 당신이 태어나고 자란 작은 농갓집으로 다시 돌아가시오."

그러나 왕은 왕비에게 가장 좋아하고 소중하게 여기는 것을 가져가도 좋다고 했습니다. 이별의 선물이라고 했습니다. 왕비는 말했습니다.

"예, 임금님께서 그러라면 따르겠습니다."

왕비는 작별인사를 하고 싶다면서 왕을 꼭 끌어안고 입을 맞췄습니다. 그리고 헤어지기 전에 이별의 술잔을 나누고 싶다면서 독한 술을 가져오게 했습니다. 왕은 한 잔 쭉 들이켰지만, 왕비는 조금밖에 마시지 않았습니다. 왕은 곧 곯아떨어졌습니다. 그러자 왕비는 시종을 불러 곱고 하얀 아마포를 가져오라고 해서 왕을 둘둘 쌌습니다. 시종들은 왕을 성문 앞에 있는 마차에 태웠습니다. 왕비는 왕을 작은 고향 집으로 데리고 가서 자신의 침대에 눕혔습니다. 왕은 밤낮 내내 잤습니다. 이윽고 잠이 깬 왕은 주위를 둘러보고 말했습니다.

"오 맙소사, 여기가 어디지?"

왕은 시종을 불렀지만 아무도 오지 않았습니다. 이윽고 왕비가 침대 옆에 와서 말했습니다.

"임금님, 가장 좋아하고 소중하게 여기는 것을 성에서 가지고 나가도 좋다고 말씀하셨지요. 그래서 임금님을 모시고 왔습니다. 임금님보다 더 좋고 소중한 것은 없으니까요."

왕의 눈에 울컥 눈물이 치솟았습니다.

"왕비, 당신은 내 것이고 난 당신 것이오."

왕은 이렇게 말하고 왕비를 다시 성으로 데려가 다시 한 번 결혼식을 올렸답니다. 아마 지금까지도 행복하게 잘살고 있을 겁니다.

◆105◆
세 마리 작은 새

천 년도 더 지난 아득한 옛날이었습니다. 당시 독일은 작은 나라들로 나뉘어 있어서 왕이 참 많았습니다. 코이터베르크에도 왕이 살고 있었는데, 왕은 사냥하는 것을 아주 좋아했습니다. 어느 날, 왕은 사냥꾼들과 같이 성을 나섰습니다. 그런데 산 밑에서 세 아가씨가 소를 돌보고 있었습니다. 왕이 많은 사람을 거느리고 오는 것을 보자 큰언니가 다른 두 아가씨를 큰소리로 부르더니 왕을 가리키면서 말했습니다.

"어이, 어이! 저 사람 아니면 난 아무하고도 결혼 안 해."

그러자 산의 반대쪽에 있던 둘째 아가씨가 왕의 오른쪽에 있는 사람을 가리키며 말했습니다.

"어이! 어이! 저 사람 아니면 난 아무하고도 결혼 안 해."

그러자 막내 아가씨가 왕의 왼쪽에 있는 사람을 가리키며 말했습니다.

"어이! 어이! 저 사람 아니면 난 아무하고도 결혼 안 해."

그 두 사람은 왕의 대신들이었습니다. 그런데 왕이 아가씨들이 하는 말을 전부 다 들었습니다. 사냥에서 돌아오자 왕은 세 아가씨를 불러서 어제 산에서 무슨 말을 했느냐고 물었습니다. 아가씨들은 대답하지 않았습니다. 그러자 왕은 큰언니에게 자신을 남편으로 맞지 않겠느냐고 물었습니다. 큰언니는 기꺼이 예, 하고 대답했습니다. 두 대신도 둘째와 막내에게 자신들과 결혼하지 않겠느냐고 물었습니다. 세 자매 다 아름답고 해맑은 아가씨들이었으니까요. 특히 왕비가 된 큰언니는 머리가 비단결처럼 고왔습니다.

그런데 두 여동생에게는 아기가 없었습니다. 어느 날, 왕은 멀리 여행을 떠나게 되었습니다. 왕은 왕비를 기쁘게 해주고 싶어서 여동생들을 불렀습니다. 왕비가 아기를 낳을 때가 가까워져 왔기 때문입니다. 얼마 뒤 왕비는 붉은 별이 달린 작은 사내아이를 낳았습니다. 그러자 여동생들은 속닥거리더니 귀여운 아기를 강물에 던져버리자고 했습니다. 그들이 아기를 물속에 풍덩 던져버리자, 아마도 베저 강[19]이었을 겁니다. 작은 새 한 마리가 포르르 날아오르며 이렇게 노래했습니다.

> "그대는 죽음을 각오하는가,
> 흰 백합꽃 다발을 받으라는
> 하나님 말씀이 있을 때까지,
> 용감한 소년이여, 그대인가?"

이 노래를 듣고 여동생들은 가슴이 철렁 내려앉아서 냅다 달아났습니다. 왕이 돌아오자 여동생들은 왕비가 강아지를 낳았다고 말했습니다. 그러자 왕이 말했습니다.

---

19 독일 중서부에 위치한 강.

"하나님이 하시는 일은 다 좋은 일이지."

그런데 강가에 사는 한 어부가 죽을 뻔했던 아이를 강물에서 겨우 건
져냈습니다. 어부의 아내는 아이를 낳지 못했습니다. 그래서 부부는 아이
를 집으로 데려와 정성껏 키웠습니다. 일 년이 지난 어느 날, 왕은 다시 여
행을 떠났습니다. 그리고 왕비는 또 사내아이를 낳았습니다. 하지만 못된
여동생들이 아이를 강물에 던져버렸습니다. 그러자 작은 새가 또 포르르
날아오르며 노래했습니다.

"그대는 죽음을 각오하는가,
흰 백합꽃 다발을 받으라는
하나님 말씀이 있을 때까지,
용감한 소년이여, 그대인가?"

왕이 여행에서 돌아오자 여동생들은 왕비가 이번에도 강아지를 낳았
다고 했습니다. 그러자 왕이 말했습니다.
"하나님이 하시는 일은 다 좋은 일이지."
그런데 어부가 아이를 또 강물에서 건져내 키우게 되었습니다.

어느 날, 왕이 다시 여행을 떠났습니다. 왕비는 이번에는 여자아이를 낳
았습니다. 하지만 못된 여동생들은 아이를 또 강물에 던져버렸습니다. 그
러자 작은 새가 포르르 날아오르며 노래했습니다.

"그대는 죽음을 각오하는가,
흰 백합꽃 다발을 받으라는

하나님 말씀이 있을 때까지,

용감한 소년이여, 그대인가?"

왕이 돌아오자 여동생들은 왕비가 고양이를 낳았다고 했습니다. 마침내 왕은 불같이 화를 내며 왕비를 감옥에 가두어버렸습니다. 왕비는 감옥에서 오랜 세월을 보내야 했습니다.

그동안 아이들은 무럭무럭 자랐습니다. 어느 날, 그중 나이가 가장 많은 소년이 다른 아이들하고 같이 낚시하러 나갔습니다. 그런데 아이들이 소년을 곁에 오지 못하게 하면서 이렇게 말했습니다.

"넌 주워온 아이야. 저리 가라고!"

소년은 몹시 슬퍼서 어부에게 그게 사실이냐고 물었습니다. 어부는 고기를 잡으러 갔다가 소년을 물속에서 건져냈다고 말해주었습니다. 그러자 소년은 아버지를 찾고 싶다고 했습니다. 어부는 가지 말라고 말렸지만, 소년은 기어이 떠나겠다고 뜻을 굽히지 않았습니다. 결국, 어부는 어쩔 수 없이 그러라고 했습니다. 소년은 길을 떠나 며칠 동안 내내 걸었습니다. 이윽고 어마어마하게 큰 강에 이르렀는데 한 할머니가 강가에서 고기를 낚고 있었습니다. 소년이 말했습니다.

"안녕하세요, 할머니."

할머니가 말했습니다.

"고맙구나!"

"고기를 잡으려면 한참 걸리겠죠?"

그러자 할머니가 말했습니다.

"너도 아버지를 만나려면 한참 찾아야 할 거다. 강은 어떻게 건너려고 하니?"

"모르겠어요. 하나님이 아시겠죠."

그러자 할머니는 소년을 등에 업고 강을 건네주었습니다. 소년은 오랫동안 아버지를 찾아 헤맸지만 찾을 수가 없었습니다.

어느덧 일 년이 흘렀습니다. 그러자 둘째가 형을 찾으러 집을 떠났습니다. 둘째도 강에 이르렀는데 형처럼 똑같은 일이 일어났습니다. 그런데 혼자 집에 남아있던 막내 여동생은 오빠들이 너무 보고 싶었습니다. 그래서 어부에게 오빠들을 찾으러 자기도 집을 떠나겠다고 했습니다. 이윽고 소녀도 큰 강에 이르러 할머니에게 말했습니다.

"안녕하세요, 할머니."

할머니가 말했습니다.

"고맙구나!"

"하나님이 도와주셔서 고기를 많이 잡으시면 좋겠어요."

할머니는 소녀의 말을 듣고 친절히 강을 건네주었습니다. 그리고 소녀에게 나뭇가지를 하나 주면서 말했습니다.

"얘야, 이 길을 쭉 따라가거라. 가다가 커다란 검정개를 만나면 겁내지 말고 조용히 지나가거라. 웃지도 쳐다보지도 말아야 한다. 가다 보면 커다란 성이 나오는데 성문이 활짝 열려있을 거다. 그러면 문지방에 나뭇가지를 떨어뜨리고 곧장 성을 통과해서 다른 쪽으로 다시 나오너라. 나오면 오래된 우물이 하나 있을 거다. 우물에는 큰 나무가 자라고 있는데 나무 위에 새장이 걸려있을 거야. 그 새장을 들고 샘물도 한 잔 떠서 왔던 길을 되짚어 돌아오너라. 문지방에서 나뭇가지를 다시 집어 들고 개를 만나면 개의 얼굴을 한 번 철썩 때려라. 제대로 때려야 한다. 그러고 나서 다시 나한테 오너라."

모든 것이 할머니가 말한 그대로였습니다. 돌아오는 길에 소녀는 오빠들을 만났습니다. 오빠들은 서로들 찾느라고 지구를 반 바퀴나 돌았었죠.

셋은 모두 같이 검정개가 누워있는 곳으로 갔습니다. 소녀가 검정개의 얼굴을 철썩 때렸습니다. 그랬더니 검정개는 아름다운 왕자의 모습으로 변했습니다. 왕자도 그들과 같이 강가로 갔습니다. 강가에 서 있던 할머니는 모두 다시 돌아오자 몹시 기뻐했습니다. 할머니는 네 사람 다 강을 건네주고는 훌쩍 떠났습니다. 할머니도 마법에서 풀려난 겁니다. 네 사람은 늙은 어부를 찾아가 다시 만난 기쁨을 나누었습니다. 그리고 가져온 새장은 벽에 걸어놓았습니다.

그런데 둘째는 집에 붙어있지 못하고 활을 들고 사냥을 나갔습니다. 사냥하다가 피곤해진 둘째는 피리를 꺼내 한가락 불었습니다. 마침 그곳에 사냥을 나왔던 왕이 피리 소리를 듣고 와서 말했습니다.

"여기서 사냥을 하라고 누가 허락했더냐?"

"아무도 허락하지 않았습니다."

"자네는 뉘 집 자식인가?"

"어부의 아들입니다."

"어부는 자식이 없지 않으냐?"

"못 믿으시겠다면 저하고 같이 가시죠!"

왕은 둘째를 따라가서 어부에게 물었습니다. 어부는 왕에게 그동안 일어났던 일을 전부 다 이야기했습니다. 그때 벽에 걸린 새장에서 새가 노래하기 시작했습니다.

"어머니가 혼자서
감옥에 갇혀있어요.
오 임금님, 고귀한 핏줄이여,
임금님의 아이들이 여기 있어요.

왕비님의 못된 두 자매가

아이들을 죽이려고

강물에 던졌는데

어부가 아이들을 구해냈어요."

모두 깜짝 놀랐습니다. 왕은 새와 어부와 세 아이를 성으로 데려갔습니다. 그리고 감옥 문을 열고 왕비를 풀어주었습니다. 왕비는 깊이 병들어 비참한 모습이었습니다. 그러자 막내딸이 샘에서 떠온 물을 왕비에게 주었습니다. 그 물을 마신 왕비는 금방 생기를 되찾았고 건강한 모습으로 돌아왔습니다. 왕비의 못된 두 여동생은 화형을 당해 불에 타죽고, 막내딸은 아름다운 왕자와 결혼했답니다.

◆106◆
유리병 속의 도깨비

옛날에 가난한 나무꾼이 살았습니다. 나무꾼은 아침부터 밤늦게까지 일했습니다. 마침내 돈이 좀 모이자 나무꾼은 아들에게 이렇게 말했습니다.

"너는 하나밖에 없는 내 아들이다. 땀 흘려 일해서 돈을 좀 모았는데, 이 돈으로 네가 공부를 했으면 한다. 제대로 된 것 하나를 배우렴. 그래야 내가 늙어 팔다리가 뻣뻣해져 집에 있게 되면 나를 먹여 살릴 게 아니냐."

그래서 소년은 수준 높은 학교에 들어가 선생님들의 칭찬까지 받으며 열심히 공부했습니다. 소년은 잠시 그곳에서 배운 뒤 다시 여러 학교에 다니며 공부했습니다. 하지만 공부가 미처 다 끝나기도 전에 아버지가 모은 얼마 되지 않은 돈이 다 떨어졌습니다. 소년은 할 수 없이 집으로 돌아와야 했습니다. 아버지는 슬퍼하며 말했습니다.

"더 줄 돈이 없구나. 물가는 비싼데 하루하루 겨우 입에 풀칠할 만큼의 벌이밖에 안 되는구나."

그러자 아들이 말했습니다.

"걱정하지 마세요. 하나님의 뜻이라면 제게 가장 좋은 열매를 주실 거니까요. 다 잘 될 거예요."

아버지가 땔감을 해서[장작을 패고 쌓는 일] 내다 팔려고 숲에 갈 채비를 하자 아들이 말했습니다.

"같이 가서 도와드릴게요."

아버지가 말했습니다.

"아들아, 일이 무척 힘들 거다. 힘든 일을 해 본 적이 있었느냐. 견디지 못할 거야. 도끼도 한 자루밖에 없고, 다른 도끼를 살 돈도 없구나."

그러자 아들이 말했습니다.

"이웃집에서 빌려 쓰면 되잖아요. 새 도끼를 살 돈이 모일 때까지 빌려줄 거예요."

아버지는 이웃집에 가서 도끼를 빌려왔습니다. 다음 날 아침 날이 밝자 아버지와 아들은 숲으로 나갔습니다. 아들은 쌩쌩해서 신 나게 아버지를 도왔습니다. 해가 머리 위로 올라오자 아버지가 말했습니다.

"잠시 쉬면서 점심을 먹고 하자. 그래야 일이 빨라질 거다."

아들은 빵을 손에 들고 말했습니다.

"쉬세요, 아버지. 저는 피곤하지 않아요. 그동안 좀 돌아다니면서 새 둥지나 찾아볼게요."

그러자 아버지가 말했습니다.

"어휴, 이 멍청아. 돌아다니면 힘만 빠져. 나중엔 팔도 안 올라갈 거야. 그러지 말고 아비 옆에 앉으렴."

그러나 아들은 숲으로 들어가서 빵을 먹었습니다. 그리고 기분 좋게 초록빛 나뭇가지들을 기웃거리며 새 둥지를 찾았습니다. 여기저기 돌아다니는데 수백 년은 묵음 직한 떡갈나무가 보였습니다. 다섯 아름도 넘는 무시무시하게 커다란 나무였습니다. 아들은 멈칫 서서 나무를 바라보며 생각했습니다.

'이런 나무에는 둥지를 많이 틀었을 것 같은데.'

그런데 갑자기 무슨 소리가 나는 것 같았습니다. 가만히 귀를 기울였더니 희미한 목소리로 누가 소리쳤습니다.

"날 꺼내줘. 날 꺼내줘."

아들은 주위를 둘러보았지만 아무도 없었습니다. 목소리는 바로 땅 밑에서 나는 것 같았습니다. 아들이 소리쳤습니다.

"어디야?"

목소리가 대답했습니다.

"떡갈나무 뿌리에 갇혀있어. 날 꺼내줘. 꺼내달라고."

아들이 나무 밑을 치우고 뿌리를 헤쳤더니 약간 움푹한 곳에서 유리병이 나왔습니다. 아들이 유리병을 들어 햇빛에 비춰보았더니 개구리처럼 생긴 것이 팔짝팔짝 뛰고 있었습니다.

"날 꺼내줘. 꺼내달라고."

그러면서 계속 이렇게 소리치니까 아들은 별생각 없이 병마개를 뽑았습니다. 그렇게 하자마자 도깨비가 쑥 빠져나왔습니다. 도깨비는 점점 커지더니 순식간에 끔찍하게 큰 사내가 되어 눈앞에 우뚝 섰습니다. 떡갈나무의 반만큼이나 우람한 몸집의 사내였습니다. 사내는 무시무시한 목소리로 말했습니다.

"날 꺼내준 보상이 뭔지 알아?"

아들이 겁내지 않고 대답했습니다.

"내가 그걸 어떻게 알아?"

"그럼 내가 말해주지. 너의 목을 부러뜨릴 거다."

도깨비가 이렇게 소리치자 아들이 말했습니다.

"좀 미리 말해주지 그랬냐? 그럼 널 병 속에 그냥 놔뒀을 텐데. 그런데 내 목이 붙어있어야 할지 말지는 다른 사람들에게 더 물어봐야겠다."

그러자 도깨비가 소리쳤습니다.

"다른 사람들이 뭐라고 하든지 네가 받을 보상은 받아야지. 사람들이 나를 동정해서 이렇게 오랫동안 병 속에 가둬놨는지 아니? 아니, 벌을 준 거야. 나는 그 위대한 메르쿠리우스[20]란다. 나를 병에서 꺼내준 사람이 누구든 목을 부러뜨려야 해."

그러자 아들이 말했습니다.

"가만, 서두르기는. 네가 정말 그 조그만 병 속에 있었는지 알아야겠어. 진짜 도깨비인지 봐야겠다고. 다시 병 속으로 들어가 봐. 그럼 믿을게. 그때는 네가 하고 싶은 대로 하라고."

도깨비는 같잖다는 듯 말했습니다.

"누워서 식은 죽 먹기지."

도깨비는 몸을 바싹 움츠리더니 점점 작게 만들었습니다. 마침내 전처럼 아주 작아진 도깨비는 병의 주둥이로 다시 쏙 들어갔습니다. 아들은 얼른 병마개로 주둥이를 틀어막았습니다. 그리고 유리병을 떡갈나무 뿌리 밑 원래 있던 자리에 던져버렸답니다. 도깨비가 속아 넘어간 거죠.

---

20 로마 신화에 나오는 목축, 상업, 웅변 및 사자의 신.

아들이 아버지가 계신 곳으로 발을 돌리는데 도깨비가 애원했습니다.

"날 좀 꺼내줘. 제발 좀 꺼내달라고."

그러자 아들이 대답했습니다.

"안 돼. 두 번은 안 속는다고. 내 목숨을 빼앗으려고 했잖아. 그래서 다시 잡아넣었는데, 내가 왜 널 꺼내줘."

도깨비가 소리쳤습니다.

"나를 꺼내주면 평생 충분할 만큼 많은 돈을 줄게."

그러자 아들이 대답했습니다.

"처음처럼 또 날 속이려고?"

도깨비가 또 말했습니다.

"굴러들어온 복을 걷어차지 마. 너를 해치려는 게 아니야. 은혜를 갚으려는 것뿐이라고."

그러자 아들은 이렇게 생각했습니다.

'그래 볼까? 어쩌면 약속을 지킬지도 모르잖아. 뭐, 나쁜 짓이야 하겠나.'

아들은 병마개를 다시 뽑았습니다. 그러자 도깨비는 이전처럼 쑥 빠져나와 점점 커지더니 다시 거인이 되었습니다.

"자, 은혜를 갚아야지."

도깨비는 이렇게 말하고 반창고 모양의 작은 헝겊을 건네면서 말했습니다.

"한쪽 끝으로 상처를 문지르면 상처가 나을 거야. 그리고 다른 쪽 끝으로 강철이나 쇠를 문지르면 전부 은으로 변해버리지."

"한번 시험해봐야겠다."

아들은 이렇게 말하고 나무에 다가가 도끼로 나무껍질에 상처를 내고는 헝겊 한쪽 끝으로 문질렀습니다. 그러자 단박 상처가 아물었습니다. 아들이 말했습니다.

"흠, 정말이네. 그럼 이제 우리 헤어지자."

도깨비는 자신을 풀어줘서 고맙다고 했고, 아들은 선물을 줘서 고맙다고 했습니다. 그런 뒤 아들은 아버지가 계신 집으로 돌아왔습니다.

아버지가 말했습니다.

"어딜 그렇게 쏘다니다 오는 거냐? 일하는 것도 잊어버렸니? 그럴 줄 알았다. 제대로 하는 게 아무것도 없잖아."

"너무 그러지 마세요, 아버지. 못다 한 일 다 끝내놓을게요."

그러자 아버지가 화가 나서 말했습니다.

"뭐야, 다 끝내놓는다고? 돼먹지 못하게."

"보세요, 아버지. 저 나무를 당장 우지끈 베어 넘길 테니까요."

아들은 헝겊으로 도끼를 문지른 다음 힘껏 내리쳤습니다. 그런데 도끼가 은으로 변했기 때문에 도끼날이 휘어버리고 말았습니다.

"아이, 아버지, 이것 보세요. 엉터리 도끼를 주셨잖아요. 도끼날이 완전히 휘어버렸어요."

아버지는 깜짝 놀라서 말했습니다.

"아이고, 무슨 짓을 한 거야! 도끼값을 물어주게 되었는데 어떻게 물어줘야 하느냐고? 넌 아무짝에도 쓸모가 없다니까."

그러자 아들이 말했습니다.

"화내지 마세요. 도끼값은 제가 물어줄게요."

그러자 아버지가 버럭 소리 질렀습니다.

"어휴, 이 멍청아, 무슨 돈으로 물어주려고? 내가 준 돈 말고는 한 푼도 없으면서. 책상머리에만 앉아있으니까 머릿속에 꾀만 잔뜩 들었어. 도끼질 하나 못하면서 말이다."

잠시 후 아들이 말했습니다.

"아버지, 일을 더 못하겠어요. 이만 끝내는 게 나을 것 같아요."

아버지가 대답했습니다.

"뭐라고, 너처럼 팔짱 끼고 보고 있으라는 말이냐? 난 아직 할 일이 남았으니 너 먼저 집에 가거라."

"아버지, 처음 와본 숲이라 혼자서는 길을 몰라서 못 가요. 저하고 같이 가세요."

화가 좀 풀린 아버지는 아들의 말을 따라 아들과 함께 집으로 돌아왔습니다. 아버지는 아들에게 이렇게 말했습니다.

"망가진 도끼를 갖고 가서 팔아라. 이웃집에 도끼값을 물어주려면 말이다. 얼마나 받을지 모르겠지만 모자라는 돈은 내가 벌어야겠지."

아들은 도끼를 들고 시내에 있는 금 세공사를 찾아갔습니다. 금 세공사는 도끼를 살펴보더니 저울 위에 올려놓고 말했습니다.

"이 도끼는 400 탈러 값어치가 나가요. 그런데 그만한 현금이 나한테 없군요."

아들이 말했습니다.

"있는 대로 주세요. 그리고 나머지는 빌려드리는 것으로 하지요."

금 세공사는 아들에게 300 탈러를 주고 100 탈러는 빌린 것으로 했습니다. 아들은 집으로 돌아와서 말했습니다.

"아버지, 돈을 가져왔어요. 이웃집에 가서서 도끼값으로 얼마를 줘야 하는지 물어보세요."

아버지가 말했습니다.

"벌써 알고 있다. 1탈러 6그로셴이야."

"그럼 2탈러 12그로셴을 주세요. 두 배니까 충분할 거예요. 보세요, 돈이 넘치도록 많이 있어요."

아들은 이렇게 말하고 아버지에게 100탈러를 주었습니다.

"이제 돈이 모자라는 일은 없을 테니 편하게 사세요."

그러자 아버지가 말했습니다.

"이런 세상에! 이 큰돈이 어디서 났느냐?"

그제야 아들은 그동안 무슨 일이 있었는지 다 말했습니다. 행운을 믿었더니 호박이 넝쿨째 굴러왔다고요. 아들은 나머지 돈으로 다시 학교로 돌아가 공부를 계속했습니다. 그리고 무슨 상처든 반창고로 다 고칠 수가 있어서 세상에서 가장 유명한 의사가 되었답니다.

◈107◈
악마의 숯검정이 동생

제대한 어떤 병사가 먹고살게 없어서 어떻게 살아가야 할지 막막한 상황이었습니다. 어느 날, 병사는 숲 속을 걸어가다가 작은 난쟁이와 마주쳤습니다. 그런데 난쟁이는 악마였습니다. 난쟁이가 병사에게 말했습니다.

"무슨 일인가? 몹시 슬퍼 보이는데."

병사가 말했습니다.

"배는 고픈데 돈이 없다네."

그러자 악마가 말했습니다.

"우리 집에 하인으로 들어와 일하지 않겠나? 그럼 평생을 풍족하게 살 수 있을 텐데. 칠 년 동안만 일해주면 그다음엔 자네 마음대로 해도 된다네. 그런네 알아둬야 할 게 한 가지 있지. 일하는 동안 씻지도 말고, 수염도 깎지 말고, 손톱이랑 머리도 자르지 말고, 눈물을 닦아서도 안 되네."

"꼭 그렇게 해야 한다면 알았네, 잘해볼게."

병사는 이렇게 말하고 난쟁이를 따라갔습니다. 난쟁이는 병사를 곧바로 지옥으로 데려가서 할 일을 일러주었습니다. 병사는 먼저 흉악한 죄인들이 들어있는 가마솥에 불을 때야 했습니다. 그리고 집 안을 깨끗이 치우고, 빗자루로 바닥을 싹싹 쓸어 쓰레기는 문밖에 갖다버리고, 또 구석구석 깔끔하게 정리해야 했습니다. 하지만 단 한 번이라도 가마솥을 들여다보면 험한 꼴을 당할 것이라고 했습니다. 병사가 말했습니다.

"알겠네. 그렇게 하지."

늙은 악마는 다시 여행을 떠났습니다. 병사는 일하기 시작했습니다. 악마가 시킨 대로 불을 때고, 집 안을 싹싹 쓸고, 쓰레기를 문밖에 갖다버렸습니다. 늙은 악마는 집으로 돌아오자 병사가 모든 일을 제대로 했는지 꼼꼼히 살펴보더니, 흡족해하며 또다시 길을 떠났습니다. 그제야 병사는 지옥을 제대로 둘러보았습니다. 여기저기 가마솥이 쭉 늘어서 있는데, 밑에서는 불이 활활 타오르고 가마솥은 부글부글 끓고 있었습니다. 병사는 가마솥 안에 무엇이 들었는지 궁금해서 안달이 났습니다. 악마가 절대로 안 된다고 했지만, 병사는 도저히 참을 수가 없어서 첫 번째 가마솥의 뚜껑을 살짝 열고 들여다보았습니다. 그런데 예전 군대에 같이 있었던 하사가 그 안에 떡하니 앉아있는 게 아닙니까. 병사가 말했습니다.

"아하, 괴팍한 녀석, 널 여기서 만나다니! 나를 그렇게 못살게 굴더니 어디 한번 당해봐라."

병사는 뚜껑을 확 닫아 버린 뒤에 불씨를 일으키고 장작을 더 넣었습니다. 그런 다음 두 번째 가마솥으로 가서 또 뚜껑을 조금 열고 안을 들여다보았습니다. 그곳에는 사관이 앉아있었습니다.

"아하, 괴팍한 녀석, 널 여기서 만나다니! 나를 그렇게 못살게 굴더니 어디 한번 당해봐라."

병사는 뚜껑을 다시 닫아버리고 장작을 가져와 가마솥을 더 펄펄 끓게 하였습니다. 그리고 세 번째 가마솥에 누가 들었는지 궁금해서 들여다봤더니, 안에는 장군이 앉아있었습니다.

"아하, 괴팍한 녀석, 널 여기서 만나다니! 나를 그렇게 못살게 굴더니 어디 한번 당해봐라."

병사는 풀무를 가져와 지옥 불을 더욱 활활 키웠습니다. 그렇게 병사는 칠 년 동안 지옥에서 일했습니다. 씻지도 않고 손톱이나 머리도 자르지 않고 눈물도 닦지 않았습니다. 어느새 반년밖에 되지 않은 것 같은데 칠 년이 후딱 지나 떠날 때가 되었습니다. 악마가 와서 말했습니다.

"이보게, 한스, 그동안 무슨 일을 했나?"

"가마솥에 불을 땠고, 집 안을 싹싹 쓸었고, 쓰레기를 문밖에 갖다버렸다네."

"그리고 가마솥을 들여다봤지. 장작을 더 땐 게 천만다행일세. 그러지 않았다면 자넨 벌써 죽었을걸. 이제 떠날 때가 되었군. 집으로 가고 싶나?"

한스가 말했습니다.

"그래, 아버지가 어떻게 지내시는지 빨리 가서 뵙고 싶다네."

그러자 악마는 이렇게 말했습니다.

"그동안 일을 한 품삯을 받고 싶으면 쓸어버린 쓰레기를 모아서 배낭에 담아 집으로 가져가게. 그리고 씻지도 말고 머리도 빗지 말고 가게. 머리와 수염을 길게 기른 채 손톱도 자르지 말고 흐릿한 눈을 하고 가란 말일세. 사람들이 어디서 왔느냐고 물으면 '지옥에서 왔다.'라고 대답하게. 또 누구냐고 물으면 '나의 왕이요, 형님이신 악마의 숯검정이 동생이오.'라고 말하게."

한스는 잠자코 악마가 시키는 대로 했지만, 품삯은 영 마음에 들지 않았습니다.

한스는 다시 숲으로 돌아오자마자 배낭을 등에서 내려 쓰레기를 쏟아 버리려고 했습니다. 그런데 배낭을 열었는데 안에 들었던 쓰레기가 순금으로 변해 있는 것이 아닙니까.

"정말 뜻밖이네."

한스는 이렇게 말하고 한껏 들떠서 시내로 들어갔습니다. 그런데 여관 주인이 문 앞에 서 있다가 다가오는 한스를 보고 깜짝 놀랐습니다. 한스가 허수아비보다 못한 아주 추레한 꼴을 하고 있었기 때문입니다. 여관 주인은 한스를 불러 물었습니다.

"어디서 오는 거요?"

"지옥에서요."

"대체 누구시오?"

"나의 왕이고 형님이신 악마의 숯검정이 동생이오."

그러자 여관 주인은 한스를 안으로 들이려고 하지 않았습니다. 그런데 한스가 금을 보여주자 얼른 가서 손잡이를 돌려 직접 문을 열어주었습니다. 한스는 가장 좋은 방을 달라고 하고, 맛있는 음식을 한 상 푸짐하게 차려오라고 했습니다. 한스는 실컷 먹고 마셨습니다. 하지만 악마가 시킨 대로 씻지도 않고 머리를 빗지 않은 채 잠자리에 들었습니다. 그런데 여관 주인은 금이 가득한 배낭이 눈앞에 자꾸 어른거려 안달이었습니다. 그래서 밤중에 살그머니 가서 배낭을 훔쳐냈습니다.

다음 날 아침 한스는 일어나서 길을 떠나기 전 숙박료를 내려고 하다가 배낭이 감쪽같이 없어진 것을 알게 되었습니다. 한스는 자신이 잘못해서 일어난 일이 아니라고 간단히 생각하고 발길을 돌려 곧바로 지옥으로 돌아왔습니다. 한스는 늙은 악마에게 어려운 상황을 이야기하고 도와달라고 했습니다. 그러자 악마는 이렇게 말했습니다.

"여기 앉게. 내가 씻겨주고 머리를 빗겨주고 수염을 깎아주고 머리와 손톱을 잘라주고 눈을 닦아줄 테니."

일을 마치고 악마는 배낭에 쓰레기를 가득 담아주며 말했습니다.

"여관 주인한테 가서 금을 내놓으라고 하게. 그렇게 하지 않으면 내가 가서 여관 주인을 끌고 오겠네. 자네 대신 불 때는 일을 하라고 말이야."

한스는 다시 여관으로 가서 주인에게 말했습니다.

"내 금을 훔쳤지요? 당장 돌려주지 않으면 지옥으로 끌려가서 내가 하던 일을 해야 하오. 그럼 나처럼 끔찍한 모습이 될 거요."

그러자 여관 주인은 훔친 금을 웃돈까지 얹어 돌려주면서 조용히 해달라고 부탁했습니다. 한스는 엄청난 부자가 되었습니다.

한스는 아버지가 계신 집으로 발길을 옮겼습니다. 아마포로 만든 허름한 작업복을 몸에 걸치고 여기저기 돌아다니면서 곡을 연주했습니다. 지옥에서 악마에게 배운 것이었죠. 그런데 한스는 어떤 나라의 늙은 왕 앞에서 곡을 연주하게 되었습니다. 늙은 왕은 한스의 연주를 듣고 크게 감격해서 큰딸을 아내로 주겠다고 약속했습니다. 그런데 큰딸은 허연 작업복을 입은 천한 남자와 결혼해야 한다는 소식을 듣자 이렇게 말했습니다.

"결혼하느니 차라리 깊은 강물에 빠져 죽어버리는 게 낫지."

그래서 왕은 한스에게 막내딸을 주었습니다. 막내딸은 아버지를 위해 기꺼이 결혼하겠다고 했습니다. 악마의 숯검정이 동생은 공주를 얻게 되었고, 늙은 왕이 세상을 떠나자 온 나라까지 얻게 되었답니다.

◆108◆
곰 가죽 사나이

옛날에 한 젊은이가 군대에 지원해 병사가 되었습니다. 젊은이는 총알이 빗발치듯 쏟아져도 항상 맨 앞장에 서서 용감히 싸웠습니다. 전쟁이 계속 되는 동안에는 모든 것이 다 좋았습니다. 하지만 평화조약이 맺어지자 병사는 제대명령을 받았고, 중대장은 어디든 마음대로 가도 좋다고 말했습니다. 하지만 병사는 부모님이 세상을 떠났기 때문에 딱히 갈 곳이 없었습니다. 그래서 형제들을 찾아가 전쟁이 다시 일어날 때까지만 머무르게 해 달라고 부탁했습니다. 그러나 형제들은 매정하게 말했습니다.

"네가 무슨 일을 할 수 있겠느냐? 필요 없다. 알아서 살아가거라."

가진 것이라고는 달랑 총 한 자루뿐이었던 병사는 총을 어깨에 메고 세 상으로 나갔습니다. 어느 날 병사는 커다란 들판에 이르렀는데, 둥그렇게 둘러 서 있는 몇몇 나무밖에는 아무것도 보이지 않는 황량한 들판이었습 니다. 병사는 나무 밑에 털썩 주저앉아 자신의 운명을 생각하며 슬픔에 잠겼습니다. 돈도 없고 배운 것이라고는 고작 전쟁 기술뿐인데 평화가 선 포된 지금 나를 원하는 곳은 아무 데도 없고 굶어 죽기 십상이지, 하고 생 각했습니다. 그런데 갑자기 쿵쿵거리는 소리가 들려 주위를 둘러보니 앞 에 웬 낯선 사람이 우뚝 서 있었습니다. 초록색 윗옷을 입고 의젓한 풍채 에 점잖아 보이는 남자였습니다. 그런데 발이 흉하게 생긴 말발[21]이었습니 다. 그 남자가 말했습니다.

"자네가 필요한 게 뭔지 알지. 돈과 재물을 주겠네. 들기 힘들 정도로 많 이 줄 수 있어. 그런데 먼저 자네가 겁쟁이인지 아닌지 알아야겠어. 돈을

---

21 첨족, 발꿈치가 땅에 닿지 않는 발.

헛되이 쓰고 싶지는 않거든."

그러자 병사가 말했습니다.

"군인과 두려움은 어울리지 않아요. 당장 날 시험해보세요."

남자가 말했습니다.

"좋아. 그럼 뒤를 돌아보게."

병사가 뒤를 돌아보니 커다란 곰이 병사 쪽으로 쿵쿵 으르렁거리면서 다가오고 있었습니다. 병사는 냅다 소리쳤습니다.

"오호, 코를 확 긁어줄까? 으르렁 소리가 쏙 들어가게."

병사는 곰을 향해 총을 겨누고 곰의 주둥이를 쏘아 맞혔습니다. 곰은 그 자리에 폭 고꾸라져 꼼짝하지 않았습니다. 그러자 낯선 남자가 말했습니다.

"알겠네. 겁쟁이는 아니구먼. 그러나 조건이 한 가지 더 있는데, 그것도 할 수 있어야 해."

병사는 앞에 있는 남자가 누구인지 눈치채고 이렇게 대답했습니다.

"내 영혼을 파는 일이 아니라면 하겠지만, 만약 그렇지 않다면 그만둘 게요."

초록색 윗옷의 남자가 말했습니다.

"그건 두고 봐야 알겠지. 앞으로 칠 년 동안 씻지도 말고 수염도 깎지 말고 손톱도 자르지 말고 주기도문도 외우지 말아야 하네. 또 내가 주는 윗옷과 외투를 입고 다니게. 만약 자네가 칠 년 안에 죽는다면 자네는 내 것이 되고 말 거야. 하지만 살아남는다면 자네는 자유야. 부자가 되어 평생 잘살게 될 거고."

병사는 자신의 어려운 처지를 곰곰 생각해보았습니다. 그리고 여러 번 죽을 고비를 넘긴 적도 있었으니 한번 용감하게 시도해보기로 마음먹고 승낙했습니다. 그러자 악마는 초록색 윗옷을 벗어 병사에게 주면서 말했습니다.

"이 윗옷을 입고 주머니에 손을 넣으면 언제나 돈이 한 움큼 가득 집힐 걸세."

악마는 곰의 가죽을 벗기면서 말을 이었습니다.

"이게 자네 외투이고 침대야. 꼭 이 외투 위에서 자야지, 다른 침대에서 자면 안 되네. 그리고 곰 가죽을 입고 있으니 앞으로 자네를 곰 가죽이라고 부르겠네."

그리고 악마는 홀연 사라졌습니다.

병사는 윗옷을 입었습니다. 그리고 주머니에 손을 넣어보았더니 악마가 말한 그대로였습니다. 병사는 곰 가죽을 둘러쓰고 세상으로 나갔습니다. 신이 나서 내키는 대로 아낌없이 돈을 쓰며 돌아다녔습니다. 첫해는 그럭저럭 지냈습니다. 하지만 이듬해가 되자 병사는 꼭 괴물처럼 보였습니다. 머리는 길어 얼굴을 거의 덮었습니다. 수염은 꺼칠꺼칠한 펠트수건 같았고 손톱은 독수리 발톱 같았습니다. 얼굴에는 때가 덕지덕지 해서 씨를 뿌리면 서양갓냉이라도 자랄 듯했습니다. 사람들은 병사를 보면 멀리 달아났습니다. 그래도 병사는 늘 잠자리를 구할 수 있었습니다. 가는 곳마다 가난한 사람들에게 돈을 펑펑 주면서 칠 년 안에 죽지 않도록 자기를 위해 기도해달라고 부탁했으니까요. 사 년째 되는 어느 날, 병사는 어느 여관으로 들어갔습니다. 그런데 여관 주인은 방을 주려고 하지 않았습니다. 심지어 마구간 한구석도 내주려고 하지 않았습니다. 말들이 놀랄까 걱정이 되어 그런다고 했습니다. 곰 가죽은 주머니에서 금화를 한 움큼 가득 꺼냈습니다. 여관 주인은 단박 마음이 누그러져 뒤채에 있는 방을 하나 내어주었습니다. 그리고 평판이 나빠지면 곤란하니까 남들 눈에 띄지 않게 해달라고 당부했습니다.

저녁에 곰 가죽은 홀로 앉아 얼른 칠 년이 지났으면 좋겠다고 간절히 생각하고 있었습니다. 그런데 옆방에서 크게 한탄하며 우는 소리가 들렸습니다. 동정심이 많은 곰 가죽이 문을 열고 보았더니, 웬 노인이 두 손으로 머리를 감싼 채 엉엉 통곡하고 있었습니다. 곰 가죽이 가까이 다가가자 노인은 벌떡 일어나 달아나려 했습니다. 그러나 사람의 목소리를 듣자 이내 마음을 돌렸습니다. 곰 가죽이 친절하게 다독거리자 노인은 왜 슬퍼하는지 사연을 털어놓았습니다. 노인은 재산이 점점 줄어들어 딸들과 같이 굶주려야 했고, 여관 주인에게 줄 돈도 없어서 감옥에 가야 할 지경이 되었다고 했습니다. 그러자 곰 가죽이 말했습니다.

"걱정하지 마세요. 저 돈 많아요."

곰 가죽은 여관 주인을 불러 여관비를 내주었습니다. 그리고 불행한 노인네의 호주머니에 금화를 듬뿍 넣어주었습니다.

모든 걱정이 씻은 듯 사라진 노인은 곰 가족에게 고마운 마음을 어떻게 표현해야 할지 몰랐습니다. 그래서 이렇게 말했습니다.

"나하고 같이 갑시다. 내 딸들은 보기 드문 미인들이라오. 아이 중 하나를 골라 아내로 삼아도 좋소. 아비를 도와줬다는 이야기를 들으면 아마 거절하지는 않을 거요. 물론 당신이 좀 이상해 보이기는 하지만 딸아이가 다시 제 모습을 찾아줄 거요."

곰 가죽은 좋다고 하고 노인을 따라갔습니다. 그러나 곰 가죽의 모습을 보자 큰딸은 비명을 지르며 냅다 달아났습니다. 둘째 딸은 달아나지는 않았습니다. 그러나 머리서부터 발끝까지 곰 가죽을 찬찬히 훑어보더니 말했습니다.

"사람 모습을 찾아볼 수 없는 저런 남자하고 결혼하라고요? 차라리 털을 깎은 곰이 더 낫겠어요. 언젠가 여기서 봤잖아요? 경기병의 모피 외투를 입고, 하얀 장갑을 끼고 사람처럼 굴던 곰 말이에요. 그 곰이라면 이상해 보이긴 해도 익숙해질 수 있을 걸요."

하지만 막내딸은 이렇게 말했습니다.

"아버지, 어려움에 부닥친 아버지를 도와주신 분이라니 틀림없이 좋은 분일 거예요. 딸을 주겠다고 약속하셨다니 약속을 지키셔야죠."

안타깝게도 곰 가죽의 얼굴은 때가 덕지덕지 끼고 온통 머리털로 덮여있었습니다. 그러지 않았더라면 막내딸의 말을 듣고 환하게 웃는 모습을 볼 수 있었을 것입니다. 곰 가죽은 손가락에 긴 반지를 빼서 둘로 쪼개 한쪽은 막내딸에게 주고 다른 쪽은 자기가 가졌습니다. 막내딸에게 준 반쪽 반지에는 자기의 이름을 쓰고 자기 것에는 막내딸의 이름을 썼습니다. 그리고 막내딸에게 반지를 잘 간직하라고 하고 헤어지면서 이렇게 말했습니다.

"나는 삼 년을 더 방랑해야 합니다. 내가 다시 돌아오지 않으면 아가씨는 자유예요. 내가 죽었다는 뜻이니까요. 하지만 살아있도록 하나님께 기도해주세요."

불쌍한 신부는 검은 옷을 입었습니다. 신랑을 생각하면 눈에 그렁그렁 눈물이 고였습니다. 언니들은 비아냥거리기만 했습니다. 큰언니가 말했습니다.

"조심해라. 네가 손을 내밀면 앞발로 손을 때릴지도 몰라."

둘째 언니가 말했습니다.

"조심해라. 곰들이 달콤한 것을 좋아하잖아. 네가 마음에 들면 널 잡아먹을지도 몰라."

큰언니가 또 말했습니다.

"신랑이 하자는 대로 늘 해야 할걸. 그러지 않으면 으르렁거릴 거야."

둘째 언니가 말을 이었습니다.

"결혼식은 얼마나 재밌을까. 곰들은 춤을 잘 춘다잖아."

하지만 신부는 당황하지 않고 아무 말도 하지 않았습니다. 곰 가죽은 이곳저곳 세상을 두루 돌아다니며 할 수 있는 한 좋은 일을 했습니다. 가난한 사람들에게 돈을 많이 주면서 자기를 위해 기도해달라고 부탁했습니다. 드디어 칠 년의 마지막 날이 밝아오자 곰 가죽은 다시 들판으로 나가 둥그렇게 둘러 서 있는 나무 밑에 앉았습니다. 얼마 지나지 않아 바람이 휙 불더니 눈앞에 악마가 우뚝 섰습니다. 악마는 곰 가죽을 성난 눈초리로 바라보더니 옛 윗옷을 휙 던져주고 초록색 윗옷을 돌려달라고 했습니다. 그러자 곰 가죽이 말했습니다.

"아직 끝나지 않았어요. 먼저 나를 깨끗이 씻겨줘요."

원하든 말든 악마는 물을 떠 와서 곰 가죽을 씻겨줘야 했습니다. 머리도 빗겨주고 손톱도 깎아줬습니다. 그러자 곰 가죽은 늠름한 병사처럼 보였고 예전보다 훨씬 아름다워졌습니다.

다행히 악마가 떠나자 곰 가죽은 마음이 새털처럼 가벼워졌습니다. 그래서 시내로 나가 화려한 벨벳 윗옷을 사서 입고 네 마리의 하얀 말이 끄는 마차를 타고 막내딸이 기다리는 집으로 달렸습니다. 아무도 그를 알아보지 못했습니다. 막내딸의 아버지는 곰 가죽을 귀한 신분의 대령으로 생각하고 딸들이 있는 방으로 안내했습니다. 곰 가죽은 두 언니 사이에 앉았는데, 언니들은 이렇게 멋진 남자가 세상에 또 있을까 싶어 포도주도 따라주고 가장 맛있는 음식도 앞에 놓아주었습니다. 그러나 검정 옷을 입고 맞은편에 앉은 신부는 눈을 들지도 않고, 말도 하지 않았습니다. 곰 가죽은 아버지에게 딸들 가운데 하나를 아내로 주겠느냐고 물었습니다. 그러자 언니들은 벌떡 일어나 예쁜 옷으로 갈아입으려고 방으로 달려갔습니다. 두 아가씨 모두 자기가 선택될 것이라고 착각한 것입니다. 곰 가죽은 신부와 둘만 남자 반지 반쪽을 꺼내 포도주잔에 떨어뜨렸습니다. 그리고 식탁 너머로 신부에게 잔을 건네주었습니다. 신부는 잔을 받아 마셨습니다. 그런데 잔 밑바닥에 반지 반쪽이 보이자 가슴이 쿵쿵 뛰었습니다. 막내딸은 줄에 달아 목에 걸고 있던 반지 반쪽을 꺼내 맞춰보았습니다. 두 쪽이 꼭 들어맞았습니다. 그러자 곰 가죽이 말했습니다.

"나는 아가씨의 약혼자예요. 당신은 나를 곰 가죽으로 알고 있었지요. 하나님의 은혜로 나는 다시 사람의 모습을 되찾았고 깨끗해졌어요."

곰 가죽은 막내딸에게 다가가 품에 안고 입을 맞췄습니다. 그때 언니들이 쪽 빼입고 들어와서 그 멋진 남자를 막내딸이 차지한 것을 보았습니다. 그리고 남자가 옛날에 곰 가죽이었다는 것을 알고 머리끝까지 분통이 치밀어 밖으로 뛰쳐나갔습니다. 한 언니는 우물에 빠져 죽고, 다른 언니는 나무에 목을 매달았습니다. 저녁에 누가 문을 똑똑 두드렸습니다. 신랑이 문을 열었더니 초록색 윗옷을 입은 악마가 서 있었죠. 그리고 이렇게 말했답니다.

"보게나, 자네의 영혼 하나 대신 두 영혼을 얻었다네."

◆109◆
영리한 사람들

어느 날, 한 농부가 소사나무 지팡이를 방구석에서 꺼내며 아내에게 말했습니다.

"트리네[22], 오늘 여행을 떠나 사흘 뒤에 돌아올 거요. 그사이에 가축 상인이 우리 집에 들러 소 세 마리를 사겠다고 하면 팔아버려요. 하지만 이백 탈러[23]는 받아야 하오. 그보다 적게 준다면 절대 팔지 말고. 알았죠?"

그러자 아내가 말했습니다.

"알았으니 잘 다녀오세요. 그렇게 할게요."

농부가 말했습니다.

"그런데 여보, 당신은 어렸을 때 거꾸로 떨어져서 지금도 머리가 좀 이상하잖소. 명심해요. 멍청한 짓 하면 등판을 시퍼렇게 칠해줄 테니. 파란 물감이 아니라 손에 든 이 지팡이로 말이요. 장담하리다. 시퍼런 자국이 일 년은 갈 거요."

그리고 농부는 길을 떠났습니다.

다음 날 아침, 가축 상인이 왔습니다. 농부의 아내는 가축 상인과 길게 이야기할 필요가 없었습니다. 가축 상인은 소들을 꼼꼼히 살펴본 뒤 소의 값을 듣더니 이렇게 말했습니다.

"기꺼이 드리죠. 싸게 쳐서 그 정도 나가니까요. 당장 소들을 끌고 가겠어요."

가축 상인은 묶인 줄을 풀고 소들을 외양간에서 몰아냈습니다. 막 대문 밖으로 나가려는 가축 상인을 보고 농부의 아내가 얼른 옷소매를 잡더니 말했습니다.

"먼저 이백 탈러를 주셔야죠. 그러지 않으면 못 가요."

그러자 가축 상인이 말했습니다.

---

22 여자이름 카타리네의 단축형.

23 15~19세기 독일의 은화.

"알아요. 그런데 전대를 차는 것을 그만 깜박했지 뭡니까? 걱정하지 마세요. 담보를 맡겨놓고 가서 돈을 가져올 테니. 소 두 마리만 지금 끌고 가고 나머지 한 마리는 여기 두고 갈게요. 확실한 담보물이죠."

듣고 보니 그렇구나 싶어서 농부의 아내는 가축 상인을 소들과 함께 보내주었습니다. 그리고 생각했습니다.

"잘 팔았어. 한스가 이걸 알면 얼마나 기뻐할까."

농부는 말한 것처럼 사흘 뒤에 돌아왔습니다. 오자마자 아내에게 소를 팔았느냐고 물었습니다. 아내가 대답했습니다.

"그럼요, 여보. 당신 말대로 이백 탈러 받고 팔았어요. 사실 그 정도 가격은 되지 않는데, 뭐라고 안 하고 가져가더라고요."

농부가 물었습니다.

"돈은 어디 있소?"

아내가 대답했습니다.

"돈은 못 받았어요. 전대를 깜박했대요. 하지만 금방 가져올 거예요. 확실한 담보를 맡겨놓고 갔거든요."

농부가 물었습니다.

"담보라니?"

"소 세 마리 중 한 마리는 여기 두고 갔어요. 소의 값을 다 치르기 전엔 데리고 갈 수 없죠. 머리를 좀 썼죠. 가장 작은놈을 두고 가라고 했어요. 가장 적게 먹잖아요."

농부는 부글부글 화가 치밀었습니다. 그래서 예고한 대로 이른바 아내의 등판을 퍼렇게 색칠해주려고 지팡이를 치켜들었습니다. 그러다가 문득 팔을 내리더니 말했습니다.

"당신은 뒤뚱거리며 다니는 이 세상에서 가장 멍청한 거위요. 측은하기도 하고. 그래서 하는 말인데, 내가 큰길에서 당신보다 더 무지한 사람이 있는지 사흘 동안 지켜보겠소. 혹 그런 사람이 나타나면 당신 마음대로 하오. 하지만 나타나지 않으면 저지른 죗값을 고스란히 치러야 할 거요."

농부는 큰길로 나가 돌 위에 걸터앉아 오는 것들을 기다렸습니다. 잠시 후 건초 수레가 다가오는데, 한 아주머니가 수레 한가운데에 우뚝 서 있었습니다. 쌓여있는 건초더미 위에 앉아있는 것도 아니고, 황소 옆에서 고삐를 쥐고 걸어오는 것도 아니었습니다. 농부는 바로 저 아주머니다 싶어서 벌떡 일어나 수레 앞에서 정신 나간 사람처럼 껑충껑충 뛰었습니다. 그러자 아주머니가 물었습니다.

"왜 그래요, 아저씨? 내가 모르는 분인데, 어디서 오셨죠?"

농부가 대답했습니다.

"하늘에서 떨어졌어요. 그런데 어떻게 다시 올라가야 하는지 모르겠어요. 날 태워다 줄 수 있어요?"

아주머니가 말했습니다.

"아뇨. 길을 몰라요. 그런데 하늘에서 오셨다고요? 그럼 제 남편이 어떻게 지내는지 말해줄 수 있으시겠네요. 삼 년 전에 그곳으로 갔거든요. 제 남편을 보셨죠?"

"봤지요. 그런데 모든 사람이 다 잘 지낼 수는 없잖아요. 아주머니 남편은 양들을 돌보고 있는데, 녀석들 때문에 애를 좀 먹고 있죠. 녀석들이 껑충껑충 산 위로 올라가지를 않나, 우거진 숲 속에서 길을 잃어 헤매기도 하니까요. 그러면 아주머니 남편이 쫓아가서 녀석들을 다시 몰고 와야 해요. 또 옷은 다 해져 금세 떨어질 듯 너덜너덜한데 그곳엔 재단사도 없어요. 옛이야기를 들어 아시겠지만, 성 베드로가 재봉사를 못 들어오게 하잖아요."

그러자 아주머니가 소리쳤습니다.

"세상에, 어쩌면 좋아! 그럼 이러면 어때요? 제가 우리 집 옷장에 걸려 있는 남편의 양복을 가져다 드릴게요. 남편이 그곳에서 입으면 좋잖아요. 부탁해요, 남편에게 양복을 좀 갖다 주세요."

농부가 대답했습니다.

"안 돼요. 하늘나라에 옷을 가져갈 수 없어요. 문 앞에서 뺏기거든요."

그러자 아주머니는 이렇게 말했습니다.

"어제 밀을 팔아 돈을 꽤 받았거든요. 남편에게 그 돈을 보내고 싶어요. 돈지갑을 호주머니에 넣으면 아무도 눈치채지 못할 거예요."

농부가 말했습니다.

"정 그러시다면 부탁을 들어주리다."

아주머니가 말했습니다.

"거기 앉아 계세요. 얼른 집에 가서 지갑을 가져올 테니. 금방 돌아올 게요. 제가 건초더미 위에 앉지 않고 서서 가면 황소들이 더 쉬울 거예요."

아주머니는 소를 몰아 집으로 달려갔습니다. 농부는 생각했지요.

'저 아주머니는 멍청이기질이 다분해. 정말 돈을 가져오면 내 아내는 운이 터진 거지. 언어맞지 않아도 되니까.'

얼마 지나지 않아 아주머니가 돈을 가지고 뛰어와 농부의 주머니에 직접 넣어주었습니다. 그러면서 부탁을 들어줘서 고맙다고 가기 전에 거듭 거듭 인사했습니다.

아주머니는 다시 집에 돌아왔습니다. 집에는 아들이 밭에서 돌아와 있 었습니다. 아주머니는 아들에게 뜻밖이라며 그날 있었던 일을 이야기했습 니다. 그리고는 이렇게 덧붙였습니다.

"불쌍한 양반에게 뭐라도 보내줄 수 있어서 정말 기뻤단다. 그 양반이 하늘나라에서 그렇게 가난하게 살 줄 누가 알았겠니?"

아들은 깜짝 놀라서 말했습니다.

"어머니, 하늘에서 내려오다니, 그건 매일 있는 일이 아니죠. 당장 나가서 그 사람을 만나봐야겠어요. 하늘나라가 어떤 곳인지, 그곳에선 어떤 일을 하는지 이야기해달라고 할 거예요."

아들은 말 등에 안장을 얹고 올라타더니 쏜살같이 달려갔습니다. 달려갔더니 버드나무 밑에 앉아 지갑에 든 돈을 세고 있는 농부가 보였습니다.

"혹시 하늘에서 내려온 사람을 보지 못했나요?"

젊은이가 소리치자 농부가 대답했습니다.

"봤지요. 그 사람 벌써 돌아갔어요. 저 산으로 올라갔죠. 하늘과 훨씬 가깝잖아요. 빨리 달리면 따라잡을 수 있을 거요."

그러자 젊은이가 말했습니다.

"어휴, 온종일 녹초가 되게 일하고 여기까지 달려오느라 완전히 지쳐버렸어요. 그 사람을 보셨다니까 부탁할게요. 제 말을 타고 쫓아가서 이리 오도록 그 사람을 설득해주지 않겠어요?"

아하, 심지 없는 등잔이 여기 또 하나 있구먼, 하고 농부는 생각했습니다.

"안 할 이유가 없지요."

농부는 이렇게 말하고 냉큼 말에 올라타 쏜살같이 달아나버렸습니다. 젊은이는 앉아서 기다렸습니다. 하지만 밤이 되었는데도 농부는 돌아오지 않았습니다. 그러자 젊은이는 이렇게 생각했습니다.

'분명 하늘에서 내려온 사람이 너무 바빠서 이리로 올 수 없다니까 농부가 아버지에게 갖다 드리라고 말도 줘서 보냈을 거야.'

젊은이는 집에 돌아와 무슨 일이 있었는지 어머니에게 말했습니다. 아버지가 헤매고 다니시지 않게 말을 보냈다는 거였죠. 그러자 아주머니가 말했습니다.

"잘했구나. 젊은 네 다리는 아직 튼튼하니까 걸어 다녀도 돼."

농부는 집에 돌아오자 마구간으로 가서 담보로 잡아놓은 소 옆에 말을 세워두고 아내한테 가서 말했습니다.

"트리네, 당신 운이 좋은 날이오. 당신보다 더 멍청한 바보를 둘이나 봤으니까. 이번에는 때리지 않고 그냥 넘어가지만, 다음 기회를 위해 남겨두는 거요."

남편은 파이프에 불을 댕기고 등받이 높은 안락의자에 앉으며 말했습니다.

"썩 괜찮은 장사였어. 말라빠진 소 두 마리 대신 토실토실하게 살진 말 한 마리에다 돈이 가득 든 큰 지갑이라! 멍청한 것이 이런 횡재를 불러온다면 멍청이들도 존경할 만해."

농부는 이렇게 생각했답니다. 하지만 여러분은 영리한 사람보다 멍청이를 더 좋아할 거라고 믿어요.

◆110◆
두꺼비 이야기 I

옛날에 어린아이가 있었습니다. 아이의 어머니는 매일 오후 바닥이 움푹한 접시에다 식빵 몇 조각을 우유에 담가 아이에게 주었습니다. 그러면 아이는 그릇을 들고 마당으로 나갔습니다. 어느 날, 아이가 마당에 앉아 막 음식을 먹으려는데 벽 틈새에서 집 두꺼비 한 마리가 엉금엉금 기어 나오더니 머리를 그릇에 처박고 같이 먹는 것이었습니다. 아이는 그 모습이 너무 재미있었습니다. 그래서 그릇을 들고 앉아서 먹으려다가 두꺼비가 오지 않으면 이렇게 두꺼비를 불렀습니다.

"두껍아, 두껍아, 어서 나와라,
작은 두껍아, 얼른 이리 와서,
빵조각도 먹고
즐겁게 우유도 마시려무나."

그러면 두꺼비가 냉큼 달려 나와 음식을 맛있게 먹었습니다. 두꺼비는 고마운 마음을 표현하기도 했습니다. 아이에게 숨겨놓은 보물 중에서 반짝거리는 돌멩이하며 진주하며 황금 장난감 같은 온갖 아름다운 물건들을 가져다주었습니다. 그런데 두꺼비는 우유만 마시고 빵조각은 남겨두었습니다. 그래서 한번은 아이가 숟가락으로 두꺼비 머리를 톡 치며 말했습니다.

"두껍아, 빵도 먹어."

그런데 부엌에 있던 어머니가 그 소리를 듣고 아이가 누구와 이야기하는지 내다보니까 아이가 숟가락으로 두꺼비를 톡톡 치고 있습니다. 어머니는 장작을 하나 들고 뛰어 나와 멀쩡한 두꺼비를 죽여 버리고 말았습니다.

그때부터 아이는 달라지기 시작했습니다. 두꺼비와 같이 먹던 때에는 키도 부쩍 크고 튼튼했던 아이가 발그레한 빛이 점차 뺨에서 사라지고 비쩍비쩍 말라갔습니다. 얼마 지나지 않아 밤마다 금눈쇠올빼미가 울부짖기 시작했고, 작은부리올새가 나뭇가지와 이파리를 모아 장례식화환을 만들었습니다. 그리고 곧 아이는 관 속에 뉘어졌답니다.

II

한 고아 소녀가 도시 벽 가에 앉아 실을 잣고 있었습니다. 그런데 두꺼비 한 마리가 벽 밑으로 난 구멍에서 엉금엉금 기어 나왔습니다. 소녀는 파란 비단 목도리를 재빨리 옆에다 펼쳐놓았습니다. 두꺼비들은 비단 목도리를 아주 좋아하고, 혼자서 그 위를 걷는 것을 무엇보다도 좋아하기 때문입니다. 두꺼비는 비단 목도리를 보더니 되돌아가서 작은 황금 관을 갖고 와서 목도리 위에 내려놓고 다시 가버렸습니다. 소녀는 부드러운 금실로 만든 반짝반짝 빛나는 황금 관을 주워들었습니다. 잠시 뒤 두꺼비가 다시 왔습니다. 그런데 황금 관이 보이지 않자 슬퍼하며 벽에 기어오르더니 머리를 콩콩 찧기 시작했습니다. 두꺼비는 힘이 다 빠질 때까지 그러다가 마침내 죽고 말았답니다. 소녀가 황금 관을 그대로 놔뒀더라면 두꺼비는 더 많은 보물을 두꺼비집에서 가져왔을 텐데 말이죠.

III

두꺼비가 소리쳤습니다.
"꾸룩 꾸룩, 꾸루룩."
아이가 말했습니다.
"이리 나와 봐."
두꺼비가 나오자 아이는 자기 여동생에 대해 물었습니다.
"빨간 양말 신은 내 동생 봤니?"
그러자 두꺼비가 이렇게 대답했습니다.
"아니, 못 봤어! 넌 봤어? 꾸룩 꾸룩 꾸루룩."

◆111◆
불쌍한 방앗간 젊은이와 고양이

옛날에 한 늙은 방앗간 주인이 살았습니다. 방앗간 주인은 아내도 없고 아이도 없었습니다. 방앗간에서 도제로 일하는 젊은이 셋밖에 없었습니다. 몇 년을 그렇게 살던 방앗간 주인이 어느 날 젊은이들에게 말했습니다.

"나도 이젠 늙었다. 난롯가에 앉아서 쉬고만 싶구나. 떠나라. 자네들 중 가장 우수한 말을 데려오는 사람에게 이 방앗간을 물려주겠다. 그 대신 죽는 날까지 나를 보살펴줘야 한다."

그런데 농장 머슴이었던 세 번째 젊은이는 다른 젊은이들에게 늘 바보 취급을 당했습니다. 젊은이들은 그가 방앗간을 물려받을 자격이 없다고 여겼고, 본인도 그런 생각은 꿈에도 하지 않았습니다. 세 젊은이는 함께 길을 떠났습니다. 어느 날, 어떤 마을 앞을 지나가는데 두 젊은이가 바보 한스에게 말했습니다.

"넌 그냥 여기 있어라. 평생 말도 구할 수 없을 텐데 말이야."

하지만 한스는 함께 갔습니다. 어느덧 밤이 되어 젊은이들은 동굴로 들어가 잠을 자려고 누웠습니다. 그런데 약삭빠른 두 젊은이는 한스가 잠들 때까지 기다렸다가 살그머니 일어나 한스를 홀로 남겨둔 채 달아나버렸습니다. 보기 좋게 한스를 따돌렸다고 생각했겠지만 그런 녀석들이 잘될 리가 있겠습니까! 어느덧 날이 밝아 한스는 잠에서 깨어났습니다. 그런데 깊숙한 동굴 속에 혼자서 누워있는 게 아닙니까. 한스는 사방을 두리번거렸습니다.

"맙소사, 도대체 여기가 어디지?"

한스는 벌떡 일어나 동굴 밖으로 기어 나왔습니다. 그리고 숲 속을 걸어가며 생각에 잠겼습니다.

'나만 혼자 두고 가버렸구나. 이제 어떻게 하면 말을 구하나!'

한스는 곰곰 생각하며 걸어가다가 작은 얼룩 고양이와 마주쳤습니다. 고양이는 아주 다정하게 말을 걸었습니다.

"한스, 어디 가니?"

"왜? 어차피 넌 나를 도와줄 수 없어."

그러자 고양이가 말했습니다.

"네가 뭘 찾는지 내가 알지. 좋은 말을 찾잖아. 나하고 같이 가자. 내 하인이 되어 칠 년 동안 착실하게 일해주면 멋진 말을 한 마리 줄게. 그렇게 훌륭한 말은 한 번도 본 적이 없을 거야."

한스는 생각했습니다.

'별 이상한 고양이를 다 보겠네. 그런데 저 말이 사실인지 아닌지 확인이나 해보자.'

얼룩 고양이는 한스를 마법에 걸린 작은 성으로 데려갔습니다. 성에는 얼룩 고양이를 시중드는 고양이들밖에 없었습니다. 고양이들은 즐겁고 활기차고 잽싸게 계단을 폴짝폴짝 오르내렸습니다. 저녁이 되자 모두 식탁에 앉았고, 고양이 세 마리가 곡을 연주했습니다. 하나는 콘트라베이스를 연주했고 하나는 바이올린을 켰습니다. 세 번째 고양이는 뺨을 최대한 불룩불룩하며 열심히 트럼펫을 불었습니다. 식사를 끝내고 상을 물리자 얼룩 고양이가 말했습니다.

"한스, 나하고 춤을 추자."

그러자 한스가 말했습니다.

"싫어. 암고양이하고는 춤추기 싫어. 한 번도 그런 적이 없단 말이야."

그러자 얼룩 고양이는 시중들던 고양이들에게 말했습니다.

"침실로 모셔라."

그러자 고양이 하나가 등불을 들고 한스를 침실로 안내했습니다. 하나는 한스의 신발을 벗겨주고, 하나는 양말을 벗겨주었습니다. 마지막으로 한 고양이가 등불을 훅 불어 껐습니다. 다음 날 아침, 고양이들은 다시 와서 한스가 일어나는 것을 도와주었습니다. 고양이 하나가 양말을 신겨주었습니다. 하나는 양말 데님을 묶어주었고, 하나는 신발을 가져다주었습니다. 하나는 세수를 시켜주고, 또 하나는 꼬리를 살랑거리며 얼굴의 물기를 닦아주었습니다. 한스가 말했습니다.

"정말 부드럽구나."

그러나 이제 한스도 얼룩 고양이의 시중을 들어야 했습니다. 한스는 매일 장작을 패라고 은으로 된 도끼랑 쐐기랑 톱을 받았습니다. 또 구리로 된 검도 받았습니다. 한스는 고양이 집에서 장작을 패고 먹고 마시고 잘 살았습니다. 하지만 얼룩 고양이와 시중드는 고양이들 외에는 아무도 볼 수 없었습니다. 어느 날, 얼룩 고양이가 한스에게 말했습니다.

"풀밭에 가서 풀을 베어 말려라."

얼룩 고양이는 은으로 된 낫과 금으로 된 숫돌을 주면서 나중에 다시 돌려줘야 한다고 말했습니다. 한스는 시키는 대로 했습니다. 일을 마치고 낫과 숫돌과 건초를 가져왔습니다. 한스는 품삯을 아직도 안 줄 거냐고 물었습니다. 그러자 얼룩 고양이가 말했습니다.

"아직은 안 돼. 할 일이 하나 더 있거든. 여기 은으로 된 목재가 있어. 그리고 도끼며 직각자며 필요한 건 다 있는데 모두 은이란다. 이걸로 먼저 작은 집을 한 채 지어주렴."

그래서 한스는 작은 집도 지어주었습니다. 하지만 시키는 대로 다 했는데도 얼룩 고양이는 말을 내놓지 않았습니다. 어느덧 칠 년이라는 세월이 마치 반년이 지난 것처럼 훌쩍 흘렀습니다. 어느 날, 얼룩 고양이가 한스에게 말이 보고 싶으냐고 물었습니다. 한스가 그렇다고 하자 고양이는 작은 집의 문을 열었습니다. 안에는 말 열두 마리가 우뚝 서 있었습니다. 세상에, 위풍당당하고 윤기가 자르르 흘러 반들반들 빛이 나는 정말 멋진 말들이었습니다. 한스는 가슴이 벅차올랐습니다. 얼룩 고양이는 한스에게 먹을 것과 마실 것을 주면서 말했습니다.

"집으로 가라. 지금 말을 내줄 수는 없다. 하지만 사흘 뒤에 내가 가져다주마."

떠나는 한스에게 얼룩 고양이는 방앗간으로 가는 길을 가르쳐주었습니다. 그런데 얼룩 고양이는 한스에게 새 옷 하나 주지 않았습니다. 한스는 올 때 입었던 너덜너덜 다 해진 낡은 작업복을 입은 채 걸어갔습니다. 칠 년 전에 입었던 거라 여기저기 껑충 짧아져 버린 옷이었죠. 방앗간으로 돌아오니 두 젊은이도 이미 와 있었습니다. 저마다 말을 한 마리씩 데려왔지만 한 마리는 눈이 멀었고 한 마리는 절름발이였습니다. 젊은이들이 물었습니다.

"한스, 말은 어디 있어?"

"사흘 뒤에 올 거야."

그들은 킥킥거리며 말했습니다.

"오호, 한스 네가 말을 구했다고? 참 잘난 말이겠구먼!"

한스는 방으로 들어갔습니다. 하지만 방앗간 주인은 한스에게 식탁에 앉지 말라고 했습니다. 거지꼴을 한 녀석과 어떻게 같이 앉겠느냐면서 남들이 보면 창피하다고 했습니다. 그러고는 음식을 조금 주면서 밖에서 먹으라고 했습니다. 날이 저물어 잠자리에 들 시간이 되었습니다. 하지만 두 젊은이는 한스에게 침대를 내주지 않았습니다. 할 수 없이 한스는 거위 우리로 기어들어가 거칠거칠한 지푸라기 위에 드러누웠습니다. 그런데 아침에 눈을 떠 보니, 어느새 사흘이 지났었습니다. 그때 말 여섯 마리가 이끄는 마차가 달려왔습니다. 반짝반짝 눈부시게 빛나는 아름다운 말들이었습니다. 그런데 하인이 말을 한 마리 더 끌고 왔습니다. 그것은 불쌍한 방앗간 젊은이 한스를 위한 말이었습니다. 그리고 아름다운 옷을 입은 한 공주가 마차에서 내려 방앗간으로 들어왔습니다. 공주는 한스가 칠 년 동안 시중들었던 작은 얼룩 고양이었습니다. 공주는 방앗간 주인에게 농장 머슴으로 일했던 젊은이가 어디 있느냐고 물었습니다. 방앗간 주인이 말했습니다.

"녀석이 너무 지저분해서 도저히 방앗간에 둘 수가 없었어요. 거위 우리에 있어요."

그러자 공주가 한스를 당장 데려오라고 했습니다. 사람들이 한스를 데려왔고, 한스는 드러난 몸을 가리느라 작업복 자락을 여몄습니다. 그러자 하인은 아름다운 옷 한 벌을 꺼내 와서 한스를 깨끗이 씻기고 새 옷으로 갈아입혔습니다. 옷을 갈아입은 한스는 어느 왕자님보다도 아름다웠습니다. 공주는 두 방앗간 젊은이가 가져온 말들이 보고 싶다고 했습니다. 한 마리는 눈이 먼 말이었고, 한 마리는 절름발이 말이었습니다. 공주는 하인에게 일곱 번째 말을 끌고 오라고 했습니다. 방앗간 주인은 그 말을 보자 이렇게 훌륭한 말은 처음 본다고 말했습니다. 공주가 말했습니다.

"이것이 한스의 말이오."

그러자 방앗간 주인이 말했습니다.

"이제 이 방앗간은 한스의 것입니다."

하지만 공주는 방앗간 주인에게 말도 방앗간도 다 가지라고 했습니다. 공주는 충성스런 한스를 마차에 태워 떠났습니다. 두 사람은 한스가 은으로 지은 작은 집으로 갔습니다. 그런데 그곳에는 작은 집 대신 으리으리한 성이 우뚝 서 있었고, 성안에 있는 모든 것들은 전부 금은으로 되어있었습니다. 공주와 한스는 결혼식을 올렸고, 평생을 써도 남을 만큼 큰 부자가 되어 살았답니다.

그래서 여러분, 멍청하니까 큰 사람이 될 수 없다고 이 세상 누구도 절대 말할 수 없는 거랍니다.

◆112◆
두 나그네

산봉우리와 골짜기는 서로 만나는 법이 없습니다. 하지만 사람들은 서로 만나는데, 종종 착한 사람과 나쁜 사람이 만날 때도 있답니다. 옛날에 구두장이와 재봉사가 여행길에서 우연히 만났는데, 바로 그런 경우였죠. 자그마하고 귀엽게 생긴 재봉사는 늘 명랑하고 기분이 좋았습니다. 재봉사는 맞은편에서 오는 구두장이를 보자 단박 무슨 일을 하는지 알아챘습니다. 등에 멘 배낭을 보고 그런 것입니다. 재봉사는 이렇게 노래를 부르며 놀려댔습니다.

"솔기를 꿰매고,
철사를 당기렴,
오른쪽 왼쪽 송진을 바르고,
탕탕 징을 박으렴."

하지만 구두장이는 장난치는 것이 영 못마땅해 식초라도 마신 사람처럼 얼굴을 찌푸렸습니다. 당장 재봉사의 멱살이라도 잡을 표정이었죠. 하지만 작은 재봉사는 껄껄 웃으며 술병을 건넸습니다.

"나쁜 뜻은 없었네. 자, 한 모금 마시고 화를 풀게."

구두장이는 꿀꺽 술을 들이켰습니다. 그러자 얼굴에 드리웠던 먹구름이 차차 사라졌습니다. 구두장이는 술병을 돌려주면서 말했습니다.

"잘 마셨네. 많이 마신 것 같겠지만, 목이 워낙 말랐다네. 우리 같이 다니지 않겠나?"

재봉사가 대답했습니다.

"그러세. 큰 도시로 나갈 생각 있으면 같이 가자고. 큰 도시에는 일감이 많으니까."

구두장이가 말했습니다.

"나도 큰 도시로 가려던 참이었네. 시골구석에서는 벌이가 영 신통치 않아. 촌사람들은 맨발로도 잘 걸어 다니잖나."

두 사람은 눈 속을 걸어가는 족제비처럼 앞서거니 뒤서거니 하면서 같이 다녔습니다.

재봉사와 구두장이는 시간은 많았지만 먹을 것이 없었습니다. 도시에 이르자 두 사람은 여기저기 수공업 가게를 찾아다니며 인사를 했습니다. 재봉사는 활발하고 명랑한데다 뺨이 발그레한 게 귀여우니까 누구나 기꺼이 일감을 주었습니다. 운이 좋으면 주인집 딸이 대문 앞에서 잘 가라고 뺨에 입을 맞추기도 했습니다. 그래서 두 사람이 다시 만나면 재봉사의 배낭에는 늘 더 많은 것들이 들어있었습니다. 그러면 화를 잘 내는 구두장이는 얼굴을 찡그리며 이렇게 말했습니다.

"못된 자일수록 운이 좋다더니."

그러나 재봉사는 하하 웃으며 노래를 불렀습니다. 그리고 얻어온 것을 길동무와 나누었습니다. 주머니에 동전 몇 개라도 딸랑거리면 기분이 좋아서 유리잔이 흔들릴 만큼 식탁을 탕 내려치며 음식을 주문했습니다.

재봉사에 따르자면 "쉽게 벌어 쉽게 쓰자."는 식이었습니다.

한동안 그렇게 다니던 두 사람은 어느 날 커다란 숲에 이르렀습니다. 왕국의 수도에 들어가려면 반드시 지나가야 하는 숲이었죠. 그런데 길이 두 갈래였습니다. 길 하나는 일주일이 걸리고, 다른 길은 이틀밖에 걸리지 않았습니다. 하지만 두 사람은 빠른 길이 어느 길인지 몰랐습니다. 두 나그네는 떡갈나무 아래에 앉아 어떻게 준비를 해야 하며 빵을 얼마만큼 가져가야 하는지 의논했습니다. 구두장이가 말했습니다.

"만약을 대비해서 넉넉하게 생각해야 해. 일주일 분의 빵을 가져가겠네."

그러자 재봉사가 말했습니다.

"뭐라고? 일주일 동안 먹을 빵을 짐 나르는 짐승처럼 등에 지고 가겠다고? 그럼 구경도 못 하잖아? 난 하나님께 다 맡기고 아무것도 신경 쓰지 않으려네. 주머니에 든 돈은 여름이든 겨울이든 변하지 않겠지만, 빵은 달라. 날이 더우면 말라버리고 곰팡이까지 피니까. 그런 쓸데없는 짓을 왜 하느냐고. 그리고 길을 못 찾으리라는 법이 어디 있어? 이틀분 빵이면 됐어."

두 사람은 각자 빵을 사서 하늘에 운을 맡기고 숲으로 들어갔습니다.

숲은 예배당처럼 조용했습니다. 바람 한 점 불지 않았고, 졸졸거리는 시냇물소리도 들리지 않았고, 새들도 노래하지 않았습니다. 울창하게 우거진 나뭇잎 사이로 햇빛 한 줄기 비치지 않았습니다. 구두장이는 한마디도 하지 않았습니다. 등에 진 빵이 너무 무거워서 어둡고 짜증스러운 얼굴에서는 땀이 줄줄 흘렀습니다. 그러나 재봉사는 팔짝팔짝 신 나게 뛰면서 풀잎피리를 불거나 노래를 흥얼거렸습니다. 재봉사는 생각했습니다.

'하늘에 계신 하나님도 즐거워하는 내 모습을 보시면 좋아하실걸.'

그렇게 이틀이 지났습니다. 그런데 사흘째가 되어도 숲은 끝나지 않았습니다. 가져온 빵을 다 먹어버린 재봉사는 가슴이 철렁 내려앉았습니다. 하지만 용기를 잃지 않고 하나님과 행운을 굳게 믿었습니다. 사흘째 저녁이 되자 재봉사는 고픈 배를 움켜쥐고 나무 밑에 누웠고, 다음 날 아침 빈 배를 움켜쥐고 일어났습니다. 나흘째 되는 날도 마찬가지였습니다. 구두장이가 쓰러진 나무에 걸터앉아 식사하면 재봉사는 물끄러미 바라보기만 했습니다. 재봉사가 빵 한 조각만 달라고 하면 구두장이는 비웃으며 이렇게 말했습니다.

"자네는 늘 즐거웠잖아. 즐겁지 않을 때 기분이 어떤지 한번 당해보게

나. 너무 이른 아침부터 노래하는 새는 저녁에 매의 발톱에 차이는 법이라네."

한마디로 구두장이는 동정심이라고는 눈곱만큼도 없는 사람이었습니다. 닷새째 아침이 되자 불쌍한 재봉사는 일어날 수도 없었습니다. 기운이 없어서 말도 할 수 없었죠. 뺨은 창백하고 눈은 빨갰습니다. 그러자 구두장이가 말했습니다.

"오늘 빵을 한 조각 주겠네. 대신 자네 오른쪽 눈을 도려내겠어."

살고 싶었던 불행한 재봉사는 어쩔 도리가 없었습니다. 재봉사는 마지막으로 두 눈으로 실컷 울고 얼굴을 내밀었습니다. 돌같이 차가운 가슴을 가진 구두장이는 날카로운 칼로 재봉사의 오른쪽 눈을 파냈습니다. 재봉사는 평소 어머니가 했던 말이 생각났습니다. 찬장에서 음식을 훔쳐 먹다 들키면 어머니는 이렇게 말했습니다.

"먹고 싶은 대로 다 먹으면 나중에 고생한다."

비싼 값을 치르고 빵을 먹은 재봉사는 다시 일어섰습니다. 불행을 털어 버리고 한 눈으로도 잘 볼 수 있다고 자신을 위로했습니다. 하지만 엿새째가 되자 또 못 견디게 배가 고팠습니다. 저녁이 되자 재봉사는 나무 밑에 푹 쓰러졌습니다. 이레째 되는 날 아침에는 힘이 없어서 일어날 수도 없었습니다. 죽음이 바싹 다가온 듯했습니다. 그러자 구두장이가 말했습니다.

"인심을 써서 빵을 또 주겠네. 하지만 공짜가 아니야. 남은 눈을 마저 파내겠네."

순간 재봉사는 경솔하게 살아온 지난날을 깨닫고 하나님에게 용서를 빌었습니다.

"마음대로 하게. 어차피 겪을 고통이면 받아들이지. 하지만 명심하게. 하나님께서는 그때그때 심판을 내리시지 않아. 때가 되면 나한테 한 못된 짓을 벌하실 걸세. 나는 자네한테 이런 대접을 받을 만큼 잘못한 적이 없거든. 잘 지낼 때 가진 것을 다 자네와 나누지 않았나? 바느질이 내 일인데, 이제 보이지 않으니 바느질도 못 하고 구걸을 다녀야겠지. 내가 장님이 되면 날 여기 혼자 두지나 말게. 그럼 굶어 죽을 테니까."

하지만 하나님을 마음에서 쫓아낸 구두장이는 기어코 칼로 재봉사의 왼눈마저 파내버렸습니다. 그리고 재봉사에게 빵 한 조각을 주고 지팡이를 건네주며 따라오라고 했습니다.

해가 넘어갈 무렵, 두 사람은 드디어 숲에서 빠져나왔습니다. 숲 앞 들판에 교수대가 있었습니다. 구두장이는 눈이 먼 재봉사를 교수대에 데려다 놓고 혼자서 떠나버렸습니다. 불행한 재봉사는 피곤한데다 고통과 배고픔에 지칠 대로 지쳐 잠이 들어버렸습니다. 날이 밝아오자 재봉사는 잠이 깼습니다. 하지만 자기가 어디에 누워있는지 도무지 알 수가 없었습니다. 교수대에는 죄수 두 명이 대롱대롱 매달려있었고, 죄수의 머리에는 까마귀가 한 마리씩 앉아있었습니다. 한 죄수가 말했습니다.

"여보게, 일어났나?"

다른 죄수가 대답했습니다.

"응, 일어났네."

그러자 첫 번째 죄수가 또 말했습니다.

"내 말 좀 들어보게. 오늘 밤 교수대에서 이슬이 머리 위로 흘러내리지 않았나. 그 이슬로 눈을 씻으면 눈이 떠진다네. 장님들이 알면 참 좋을 텐데. 불가능하다고 생각한 많은 사람이 얼굴을 되찾을 수 있다고."

재봉사는 이 말을 듣자 손수건을 꺼내 이슬 맺힌 풀밭에 대고 꾹꾹 눌렀습니다. 이슬로 촉촉해진 손수건으로 눈을 닦자 죄수의 말처럼 빈 눈구멍에 맑고 건강한 눈알이 생겼습니다. 조금 지나자 산 너머로 떠오르는 해가 보였습니다. 앞에 펼쳐진 평원 저쪽에 왕국의 수도가 우뚝 나타났습니다. 웅장한 성문들이 보이고 삐죽삐죽 솟은 무수한 첨탑이 보였습니다. 첨

탑꼭대기에 달린 구슬 모양의 금장식과 십자가들이 햇빛을 받아 눈부시게 빛났습니다. 나뭇가지에 달린 이파리가 하나하나 또렷하게 보이고, 포르르 날아가는 새와 앵앵거리며 공중에서 춤을 추는 모기들도 보였습니다. 재봉사는 주머니에서 바늘을 꺼냈습니다. 바늘에 실을 꿰는데 예전처럼 실이 쏙 들어갔습니다. 재봉사는 기뻐서 가슴이 뛰었습니다. 재봉사는 무릎을 꿇고 하나님의 은혜에 감사하며 아침기도를 올렸습니다. 종의 추처럼 대롱대롱 매달려 바람에 서로 맞부딪치는 불쌍한 죄수들을 위해서도 잊지 않고 기도했습니다. 그런 다음 재봉사는 배낭을 메고 견뎌낸 고난을 금세 잊은 채 노래를 흥얼거리고 휘파람을 불며 걸어갔습니다.

재봉사가 맨 처음 만난 것은 들판에서 깡충깡충 뛰노는 갈색 망아지였습니다. 재봉사는 망아지의 갈기를 잡고 올라타려고 했습니다. 망아지를 타고 도시로 가려는 거였죠. 하지만 망아지는 놓아달라고 애걸했습니다.

"저는 아직 너무 어려요. 재봉사님같이 가벼운 사람이더라도 등이 부러지거든요. 제가 클 때까지 놓아주세요. 은혜를 갚을 날이 있을 거예요."

그러자 재봉사가 말했습니다.

"가라. 너도 고삐 풀린 망아지구나."

재봉사는 나뭇가지로 등을 철썩 때렸습니다. 망아지는 기쁨에 겨워 뒷발질을 하다가 덤불을 뛰어넘고 도랑을 건너뛰며 쏜살같이 들판을 달려갔습니다.

하지만 어제부터 아무것도 먹지 못한 재봉사는 이렇게 중얼거렸습니다.

"내 눈에는 햇살이 가득하지만, 입에 넣을 빵은 하나도 없구나. 어느 정도 먹을 만한 게 걸려들어야 할 텐데."

그때 황새가 풀밭을 가로질러 점잖게 걸어왔습니다.

"거기에 서, 거기에 서!"

재봉사는 소리치며 황새 다리를 잡았습니다.

"네가 먹을 만한지는 모르겠다. 하지만 배가 너무 고파 이것저것 가릴 틈이 없어. 머리를 잘라내고 구워먹어야겠어."

그러자 황새가 말했습니다.

"그러지 마세요. 저는 성스러운 새라 해치면 안 돼요. 사람들에게 이로운 새예요. 살려주시면 언젠가 은혜를 갚겠어요."

재봉사가 말했습니다.

"가라, 긴 다리 친구야."

황새는 일어나서 긴 다리를 뒤로 쭉 빼고 유유히 날아갔습니다.

재봉사가 혼잣말로 중얼거렸습니다.

"어쩌지? 배는 점점 더 고파 오고 빈 뱃속은 자꾸 꼬르륵거리는데. 이제부터 마주치는 것은 닥치는 대로 잡아먹겠어."

그때 연못에서 새끼오리 두 마리가 헤엄쳐왔습니다.

"너희 마침 잘 왔다."

재봉사는 이렇게 말하고 오리 한 마리를 꽉 붙잡아 목을 비틀려고 했습니다. 그러자 갈대숲에 숨어있던 엄마 오리가 주둥이를 딱 벌리고 꽥꽥 울부짖으며 헤엄쳐 와서 아이들을 살려달라고 애걸복걸 빌었습니다.

"생각해보세요. 만약 누군가 당신을 죽이려 한다면 당신 어머니가 얼마나 슬퍼하시겠어요."

엄마 오리가 이렇게 말하자 재봉사가 말했습니다.

"알았으니 그만해라. 새끼들을 놓아줄 테니."

재봉사는 새끼오리를 물에 놓아주었습니다.

재봉사가 다시 발걸음을 돌려 걸어가는데, 반쯤 속이 빈 늙은 나무가 앞에 보였습니다. 나무에는 야생 벌들이 들락날락하고 있었습니다. 재봉사가 말했습니다.

"착한 일을 하니까 복을 받나 보다. 꿀을 먹고 기운 차려야지."

하지만 여왕벌이 나와서 을러댔습니다.

"내 벌 떼에게 함부로 손대고 둥지를 부수면, 새빨갛게 단 바늘 수만 개가 찌르는 것 같은 따끔한 벌침 맛을 보여주지요. 그러나 우리를 평화롭게 놔두고 가면 언젠가 보답할 겁니다."

재봉사는 이번에도 어쩔 수 없다는 것을 알았습니다.

"세 번이나 빈 그릇이었는데, 네 번째도 빈 그릇이라니. 형편없는 식사구면."

재봉사는 주린 배를 움켜쥐고 느릿느릿 도시로 갔습니다. 바로 그때 정오를 알리는 종소리가 울렸습니다. 여관에는 음식이 준비되어 있었고, 재봉사는 곧바로 식탁에 앉아 식사할 수 있었습니다. 재봉사는 실컷 먹고 나서 말했습니다.

"일해야겠다."

재봉사는 재봉사 장인을 찾아 도시를 돌아다니다가 금세 좋은 일자리를 얻었습니다. 재봉 일이라면 속속들이 배운 터라 재봉사는 곧 유명해졌습니다. 모든 사람이 작은 재봉사가 만든 옷을 입고 싶어 했습니다. 재봉사의 명성은 매일매일 높아갔습니다. 재봉사가 말했습니다.

"기술이 나아지는 것도 아닌데, 점점 잘 된단 말이야."

마침내 재봉사는 왕의 부름을 받아 왕실 재봉사로 일하게 되었습니다.

그런데 세상일이 참 신기하죠. 같은 날, 재봉사의 옛 동료인 구두장이도 왕실 구두장이가 되었습니다. 구두장이는 건강한 두 눈을 가진 재봉사를 보고 가슴이 뜨끔했습니다. 그래서 복수를 당하기 전에 재봉사를 함정에 빠뜨려야겠다고 생각했습니다. 하지만 사람은 자기가 판 함정에 스스로 빠지기 마련입니다. 저녁 어스름이 깔려오자 일을 마친 구두장이는 살그머니 왕을 찾아가 말했습니다.

"임금님, 오만한 재봉사가 주제넘게 뻥뻥 큰소리치고 있어요. 옛날에 사라진 황금 관을 다시 찾을 수 있다고요."

그러자 왕이 말했습니다.

"그거 좋은 일이지."

다음 날 아침 왕은 재봉사를 불러 황금 관을 찾아오라고, 그렇지 않으면 이 도시를 영영 떠나야 한다고 명령했습니다.

'흠, 자기 분수 이상으로 베푸는 사람은 사기꾼뿐인데. 저 무뚝뚝한 임금님이 사람이 할 수 없는 일을 시키네. 내일까지 꾸물댈 것 없어. 오늘 당장 이 도시를 빠져나가자.'

재봉사는 짐을 꾸려 성을 나왔습니다. 성문 밖으로 나온 재봉사는 행운을 포기한 것이 못내 아쉬웠고 정든 도시를 등지자니 마음도 아팠습니다. 재봉사는 오리들을 만났던 연못으로 갔습니다. 마침 물에 놓아준 오리 새끼들의 어미가 물가에 앉아 깃털을 고르고 있었습니다. 어미 오리는 재봉사를 단박 알아보고 왜 그렇게 풀이 죽었느냐고 물었습니다. 재봉사가 말했습니다.

"내가 무슨 일을 당했는지 알아?"

재봉사는 그동안 겪었던 일을 이야기했습니다. 그러자 엄마 오리가 말했습니다.

"그것뿐이라면 도와드릴 수 있어요. 황금 관은 물속으로 떨어져 바닥에 가라앉아 있어요. 우리가 연못에서 황금 관을 꺼내올 테니, 그동안 물가에 손수건이나 펼쳐놓으세요."

엄마 오리는 새끼오리 열두 마리와 같이 물속으로 들어가더니 오 분 뒤 다시 물 위로 올라왔습니다. 엄마 오리는 황금 관 가운데 앉아 양 날개에 황금 관을 받치고 있었습니다. 새끼오리 열두 마리도 엄마 오리를 도와 주위를 헤엄치며 주둥이로 황금 관을 받쳐주었습니다. 오리들은 물가로 나와 황금 관을 손수건 위에 올려놓았습니다. 황금 관은 정말 아름다웠습니다. 믿을 수 없을 정도였죠. 햇빛이 비치자 황금 관은 수만 개의 홍옥처럼 반짝거렸습니다. 재봉사는 손수건의 네 귀퉁이를 묶어 황금 관을 잘 싼 뒤에 왕에게 가져갔습니다. 그러자 왕은 매우 기뻐하며 재봉사에게 황금 목걸이를 걸어주었습니다.

구두장이는 못된 장난이 실패하자 새로운 꾀를 짜냈습니다. 구두장이는 다시 왕을 찾아가 말했습니다.

"임금님, 재봉사가 또 건방지게 굽니다. 밀랍으로 성 전체를 모형으로 만들 수 있다고 큰소리치네요. 성에 있는 모든 것을, 떨어져 있는 것이든, 붙어있는 것이든, 안이든, 바깥이든 다 똑같이 만들 수 있답니다."

그러자 왕은 재봉사를 불러 밀랍으로 성에 있는 모든 것을, 떨어져 있는 것이든, 붙어있는 것이든, 안이든, 바깥이든 똑같은 모형을 만들어내라고 명령했습니다. 만들어내지 못하거나 벽에 못 하나라도 빠뜨리면 평생을 지하 감옥에서 보내게 될 것이라고 했습니다. 재봉사는 생각했습니다.

'어려운 일이 계속 일어나는데 누가 견뎌내겠어.'

재봉사는 다시 배낭을 지고 길을 떠났습니다. 속이 텅 빈 나무에 이르자 재봉사는 털썩 주저앉았습니다. 축 늘어져 있는데, 벌들이 윙윙 날아왔습니다. 여왕벌이 머리가 삐딱한 것이 목이 뻣뻣해서냐고 물었습니다. 재봉사가 대답했습니다.

"아니, 다른 일에 짓눌리고 있어서 그래."

재봉사는 왕이 무엇을 요구하는지 이야기했습니다. 벌들은 자기들끼리 윙윙, 붕붕 소란스러웠습니다. 마침내 여왕벌이 말했습니다.

"집으로 가세요. 그리고 내일 이맘때 커다란 보자기를 가지고 다시 오세요. 다 잘 될 거예요."

재봉사는 발길을 돌렸습니다. 벌들은 성으로 날아갔습니다. 마침 열려 있는 창문으로 들어가서 구석구석 기어들어가 모든 것을 꼼꼼히 살펴보았습니다. 벌들은 다시 돌아와 밀랍으로 성의 모형을 만들었습니다. 어찌나 빠르게 만드는지 눈앞에서 쑥쑥 자라나는 것 같았습니다. 저녁이 되자 모든 일이 끝났습니다. 다음 날 아침 재봉사가 와서 보니 멋진 건물이 완벽한 모습으로 우뚝 서 있었습니다. 벽에 못 하나 빠지지 않았고, 지붕에는 기왓장 하나 빠지지 않았습니다. 섬세하고 눈처럼 하얀 성은 달콤한 꿀 내음을 풍겼습니다. 재봉사는 성의 모형을 조심조심 보자기에 싸서 왕에게 가져갔습니다. 왕은 놀라서 입을 다물지 못하고 밀랍 성을 가장 큰 홀에 진열하도록 했습니다. 그리고 재봉사에게 커다란 돌집을 선물했습니다.

하지만 구두장이는 그치지 않고 세 번째로 왕을 찾아가 말했습니다.

"임금님, 재봉사가 성의 뜰에 물이 말랐다는 소문을 듣고는 또 큰소리를 쳤답니다. 뜰 한가운데에서 수정같이 맑은 물이 어른 키만큼 높이 솟아오를 거라고요."

왕은 재봉사를 불러 말했습니다.

"네가 말한 대로 내일 뜰에서 한줄기 물이라도 솟아나지 않으면, 망나니를 시켜 바로 네 목을 치게 하겠다."

불쌍한 재봉사는 생각할 틈도 없이 허겁지겁 성문을 나왔습니다. 이번에는 목숨이 달린 일이라서 눈물이 뺨을 타고 주르륵 흘러내렸습니다.

재봉사가 슬픔에 젖어 걸어가는데, 얼마 전에 놓아준 망아지가 겅중겅중 뛰어왔습니다. 그동안 망아지는 아름다운 갈색 말이 되어 있었습니다.

말이 말했습니다.

"당신에게 은혜를 갚을 때가 됐군요. 무슨 문제가 있는지 잘 알아요. 도와드릴 테니 어서 올라타세요. 당신 같은 분은 두 사람도 너끈히 태울 수 있어요."

재봉사는 다시 살아난 듯 훌쩍 말에 올랐습니다. 말은 쏜살같이 곧장 성의 뜰로 달려갔습니다. 말은 번개처럼 빠르게 뜰을 세 바퀴 빙빙 돌고는 땅바닥에 풀썩 쓰러졌습니다. 그 순간 우르릉하는 굉음이 나더니 뜰 한가운데에서 흙덩이가 대포알처럼 솟구쳐 올라 성 밖으로까지 날아가 버렸습니다. 바로 이어서 물줄기가 사람과 말의 키만큼 높이 치솟았습니다. 물은 수정처럼 맑았습니다. 햇살이 솟구치는 물을 타고 아른아른 춤추기 시작했습니다. 그 광경을 본 왕은 놀라서 벌떡 일어나 모든 사람이 보고 있는 가운데 작은 재봉사를 얼싸안았습니다.

하지만 행복은 오래가지 않았습니다. 왕은 딸만 여럿 있었는데, 딸들은 누가 더 예쁘다 할 것 없이 다 예뻤습니다. 하지만 아들이 없었습니다. 못된 구두장이는 네 번째로 왕을 찾아가 말했습니다.

"임금님, 재봉사가 계속 건방지게 굴고 있습니다. 마음만 먹으면 임금님께 공중에서 아들을 데려올 수 있다고 큰소리치고 있어요."

그러자 왕은 재봉사를 불러 말했습니다.

"아흐레 안에 아들을 데려오면 큰딸을 아내로 주겠다."

재봉사는 생각했습니다.

'물론 어마어마한 상이야. 마지막까지 해보고 싶지만, 열매가 너무 높이 달렸어. 나무에 오르다가 가지가 부러져 떨어지기에 십상이지.'

재봉사는 집으로 가서 작업대에 다리를 꼬고 앉아 어떻게 해야 하는지 곰곰 생각하다가 마침내 소리쳤습니다.

"안 돼. 떠나자. 여기서는 도대체 조용히 살 수가 없단 말이야."

재봉사는 짐을 꾸려 부리나케 성 밖으로 나왔습니다. 그런데 풀밭에서 옛 친구 황새를 만났습니다. 황새는 철학자처럼 왔다 갔다 하고 있었습니다. 그러다가 멈칫 서서 개구리를 지켜보다가 꿀꺽 삼키기도 했습니다. 황새가 다가 와 인사했습니다.

"배낭을 지셨네요. 왜 도시를 떠나시려는 거죠?"

재봉사는 황새에게 왕이 도저히 불가능한 일을 요구한다며 신세타령을 했습니다. 그러자 황새가 말했습니다.

"걱정하지 마세요. 제가 도와드릴게요. 오래전부터 젖먹이들을 도시에 물어다 놓는 일을 하고 있거든요. 이번에는 우물에서 작은 왕자님을 물어 오지요. 집으로 가서 가만히 계시다가 아흐레 뒤에 성으로 가세요. 그럼 저도 갈 테니."

재봉사는 집으로 갔다가 정해진 날에 성으로 갔습니다. 얼마 지나지 않아 황새가 날아와 톡톡 창문을 두드렸습니다. 재봉사가 창문을 열자 긴 다리 친구는 조심스레 들어와 매끄러운 대리석 바닥 위를 위엄 있는 걸음으로 걸어왔습니다. 그런데 황새는 주둥이에 아기를 물고 있었습니다. 천사처럼 예쁜 아기는 왕비를 향해 자그마한 두 손을 뻗었습니다. 황새는 아기를 왕비의 무릎에 내려놓았습니다. 왕비는 기쁨에 겨워 아기를 꼭 끌어안고 입을 맞췄습니다. 다시 날아가기 전에 황새는 어깨에서 여행 가방을 내려 왕비에게 건넸습니다. 가방 안에는 색색의 완두콩이 든 주머니들이 있었습니다. 공주님들은 각자 완두콩 주머니 하나씩 나눠 가졌습니다. 하지만 큰언니는 주머니 대신 명랑한 재봉사를 남편으로 얻었습니다. 재봉사가 말했습니다.

"이건 마치 큰 횡재를 얻은 기분이야. 어머니가 옳으셨어. 하나님을 믿고 행운이 따르는 사람은 부족한 것이 없을 것이다, 라고 항상 말씀하셨지."

구두장이는 재봉사가 결혼식에서 신고 춤을 출 신발을 만들어야 했습니다. 그런 다음 도시를 떠나라는 명령을 받았습니다. 숲으로 이어지는 길을 걸어가는데 교수대가 나왔습니다. 부글부글 끓어오르는 분노와 무더위에 지친 구두장이는 털썩 누웠습니다. 눈을 감고 자려는데, 교수대에 매달린 시체들의 머리 위에서 까마귀 두 마리가 까악 울부짖으며 내려와 구두장이의 두 눈을 쪼아버렸답니다. 구두장이는 미친 듯 숲 속에서 헤맸는데, 아마 그러다가 죽었을 겁니다. 구두장이를 다시 보거나 소식을 들었다는 사람은 아무도 없었으니까요.

◈113◈
고슴도치 한스

옛날에 돈과 재물이 많은 농부가 살았습니다. 농부는 부자였지만 늘 부족한 것이 있었습니다. 농부에게는 자식이 없었습니다. 가끔 노시에 같이 나가는 농부들은 왜 자식이 없느냐고 빈정대곤 했습니다. 어느 날 농부는 너무 화가 나서 집에 돌아와 말했습니다.

"아이를 갖고 싶어. 고슴도치라도 좋아."

얼마 후 아내는 아기를 낳았습니다. 그런데 아기는 위쪽 반은 고슴도치이고 아래쪽 반은 사내아이의 모습이었습니다. 아내는 아기를 보고 소스라치며 말했습니다.

"보세요, 당신이 말한 대로 되었잖아요."

그러자 농부가 말했습니다.

"어쩌겠소, 세례를 받게 해야죠. 하지만 대부가 되어줄 사람이 있을지 모르겠군."

아내가 말했습니다.

"고슴도치 한스 라는 이름으로 세례를 받을 수밖에 없네요."

신부는 아기에게 세례를 주고 이렇게 말했습니다.

"가시 때문에 아이를 보통침대에서 재울 수 없겠습니다."

부부는 난로 뒤에 지푸라기를 조금 깔고 고슴도치 한스를 뉘었습니다. 가시가 어머니를 찌를까 봐 고슴도치 한스는 어머니의 젖도 얻어먹지 못했습니다. 고슴도치 한스는 난로 뒤에서 팔 년 동안 누워있었습니다. 아버지는 지쳐서 어서 죽었으면 좋겠다고 생각했습니다. 하지만 고슴도치 한스는 죽지 않고 누워있었습니다.

어느 날, 시내에 장이 섰습니다. 농부는 장에 갈 채비를 하며 아내에게 무엇을 사다 줄까 물었습니다. 아내가 말했습니다.

"살림에 필요한 고기 조금하고 긴 빵 몇 덩이만 사다 주세요."

농부는 하녀에게도 물었습니다. 하녀는 슬리퍼 한 켤레와 발꿈치에 수가 놓인 양말을 원했습니다. 마지막으로 농부는 한스에게 물었습니다.

"고슴도치 한스, 뭘 갖고 싶니?"

한스가 말했습니다.

"아버지, 가죽 피리²⁴를 사다 주세요."

농부는 시장에서 돌아와 아내에게 고기와 긴 빵을 주고, 하녀에게는 슬리퍼와 양말을 주었습니다. 그리고 난로 뒤로 가서 고슴도치 한스에게 가죽 피리를 주었습니다. 고슴도치 한스는 가죽 피리를 받아들고 말했습니다.

"아버지, 대장장이한테 가서서 제 수탉의 발에 징을 박아달라고 하세요. 그럼 수탉을 타고 멀리 떠나 다시는 돌아오지 않을게요."

아버지는 고슴도치 한스가 집을 떠난다니까 기뻤습니다. 그래서 대장장이에게 수탉의 발에 징을 박아달라고 했습니다. 일이 끝나자 고슴도치 한스는 수탉에 올라타고 길을 떠났습니다. 숲에서 키우려고 돼지와 당나귀도 몰고 갔습니다. 숲에 이르자 수탉은 고슴도치 한스를 태운 채 높은 나무 위로 푸드덕 날아올랐습니다. 고슴도치 한스는 나무 위에 앉아서 당

---

24 원래의 뜻은 백파이프: 가죽 주머니에 몇 개의 파이프를 달아 공기를 밀어내면서 연주하는 관악기.

나귀와 돼지를 키웠습니다. 몇 해가 지나자 가축 떼는 크게 불어났습니다. 그러나 아버지는 고슴도치 한스의 소식을 전혀 몰랐습니다. 고슴도치 한스는 나무 위에 앉아 가죽 피리를 불었는데, 정말 아름다운 음악이었습니다. 어느 날 숲에서 길을 잃은 왕이 그곳을 지나가다가 음악 소리를 들었습니다. 왕은 놀라서 시종에게 피리 소리가 어디서 나는지 둘러보고 오라고 했습니다. 시종은 주위를 살펴보았습니다. 그러나 나무 위에 앉아있는 작은 짐승만 보일 뿐 아무것도 없었습니다. 수탉처럼 보이는 짐승 위에 고슴도치가 앉아서 피리를 불고 있는 겁니다. 왕은 시종에게 고슴도치가 왜 거기에 앉아 있는지, 왕국으로 가는 길을 아는지 물어보라고 했습니다. 고슴도치 한스는 나무에서 내려왔습니다. 그리고 왕이 성에 도착해 마당에서 맨 처음 마주치는 것을 주겠다고 문서로 약속하면 길을 가르쳐주겠다고 말했습니다. 왕은 생각했습니다.

'어렵지 않지. 고슴도치 한스는 어차피 읽을 줄 모르잖아. 내 마음대로 쓰면 돼.'

왕은 깃털 펜과 잉크를 꺼내 뭔가를 썼습니다. 그러자 고슴도치 한스는 길을 가르쳐주었고 왕은 무사히 성으로 돌아왔습니다. 그런데 공주가 멀리서 왕이 오는 것을 보고 기쁨에 넘쳐 달려 나와 입맞춤을 했습니다. 왕은 고슴도치 한스 생각이 나서 공주에게 무슨 일이 있었는지 이야기했습니다. 이상한 짐승에게 궁진에서 맨 처음 마주치는 것을 주기로 약속했는데, 말 등에 앉은 것처럼 수탉 위에 앉아서 아름다운 곡을 연주하는 짐승이었다고 했습니다. 그래서 약속문서를 써줬는데 고슴도치 한스는 읽을 줄을 모르니까 소용이 없을 것이라고 했습니다. 공주는 다행이라며 그런 짐승에게는 절대로 가지 않았을 것이라고 기뻐했습니다.

고슴도치 한스는 당나귀와 돼지를 기르면서 늘 즐겁게 나무 위에 앉아 가죽 피리를 불었습니다. 그런데 어느 날, 다른 나라의 왕이 시종과 하인들을 거느리고 숲에 들어왔다가 길을 잃어버렸습니다. 크고 넓은 숲이라서 성으로 돌아가는 길을 찾을 수가 없었습니다. 그런데 멀리서 아름다운 음악이 들려왔습니다. 왕은 하인에게 어디서 나는 소리인지 살펴보고 오라고 했습니다. 하인이 나무 밑으로 가서 보니 나무 위에 수탉이 있었고 수탉의 등에는 고슴도치 한스가 앉아 있었습니다. 하인은 고슴도치 한스에게 나무 위에서 무엇을 하느냐고 물었습니다.

"당나귀와 돼지를 길러요. 그런데 무슨 일이죠?"

하인은 길을 잃었는데 성으로 돌아가는 길을 가르쳐줄 수 있느냐고 물었습니다. 그러자 고슴도치 한스는 수탉을 탄 채 나무에서 내려왔습니다. 그리고 늙은 왕에게 성으로 돌아갔을 때 맨 처음 마주치는 것을 준다고 약속하면 길을 가르쳐주겠다고 했습니다. 왕은 그러겠다며 고슴도치 한스에게 약속문서를 써주었습니다. 그러자 고슴도치 한스는 수탉을 타고 앞서가며 길을 안내했고 왕은 무사히 자신의 나라로 돌아왔습니다. 왕이 성의 뜰로 들어서자 사람들은 크게 환영했습니다. 왕에게는 눈부시게 아름다운 외동딸이 있었는데, 다시 돌아온 아버지를 보고 기뻐서 달려 나왔습니다. 공주는 왕을 얼싸안고 입맞춤을 하며 오랜 시간 어디에 있었느냐고 물었습니다. 왕은 길을 잃어 하마터면 돌아오지 못할 뻔했다고 이야기했습니다. 헤매다가 큰 숲에서 속이 빈 나무 위에서 말을 탄 것처럼 수탉 등에 앉아 아름다운 곡을 연주하는 사람을 만났는데, 위쪽 반은 고슴도치이고 아래쪽 반은 사람의 모습이었다고 했습니다. 그 사람이 길을 가르쳐줘서 돌아올 수 있었는데 성에서 맨 처음 마주치는 것을 주기로 약속했다고, 그것이 바로 공주라서 마음이 몹시 아프다고 말했습니다. 그러자 공주는 늙은 아버지를 위해 그 사람이 오면 따라가겠다고 했습니다.

고슴도치 한스는 여전히 돼지들을 기르며 지냈습니다. 돼지들은 또 새끼를 낳고 그 수는 점점 불어나 온 숲이 돼지들로 득실거렸습니다. 고슴도치 한스는 더는 숲에서 살고 싶지 않았습니다. 그래서 아버지에게 큰 돼지 떼를 몰고 가니 마을에 있는 우리들을 전부 비워놓게 해달라고 소식을 전했습니다. 그리고 원하면 누구든 돼지를 잡아도 좋다고 했습니다. 그러나 고슴도치 한스가 이미 오래전 죽었을 것으로 생각했던 아버지는 소식을 듣고 마음이 어두워졌습니다. 고슴도치 한스는 수탉 등에 탄 채 돼지 떼를 몰고 마을에 와서 사람들에게 돼지를 잡으라고 했습니다. 어유, 돼지 먹따는 소리가 꽥꽥 수 마일 밖까지 들렸다고 합니다. 그런 뒤에 고슴도치 한스가 아버지에게 말했습니다.

"아버지, 다시 한 번 대장장이한테 가서서 제 수탉의 발에 징을 박아달라고 하세요. 그럼 수탉을 타고 멀리 떠나 다시는 돌아오지 않을게요."

아버지는 수탉의 발에 징을 박아왔습니다. 그리고 돌아오지 않겠다는 고슴도치 한스의 말에 속으로 기뻐했습니다.

고슴도치 한스는 다시 수탉을 타고 첫 번째로 도와준 왕을 찾아갔습니다. 하지만 왕은 가죽 피리를 가지고 수탉을 타고 오는 자가 있으면 쏘든지 내리치든지 찌르든지 성안으로 절대 들이지 말라고 명령을 내린 터였습니다. 고슴도치 한스가 수탉을 타고 오자 병사들은 총검을 겨누며 달려들었습니다. 고슴도치 한스는 수탉에 박차를 가했습니다. 그러자 수탉은 푸드덕 날아올라 성문을 넘어 왕의 방 창턱에 내려앉았습니다. 고슴도치 한스는 왕에게 약속한 것을 날라고 소리쳤습니다. 그러지 않으면 왕과 공주의 목숨을 앗아갈 것이라고 했습니다. 그러자 왕은 살고 싶으면 고슴도치 한스에게 가야 한다고 공주를 달랬습니다. 마침내 공주는 하얀 옷을 입었습니다. 왕은 공주에게 여섯 말이 이끄는 마차와 훌륭한 시종들과 돈과 재물을 주었습니다. 공주가 마차에 올랐고 그 옆에 고슴도치 한스가 가죽 피리를 들고 수탉과 같이 앉아 작별인사를 한 다음 길을 떠났습니다. 왕은 두 사람을 다시는 볼 수 없을 것으로 생각했습니다. 하지만 왕의 예

측은 빗나갔습니다. 도시를 웬만큼 벗어나자 고슴도치 한스는 공주의 아름다운 옷을 벗겼습니다. 그리고 피투성이가 되도록 공주를 고슴도치 가시로 찔러대면서 말했습니다.

"거짓말을 한 대가요. 가시오. 당신을 원하지 않소."

고슴도치 한스는 공주를 집으로 쫓아버렸습니다. 공주는 평생 수치스럽게 살았습니다.

고슴도치 한스는 가죽 피리를 불면서 수탉을 타고 두 번째로 길을 가르쳐줬던 왕의 나라로 갔습니다. 왕은 병사들에게 고슴도치 한스 같은 사람이 오면 받들어 총을 하여 환영하고 만세를 부른 다음 성안으로 모시라고 미리 명령을 내린 터였습니다. 그런데 고슴도치 한스를 본 공주는 너무나도 이상한 그의 모습에 깜짝 놀랐습니다. 하지만 아버지와의 약속을 어기면 안 된다고 생각해서 고슴도치 한스를 환영했습니다. 곧 두 사람은 결혼식을 올렸습니다. 왕의 만찬에 참석한 두 사람은 나란히 앉아 먹고 마셨습니다. 이윽고 밤이 되어 잠자리에 들려는데 공주는 고슴도치 가시를 보고 무척 겁을 냈습니다. 그러자 고슴도치 한스는 다치게 하지 않을 테니 무서워하지 말라고 했습니다. 그리고 네 명의 병사가 방문 앞을 지키도록 왕에게 부탁했습니다. 또 큰불도 지펴놓으라고 하면서 자신이 방에 들어가 눕기 전에 침대 옆에다 고슴도치 껍질을 벗어놓겠다고 했습니다. 그러면 병사들은 얼른 뛰어들어와 껍데기를 들고 나가 불에 던져 완전히 태워버려야 한다고 했습니다.

종소리가 열한 시를 알리자 고슴도치 한스는 방으로 가서 고슴도치 껍질을 벗어서 침대 옆에 놓았습니다. 그러자 병사들이 재빨리 들어와 껍데기를 들고 나가 불에 던졌습니다. 껍데기가 다 타자 고슴도치 한스는 마법에서 풀려나 온전한 사람의 모습으로 침대에 누워 있었습니다. 그런데 몸이 불에 탄 숯처럼 까맸습니다. 그러나 왕이 보낸 의사가 좋은 연고와 향유를 발라주었더니 고슴도치 한스는 하얀 피부를 가진 아름다운 청년이 되었습니다. 그 모습을 본 공주도 무척 기뻐했습니다. 다음 날 아침 두 사람은 기분 좋게 일어나 먹고 마시며 그제야 비로소 결혼의 기쁨을 제대로 즐길 수 있었습니다. 그리고 고슴도치 한스는 왕으로부터 왕국을 물려받았습니다.

몇 년이 지난 뒤 고슴도치 한스는 아내와 같이 아버지를 찾아가 자신이 아들이라고 말했습니다. 그러자 아버지는 아들이 없다고 말했습니다. 고슴도치처럼 가시를 곤두세운 채 태어난 아들이 딱 하나 있었지만 집을 떠났다고 했습니다. 그러자 고슴도치 한스가 바로 그 아들이 자신이라고 하자 늙은 아버지는 매우 기뻐하면서 아들의 나라로 따라갔답니다.

내 이야기는 여기서 끝났어요,

구스트헨보다 먼저 집에 가지요.

◆114◆
수의

옛날에 일곱 살배기 사내아이를 둔 어머니가 살았습니다. 아이는 너무나 예쁘고 사랑스러워 보는 사람마다 귀여워했습니다. 어머니도 이 세상 그 무엇보다도 아들을 사랑했습니다. 그런데 어느 날 아이는 덜컥 병에 걸려 하나님 품으로 가버리고 말았습니다. 어머니는 이루 말할 수 없는 슬픔에 잠겨 밤낮 내내 울었습니다. 그런데 땅에 묻힌 지 얼마 안 된 어느 날 밤 아이가 늘 앉아 놀던 자리에 나타났습니다. 어머니가 울자 아이도 같이 울었습니다. 그러다가 날이 밝아오자 아이는 사라졌습니다. 그러나 어머니는 울음을 그치지 않았습니다. 다음 날 밤, 아이가 관속에서 입고 있던 하얀 수의를 걸친 채 머리에는 작은 화관을 쓰고 나타났습니다. 아이는 침대 끝 어머니 발치에 앉더니 이렇게 말했습니다.

"아이 어머니, 그만 우세요. 제가 관속에서 잠들 수가 없잖아요. 어머니의 눈물 때문에 수의가 축축하게 젖어 마르지를 않아요."

그러자 어머니는 깜짝 놀라서 울음을 그쳤습니다. 다음날 밤 아이는 손에 촛불을 들고 다시 나타나 말했습니다.

"보세요, 수의가 거의 다 말랐어요. 이제 무덤 속에서 편히 쉴 수 있어요."

어머니는 모든 아픔을 하나님께 맡기고 묵묵히 참고 견뎠습니다. 그후 아이는 다시 나타나지 않았고, 땅 밑 작은 침대에서 편히 잠들었답니다.

◆115◆
솜씨 좋은 사냥꾼

옛날에 한 젊은이가 자물쇠 만드는 일을 배웠습니다. 젊은이는 아버지에게 이제 세상에 나가 일을 해보겠다고 말했습니다. 그러자 아버지가 말했습니다.

"그래, 좋다."

아버지는 젊은이에게 여행길에 쓰라고 돈을 조금 주었습니다. 젊은이는 일자리를 찾아 여기저기 돌아다녔습니다. 그러다가 자물쇠를 만드는 일을 했는데 얼마 되지 않아 운도 따르지 않는데다 적성에도 맞지 않는 것 같았습니다. 대신 젊은이는 사냥꾼이 되고 싶었습니다. 젊은이는 떠돌아다니다가 초록빛 옷을 입은 사냥꾼을 만났습니다. 사냥꾼은 어디서 왔느냐, 어디로 가느냐고 물었습니다. 젊은이는 자물쇠 기능공인데 일이 더는 마음에 들지 않아 사냥을 배우려던 참이었다며 제자로 받아주지 않겠느냐고 물었습니다.

"좋아, 나와 같이 가고 싶다면 그러렴."

그래서 젊은이는 사냥꾼을 따라가 몇 년 동안 일을 해주며 사냥 기술을 배웠습니다.

그런 뒤 젊은이는 보고 배운 것을 시험해보고 싶었습니다. 사냥꾼은 젊은이에게 품삯으로 달랑 공기총 한 자루만 주었습니다. 그런데 그 총은 쏘면 백발백중이었습니다.

젊은이는 길을 떠났습니다. 가다가 거대한 숲에 이르렀는데, 온종일 걸어도 끝이 보이지 않았습니다. 날이 저물자 젊은이는 들짐승을 피해 높은 나무에 올라가 앉았습니다. 밤 열두 시쯤 멀리서 가물가물 작은 불빛이 보였습니다. 젊은이는 나뭇가지 사이로 어디서 불빛이 비치는지 유심히 살펴보았습니다. 그런 다음 모자를 벗어 불빛 쪽으로 던졌습니다. 나무에서 내려와 갈 방향을 표시해두려는 것이었죠. 젊은이는 나무에서 내려와 모자를 찾아 다시 쓰고 앞으로 쭉 걸어갔습니다. 갈수록 불빛은 점점 커졌습니다. 불빛 가까이 가서 보니 활활 타오르는 모닥불 옆에 거인 셋이 앉아서 황소를 꼬챙이에 끼워 굽고 있었습니다. 한 거인이 말했습니다.

"고기가 익었는지 맛 좀 봐야겠다."

거인이 고기를 한 점 떼어 입에 넣으려는 순간 사냥꾼은 탕 총을 쏘아 손에 든 고기를 날려버렸습니다. 그러자 거인이 말했습니다.

"어럽쇼, 고기가 바람에 날아갔네."

거인이 다시 고기 한 점을 떼어 입에 넣으려는데 사냥꾼이 또 탕 쏘아 날려버렸습니다. 그러자 거인은 옆에 앉은 다른 거인의 뺨을 철썩 때리며 버럭 호통쳤습니다.

"왜 내 고기를 빼앗아?"

다른 거인이 말했습니다.

"난 빼앗지 않았다고. 실력 있는 포수가 쏘아 날려버린 것 같은데."

거인은 세 번째로 고기를 집어 들었습니다. 하지만 또 사냥꾼이 총을 쏘아 고기를 날려버렸습니다. 그러자 거인들이 말했습니다.

"정말 명포수인가 봐. 입에 넣으려는 고기조각을 한 방에 날려버리다니. 우리에게 필요한 사람이야."

거인들은 소리쳤습니다.

"어이, 명포수, 이리 불 옆으로 나와 앉게. 우리 같이 배불리 먹자고. 해치지 않을 테니. 오지 않으면 억지로라도 끌고 올 거야. 그럼 자넨 끝이라고."

그러자 젊은이가 다가와 자신은 솜씨 좋은 사냥꾼이라고 말했습니다. 총을 쏘면 백발백중이라고 했습니다. 그러자 거인들은 자기들과 같이 가면 좋은 일이 있을 거라고 말했습니다. 숲 어귀에 큰 강이 흐르는데 그 건너편에 탑이 하나 있고, 그 안에 아름다운 공주가 사는데 그 공주를 훔쳐오자고 했습니다. 사냥꾼이 말했습니다.

"그러죠. 당장 데려올게요."

그러자 거인들이 말했습니다.

"그런데 걸리는 게 딱 하나 있다네. 그곳에 작은 개가 있는데 누구든 가까이만 가면 마구 짖어대거든. 개가 짖으면 성안의 모든 사람이 잠에서 깨니까 우리가 들어갈 수 없어. 자네라면 그 개를 쏴 죽일 수 있겠지?"

사냥꾼이 말했습니다.

"그럼요. 식은 죽 먹기죠."

사냥꾼은 배에 올라 강을 건넜습니다. 땅에 내리자마자 작은 개가 달려와 짖으려고 했습니다. 사냥꾼은 공기총을 꺼내 개를 쏘아 죽였습니다. 거인들은 그 광경을 보고 기뻐하며 공주는 벌써 손아귀에 들어왔다고 생각했습니다. 하지만 사냥꾼은 거인들에게 성안이 어떤지 먼저 살펴봐야 겠다며 부를 때까지 밖에 있으라고 했습니다. 사냥꾼은 성으로 들어갔습니다. 성안은 모두 다 잠들어 쥐죽은 듯 고요했습니다. 첫 번째 방문을 열었더니 벽에 황금 별과 왕의 이름이 새겨진 순은으로 된 사벨 칼이 걸려 있었습니다. 그리고 그 옆 탁자 위에 봉함편지가 하나 놓여있었습니다. 편지를 열어보았더니 사벨을 가진 사람은 모든 상대를 다 죽일 수 있다고 씌어있었습니다. 사냥꾼은 벽에서 사벨을 내려 어깨에 둘러메고 다음 방으로 갔습니다. 안에는 공주가 누워 잠을 자고 있었습니다. 그런데 공주가 어찌나 아름다운지 사냥꾼은 가만히 숨을 죽인 채 공주를 들여다보며 생각했습니다.

'이렇게 순결한 아가씨를 어떻게 사나운 거인들에게 넘겨준단 말인가. 나쁜 생각을 하는 자들인데.'

사냥꾼은 주위를 더 둘러보았습니다. 그런데 침대 밑에 슬리퍼 한 켤레가 놓여있었습니다. 오른쪽 슬리퍼에는 공주 아버지의 이름과 별이 새겨져 있었고, 왼쪽 슬리퍼에는 공주의 이름과 별이 새겨져 있었습니다. 공주는 금실로 수놓은 커다란 비단 목도리를 두르고 있었는데, 목도리 오른쪽에는 아버지의 이름이, 왼쪽에는 공주의 이름이 수놓아져 있었습니다. 사냥꾼은 가위를 꺼내 목도리의 오른쪽 자락을 잘라 배낭에 집어넣었습니다. 그리고 왕의 이름이 새겨진 오른쪽 슬리퍼도 배낭에 집어넣었습니다. 공주 아가씨는 잠옷에 단단히 싸여 여전히 자고만 있었습니다. 사냥꾼은 잠옷도 한 자락 잘라 배낭에 집어넣었습니다. 그리고 공주가 편히 자도록 내버려두고 방을 나왔습니다. 사냥꾼이 다시 성문으로 돌아오자 거인들은 밖에서 기다리고 있었습니다. 거인들은 사냥꾼이 공주를 데리고 나올 줄 알았는데, 사냥꾼이 안에서 공주를 벌써 손안에 넣었으니 들어오라고 소리쳤습니다. 하지만 성문을 열어줄 수 없으니까 구멍으로 기어들어오라고 했습니다. 사냥꾼은 첫 번째 거인이 가까이 오자 머리채를 홱 잡아채 안으로 끌어당겨 머리를 단칼에 댕강 베어버리고 몸뚱이까지 안으로 끌어당겼습니다. 두 번째 거인도 불러 머리를 베어버리고, 마지막 세 번째 거인도 머리를 댕강 베어버렸습니다. 사냥꾼은 못된 거인들로부터 아름다운 공주를 구해준 것이 기뻤습니다. 사냥꾼은 거인들의 혀를 잘라 배낭에 넣고는 생각했습니다.

'집에 가서 아버지에게 그동안 한 일을 말씀드린 다음 세상으로 나가자. 어디를 가든 하나님께서 행운을 내려주실 거야.'

한편 성에서는 왕이 깨어나 죽어 널브러져 있는 세 거인을 보았습니다. 왕은 공주의 침실로 가서 공주를 깨우고 누가 거인들을 죽였는지 물었습니다. 그러자 공주가 말했습니다.

"아버지, 몰라요. 자고 있었거든요."

공주는 일어나서 슬리퍼를 신으려 했습니다. 그런데 오른쪽 슬리퍼가 없었습니다. 목도리를 보니까 오른쪽 자락이 잘려나갔고, 잠옷도 한 자락 잘려 있었습니다. 왕은 신하들과 병사들과 성안의 모든 사람을 불러 모아 놓고 거인들을 죽이고 공주를 구한 사람이 누구인지 물었습니다. 그러자 보기 싫은 애꾸눈 대위가 자기가 그랬다고 나섰습니다. 늙은 왕은 대위에게 그럼 공주와 결혼하라고 말했습니다. 그러자 공주가 말했습니다.

"아버지, 저 사람과 결혼을 하느니 차라리 세상으로 나가겠습니다. 걸을 수 있는 한 멀리 떠나겠습니다."

왕은 공주가 대위와 결혼하지 않겠다면, 공주 옷을 벗고 시골아낙네의 옷을 입고 성을 떠나라고 했습니다. 그리고 옹기장이를 찾아가 질그릇장사나 하라고 했습니다. 공주는 공주의 옷을 벗고 옹기장이를 찾아갔습니다. 그리고 저녁때 다 팔면 그릇값을 주겠으니 질그릇 여러 개만 외상으로 달라고 했습니다. 왕은 공주에게 길모퉁이에 앉아 질그릇을 팔라고 한 뒤

몇몇 농부에게 그릇들 한복판으로 수레를 몰고 가 산산조각을 내라고 명령했습니다. 공주가 그릇들을 길바닥에 늘어놓자 수레들이 몰려와 산산조각 깨뜨려버렸습니다. 공주는 울면서 말했습니다.

"아, 하나님, 그릇값을 어떻게 치르라고요."

왕은 그렇게 해서라도 공주가 대위와 결혼하게 할 속셈이었습니다. 하지만 공주는 또 옹기장이를 찾아가 그릇을 다시 한 번 외상으로 줄 수 없느냐고 물었습니다. 옹기장이는 저번에 가져간 그릇 값을 먼저 갚지 않으면 줄 수 없다고 했습니다. 그러자 공주는 아버지를 찾아가 울며불며 세상으로 떠나버리겠다고 했습니다. 그러자 왕이 말했습니다.

"저 바깥 숲 속에 오두막집을 한 채 지어주겠다. 평생 그 집에 살면서 사람들에게 요리를 해주어라. 하지만 돈을 받아서는 안 된다."

오두막집이 다 지어지자 문 앞에 간판이 걸렸는데, 간판에는 이렇게 쓰여 있었습니다.

"오늘은 공짜, 내일은 돈 받아요."

공주는 오두막집에서 오랜 세월을 살았습니다. 그런데 어떤 아가씨가 공짜로 요리해준다고, 문 앞에 걸린 간판에도 그렇게 쓰여 있다는 소문이 널리 퍼졌습니다. 사냥꾼은 그 소문을 듣고 생각했습니다.

'마침 잘 됐다. 가난하고 돈도 없는데.'

사냥꾼은 공기총과 함께 예전 성에서 가져온 모든 증거물이 들어있는 배낭을 메고 숲으로 들어갔습니다. 숲에서 사냥꾼은 '오늘은 공짜, 내일은 돈 받아요.'라는 간판이 걸린 오두막집을 찾아냈습니다. 사냥꾼은 세 거인의 목을 벤 칼을 둘러멘 채 오두막집으로 들어가 식사를 주문했습니다. 사냥꾼은 아름다운 아가씨를 보고 기뻤습니다. 아가씨는 정말 그림처럼 예뻤습니다. 아가씨가 사냥꾼에게 어디서 왔으며 어디로 가느냐고 물었습니다. 사냥꾼이 말했습니다.

"세상을 여행하는 중이랍니다."

그러자 아가씨가 칼에 아버지의 이름이 새겨져 있는데, 도대체 어디서 그 칼을 얻었느냐고 물었습니다. 그러자 사냥꾼은 공주님이냐고 물었습니다. 아가씨가 그렇다고 하자 사냥꾼이 말했습니다.

"이 사벨로 세 거인의 목을 베었어요."

사냥꾼은 증거로 배낭에서 혀들을 꺼냈습니다. 그리고 공주에게 슬리퍼 한 짝하며 목도리 자락과 잠옷 자락도 보여주었습니다. 공주는 자기를 구해준 사람이 바로 당신이냐고 매우 기뻐했습니다. 두 사람은 같이 늙은 왕을 찾아갔습니다. 공주는 왕을 자기 방으로 모셔와 사냥꾼이 정말 자기를 구해준 사람이라고 말했습니다. 늙은 왕은 증거를 다 보고 나서야 더는 의심하지 않았습니다. 왕은 자초지종을 듣게 되어 기쁘다고 말하며 사냥꾼에게 공주를 아내로 주겠다고 했습니다. 공주는 진심으로 기뻤습니다. 공주는 사냥꾼에게 다른 나라에서 온 귀족처럼 멋진 옷을 입혀주었습니다. 그리고 두 사람은 왕이 베푸는 만찬에 참석했습니다. 공주의 왼쪽 자리에 대위가 앉았고 오른쪽에는 사냥꾼이 앉았습니다. 대위는 사냥꾼을 보고 다른 나라에서 방문 온 귀족인가보다 생각했습니다. 식사가 끝나자 늙은 왕이 대위에게 수수께끼를 하나 맞혀보라고 했습니다.

"세 거인을 죽였다고 말하는데, 거인들의 혀가 보이지 않는다. 도대체 혀들은 어디 있고 어찌 된 일일까?"

그러자 대위가 말했습니다.

"원래 혀가 없었겠지요."

왕이 말했습니다.

"그렇지 않지. 모든 동물에게는 혀가 있다."

이어서 거짓말을 하는 자에게는 어떤 벌을 내려야 하는지 물었습니다. 대위가 대답했습니다.

"그런 자는 갈기갈기 찢어 죽여야 마땅합니다."

그러자 왕은 스스로 판결을 내린 것이라고 말하고 대위를 감옥으로 보내 팔다리를 찢어 죽이게 했습니다. 사냥꾼은 공주와 결혼한 뒤 부모님도 모셔왔습니다. 부모님은 아들 곁에서 행복하게 살았고, 사냥꾼은 늙은 왕이 죽은 후 나라를 물려받아 잘 다스렸답니다.

◆116◆
하늘나라에서 가져온 도리깨

한 농부가 황소 두 마리를 몰고 밭을 갈러 나갔습니다. 밭에 이르자 두 황소의 뿔이 쑥쑥 자라기 시작했습니다. 황소들의 뿔은 계속 쑥쑥 자라더니 농부가 집으로 갈 때쯤에는 너무 커져서 황소들이 성문 안으로 들어갈 수가 없었습니다. 그때 마침 다행히 정육점 주인이 왔습니다. 농부는 황소들을 정육점 주인에게 넘기기로 하고 거래를 맺었습니다. 농부가 순무 씨앗을 한 자루 가져오면 정육점 주인이 씨앗 하나에 브라반트[25] 탈러 하나를 주기로 했습니다. 말하자면 좋은 거래가 이루어진 셈입니다. 농부는 집으로 가서 순무 씨앗이 든 자루를 등에 지고 다시 왔습니다. 그런데 오는 도중 씨앗 하나가 자루 밖으로 떨어졌습니다. 정육점 주인은 약속한 그대로 돈을 주었습니다. 농부가 씨앗 하나를 잃어버리지 않았다면 브라반트 탈러 하나를 더 받았겠죠. 그런데 농부가 집으로 돌아오는 길에 보니까 씨앗이 쑥쑥 자라 하늘에 닿을 만큼 커다란 나무가 되어 있었습니다. 그러자

---

25 브라반트: 벨기에 중부의 주, 탈러: 15세기 말부터 19세기에 걸쳐 유럽 곳곳에서 통용되던 은화.

농부가 생각했습니다.

'기회가 왔으니 하늘나라에서 천사들이 무엇을 하는지 두 눈으로 똑똑히 봐야겠다.'

농부가 나무를 타고 올라가서 봤더니 천사들은 귀리를 타작하고 있었습니다. 농부가 타작하는 천사들을 구경하고 있는데 올라타고 있는 나무가 흔들거리기 시작했습니다. 농부가 내려다보니 어떤 사람이 나무를 베고 있었습니다. 농부는 '나무에서 떨어지면 큰일인데' 하고 생각했습니다. 농부는 어쩔 수 없이 산더미같이 쌓여있는 귀리 짚으로 새끼를 꼬았습니다. 그리고 하늘나라 여기저기에 놓여있던 괭이와 도리깨를 움켜쥔 채 새끼줄을 타고 내려왔습니다. 그런데 농부는 마침 나무 밑 깊은 구덩이 속으로 빠지고 말았습니다. 하지만 운 좋게 괭이를 가져왔기 때문에 괭이로 계단을 만들어가며 위로 올라왔습니다. 그리고 사람들이 자신의 이야기를 믿지 않을까 봐 증거로 도리깨도 가져왔답니다.

◆117◆
두 왕의 아이들

옛날에 어느 왕이 작은 사내아이를 얻었습니다. 그런데 별자리 점에 따르면 아이가 열여섯 살이 되면 수사슴 때문에 죽게 될 것이라고 했습니다. 왕자는 무럭무럭 자랐습니다. 어느 날, 사냥꾼들은 왕자와 같이 사냥을 나갔습니다. 그런데 왕자는 숲에서 일행을 놓치고 말았습니다. 그때 커다란 수사슴이 불쑥 나타났습니다. 왕자는 총을 쏘았지만, 수사슴을 맞히지 못했습니다. 왕자는 눈앞에서 달아나는 수사슴을 쫓다가 마침내 숲 밖으로 나오게 되었습니다. 그런데 수사슴 대신 우람하고 키도 엄청나게 큰 남자가 서 있었습니다. 남자가 말했습니다.

"됐어, 드디어 걸려들었군. 유리 스케이트가 여섯 켤레나 바닥이 쩍 갈라지도록 뒤를 쫓았지만 널 잡지 못했거든."

남자는 큰 강을 건너 으리으리한 성으로 왕자를 끌고 갔습니다. 성안에서 왕자는 식탁에 앉아 음식을 먹어야 했습니다. 식사가 끝나자 왕이 말했습니다.

"내게 세 딸이 있는데, 오늘 밤 아홉 시부터 아침 여섯 시까지 밤새 큰딸 곁을 지켜라. 매시간 종이 울릴 때마다 내가 직접 와서 너를 부를 것이다. 대답이 없으면 아침에 네 목숨을 잃을 것이다. 그러나 부를 때마다 대답하면 공주를 아내로 주겠노라."

그래서 큰 공주와 왕자는 침실로 갔는데, 방에는 성 크리스토프 석상이 서 있었습니다. 큰 공주가 석상에게 말했습니다.

"아홉 시부터 여섯 시를 알리는 종이 울릴 때까지 매시간 아버지가 오실 거예요. 아버지가 부르시면 왕자님 대신 대답해주세요."

그러자 성 크리스토프는 고개를 빠르게 끄덕였습니다. 그러다가 점점 느릿느릿하더니 마침내 가만히 멈췄습니다.

다음 날 아침 왕이 왕자에게 말했습니다.

"잘했다. 하지만 아직 내 딸을 줄 수가 없다. 오늘 밤 둘째 딸 곁을 지켜라. 그럼 네게 큰딸을 아내로 줄지 다시 생각해보겠다. 매시간 직접 와서 너를 부를 테니 대답을 해라. 만약 대답이 없으면 피를 흘리게 될 것이니라."

그래서 둘째 공주와 왕자는 침실로 갔습니다. 방에는 지난번보다 더 큰 성 크리스토프 석상이 서 있었습니다. 둘째 공주가 석상에게 말했습니다.

"아버지가 부르시면 대신 대답해주세요."

커다란 성 크리스토프 석상은 고개를 빠르게 끄덕였습니다. 그러다가 점점 느릿느릿하더니 마침내 가만히 멈췄습니다. 왕자는 문지방에 팔베개하고 누워 잠을 잤습니다. 다음 날 아침 왕이 말했습니다.

"잘했지만, 그래도 아직 내 딸을 줄 수가 없다. 오늘 밤 막내 공주 곁을 지켜라. 그럼 네게 둘째 공주를 줄지 생각해보겠다. 매시간 직접 와서 너를 부를 테니 대답을 해라. 만약 대답이 없으면 피를 흘리게 될 것이니라."

그래서 막내 공주와 왕자는 같이 침실로 갔습니다. 방에는 또 성 크리스토프 석상이 서 있었는데, 지난번 두 석상보다 훨씬 더 크고 우람했습니다. 막내 공주가 석상에게 말했습니다.

"아버지가 부르시면 대신 대답해주세요."

그러자 크고 우람한 성 크리스토프 석상은 고개를 삼십 분 동안 끄덕이더니 마침내 가만히 멈췄습니다. 왕자는 문지방에 누워 잠을 잤습니다. 다음 날 아침 왕이 말했습니다.

"막내 공주를 잘 지켰다. 하지만 아직 내 딸을 줄 수 없다. 나에게 커다란 숲이 있는데, 아침 여섯 시부터 저녁 여섯 시 동안 숲을 일구어 쓸모 있는 땅으로 만들면 다시 생각해보겠노라."

그리고 왕은 유리 도끼와 유리 쐐기와 유리 곡괭이를 내주었습니다.

왕자는 숲에 가서 유리 도끼로 나무를 찍었습니다. 그런데 도끼가 그만 두 동강 나버렸습니다. 왕자는 쐐기를 꺼내 곡괭이로 박았습니다. 그러자 쐐기가 모래알처럼 부서져 버렸습니다. 가슴이 철렁 내려앉은 왕자는 이제는 죽었구나 싶어서 털썩 주저앉아 엉엉 울었습니다.

낮 열두 시가 되자 왕이 말했습니다.

"너희 중 하나가 왕자에게 먹을 것을 가져다주어라."

그러자 큰딸과 둘째 딸이 말했습니다.

"싫어요. 저희는 안 할래요. 어젯밤 왕자님이 막내 공주의 곁을 지켰으니 막내 공주가 먹을 것을 가져가야죠."

그래서 막내 공주가 먹을 것을 가지고 숲으로 갔습니다. 숲에 이르자 막내 공주는 왕자를 보고 일이 잘되어 가느냐고 물었습니다.

"아, 아주 안 좋아요."

왕자가 이렇게 대답하자 공주가 우선 좀 먹으라고 했습니다. 왕자는 어차피 죽을 텐데 먹어서 뭘 하겠느냐며 먹지 않겠다고 말했습니다. 공주가 그래도 좀 먹어보라고 좋은 말로 달래자 마침내 왕자는 먹을 것을 조금 입에 가져갔습니다. 식사가 끝나자 공주가 말했습니다.

"머리를 쓰다듬어줄게요. 그럼 기분이 나아질 거예요."

공주가 머리를 쓰다듬어주자 왕자는 몸이 나른해져 잠이 들어버렸습니다. 그러자 공주는 숄로 매듭을 만들어 땅바닥을 세 번 탁탁 치더니 말했습니다.

"일꾼들아, 나오너라!"

그렇게 하자마자 수많은 땅의 요정들이 우르르 나타나서 무슨 명령인지 물었습니다. 공주가 말했습니다.

"세 시간 안에 이 큰 숲에 있는 나무들을 다 베어 차곡차곡 쌓아놓아라!"

땅의 요정들은 친지들을 찾아다니며 일을 도와달라고 부탁했습니다. 요정들은 당장 일을 시작했습니다. 세 시간이 지나자 뚝딱 모든 일이 끝났습니다. 요정들은 공주에게 와서 일을 마쳤다고 말했습니다. 그러자 공주는 다시 하얀 숄을 들고 말했습니다.

"일꾼들아, 집에 가라!"

그러자 땅의 요정들은 모두 감쪽같이 사라졌습니다.

잠에서 깬 왕자는 매우 기뻤습니다. 공주가 말했습니다.

"종이 여섯 시를 치면 집으로 오세요!"

왕자는 공주가 하라는 대로 했습니다. 왕이 물었습니다.

"숲에 있는 나무들을 다 베었느냐?"

왕자는 예, 하고 대답했습니다. 모두 식탁에 앉자 왕이 말했습니다.

"하지만 아직 내 딸을 아내로 줄 수가 없다."

그러면서 공주를 얻으려면 먼저 해야 하는 일이 있다고 했습니다. 왕자는 그 일이 무엇이냐고 물었습니다. 왕이 말했습니다.

"커다란 연못이 있다. 내일 아침 연못에 가서 바닥에 쌓인 진흙을 쳐내고 거울처럼 투명하게 만들어라. 또 물속에는 온갖 종류의 물고기가 있어야 하느니라."

다음 날 아침 왕은 왕자에게 유리 삽을 주면서 말했습니다.

"여섯 시까지 일을 끝내도록 하라."

왕자는 성을 나와 연못으로 가서 진흙 속에 삽을 찔러 넣었습니다. 그런데 삽이 딱 부러졌습니다. 그래서 곡괭이로 진흙을 파는데 곡괭이도 댕강 두 동강이 나버렸습니다. 왕자는 크게 낙심했습니다. 정오가 되자 막내 공주가 먹을 것을 가져왔습니다. 일이 잘되어 가느냐고 공주가 묻자 왕자는 절망적이라며 목숨을 잃게 될 것이라고 말했습니다.

"이번에는 곡괭이가 두 동강이 나버렸어요."

그러자 공주는 그랬느냐면서 왕자에게 먼저 식사부터 하라고 했습니다.

"그럼 기분이 나아질 거예요."

그러나 왕자는 너무 슬퍼서 도저히 먹을 수가 없다고 했습니다. 공주가 또 좋은 말로 달래자 왕자는 마침내 음식을 먹었습니다. 그리고 공주가 머리를 쓰다듬어주자 왕자는 잠이 들었습니다. 공주는 다시 숄로 매듭을 만들어 땅바닥을 세 번 탁탁 치면서 말했습니다.

"일꾼들아, 나오너라!"

그렇게 하자마자 또 땅의 요정들이 우르르 나타나더니 무엇을 원하는지 물었습니다. 공주는 세 시간 안에 연못의 밑바닥에서 진흙을 말끔히 쳐내 얼굴이 비칠 정도로 맑은 연못을 만들고 또 온갖 종류의 물고기가 살도록 하라고 했습니다. 땅의 요정들은 친지들을 찾아가 일을 도와달라고 부탁했습니다. 두 시간이 지나자 뚝딱 모든 일이 끝났습니다. 요정들이 와서 말했습니다.

"공주님 명령대로 했습니다."

그러자 공주는 숄로 땅바닥을 세 번 탁탁 치면서 말했습니다.

"일꾼들아, 집에 가라!"

그러자 땅의 요정들은 모두 감쪽같이 사라졌습니다.

왕자가 일어나 보니 연못 일은 다 끝나 있었습니다. 공주는 왕자에게 여섯 시에 성으로 돌아오라고 하고 먼저 출발했습니다. 왕자가 성으로 돌아오자 왕이 물었습니다.

"연못을 다 끝냈느냐?"

왕자는 그렇다고 했습니다. 모두 식탁에 앉자 왕이 말했습니다.

"연못을 다 끝냈지만, 아직 내 딸을 줄 수가 없다. 먼저 해야 할 일이 있느니라."

왕자가 물었습니다.

"무슨 일을 해야 합니까?"

왕은 온통 가시덤불로 뒤덮인 큰 산이 있는데, 그것을 몽땅 베어내고 산꼭대기에 상상할 수 없을 만큼 커다란 성을 지으라고 했습니다. 그리고 성안에는 살림살이와 평소 살림하는 데 필요한 모든 것이 갖춰져 있어야 한다고 했습니다.

다음 날 아침 왕자가 일어나자 왕은 유리 도끼와 유리 송곳을 가져가라고 주며 여섯 시까지 일을 끝내라고 했습니다. 그런데 왕자가 도끼로 가시나무를 내리치자 도끼는 산산조각이 나 사방으로 날아가 버렸습니다. 송곳도 쓸모가 없었습니다. 크게 낙심한 왕자는 이제나저제나 자신의 구원자인 공주가 오기만을 기다렸습니다. 정오가 되자 공주가 먹을 것을 가지고 왕자를 찾아왔습니다. 왕자는 공주를 반갑게 맞으며 그동안에 일어난 일을 다 이야기했습니다. 왕자는 음식을 먹고 나서 공주가 머리를 쓰다듬어주자 스르르 잠이 들었습니다.

공주는 또 매듭을 지은 숄로 땅바닥을 탁탁 치면서 말했습니다.

"일꾼들아, 나오너라!"

그렇게 하자마자 땅의 요정들이 또 우르르 나타나서 무엇을 원하는지 물었습니다. 공주가 말했습니다.

"세 시간 안에 가시덤불을 몽땅 베어내라. 그리고 산꼭대기에 상상할 수 없을 만큼 아름다운 성을 지어야 한다. 성안에는 살림살이와 평소 살림하는 데 필요한 모든 것이 갖춰져 있어야 한다."

또 땅의 요정들은 친지들을 찾아가 일을 도와달라고 부탁했습니다. 이번에도 제시간에 뚝딱 모든 일이 끝났습니다. 요정들이 일을 마쳤다고 하자 공주는 또 숄로 땅바닥을 탁탁 치더니 말했습니다.

"일꾼들아, 집에 가라!"

그렇게 하자마자 땅의 요정들은 모두 감쪽같이 사라졌습니다. 왕자는 일어나서 그 광경을 보고 하늘을 날듯 기뻐했습니다.

종이 여섯 시를 치자 공주와 왕자는 같이 성으로 돌아갔습니다. 왕이 물었습니다.

"성은 다 지었느냐?"

"예."

그리고 모두 식탁에 앉자 왕이 말했습니다.

"하지만 두 언니들이 결혼하기 전에는 너에게 막내딸을 줄 수가 없다."

왕자와 공주는 매우 슬펐습니다. 왕자는 어찌해야 할지 몰랐습니다. 그래서 왕자는 밤이 되자 공주와 같이 도망쳐버렸습니다. 그런데 얼마 가지 않아 공주가 뒤를 돌아보니까 아버지가 쫓아오고 있었습니다. 공주가 말했습니다.

"아, 어쩌면 좋죠? 아버지가 우리를 잡으려고 쫓아와요. 당신을 가시덤불로 만들고 나는 장미가 될게요. 가시덤불 한가운데에 있으면 안전할 거예요."

왕이 그곳에 이르러서 보니 가시덤불이 있고 덤불 한가운데에 장미 나무가 오뚝 서 있었습니다. 왕은 장미를 꺾으려다가 그만 가시에 손가락을 찔려 다시 성으로 돌아왔습니다. 그러자 왕비가 왜 두 사람을 데려오지 못 했느냐고 물었습니다. 왕은 두 사람이 바로 코앞에 있었는데 홀연 사라지고 그 자리에 가시덤불과 장미만 있더라고 말했습니다. 왕비가 말했습니다.

"장미를 꺾어왔으면 가시덤불도 따라왔을 거예요."

그래서 왕은 장미를 꺾어오려고 다시 길을 나섰습니다. 그런데 왕자와 공주는 들판 멀리 달아나고 있었습니다. 왕은 쉬지 않고 두 사람 뒤를 쫓았습니다. 공주가 뒤를 돌아보니 또 아버지가 쫓아오고 있었습니다. 그러자 공주가 이렇게 말했습니다.

"아, 어쩌면 좋죠? 당신을 교회로 만들고 난 목사가 되어 설교단에 서서 설교를 하고 있을게요."

마침내 왕이 그곳에 이르러서 보니 교회가 있었고 목사가 설교단에 서서 설교를 하고 있었습니다. 그래서 왕은 설교만 듣고 다시 성으로 돌아왔습니다. 그러자 왕비가 왜 두 사람을 데려오지 못 했느냐고 물었습니다. 왕이 말했습니다.

"아 글쎄, 한참 뒤를 쫓다가 드디어 잡았구나 싶었소. 그런데 웬 교회만 보이고, 목사님이 설교단에서 설교하고 있었소."

왕비가 말했습니다.

"목사님을 데려왔으면 교회도 따라왔을 거예요. 당신이 또 가신댔자 더는 소용이 없을 것 같아요. 제가 직접 가겠어요."

왕비가 한참 갔더니 저 멀리 두 사람이 보였습니다. 공주가 뒤를 돌아보고 어머니가 오는 것을 보더니 말했습니다.

"아이, 어떡하나, 이제 어머니까지 오시네. 당신을 연못으로 만들고 나는 물고기가 될게요."

어머니가 그곳에 와서 보니 커다란 연못만 있었습니다. 연못 한가운데에는 물고기가 팔딱팔딱 헤엄치다가 물 밖으로 머리를 쏙 내밀며 재미있게 놀고 있었습니다. 왕비는 물고기를 잡으려고 했지만 잡히지가 않았습니다. 화가 머리끝까지 난 왕비는 물고기를 잡으려고 연못물을 벌컥벌컥 들이마셨습니다. 그런데 속이 울렁거려 마신 물을 다 토해내고 말았습니다. 왕비가 말했습니다.

"더는 어쩔 수가 없구나."

왕비는 두 사람이 돌아오기만 바란다며 다시 성으로 돌아왔습니다. 돌아오기 전 왕비는 딸에게 호두 세 개를 주면서 말했습니다.

"아주 위험한 상황이 일어나면 이 호두가 너를 도와줄 것이다."

왕자와 공주는 호두를 가지고 다시 길을 떠났습니다.

두 사람은 열 시간쯤 걸어 왕자가 살던 성 근처의 마을에 이르렀습니다. 왕자가 말했습니다.

"당신은 여기서 기다려요. 내가 먼저 성에 가서 마차를 타고 시종들과 같이 당신을 데리러 올게요."

왕자가 성에 들어서자 왕자님을 다시 찾았다고 모두 기쁘게 반겼습니다. 왕자는 신부가 지금 마을에 있으니 마차로 모시고 오라고 했습니다. 당장 마차가 준비되었고 많은 시종이 마차에 올랐습니다. 그런데 왕자가 마차에 타려고 하자 왕자의 어머니가 왕자에게 입을 맞췄습니다. 그러자 왕자는 그동안 무슨 일이 있었는지, 무엇을 하려고 했는지 새까맣게 잊어버렸습니다. 어머니는 마차에서 말을 다시 풀라고 했습니다. 그리고 모두 다시 성으로 들어갔습니다. 공주는 마을에서 이제나저제나 왕자가 오기만을 기다렸지만 아무도 오지 않았습니다. 그래서 공주는 성에 속한 방앗간에서 먹고 자면서 일을 해주었습니다. 공주는 매일 오후 강가에 앉아 그릇을 씻었습니다. 어느 날, 왕비가 성에서 나와 강을 따라 산책을 하다가 야무지게 일하는 아가씨를 보고 말했습니다.

"참 야무지기도 해라! 마음에 들어!"

그러자 모두 아가씨를 쳐다보았습니다. 하지만 아가씨가 누구인지 아는 사람은 아무도 없었습니다.

공주는 오랫동안 방앗간에서 정직하고 성실하게 일하며 살았습니다. 한편 왕비는 아들의 신붓감을 찾았는데, 아주 먼 나라의 아가씨였습니다. 신부가 도착하자 곧 결혼식이 거행되었습니다. 수많은 사람이 결혼식을 구경하려고 몰려들었습니다. 공주는 방앗간 주인에게 구경하러 가도 되느냐고 물었습니다. 방앗간 주인이 말했습니다.

"갔다 오려무나."

공주는 가기 전에 호두 세 개 가운데 하나를 깨뜨렸습니다. 호두 속에는 아름다운 옷이 들어 있었습니다. 공주는 그 옷을 입고 교회로 가서 제단 바로 가까이에 섰습니다. 곧 신랑 신부가 와서 제단 앞에 앉고, 막 목사님이 축복하려고 하는데 신부가 옆을 쳐다보다 공주를 보았습니다. 신부는 벌떡 일어나 저 아가씨처럼 화려하고 아름다운 옷을 입기 전에는 결혼식을 올리지 않겠다고 말했습니다. 그래서 모두 다시 성으로 돌아왔습니다. 신부는 하녀를 시켜 공주에게 옷을 팔지 않겠느냐고 물어보게 했습니다. 그러자 공주는 팔지 않겠다고 했습니다. 하지만 얻을 수는 있다고 했습니다. 신부가 무슨 말이냐고 묻자 공주는 밤에 왕자의 방문 앞에서 자게 해주면 옷을 주겠다고 말했습니다. 신부는 그러라고 했습니다. 하지만 신부는 시종들에게 술에다 잠이 오는 약을 타서 왕자에게 주라고 했습니다. 공주는 문지방에 누워 흐느끼면서 말했습니다. 왕자님을 위해 숲의 나무를 다 베었고, 왕자님을 위해 연못의 진흙을 깨끗이 쳐냈고, 왕자님을 위해 성을 지었다고 말했습니다. 그리고 왕자님을 가시덤불로 만들고 교회로 만들고 또 연못으로 만들었는데 너무 빨리 잊어버렸다고 했습니다. 하지만 왕자는 아무 말도 듣지 못했습니다. 잠을 깬 시종들은 공주의 이야기를 다 들었지만 무슨 소리인지 알 수가 없었습니다.

다음 날 아침, 신부는 일어나서 공주의 옷을 입고 왕자와 함께 교회로 갔습니다. 그러자 공주는 호두를 한 개 또 깨뜨렸습니다. 호두 속에는 먼젓번 것보다 더 아름다운 옷이 들어있었습니다. 공주는 그 옷을 입고 교회로 가서 제단 맞은편에 섰습니다. 그러자 전날과 똑같은 일이 일어났고, 공주는 다시 왕자의 방문 앞에 누워 하룻밤을 지내게 되었습니다. 신부는 시종들에게 또 수면제를 탄 술을 왕자에게 주라고 했습니다. 하지만 시종들은 아무것도 타지 않은 술을 왕자에게 주었고, 왕자는 눈을 뜬 채로 침대에 누워있었습니다. 그러자 문지방에 누워있던 방앗간 아가씨가 다시 흐느끼면서 왕자를 위해 무슨 일을 했는지 다 이야기했습니다. 공주의 이야기를 듣고 왕자는 마음이 몹시 아팠습니다. 지난날 무슨 일이 있었는지 다시 기억이 살아났습니다. 그런데 어머니가 방문을 잠가놓아서 왕자는 공주에게 갈 수가 없었습니다.

다음 날 아침 왕자는 곧바로 사랑하는 공주에게 가서 오랜 시간 공주를 잊고 있던 자기를 원망하지 말라며 무슨 일이 있었는지 모두 이야기했습니다. 공주는 세 번째 호두를 깨뜨렸습니다. 속에는 이전 옷들보다 훨씬 더 아름다운 옷이 들어있었습니다. 공주는 그 옷을 입고 신랑과 함께 교회로 갔습니다. 그러자 아이들이 우르르 몰려와 두 사람에게 꽃을 주고 발치에 알록달록한 띠를 깔아주었습니다. 축복 속에서 두 사람은 성대한 결혼식을 올렸습니다. 그러나 못된 어머니와 어울리지 않은 신부는 성을 떠나야 했답니다. 이 이야기를 해준 마지막 사람은 입술이 여전히 따뜻하군요.

◆118◆
영리한 꼬마 재봉사

옛날에 아주 콧대 높은 공주가 살았습니다. 공주는 구혼자가 오면 수수께끼를 내고 맞히지 못하면 비웃으며 돌려보냈습니다. 공주는 누구든지 수수께끼를 맞히는 사람과 결혼하겠다고 선언했습니다. 그래서 세 재봉사도 한데 모였습니다. 그중 나이 많은 두 재봉사는 훌륭한 솜씨로 바느질을 많이 해왔으니까 수수께끼도 반드시 맞힐 수 있을 거로 생각했습니다. 그런데 세 번째 재봉사는 작고 쓸모도 없는 덜렁이였습니다. 늘 하는 바느질도 제대로 할 줄 몰랐습니다. 하지만 이번에는 꼭 행운을 잡아야만 한다고, 언제 또 이런 기회가 오겠느냐고 말했습니다. 그러자 나이 많은 두 재봉사가 말했습니다.

"그냥 집에 있어. 그 모자라는 머리로 뭘 하겠다고."

하지만 꼬마 재봉사는 뜻을 굽히지 않았습니다. 이미 마음을 먹었으니 알아서 하겠다며 마치 온 세상을 얻은 듯 활기차게 나섰습니다.

세 재봉사는 공주를 찾아가 수수께끼를 내라고 했습니다. 바늘에 꿸 수 있을 정도로 섬세한 머리를 가진 자기들이야말로 수수께끼를 척척 풀어낼 수 있는 인물이라고 큰소리쳤습니다. 그러자 공주가 말했습니다.

"내 머리카락은 두 가지 색이에요. 무슨, 무슨 색이죠?"

첫 번째 재봉사가 말했습니다.

"그런 것이라면 사람들이 캐러웨이와 소금이라고 부르는 천처럼 까만

색과 하얀색이겠죠."

공주가 말했습니다.

"틀렸어요. 다음 사람이 말해보세요."

그러자 두 번째 재봉사가 말했습니다.

"까만색과 하얀색이 아니면, 제 아버지 프록코트처럼 갈색과 빨간색이겠군요."

공주가 말했습니다.

"틀렸어요. 다음 사람이 말해보세요. 얼굴을 보니 답을 아는 것 같은데요."

세 번째 재봉사가 선뜻 앞으로 나와 말했습니다.

"공주님 머리카락은 은색과 금색, 두 가지 색이지요."

공주는 얼굴이 창백해졌습니다. 너무 놀라서 거의 쓰러질 뻔했습니다. 세상 아무도 풀지 못할 거라고 굳게 믿었는데 꼬마 재봉사가 정답을 맞혔기 때문입니다. 공주는 놀란 가슴을 가라앉히고 말했습니다.

"아직 나를 이긴 것이 아니에요. 할 일이 하나 더 있어요. 저 아래 우리에 곰이 있는데, 곰 곁에서 하룻밤을 보내야 해요. 내일 아침 일어났을 때 당신이 살아있다면 결혼할게요."

그렇게 해서 공주는 꼬마 재봉사를 없애버릴 속셈이었습니다. 지금껏 곰에게 걸려들어 살아나온 사람은 하나도 없었으니까요. 그러나 꼬마 재봉사는 겁도 내지 않고 재미있다는 듯 말했습니다.

"시작이 반이죠."

저녁이 되자 사람들은 꼬마 재봉사를 곰에게 데려갔습니다. 곰은 앞발을 들고 열렬히 환영하며 꼬마 재봉사에게 당장에라도 달려들 기세였습니다. 그러자 꼬마 재봉사가 말했습니다.

"가만, 가만, 진정하라니까."

그러더니 아무 문제 없다는 듯 태연하게 주머니에서 호두를 꺼내 이로 딱 깨물어 호두알을 먹었습니다. 그것을 본 곰은 자기도 하고 싶어 호두를 달라고 했습니다. 꼬마 재봉사는 호주머니에서 호두 대신 돌멩이를 한 줌 꺼내 곰에게 주었습니다. 곰은 돌멩이를 입에 넣고 깨물었지만 깨뜨릴 수가 없었습니다. 꽉꽉 깨물어보았지만 마찬가지였습니다. 곰은 '아이, 바보 멍청이 같으니라고! 호두 하나 깨뜨리지 못하다니.' 하며 꼬마 재봉사에게 말했습니다.

"호두 좀 깨뜨려줘."

꼬마 재봉사가 말했습니다.

"네 꼴이 어떤지 이제 알겠니? 그렇게 큰 입으로 요렇게 작은 호두 한 알도 깨뜨릴 수 없잖아."

꼬마 재봉사는 돌멩이를 받아 호두와 슬쩍 바꿔 입에다 넣고는 딱 소리나게 깨물어 두 쪽을 냈습니다. 그러자 곰이 말했습니다.

"다시 한 번 해 볼게. 보니까 나도 할 수 있을 것 같아."

꼬마 재봉사는 곰에게 또 돌멩이를 주었습니다. 곰은 있는 힘을 다해 돌멩이를 꽉 깨물었습니다. 여러분도 곰이 돌멩이를 깨뜨렸다고 생각하지는 않을 겁니다. 그러고 나서 꼬마 재봉사는 겉옷 속에서 바이올린을 꺼내 노래 한 자락을 켰습니다. 곰은 바이올린 소리에 어깨를 들썩이더니 춤을 추기 시작했습니다. 한참 춤을 추고 난 곰은 바이올린이 몹시 마음에 드는지 꼬마 재봉사에게 말했습니다.

"이봐, 바이올린을 배우는 게 어렵니?"

"어린아이도 할 수 있어. 잘 보라고. 왼 손가락을 이렇게 올려놓고 오른손으로 활을 그으면 돼. 랄랄 라라 라라, 이렇게 재밌게!"

그러자 곰이 말했습니다.

"나도 바이올린 켜고 싶어. 그럼 춤을 추고 싶을 때마다 언제나 출 수 있잖아. 어떻게 생각해? 나한테 가르쳐주지 않을래?"

꼬마 재봉사가 말했습니다.

"물론, 재주만 있다면. 그런데 앞발 좀 보여줘 봐. 너무 기네. 발톱 먼저 잘라야겠다."

꼬마 재봉사는 바이스를 가져왔습니다. 곰이 앞발을 그 위에 올려놓자 꼬마 재봉사는 나사를 꽉 죄고 말했습니다.

"기다려. 가위를 가지고 올게."

꼬마 재봉사는 사납게 으르렁거리는 곰을 내버려둔 채 한쪽 구석에 쌓여있는 짚더미 위에 누워 잠이 들었습니다.

그날 밤 공주는 무시무시하게 으르렁거리는 소리를 듣고 곰이 기뻐서 그러는 줄 알았습니다. 이미 꼬마 재봉사는 죽었다고 생각했죠. 다음 날 아침 공주는 느긋하고 상쾌한 기분으로 일어났습니다. 하지만 우리 안을 들여다봤더니 꼬마 재봉사가 물속의 물고기처럼 건강하고 팔팔한 모습으로 떡하니 서 있는 것이 아닙니까. 공주는 더는 싫다는 말을 할 수가 없었습니다. 모든 사람 앞에서 약속했으니까요. 왕은 마차를 오게 했고 공주는 꼬마 재봉사와 같이 마차를 타고 교회에 가서 결혼식을 올려야 했습니다. 그런데 마음씨 고약한 두 재봉사는 꼬마 재봉사의 행운을 보자 샘이 났습니다. 그래서 두 사람이 마차에 올라타자 우리로 달려가 곰을 풀어주었습니다. 성이 머리끝까지 난 곰은 마차 뒤를 미친 듯이 쫓아왔습니다. 공주는 씩씩거리고 으르렁대는 곰의 소리를 듣자 겁이 나서 소리쳤습니다.

"어떡해요, 당신을 잡으려고 곰이 쫓아와요."

그러자 약빠른 꼬마 재봉사는 휙 거꾸로 서더니 두 다리를 창문 밖으로 쑥 내밀고 소리쳤습니다.

"바이스가 보이지? 사라지지 않으면 다시 바이스에 끼워버릴 거야."

그것을 본 곰은 돌아서서 냅다 달아나버렸습니다. 그리고 꼬마 재봉사는 무사히 교회로 가서 공주와 결혼식을 올리고 종달새처럼 알콩달콩 행복하게 살았답니다. 믿지 못하겠다고요? 그럼 1 탈러를 내세요.

◆119◆
밝은 햇빛이 사실을 밝히리라

어느 수습재봉사가 재봉 일을 찾아 여기저기 세상을 돌아다녔습니다. 그런데 일을 구하지 못해 여비도 똑 떨어지고 동전 한 닢 없는 지경에 이르렀습니다. 마침 재봉사는 길을 가다가 돈이 많아 보이는 유대인을 만났습니다. 재봉사는 잠시 마음속 하나님을 버리고 유대인에게 다가가 말했습니다.

"돈 내놔. 그러지 않으면 죽여 버리겠다."

그러자 유대인이 말했습니다.

"살려주세요. 돈이 없어요. 달랑 동전 여덟 닢밖에 없다고요."

하지만 재봉사는 말했습니다.

"돈 있잖아! 어서 내로라니까."

재봉사는 마침내 주먹을 휘두르며 거의 죽기 직전까지 유대인을 마구 팼습니다. 숨이 넘어가기 전 유대인은 마지막 말을 남기고 눈을 감았습니다.

"밝은 햇빛이 사실을 밝히리라!"[26]

재봉사는 돈이 있는지 유대인의 주머니를 뒤졌습니다. 하지만 유대인이 말한 것처럼 동전 여덟 닢밖에 나오지 않았습니다. 재봉사는 유대인을 덤불 뒤에다 옮겨놓고 다시 일을 찾아 길을 떠났습니다. 재봉사는 오랜 시간

---

26 사실은 밝혀지기 마련이라는 뜻.

을 돌아다니다가 드디어 도시의 한 장인 밑에서 일을 하게 되었습니다. 장인에게는 아름다운 딸이 있었습니다. 재봉사는 아가씨와 사랑에 빠져 결국 결혼을 했고, 금실 좋은 부부는 아주 행복하게 살았습니다.

세월이 흘러 부부는 아이 둘을 낳았습니다. 그리고 재봉사의 장인 장모가 세상을 뜨는 바람에 이제 젊은 부부가 집안을 꾸려나갔습니다. 어느 날 아침, 아내가 창문 앞 식탁에 앉아있는 재봉사에게 커피를 가져왔습니다. 재봉사가 잔에 커피를 부어 막 마시려고 하는데 커피 위로 햇살이 내리비쳤습니다. 빛은 반사되어 벽에 아른거리더니 동그라미를 만들었습니다. 재봉사는 흘낏 올려다보고 말했습니다.

"햇빛이 사실을 드러내려는데 잘 안 되는구먼!"

아내가 말했습니다.

"여보, 저게 뭐예요? 당신 뭐라는 거예요?"

재봉사가 대답했습니다.

"당신에게 얘기할 수 없어요."

아내가 말했습니다.

"나를 사랑한다면 말해줘요."

그리고 절대로 아무에게도 말하지 않겠다고 살살 구슬리며 재봉사를 졸랐습니다. 마침내 재봉사는 오래전에 헐벗은 꼴이 되어 돈 한 푼 없이 떠돌아다니다가 유대인을 죽였다고 털어놓았습니다. 그리고 숨이 끊어지는 마지막 고통 속에서 유대인이 이렇게 말을 했다고 했습니다.

"밝은 햇빛이 사실을 밝히리라!"

그런데 지금 햇빛이 벽에 아른아른 동그라미만 만들며 사실을 밝히지 못한다고 했습니다. 이야기 끝에 재봉사는 아내에게 아무에게도 말하지 말라고 특별히 부탁했습니다. 그랬다간 자기는 끝장이라고요. 아내도 아무에게도 말하지 않겠다고 다짐을 했습니다. 하지만 재봉사가 일을 시작하자 아내는 대모에게 가서 아무에게도 이야기하지 말라며 다 털어놓았습니다. 사흘이 지나기도 전에 온 도시가 그 사실을 알게 되었고, 결국 재봉사는 법의 심판을 받았답니다. 결국, 밝은 햇빛이 사실을 밝혀준 셈이 된 것이죠.

◆120◆
푸른빛 등잔불

옛날에 오랜 세월 왕을 충실하게 섬긴 한 병사가 있었습니다. 하지만 전쟁이 끝나고 부상을 많이 당한 병사는 왕을 더는 섬길 수가 없었습니다. 그러자 왕이 병사에게 이렇게 말했습니다.

"그만 집으로 돌아가거라. 이제 자네가 필요하지 않다. 돈을 줄 수도 없다. 나를 섬기는 사람만 급료를 받을 수 있느니라."

병사는 어떻게 살아가야 할지 막막했습니다. 병사는 깊은 시름에 잠긴 채 길을 떠나 온종일 걸었습니다. 숲에 이르자 어느덧 저녁이 되었습니다. 사방이 어둑어둑해 오는데 반짝 불빛이 보였습니다. 병사가 불빛을 따라갔더니 마녀가 사는 집이 나왔습니다. 병사는 마녀에게 말했습니다.

"하룻밤만 재워주세요. 먹고 마실 것도 좀 주세요. 배가 고파 죽겠어요."

그러자 마녀가 대답했습니다.

"이런, 누가 떠돌이 병사에게 음식을 주겠어? 하지만 불쌍하니까 하룻밤 재워주겠네. 하지만 내가 원하는 일을 하나 해줘야 해."

병사가 물었습니다.

"무슨 일인데요?"

"내일 내 정원을 가꿔주게."

병사는 그러겠다고 했습니다. 다음날 병사는 온 힘을 다해 일했습니다. 하지만 저녁이 되도록 일은 끝나지가 않았습니다. 그러자 마녀가 말했습니다.

"오늘은 일을 더 못할 것 같군. 하룻밤 더 재워주겠네. 대신 내일 짐마차 한 대분의 장작을 작게 패줘야 하네."

다음날 병사는 온종일 장작을 팼습니다. 저녁에 마녀는 하룻밤 더 자고 가라고 했습니다.

"내일은 쉬운 일을 주겠네. 집 뒤쪽에 물이 말라버린 오래된 우물이 하나 있는데, 내 등잔이 빠졌어. 푸른 불꽃이 타오르는 등잔이야. 꺼지지 않지. 그 등잔을 꺼내주게."

다음날 마녀는 병사를 우물로 데리고 가서 바구니에 태워 내려보냈습니다. 푸른빛 등잔을 찾은 병사는 다시 끌어올리라고 신호를 보냈습니다. 마녀는 바구니를 끌어올렸습니다. 하지만 병사가 우물가 가까이에 닿자 손을 뻗어 푸른빛 등잔을 빼앗으려 했습니다. 병사는 마녀의 못된 속셈을 알아채고 말했습니다.

"안 돼. 땅에 두 발을 딛기 전에는 등잔을 줄 수 없어요."

그러자 마녀는 분통을 터뜨리며 병사를 다시 우물 밑으로 떨어뜨리고 가버렸습니다.

불쌍한 병사는 다행히 다친데 하나 없이 축축한 바닥에 떨어졌습니다. 등잔은 여전히 푸르게 타고 있었습니다. 하지만 등잔이 무슨 도움이 되겠습니까? 이제 죽는 수밖에 없었습니다. 슬픔에 젖어 잠시 앉아있던 병사는 무심코 호주머니에 손을 넣었습니다. 그런데 담배가 반쯤 차있는 파이프가 있었습니다. 병사는 이것이 마지막 즐거움이 되겠구나, 생각하며 파이프를 꺼내 푸른 등잔불로 불을 붙여 피우기 시작했습니다. 우물 안에 담배 연기가 빙그르르 맴돌자 까만 난쟁이가 불쑥 눈앞에 나타나 물었습니다.

"주인님, 분부를 내리십시오."

깜짝 놀란 병사가 물었습니다.

"분부라니?"

난쟁이가 말했습니다.

"저는 주인님이 시키는 일은 다 해야 합니다."

병사가 말했습니다.

"좋아. 우선 우물에서 날 꺼내줘."

난쟁이는 병사의 손을 잡더니 지하통로로 데려갔습니다. 등잔을 가져가는 것도 잊지 않았죠. 도중에 난쟁이는 마녀가 숨겨놓은 보물을 보여주었습니다. 병사는 들 수 있을 만큼 금을 잔뜩 가지고 땅 위로 나와 난쟁이에게 말했습니다.

"이제 늙은 마녀를 꽁꽁 묶어 재판정으로 끌고 가라."

얼마 지나지 않아 들고양이 등에 업힌 마녀가 무시무시한 비명을 질러대며 바람처럼 쏜살같이 지나갔습니다. 그리고 또 얼마 뒤 난쟁이가 돌아와 말했습니다.

"분부대로 일을 마쳤습니다. 마녀는 교수대에 매달려 있습니다. 주인님, 다른 분부는 없으십니까?"

병사가 대답했습니다.

"지금은 없다. 집에 가도 좋아. 하지만 부르면 바로 와야 한다."

난쟁이가 말했습니다.

"푸른 등잔으로 파이프에 불을 붙이기만 하면 바로 나타나겠습니다."

말을 마친 난쟁이는 눈앞에서 사라졌습니다.

병사는 전에 있었던 도시로 다시 돌아갔습니다. 도시에서 가장 좋은 여관에 머무르며 멋진 옷들도 맞췄습니다. 그리고 여관 주인에게 방을 되도록 호화롭게 꾸며달라고 했습니다. 준비가 다 끝나자 병사는 방으로 들어가서 까만 난쟁이를 불러 말했습니다.

"나는 왕을 충실하게 섬겼지. 그런데 왕은 날 쫓아냈고 굶게 하였어. 그래서 이제 복수를 하겠다."

그러자 난쟁이가 물었습니다.

"제가 무엇을 할까요?"

"밤늦게 공주가 침대에 누워 잠들면, 공주를 이리로 데려오너라. 내 시중을 들게 할 거다."

난쟁이가 말했습니다.

"어려운 일은 아니지만, 주인님이 위험해질 텐데요. 사실이 알려지면 아주 곤란해질 겁니다."

그날 밤 자정을 알리는 종소리가 나자 문이 벌컥 열리며 난쟁이가 공주를 들고 들어왔습니다. 병사가 말했습니다.

"아하, 왔느냐? 어서 일해! 빗자루를 가져와 방을 깨끗이 쓸어."

공주가 일을 마치자 병사는 안락의자에 앉아 공주를 오라고 하더니 발을 쭉 뻗으며 말했습니다.

"장화를 벗겨라!"

병사는 공주의 얼굴에 장화를 휙 던졌습니다. 그리고 장화를 주워 먼지를 털고 반짝반짝 윤이 나게 닦으라고 했습니다. 공주는 싫다는 소리한마디 하지 않고, 눈을 반쯤 감은 채 잠자코 병사가 시키는 대로 다 했습니다. 첫닭이 울자 난쟁이는 공주를 성으로 데려가 다시 침대에 눕혀놓았습니다.

다음 날 아침 공주는 일어나서 아버지에게 이상한 꿈을 꾸었다고 말했습니다.

"누가 저를 끌고 번개처럼 빠르게 거리를 지나 어느 병사의 방으로 데려갔어요. 그리고 하녀처럼 시중을 들면서 온갖 허드렛일을 해야 했어요. 방도 쓸고 장화도 닦고요. 꿈이었는데 몹시 피곤하네요. 제가 정말 그렇게 한 것처럼 말이에요."

그러자 왕이 말했습니다.

"꿈이 사실일 수도 있다. 내 말을 잘 들어라. 주머니에 완두콩을 가득 넣고 작은 구멍을 뚫어놓아라. 너를 또 데려가면 완두콩이 길에 떨어져 흔적이 남을 것이다."

그런데 난쟁이가 눈에 보이지 않게 곁에 서 있다가 왕이 하는 이야기를 다 엿들었습니다. 그날 밤 난쟁이는 자는 공주를 또 데려갔습니다. 거리를 지날 때 완두콩이 한 알 두 알 주머니에서 떨어졌지만, 눈에 띄지도 않았습니다. 약삭빠른 난쟁이가 미리 완두콩을 온 거리에 듬뿍 뿌려놓았기 때문입니다. 이번에도 공주는 첫닭이 울 때까지 하녀처럼 일해야 했습니다.

다음날 왕은 부하들을 내보내 완두콩을 찾게 했지만, 소용이 없었습니다. 거리마다 가난한 아이들이 앉아 완두콩을 주우며 이렇게 말했습니다.

"어젯밤 콩 비가 내렸구나."

그러자 왕이 말했습니다.

"신발을 신고 침대에 들어라. 그리고 집으로 돌아올 때 신발 한 짝을 숨겨놓아라. 내가 찾아낼 테니."

하지만 까만 난쟁이는 왕의 은밀한 계획을 또 엿들었습니다. 저녁 무렵 병사가 공주를 데려오라고 하자 난쟁이는 이번에는 안 된다면서 왕의 계획을 막을 방법이 없다고 했습니다. 신발이 발견되면 험한 일을 당할 것이라고 했습니다. 그러자 병사가 말했습니다.

"내가 시키는 대로 해라."

공주는 세 번째 밤에도 하녀처럼 일해야 했습니다. 하지만 난쟁이가 궁전으로 데려가기 전에 신발 한 짝을 침대 밑에 숨겼습니다.

다음 날 아침, 왕은 온 도시를 샅샅이 뒤져 공주의 신발을 찾으라고 명령했습니다. 마침내 신발은 병사의 집에서 발견되었습니다. 하지만 병사는 난쟁이의 충고대로 이미 성문 밖으로 몸을 피한 뒤였습니다. 그러나 병사는 곧 붙잡혀 감옥에 갇히고 말았습니다. 그런데 급히 도망치느라 가장 소중한 푸른 등잔과 황금을 깜빡 잊어버렸습니다. 호주머니에는 달랑 금화 한 닢밖에 없었습니다. 그런데 병사가 쇠사슬에 묶여 감옥의 창가에 서 있는데, 옛 동료가 지나가는 것이 아닙니까. 병사는 유리창을 두드렸습니다. 동료가 다가오자 병사가 말했습니다.

"부탁 하나만 들어주게. 여관에 두고 온 작은 보따리를 갖다 주게. 그럼 금화 한 닢을 주겠네."

그러자 동료는 당장 달려가 병사에게 보따리를 가져다주었습니다. 다시 혼자 있게 되자 병사는 파이프에 불을 붙여 난쟁이를 불렀습니다. 난쟁이가 말했습니다.

"두려워하지 마세요. 그 사람들이 어디로 끌고 가든 가고, 하라는 대로 하세요. 단 푸른 등잔은 꼭 가져가셔야 합니다."

다음날, 병사는 재판을 받았습니다. 큰 죄를 지은 것도 아닌데 재판관은 병사에게 사형을 선고했습니다. 사형장으로 끌려가던 병사는 왕에게 마지막 소원을 들어달라고 했습니다. 왕이 물었습니다.

"무슨 소원이냐?"

"마지막으로 파이프를 피우고 싶습니다."

그러자 왕이 말했습니다.

"세 모금만 피워라. 하지만 목숨을 살려주리라고는 생각하지 마라."

병사는 파이프를 꺼내 푸른 등잔으로 불을 붙였습니다. 담배 연기가 모락모락 원을 그리며 피어오르자 작은 몽둥이를 손에 든 난쟁이가 나타나 말했습니다.

"주인님, 분부를 내리십시오."

"저 고약한 재판관과 관리들을 쳐라. 나를 괴롭힌 왕도 용서하지 마라."

그러자 난쟁이는 지그재그 휙휙 번개처럼 몸을 날리며 몽둥이를 휘둘렀습니다. 몽둥이가 슬쩍 닿기만 해도 사람들은 픽픽 쓰러져 다시 일어날 엄두를 못 냈습니다. 겁에 질린 왕은 마침내 살려달라고 빌면서 병사에게 나라와 공주를 주었답니다.

◈121◈
세 군의관

세 군의관이 세상을 여행하고 있었습니다. 그들은 의술을 다 배웠기 때문에 모르는 것이 없다고 뽐냈습니다. 어느 날, 세 사람은 하룻밤 자고 가려고 여관으로 들어갔습니다. 여관 주인은 어디서 왔느냐, 어디로 가는 길이냐고 물었습니다.

"병을 고쳐주면서 여기저기 돌아다니고 있어요."

그러자 여관 주인이 말했습니다.

"무엇을 할 수 있는지 한 번 보여주세요."

그러자 첫 번째 군의관이 손을 잘라서 내일 아침까지 다시 붙여놓겠다고 말했습니다. 두 번째 군의관은 심장을 떼어내 내일 아침까지 다시 넣어놓겠다고 했습니다. 세 번째 군의관도 눈알을 뽑아내 내일 아침까지 다시 눈에 넣어놓겠다고 했습니다. 그러자 여관 주인이 말했습니다.

"그렇게 할 수 있으면 더는 배울 것이 없지요."

그런데 사실 바르기만 하면 낫는 연고가 있었는데, 세 사람은 그 연고를 늘 작은 병에 넣어서 다녔습니다. 마침내 세 사람은 말한 대로 손을 자르고 심장을 떼어내고 두 눈알을 뽑아 접시에 한데 담아 여관 주인에게 주었습니다. 여관 주인은 그 접시를 하녀에게 주면서 찬장에 잘 두라고 했습니다. 그런데 하녀가 몰래 사귀는 사랑하는 사람이 있었는데, 그 사람은 병사였습니다. 여관 주인과 세 군의관 등 집안의 모든 사람이 잠들자 병사가 와서 먹을 것을 달라고 했습니다. 하녀는 찬장을 열고 음식을 꺼내주었습니다. 그런데 사랑에 들뜬 하녀는 찬장 문 닫는 것을 깜빡 잊고 사랑하는 사람 옆에 앉아 오손도손 이야기를 나누었습니다. 행복하게 함께 앉아 불행한 일이 일어나리라고는 생각지도 못했죠. 바로 그때 고양이가 살그머니 들어와서 찬장이 열린 것을 보았습니다. 고양이는 세 군의관의 손과 심장과 두 눈알을 냉큼 잡아채 밖으로 달려나갔습니다. 병사가 식사를 마치자 하녀는 그릇을 치우고 찬장을 닫으려 하다가 여관 주인이 맡긴 접시가 텅 비어있는 것을 보았습니다. 가슴이 철렁 내려앉은 하녀는 사랑하는 병사에게 말했습니다.

"아이, 어쩌면 좋아! 손이 없어졌어요. 심장도 없어졌고 눈알도 없어졌어요. 내일 아침 난 끝장이라고요!"

그러자 병사가 말했습니다.

"가만, 내가 도와줄게요. 밖에 교수대에 매달려있는 도둑이 있는데, 손을 잘라오겠어요. 그런데 어느 쪽 손이죠?"

"오른쪽이요."

하녀는 병사에게 날카로운 칼을 주었습니다. 병사는 교수대로 가서 불쌍한 도둑의 오른손을 잘라 가져왔습니다. 그리고 고양이를 잡아 두 눈알을 뽑아냈습니다. 이제 심장만 남았죠.

"혹시 돼지를 잡아 지하저장실에 두지 않았어요?"

하녀가 그렇다고 하자 병사가 말했습니다.

"잘 됐군."

병사는 지하실로 내려가 돼지 심장을 가져왔습니다. 하녀는 세 가지 모두 접시에 담아 찬장에 넣어두었습니다. 사랑하는 병사가 떠난 뒤 하녀는 편안히 잠자리에 들었습니다.

다음 날 아침, 군의관들은 일어나서 하녀에게 손과 심장과 눈알을 담아놓은 접시를 가져오라고 했습니다. 하녀는 찬장에서 접시를 꺼내왔습니다. 첫 번째 군의관은 도둑의 손을 잘린 팔 끝에 대고 연고를 발랐습니다. 그러자 손이 찰싹 붙었습니다. 두 번째 군의관이 고양이의 눈알을 눈에 집어넣자 눈알도 금세 붙었습니다. 세 번째 군의관도 돼지 심장을 노로 붙여놓았습니다. 여관 주인은 옆에서 지켜보다가 그 신기한 광경에 감탄했습니다. 생전 처음 보는 일이라며 만나는 사람들 모두에게 군의관들을 칭찬하고 추천하겠다고 말했습니다. 군의관들은 여관비를 치르고 다시 길을 떠났습니다.

그런데 세 사람이 같이 걸어가다가 돼지 심장을 가진 군의관이 갑자기 한쪽 구석으로 달려가서 돼지처럼 코를 킁킁거렸습니다. 동료들이 겉옷 자락을 잡아당기며 말렸지만, 소용이 없었습니다. 다 뿌리치고 쓰레기더미가 몰려있는 곳으로 달려갔습니다. 그런데 두 번째 군의관도 이상한 행동을 했습니다. 눈을 자꾸 문지르며 이렇게 말했습니다.

"어이, 이게 뭐지? 내 눈이 아니잖아. 아무것도 안 보인다고. 내 손 좀 잡아 줘. 안 그러면 넘어지겠어."

세 사람은 힘들게 걸어서 저녁 무렵 다른 여관에 도착했습니다. 여관의 식당에 들어갔더니 부자가 식탁 한구석에 앉아 돈을 세고 있었습니다. 그러자 도둑의 손을 가진 군의관이 부자의 주위를 빙빙 돌면서 팔을 몇 번 움찔거렸습니다. 마침내 부자가 고개를 돌리는 순간 군의관은 손을 휙 뻗어 돈을 한 줌 집었습니다. 한 군의관이 그것을 보고 말했습니다.

"이보게, 뭐 하는 거야? 훔치면 안 된다고. 부끄러운 줄 알게!"

그러자 도둑의 손을 가진 군의관이 말했습니다.

"그게 글쎄, 나도 어쩔 수 없다고. 원하든 아니든 손이 자꾸 움찔거려서 움켜쥐어야 한다니까."

그리고 세 사람은 잠자리에 들었습니다. 방 안은 바로 눈앞에 있는 손도 보이지 않을 정도로 깜깜했습니다. 그런데 갑자기 고양이의 눈을 가진 군의관이 잠에서 퍼뜩 깨어나 다른 군의관들을 깨웠습니다.

"이보게, 저기 좀 보게. 하얀 생쥐들이 왔다 갔다 하는 게 보이지?"

두 사람은 일어났습니다. 하지만 아무것도 보이지 않았습니다. 그러자 한 군의관이 말했습니다.

"뭔가 이상해. 우리 것을 돌려받지 못한 거야. 여관 주인이 우리를 속였다고. 여관 주인에게 돌아가자."

그래서 다음 날 아침 세 사람은 여관 주인을 찾아가 자기들 것을 돌려받지 못했다고 말했습니다. 한 사람은 도둑의 손을, 한 사람은 고양이의 눈을, 한 사람은 돼지의 심장을 받았다고 했습니다. 그러자 여관 주인은 하녀의 잘못일 거라며 하녀를 불렀습니다. 하지만 세 군의관이 오는 것을 본 하녀는 뒷문으로 달아나 다시 돌아오지 않았습니다. 그러자 세 군의관은 여관 주인에게 많은 돈을 내놓으라고 했습니다. 그렇지 않으면 집을 불태워버리겠다고 했습니다. 여관 주인은 가지고 있는 모든 것을 탈탈 털어주었습니다. 세 군의관은 그 돈을 가지고 떠났고, 평생 넉넉하게 살 수 있었죠. 하지만 그보다는 자기 손과 자기 눈과 자기 심장을 더 가지고 싶어 했답니다.

◆122◆
일곱 명의 슈바벤 사람

옛날에 슈바벤 사람 일곱 명이 모였습니다. 첫 번째는 슐츠 씨였습니다. 두 번째는 야클리, 세 번째는 마를리, 네 번째는 예르글리, 다섯 번째는 미헬, 여섯 번째는 한스였고 마지막으로 일곱 번째는 파이틀리였습니다. 일곱 사람은 함께 모험을 찾아 세상을 돌아다니며 위대한 일을 이루리라 결심했습니다. 그렇게 하려면 안전하게 무장을 하는 것이 좋다고 생각했습니다. 그래서 무기를 하나 장만했는데, 아주 튼튼하고 기다란 창이었습니다. 이 창을 일곱 사람은 모두 같이 들고 다니기로 했습니다. 맨 앞에는 가장 용감하고 남자다운 사람이 서기로 했는데, 슐츠 씨가 제격이었습니다. 다른 사람들은 차례대로 그 뒤를 따랐고, 파이틀리가 맨 뒤에서 따라갔습니다.

칠월 어느 날이었습니다. 일곱 사람은 먼 길을 걸었습니다. 하지만 하룻밤 자려는 마을까지는 아직도 한참을 더 가야 하는데, 어느덧 어둑어둑 땅거미가 내렸습니다. 그때 바로 가까이 떨기나무 뒤에서 말똥구리인지 말벌인지 어떤 커다란 놈이 기분 나쁘게 붕붕거리며 날아와 휙 스쳐 지나갔습니다. 슐츠 씨는 깜짝 놀라서 온몸에 식은땀이 주르륵 흘렀습니다. 하마터면 창을 떨어뜨릴 뻔했습니다. 슐츠 씨가 동료들에게 소리쳤습니다.

"이봐, 들어 봐. 북소리 같아!"

그러자 슐츠 씨 뒤에서 창을 잡고 있던 야클리가 무슨 냄새를 맡았는지 말했습니다.

"분명 뭔가 있어. 화약 냄새가 나고 폭약 심지 냄새가 난단 말이야"

그 말에 슐츠 씨는 후다닥 달아나 울타리를 훌쩍 뛰어넘었습니다. 그런데 하필이면 건초를 만들다 놓고 간 갈퀴 날을 밟아 갈퀴 자루가 튀어 오르며 슐츠 씨의 얼굴을 후려쳤습니다.

"아야, 아야! 나를 잡아가요. 항복이에요, 항복!"

슐츠 씨가 소리를 지르자 나머지 여섯 사람도 차례로 뛰어넘어와 같이 소리 질렀습니다.

"자네가 항복한다면, 나도 항복이야. 자네가 항복한다면 나도 항복!"

그러다가 자기들을 묶어 끌고 갈 적이 보이지 않자, 마침내 일곱 명의 슈바벤 사람은 속았다는 것을 깨달았습니다. 이 이야기가 널리 퍼져 사람들의 웃음거리가 되지 않도록 입도 벙긋 않겠다고 서로서로 굳게 맹세했습니다. 누군가 무심코 입을 열 때까지는 말입니다.

그런 다음 일곱 사람은 계속 길을 갔습니다. 그런데 두 번째로 겪은 일은 처음 일과는 비교도 안 될 정도로 아주 위험했습니다. 며칠 뒤 일곱 사람은 묵힌 땅[휴경지]을 지나게 되었습니다. 그런데 토끼 한 마리가 두 귀를 쫑긋 세우고 유리알 같은 눈을 빤히 뜬 채 햇볕 아래 앉아서 자고 있었습니다. 일곱 슈바벤 사람은 이 끔찍하고 사나운 짐승을 보고 기겁을 했습니다. 그리고 가장 안전하게 피할 방법이 없을까 의논을 했습니다. 도망을 치고 싶었지만, 괴물이 쫓아와 뼈도 안 남기고 꿀꺽 삼킬 것 같아 걱정됐으니까요. 그래서 이렇게 말했습니다.

"이제 격렬하고 위험한 싸움을 이겨내야 한다. 시작이 반이다."

그래서 일곱 남자는 창을 꽉 움켜쥐었습니다. 슐츠 씨가 맨 앞에 섰고, 파이틀리가 맨 뒤에 섰죠. 그런데 슐츠 씨가 창을 잡고 우물거리니까 파이틀리가 뒤에서 펄펄 뛰면서 당장 쳐들어가자고 소리 질렀습니다.

"진격, 진격 슈바벤 사람의 이름으로,

아니면 모두 절름발이나 되어라."

하지만 파이틀리를 잘 아는 한스가 말했습니다.

"정말 입만 살아서 말은 잘한다,

괴물사냥에선 늘 꼴찌이면서."

그러자 미헬이 소리쳤습니다.

"실수는 없다,

악마는 죽었다."

이번에는 예르글리의 차례였습니다.

"악마가 아니면 악마의 엄마다,

아니면 악마의 이복형제이고."

마를리는 좋은 생각이 나서 파이틀리에게 말했습니다.

"가, 파이틀리, 가라고, 앞장서라고,

대신 내가 뒤에 설 테니까."

하지만 파이틀리는 마를리의 말을 듣지 않았습니다. 그러자 야클리가
말했습니다.

"슐츠가 앞장서야 해,

그 명예는 슐츠가 누려야 해."

그 말에 슐츠 씨가 용기를 내서 엄숙하게 말했습니다.

"씩씩하게 싸웁시다,

용감한 우리 모습을 보여줍시다."

일곱 사람은 우르르 괴물에게 달려들었습니다. 슐츠 씨는 성호를 그으
며 하나님에게 도와달라고 부르짖었지만 아무 소용이 없었습니다. 적에게
가까이 다가갈수록 겁이 나서 슐츠 씨는 더욱 크게 소리쳤습니다.

"쳐라, 어서 쳐! 쳐라! 쳐, 쳐!"

그 소리에 번쩍 잠을 깬 토끼가 깜짝 놀라서 냅다 달아났습니다. 걸음
아 날 살려라 하고 달아나는 토끼를 보고 슐츠 씨는 기쁨에 넘쳐 소리쳤
습니다.

"어어, 파이틀리, 아니, 아니, 저게 뭐지?

괴물이 토끼였잖아."

슈바벤 동맹군은 계속 모험을 찾아다니다가 모젤 강에 닿았습니다. 늪지대를 흐르는 조용하고 깊은 강에는 다리가 많지 않았습니다. 하지만 배로 강을 건널 수 있는 곳이 여러 군데 있었습니다. 그 사실을 모르는 일곱 슈바벤 사람은 강 건너편에서 일하고 있는 남자에게 강을 어떻게 건널 수 있느냐고 소리쳐 물었습니다. 하지만 거리도 먼 데다 슈바벤 사투리 때문에 무슨 말인지 알아듣지 못한 남자는 트리어[27] 사투리로 물었습니다.

"뭐라고? 뭐라고요?"

그런데 슐츠 씨는 그 말을 이렇게 알아들었습니다.

"걸어서 건너라고. 물속을 걸어서 건너라고요."

그래서 맨 앞에 서 있던 슐츠 씨는 성큼성큼 모젤 강으로 들어갔습니다. 하지만 슐츠 씨는 얼마 지나지 않아 진흙 속에 빠져 몰려오는 큰 물결에 휩쓸려 버렸습니다. 슐츠 씨의 모자만 바람을 타고 강 건너편 기슭으로 날아갔습니다. 그러자 개구리 한 마리가 모자 옆에 앉아서 울었습니다.

"개굴개굴, 개굴개굴."

건너편에 있던 나머지 여섯 사람이 그 소리를 듣고 말했습니다.

"대장 슐츠가 우리를 부르네. 대장이 걸어서 강을 건넜는데, 우리라고 못하겠어?"

그래서 모두 강물에 풍덩 뛰어들었습니다. 결국, 다 빠져 죽고 말았지요. 개구리 한 마리가 여섯 사람의 목숨을 빼앗았고, 슈바벤 동맹군 가운데 집으로 돌아온 사람은 아무도 없었답니다.

---

27 모젤강변의 도시.

◆123◆
세 직공

세 직공이 있었습니다. 셋은 늘 꼭 붙어서 다니자고 했습니다. 또 일도 같은 도시에서 하자고 서로 다짐했습니다. 세 사람은 장인 밑에서 일을 했는데, 한동안 급료를 받지 못했습니다. 결국, 빈털터리가 되어 먹고살 것도 없게 되자 한 직공이 말했습니다.

"이제 어떻게 하지? 더는 여기에 머물 수도 없고. 다시 떠나자. 새로 가는 도시에서 일자리를 구하지 못하면, 각자 여관 주인에게 편지로 소식을 전하기로 하고 말이야. 그럼 서로 어디 있는지 알 수 있잖아. 그렇게 하기로 하고 일단 헤어지자."

나머지 두 사람에게도 그 방법이 가장 좋은 것 같았습니다. 세 사람은 다시 길을 떠났습니다. 길을 가는데 화려하게 잘 차려입은 어떤 사내가 마주 오더니 누구냐고 물었습니다.

"우리는 수공업을 하는 직공들인데 일을 찾고 있어요. 지금까지는 늘 같이 지냈지만 일을 구하지 못해 서로 헤어지려고요."

그러자 사내가 말했습니다.

"그럴 필요 없지. 내가 시키는 대로만 하면 돈도 벌고 일자리도 생겨. 지체 높은 나리가 되어 마차도 타고 다니고."

그러자 한 직공이 말했습니다.

"내 영혼과 행복에 해가 되지 않으면, 기꺼이 할 수 있어요."

남자가 말했습니다.

"해가 되다니, 난 너희를 건드리지 않아."

그런데 한 직공이 남자의 발을 흘깃 보았더니 한쪽 발은 말발굽이고 다른 쪽은 사람 발이었습니다. 그래서 어떤 일이든 상관하고 싶지 않다고 하자 악마는 이렇게 말했습니다.

"괜찮다니까. 내가 노리는 것은 너희가 아니야. 이미 절반은 나한테 넘어온 한 영혼이 있어. 그 영혼을 완전히 가지려고 그래."

그렇다면 괜찮을 것 같아서 세 사람은 악마의 제안을 받아들였습니다. 악마는 각자 무엇을 해야 하는지 말해주었습니다. 첫 번째 직공은 누가 어떤 질문을 하더라도 이렇게 대답하라고 했습니다.

"우리 세 사람 모두요."

두 번째 직공에게는 이렇게 대답하라고 했습니다.

"돈 때문이요."

세 번째 직공에게는 이렇게 대답하라고 했습니다.

"괜찮아요."

악마는 차례차례로 꼭 이렇게만 대답해야 한다고 했습니다. 그렇지 않으면 대번에 모든 금화가 사라질 것이라고 했습니다. 하지만 시키는 대로만 하면 주머니가 늘 두둑할 것이라고 했습니다. 악마는 세 직공에게 당장 가지고 갈 수 있을 만큼 돈을 듬뿍 주면서 도시에 있는 이러이러한 여관으로 가라고 했습니다. 그래서 세 사람은 그 여관으로 갔습니다. 그러자 여관 주인이 다가와서 물었습니다.

"음식을 드릴까요?"

첫 번째 직공이 말했습니다.

"우리 세 사람 모두요."

그러자 여관 주인이 말했습니다.

"예, 그러시겠죠."

두 번째 직공이 말했습니다.

"돈 때문이요."

여관 주인이 말했습니다.

"그럼요."

세 번째 직공이 말했습니다.

"괜찮아요."

여관 주인이 말했습니다.

"암, 괜찮고말고요."

여관 주인은 맛있는 음식과 마실 것을 가져와 세 사람을 극진히 대접했습니다. 식사가 끝난 후 여관 주인이 돈을 받으려고 계산서를 내밀자 첫 번째 직공이 말했습니다.

"우리 세 사람 모두요."

두 번째 직공이 말했습니다.

"돈 때문이요."

세 번째 직공이 말했습니다.

"괜찮아요."

그러자 여관 주인이 말했습니다.

"물론 괜찮죠. 세 사람 모두 돈을 내야죠. 공짜로는 드리지 않죠."

그런데 세 사람은 여관 주인이 내라는 돈보다 더 많이 냈습니다. 손님들이 이 광경을 지켜보다가 한마디 했습니다.

"저 사람들 정말 멍청한가 봐."

그러자 여관 주인이 말했습니다.

"예, 그래요. 머리가 좀 이상해요."

세 사람은 얼마 동안 여관에 머물며 딱 세 마디 말밖에 하지 않았습니다.

'우리 세 사람 모두요, 돈 때문이요, 괜찮아요.'

하지만 여관에서 무슨 일이 일어나는지 다 보고 알게 되었습니다. 어느 날, 한 부자 상인이 여관에 와서 말했습니다.

"주인장, 내 돈을 좀 보관해주시오. 저 정신 나간 세 녀석이 훔쳐갈까 봐 그러오."

그러자 여관 주인은 돈을 맡아두겠다며 부자 상인의 여행 가방을 자기 방으로 들고 갔습니다. 금화가 가득 든 가방은 꽤 무거웠습니다. 그러고 나서 세 직공에게는 아래층에 있는 방을 내주고 부자 상인은 위층에 있는 특실을 쓰도록 했습니다. 그런데 여관 주인은 아내와 같이 모두 잠든 한밤중에 도끼를 들고 와서 부자 상인을 죽여 버렸습니다. 상인을 죽인 뒤 두 사람은 다시 잠자리에 들었습니다. 날이 밝자 큰 소동이 일어났습니다. 피가 흥건한 침대에 상인이 죽은 채로 널브러져 있었으니 말입니다. 손님들이 우르르 모여들자 여관 주인이 말했습니다.

"저 멍청한 세 녀석이 그랬어요."

손님들도 같은 생각이라면서 이렇게 말했습니다.

"이런 짓을 할 사람은 녀석들밖에 없어."

여관 주인은 세 직공을 불러서 말했습니다.

"너희가 살인자지?"

첫 번째 직공이 말했습니다.

"우리 세 사람 모두요."

두 번째 직공이 말했습니다.

"돈 때문이요."

세 번째 직공이 말했습니다.

"괜찮아요."

그러자 여관 주인이 말했습니다.

"다들 들었죠? 스스로 자백을 하는군요."

그래서 세 직공은 감옥으로 끌려가 재판을 받게 되었습니다.

그제야 일이 심상치 않음을 알아챈 세 사람은 겁이 덜컥 났습니다. 그런데 밤중에 악마가 와서 말했습니다.

"하루만 더 참게. 괜히 행운을 놓치지 말라고. 머리카락 하나 다치지 않을 테니까."

다음 날 아침 세 사람은 재판소로 끌려갔습니다. 재판관이 말했습니다.

"너희가 살인했느냐?"

"우리 세 사람 모두요."

"왜 상인을 죽였느냐?"

"돈 때문이요."

그러자 재판관이 말했습니다.

"나쁜 놈들 같으니라고! 죄를 지으며 두렵지도 않더냐?"

"괜찮아요."

그러자 재판관이 말했습니다.

"자백하면서도 뻔뻔하기 짝이 없구나. 당장 사형에 처하라."

세 사람은 사형대로 끌려나갔습니다. 여관 주인도 구경꾼들 사이에 끼었습니다. 망나니들은 세 사람을 사형대로 끌고 올라갔습니다. 사형대 앞에는 사형집행인이 칼을 들고 기다리고 있었습니다. 바로 그때, 돌연 새빨간 여우 네 마리가 이끄는 마차가 불꽃을 튀기며 쏜살같이 달려왔습니다. 그런데 누군가 마차 창문 밖으로 하얀 수건을 흔들고 있었습니다. 사형집행인이 말했습니다.

"특별사면이다."

마차에서도 외치는 소리가 들렸습니다.

"특사! 특사!"

그리고 지체 높은 나리처럼 화려하게 차려입은 악마가 마차에서 내려 말했습니다.

"너희 세 사람은 죄가 없다. 이제 말을 해도 좋으니 보고 들은 것을 그대로 말하라."

그러자 첫 번째 직공이 말했습니다.

"우리는 상인을 죽이지 않았습니다. 살인자는 저 사람들 가운데 있습니다."

그러면서 여관 주인을 가리키며 말을 이었습니다.

"지하실에 가면 증거가 있습니다. 저자가 죽인 많은 사람이 거기에 매달려있어요."

그래서 재판관이 망나니들을 지하실로 보냈더니 직공의 말 그대로였습니다. 그 사실을 보고받은 재판관은 여관 주인을 잡아 목을 치게 했습니다. 그러자 악마가 세 직공에게 이렇게 말했답니다.

"이제 나는 바라던 영혼을 얻었고, 너희는 자유다. 돈도 평생 충분할 것이다."

◆124◆
겁 없는 왕자

옛날에 한 왕자가 있었습니다. 그런데 왕자는 아버지 밑에서 더는 살고 싶지 않았습니다. 겁 없는 왕자는 이렇게 생각했습니다.

'넓은 세상으로 나가자. 그곳은 따분하지 않을 거야. 신기한 것들도 많이 볼 수 있을 테고.'

그래서 왕자는 부모님에게 작별인사를 하고 길을 떠났습니다. 왕자는 아침부터 저녁까지 내내 걸었습니다. 길이 어디로 향하든 아무래도 좋았습니다. 어느 날, 왕자는 거인이 사는 집 앞을 지나게 되었습니다. 피곤했던 왕자는 문 앞에 앉아 잠시 쉬면서 이리저리 주위를 둘러보았습니다. 그런데 마당에 있는 거인의 장난감이 눈에 들어왔습니다. 사람 크기만 한 엄청나게 큰 볼링공과 볼링 핀[28]들이었습니다.

왕자는 문득 볼링이 치고 싶어졌습니다. 그래서 볼링 핀을 세워놓고 볼링공을 휙 굴렸습니다. 핀들이 쓰러질 때마다 기뻐서 소리를 지르며 신이 났습니다. 그 시끄러운 소리를 듣고 거인이 머리를 창문 밖으로 쑥 내밀었습니다. 그런데 보통사람들보다 더 크지도 않은 어떤 조그만 녀석이 볼링을 치고 있는 것이 아닙니까. 거인이 소리쳤습니다.

"꼬맹이야, 내 핀으로 볼링을 쳐? 어디서 그런 힘이 나오지?"

그러자 왕자는 거인을 올려다보며 말했습니다.

"이런 멍청이야, 너 혼자만 힘센 팔을 가진 줄 아니? 난 내가 하고 싶은 건 다 할 수 있다고."

거인은 내려와서 왕자가 볼링 치는 것을 매우 놀랍다는 듯 쳐다보다가 말했습니다.

"정말 네가 그렇다면 생명의 나무에서 사과를 따다 주렴."

왕자가 말했습니다.

"사과로 뭘 하려고?"

거인이 대답했습니다.

"날 위해서가 아니야. 내 신부가 사과를 원하거든. 세상 곳곳을 돌아다녔지만, 생명의 나무를 찾지 못했어."

그러자 왕자가 말했습니다.

"내가 꼭 찾아줄게. 사과 따는 게 뭐 그리 힘들다고."

거인이 말했습니다.

"쉬울 것 같아? 생명의 나무가 있는 정원에는 쇠 울타리가 쳐있어. 그 앞에 사나운 짐승들이 쭉 늘어서서 아무도 들어오지 못하게 지키고 있다고."

---

28 독일의 케겔.

그러자 왕자가 말했습니다.

"나는 들여보내야 할 거야."

"그래, 정원에 들어갔다 치자. 나무에 달린 사과가 바로 눈앞에 있지만 바로 가질 수 없어. 사과 앞에 고리가 하나 걸려있는데, 그 안으로 손을 뻗어 사과를 따야 하거든. 성공한 사람이 아무도 없어."

그러자 왕자가 말했습니다.

"나는 성공할 거야."

왕자는 거인과 헤어져서 산을 넘고 골짜기를 지나고 들판과 숲을 걸어서 마침내 신비의 정원을 찾아냈습니다. 그런데 울타리 주변에 짐승들이 고개를 땅에 떨어뜨리고 쿨쿨 자고 있었습니다. 왕자가 다가가도 깨지 않았습니다. 왕자는 짐승들을 넘어서 쇠 울타리를 타고 무사히 정원으로 들어갔습니다. 생명의 나무는 정원 한가운데에 있었는데, 반짝반짝 빛나는 빨간 사과들이 나뭇가지에 주렁주렁 달려있었습니다. 왕자는 나무줄기를 타고 올라갔습니다. 사과를 따려고 손을 뻗으려는데 바로 앞에 고리가 달려있었습니다. 왕자는 고리 안으로 손을 쑥 집어넣어 어렵지 않게 사과를 땄습니다. 하지만 고리가 왕자의 팔을 바짝 죄어왔습니다. 그런데 갑자기 엄청난 힘이 핏줄을 타고 불끈 솟았습니다. 마침내 왕자는 사과를 가지고 나무에서 내려왔습니다. 이번에는 쇠 울타리를 넘어가는 대신 커다란 대문을 잡고 한 번 흔들었습니다. 대문은 단번에 우지끈 소리를 내며 활짝 열렸습니다. 왕자가 밖으로 나가자 대문 앞에 누워있던 사자가 번쩍 잠이 깨어 뒤를 쫓아왔습니다. 하지만 사납게 으르렁대는 것이 아니라 주인을 따르듯 온순했습니다.

왕자는 약속했던 사과를 거인에게 주면서 말했습니다.

"자, 보라고. 어렵지 않게 가져왔잖아."

거인은 바라던 것을 금세 얻어서 매우 기뻤습니다. 그래서 부리나케 신부에게 가서 가지고 싶어 했던 사과를 주었습니다. 신부는 예쁘고 현명한 아가씨였습니다. 거인의 팔에 고리가 보이지 않자 신부는 이렇게 말했습니다.

"당신 팔에 고리를 보기 전에는 당신이 사과를 따왔다고 믿지 못하겠어요."

그러자 거인이 말했습니다.

"고리는 집에 가서 가져오면 돼요."

거인은 고리를 순순히 내놓지 않으면 힘도 없는 왕자니까 까짓 빼앗아 오면 되지, 하고 생각했습니다. 거인은 왕자에게 고리를 내놓으라고 했습니다. 하지만 왕자는 딱 잘라 거절했습니다. 그러자 거인이 말했습니다.

"사과가 있는 곳에 고리가 있어야지. 순순히 내놓지 않으면 나하고 싸워야 한다."

그래서 두 사람은 서로 맞붙어 한참을 싸웠습니다. 그러나 신비한 능력을 갖춘 고리 덕분에 막강해진 왕자를 거인은 도저히 이길 수가 없었습니다. 거인은 꾀를 하나 생각해냈습니다.

"싸우다 보니 너무 덥다. 너도 그렇잖아. 우리 시원하게 강물에서 씻고, 다시 싸우자."

거짓말이라는 것을 전혀 눈치채지 못한 왕자는 거인과 같이 강으로 갔습니다. 왕자는 옷을 벗고 팔에 건 고리도 빼놓은 뒤 강물 속으로 첨벙 뛰어들었습니다. 그러자 거인은 냉큼 고리를 집어 들고 달아났습니다. 하지만 사자가 그것을 보고 거인의 뒤를 쫓아가 고리를 다시 빼앗아 주인에게 가져왔습니다. 그러자 거인이 떡갈나무 뒤에 숨어 있다가 옷을 다시 입느라 정신없는 왕자에게 달려들어 두 눈을 파내버렸습니다.

이제 눈이 멀어 보지 못하는 불쌍한 왕자는 어찌할 바를 모른 채 우두커니 서 있었습니다. 그러자 거인이 다시 와서 마치 길을 안내하려는 듯 왕자의 손을 잡고 높이 솟은 바위꼭대기로 데려갔습니다. 그리고 왕자를 혼자 내버려두고 이렇게 생각했습니다.

'몇 걸음만 더 가면 떨어져서 죽을 거야, 그럼 고리를 팔에서 빼야지.'

하지만 충성스러운 사자는 주인 곁을 떠나지 않았습니다. 주인의 옷자락을 꽉 물고는 천천히 뒤로 끌어당겼습니다. 거인은 왕자의 시체에서 고리를 훔쳐가려고 왔다가 계획이 실패로 돌아간 것을 보았습니다.

"이렇게 약해빠진 사람 자식 하나 끝내지 못하다니!"

화가 난 거인은 왕자를 잡아끌고 다른 길로 해서 다시 절벽으로 데려갔습니다. 하지만 그 못된 속셈을 단박 알아챈 사자는 이번에도 주인을 위험에서 구해냈습니다. 거인은 절벽 끝에 오자 왕자의 손을 놓았습니다. 그런데 왕자를 혼자 내버려두고 돌아서는 순간, 바로 사자가 달려와 거인을 떠밀어버렸습니다. 거인은 절벽 밑으로 떨어져 끔찍하게 죽고 말았습니다.

충성스러운 사자는 절벽 끝에 서 있는 주인을 뒤로 끌어당겨 맑은 시냇가의 나무 밑으로 데려갔습니다. 왕자가 물가에 앉자, 사자는 넙죽 엎드려서 앞발로 왕자의 얼굴에 물을 뿌렸습니다. 물이 몇 방울 왕자의 눈을 적시자 눈이 흐릿하게 보이기 시작했습니다. 그때 새 한 마리가 아주 가까이 왕자 옆을 날아가다가 나무줄기에 부딪혔습니다. 그러자 새는 물속으로 날아들어 몸을 씻은 뒤 파드닥 날아올랐습니다. 마치 시력을 되찾은 것처럼 부딪히지도 않고 나무들 사이를 단숨에 날아갔습니다. 문득 왕자는 이것이 하나님이 주시는 신호라는 것을 알아차렸습니다. 왕자는 시냇물에 엎드려 얼굴을 씻은 다음 몸을 일으켰습니다. 그랬더니 두 눈이 좀 전보다 훨씬 더 맑아져 모든 것이 선명하게 보였습니다.

왕자는 큰 자비를 베풀어주신 하나님께 감사를 드리고 사자와 같이 이리저리 세상을 돌아다녔습니다. 어느 날, 왕자가 마법에 걸린 성 앞을 지나가는데 그곳에 한 아가씨가 서 있었습니다. 아름답고 우아한 아가씨였습니다. 그런데 아가씨는 까맸습니다. 아가씨가 왕자에게 말을 건넸습니다.

"아, 고약한 마법에 걸려든 나를 제발 구해주세요!"

왕자가 말했습니다.

"내가 어떻게 하면 되나요?"

아가씨가 말했습니다.

"마법에 걸린 성안에 큰 홀이 있는데 그곳에서 사흘 밤을 보내야 해요. 하지만 두려워해선 안 돼요. 아무리 괴롭히더라도 잠자코 견뎌내야 내가 마법에서 풀려나요. 또 그래야 당신 목숨도 안전하고요."

그러자 왕자가 말했습니다.

"두렵지 않아요. 하나님이 도우실 테니 하겠어요."

왕자는 씩씩하게 성으로 들어갔습니다. 날이 어두워지자 왕자는 큰 홀에 혼자 앉아 기다렸습니다.

그런데 홀 안은 조용하기만 했습니다. 그러다가 밤 열두 시가 되자 갑자기 시끌시끌해지더니 구석구석에서 작은 악마들이 우르르 몰려왔습니다. 악마들은 왕자를 못 본 체하며 홀 한가운데에 앉아서 불을 피우고 놀이를 시작했습니다. 악마들 가운데 하나가 놀이에서 지더니 이렇게 말했습니다.

"뭔가 잘못됐어. 우리 식구가 아닌 사람이 여기 있어. 그 녀석 때문에 내가 진 거라고."

그러자 다른 악마가 말했습니다.

"내가 갈 테니 기다려라. 난로 뒤에 있는 녀석아."

왁자지껄 날카로운 소리는 점점 커졌습니다. 소리가 어찌나 소름이 끼치는지 정말로 들을 수가 없었습니다. 하지만 왕자는 무서워하지 않고 덤덤히 앉아있었습니다. 마침내 악마들은 땅바닥에서 펄쩍 뛰어올라 왕자에게 우르르 달려들었습니다. 그 숫자가 너무 많아서 왕자는 그들을 당해 낼 수가 없었습니다. 악마들은 왕자를 질질 끌고 다니면서 꼬집고 찌르고 때리고 마구 괴롭혔습니다. 하지만 왕자는 아무 소리도 내지 않았습니다. 이른 새벽 악마들은 사라졌습니다. 기진맥진한 왕자는 꼼짝도 할 수가 없었습니다. 날이 밝자 까만 아가씨가 생명수가 들어있는 자그만 병을 들고 들어왔습니다. 아가씨는 생명수로 왕자를 씻어주었습니다. 그러자 아픔이 씻은 듯 사라지고 새로운 힘이 핏줄을 타고 부쩍 솟구쳤습니다. 아가씨가 말했습니다.

"무사히 하룻밤을 견뎌냈군요. 하지만 아직 이틀 더 남았어요."

아가씨는 다시 가버렸습니다. 그런데 갈 때 왕자는 아가씨의 두 발이 하얗게 변한 것을 보았습니다. 다음날 밤에도 악마들이 와서 다시 놀이를 시작했습니다. 악마들은 또 왕자에게 달려들어 전날 밤보다 훨씬 세게 마구 때렸습니다. 온몸이 상처투성이였지만 왕자는 묵묵히 참아냈습니다. 악마들이 다시 물러가고 날이 밝자, 또 아가씨가 와서 생명수로 왕자를 치료해주었습니다. 떠날 때 보니 아가씨는 손가락 끝까지 하얘져 있었습니다. 왕자는 기뻤습니다. 이제 하룻밤만 더 견디면 되는데, 그 마지막 밤이 가장 끔찍했습니다. 악마들이 다시 나타나 고래고래 소리를 질렀습니다.

"너 아직도 거기 있니? 숨이 막히도록 괴롭혀주마."

악마들이 왕자를 찌르고 때리고 이리저리 내던지고 찢어버릴 것처럼 팔다리를 마구 잡아당겼습니다. 하지만 왕자는 아무 소리도 내지 않고 묵묵히 다 참아냈습니다. 마침내 악마들이 사라졌습니다. 왕자는 의식을 잃은 채 쓰러져서 꼼짝도 못 했습니다. 생명수를 가지고 들어온 아가씨를 보려는데 눈이 떠지지 않았습니다. 아가씨는 생명수를 왕자의 몸에 부었습니다. 순간 모든 고통이 감쪽같이 사라졌습니다. 왕자는 푹 자고 일어난 듯 상쾌하고 생기가 넘쳤습니다. 눈을 뜨자 옆에 아가씨가 보였습니다. 아가씨는 눈처럼 하얗고 맑은 태양처럼 눈부시게 아름다웠습니다. 아가씨가 말했습니다.

"일어나세요. 계단에서 칼을 세 번 휘두르시면 마법이 다 풀린답니다."

왕자가 그렇게 하자 성 전체가 마법에서 풀려났습니다. 아가씨는 부유한 공주였습니다. 하인들이 와서 큰 홀에 식탁을 차려놓았다고 말했습니다. 두 사람은 식탁에 앉아 맛있게 먹고 마셨습니다. 그리고 저녁에는 흥겨운 결혼식이 거행되었답니다.

◆125◆
신기한 당나귀 양배추

옛날에 한 젊은 사냥꾼이 숲에 사냥을 나갔습니다. 활기차고 즐겁게 피리를 불며 숲 속을 걸어가는데, 쭈글쭈글한 노파가 와서 말을 걸었습니다.

"안녕, 사냥꾼 양반. 즐겁고 기분이 좋은가 봐요. 그런데 난 배도 고프고 목도 마르고 정말 힘들 거 든. 한 푼만 줘요."

사냥꾼은 노파가 불쌍했습니다. 그래서 호주머니에서 몇 푼 꺼내주고 다시 가려는데 노파가 사냥꾼을 불러 세웠습니다.

"이봐요, 사냥꾼 양반, 내 말을 잘 들어요. 마음씨가 착해서 선물을 하나 주리다. 이 길을 쭉 따라가다 보면 나무가 하나 나올 거요. 그런데 새 아홉 마리가 나무에 앉아서 망토를 가운데 놓고 서로 낚아채가려고 싸우고 있을 거요. 새들 한가운데를 향해 총을 쏴요. 그럼 망토가 땅에 떨어지고, 새 중 한 마리도 총에 맞아 떨어질 거요. 그 망토를 가져요. 요술망토라오. 망토를 어깨에 두르고 가고 싶은 곳을 말하면 눈 깜짝할 사이에 데려다 줘요. 그리고 죽은 새의 심장을 꺼내서 꿀꺽 삼켜버려요. 그럼 매일 아침 일어날 때마다 베개 밑에서 금화 한 닢이 나올 거요."

사냥꾼은 지혜의 여인에게 고맙다고 인사하고 내심 생각했습니다.

'노파의 말대로라면 정말 대단한데! 그대로 다 이루어진다면 말이야.'

그런데 백 걸음쯤 갔을 때였습니다. 바로 머리 위 나뭇가지에서 아주 시끄럽게 쨱쨱거리는 소리가 들렸습니다. 사냥꾼이 올려다보니 한 무리의 새가 망토를 혼자서만 차지하려는 듯 부리와 발톱으로 사방에서 끌어당기고 울부짖으며 소란을 피우고 있었습니다. 그러자 사냥꾼이 말했습니다.

"흠, 신기하네. 노파가 말한 그대로야."

사냥꾼은 총을 어깨에서 내려 새들 한가운데를 겨누고 탕 쐈습니다. 깃털이 풀풀 날리고 새들은 크게 울부짖으며 푸드덕푸드덕 하늘로 날아올랐습니다. 하지만 총에 맞은 새 한 마리가 망토와 함께 땅에 떨어졌습니다. 사냥꾼은 노파가 말한 대로 새의 배를 갈라 심장을 꺼내 꿀꺽 삼킨 뒤 망토를 가지고 집으로 돌아왔습니다.

다음 날 아침, 사냥꾼은 눈을 뜨자마자 노파가 했던 말을 떠올렸습니다. 그래서 노파의 말이 사실인지 보려고 베개를 들어 올렸더니 정말 바로 눈앞에 금화 한 닢이 반짝이고 있었습니다. 다음날에도, 또 그 다음 날에도 아침에 일어나면 으레 금화가 베개 밑에서 나왔습니다. 한 무더기 금화가 모이자 사냥꾼은 생각했습니다.

'집에만 있으면 이 돈이 다 무슨 소용이람. 떠나자. 세상구경을 하자.'

사냥꾼은 부모님과 작별인사를 나눈 뒤에 배낭과 사냥총을 어깨에 메고 세상으로 나갔습니다. 어느 날, 사냥꾼은 울창한 숲을 지나게 되었습니다. 숲이 끝나는 곳에 이르자 들판에 으리으리한 성 하나가 우뚝 서 있었습니다. 그리고 웬 노파가 아름다운 아가씨하고 같이 창가에 서서 사냥꾼을 내려다보고 있었습니다. 노파는 마녀였습니다. 노파가 아가씨에게 말했습니다.

"숲에서 오는 저기 저 사람 말이다. 굉장한 보물을 몸에 지니고 있지. 얘야, 그 보물을 빼앗아야 해. 우리한테 훨씬 더 잘 어울리는 보물이니까. 새의 심장이 저 사람 몸에 들어있지. 그래서 아침마다 베개 밑에서 금화 한 닢이 나온단다."

마녀는 어떻게 그렇게 되었는지, 또 아가씨가 어떻게 해야 하는지 말해주었습니다. 그러고 나서 눈을 부릅뜨고 을렀습니다.

"내 말을 듣지 않으면 불행해질 거야."

사냥꾼이 다가 와 아가씨를 보고 혼잣말하듯 중얼거렸습니다.

"난 너무 오랫동안 돌아다녔어. 이제 좀 쉬고 싶다고. 이 아름다운 성에 들렀다가 가자. 돈은 충분하니까."

그런데 사실 진짜 이유는 한눈에 반해버린 아름다운 아가씨였습니다.

사냥꾼이 성으로 들어가자 아가씨는 사냥꾼을 친절하게 맞아 공손히 대접했습니다. 얼마 지나지 않아 사냥꾼은 마녀의 아가씨에게 홀딱 빠져서 오로지 아가씨 생각뿐이었습니다. 아가씨의 눈만 바라보며 원하는 대로 다 해주었습니다. 그러자 마녀가 말했습니다.

"이제 새의 심장을 꺼내자. 심장이 없어져도 알아차리지 못할 거야."

마녀는 마실 것을 준비해서 팔팔 끓인 다음 잔에 따르고 사냥꾼에게 주라면서 아가씨에게 그 잔을 건넸습니다. 아가씨가 사냥꾼에게 말했습니다.

"사랑하는 그대여, 이제 이 잔을 드세요."

사냥꾼은 잔을 받아 꿀꺽 마셨습니다. 그렇게 하자마자 사냥꾼은 새의 심장을 토해냈습니다. 마녀가 하라는 대로 아가씨는 그것을 몰래 가져와 삼켜버렸습니다. 그때부터 사냥꾼의 베개 밑에서는 금화가 나오지 않았습니다. 대신 금화는 아가씨의 베개 밑에서 나왔고, 마녀는 아침마다 와서 금화를 가져갔습니다. 하지만 사냥꾼은 아가씨에게 정신없이 빠져버려 아가씨와 함께 시간을 보내는 일 외에는 아무 생각도 없었습니다. 그러자 늙은 마녀가 말했습니다.

"새의 심장은 됐고, 이제 요술망토도 마저 빼앗아야겠다."

그러자 아가씨가 말했습니다.

"요술망토는 그냥 놔둬요. 재산을 몽땅 잃었는데."

마녀는 벌컥 화를 내며 말했습니다.

"그 망토는 굉장한 물건이야. 세상 어디에도 없는 물건이라고. 내가 꼭 가져야겠어."

마녀는 아가씨에게 어떻게 할 것인지 계획을 일러주었습니다. 그리고 시킨 대로 하지 않으면 험한 일을 당할 것이라고 또 으름댔습니다. 그래서 아가씨는 마녀가 시키는 대로 창가에 서서 아주 슬픈 표정을 지으며 먼 곳을 바라보았습니다. 그러자 사냥꾼이 물었습니다.

"왜 그렇게 슬픈 얼굴을 하고 거기 서 있는 거예요?"

그러자 아가씨가 대답했습니다.

"아, 그대여, 저 건너편에 귀한 보석들이 나오는 석류석 산이 있어요. 그 보석들을 생각하면 너무나 가지고 싶어서 아주 슬퍼져요. 하지만 그걸 누가 가져올 수 있겠어요! 내가 새라면 모르겠지만, 사람은 절대 갈 수 없는 곳이죠."

그러자 사냥꾼이 말했습니다.

"그것뿐이라면 당장 당신의 슬픔을 덜어드리죠."

사냥꾼은 망토를 두르고 아가씨를 품에 안았습니다. 그리고 석류석 산으로 가고 싶다고 빌었습니다. 그렇게 하자마자 눈 깜짝할 사이에 두 사람은 산에 와 있었습니다. 사방에 널린 귀한 보석들이 반짝반짝 빛을 발하고 있었습니다. 보는 것만으로도 행복했죠. 두 사람은 가장 아름답고 귀한 보석들을 골랐습니다. 그런데 마녀가 마법을 부려 사냥꾼의 눈꺼풀을 점점 무거워지게 했습니다. 사냥꾼이 말했습니다.

"잠깐 여기 앉아서 쉬었다 가요. 너무 피곤해서 서 있을 수가 없어요."

그래서 두 사람은 앉았고, 사냥꾼은 아가씨의 무릎을 베고 스르르 잠이 들었습니다. 사냥꾼이 잠들자 아가씨는 망토를 벗겨 자기 어깨에 둘렀습니다. 그리고 석류석과 보석들을 주워 모은 뒤 집으로 가고 싶다고 빌었습니다.

사냥꾼은 잠을 푹 자고 일어났습니다. 그런데 사랑하는 아가씨가 자기를 속이고 험한 산에 홀로 남겨두고 떠난 것이 아닙니까. 사냥꾼이 말했습니다.

"오, 이럴 수가. 이렇게 큰 배신을 당하다니."

사냥꾼은 가슴이 찢어질 듯 아팠습니다. 수심에 젖어 도대체 어찌해야 할지 막막했습니다. 그런데 산의 주인은 그곳에서 활개를 치며 살고 있는 사납고 무시무시한 거인들이었습니다. 얼마 되지 않아 거인 셋이 사냥꾼을 향해 쿵쿵 다가왔습니다. 사냥꾼은 얼른 드러누워 깊이 잠든 것처럼 했습니다. 첫 번째 거인이 사냥꾼을 발로 툭 치며 말했습니다.

"이 땅벌레는 뭐지? 뭐하는 거야?"

두 번째 거인이 말했습니다.

"밟아 죽여."

그러자 세 번째 거인이 무시하듯 말했습니다.

"뭘 그런 수고를! 살려주라고. 어차피 여기에 있지도 못해. 산꼭대기까지 올라가면 구름을 타고 이곳을 떠날 수 있을 텐데."

거인들은 두런두런 이야기를 나누며 걸어갔습니다. 사냥꾼은 거인들의 말을 하나하나 새겨들었습니다. 거인들이 보이지 않자 사냥꾼은 벌떡 일어나 산꼭대기로 올라갔습니다. 꼭대기에 잠시 앉아있는데 구름이 둥실

둥실 흘러와 사냥꾼을 휘휘 감더니 다시 둥실둥실 흘러갔습니다. 그렇게 사냥꾼을 데리고 한동안 하늘을 떠다니던 구름이 아래로 향하더니 마침내 담장이 둘러쳐진 커다란 채소밭에 내려앉았습니다. 사냥꾼도 양배추와 채소들 사이에 가볍게 내려섰습니다.

사냥꾼은 주위를 둘러보면서 말했습니다.

"먹을 게 좀 있으면 좋겠다. 너무 배가 고파서 걷기도 힘들어. 하지만 여기엔 사과도 없고 배도 없고, 과일이 전혀 없잖아. 온통 푸성귀뿐이라고."

결국, 사냥꾼은 이렇게 생각했습니다.

'할 수 없지, 채소라도 먹어야겠다. 맛은 없지만, 생기가 나겠지.'

사냥꾼은 싱싱한 양배추를 골라서 먹기 시작했습니다. 그런데 몇 입 삼키자마자 이상한 느낌이 오면서 모습이 완전히 변해버리는 것이 아닙니까. 다리가 네 개에다 커다란 머리에 두 귀가 기다란 당나귀로 변해버린 것입니다. 사냥꾼은 변한 자기의 모습을 보고 깜짝 놀랐습니다. 하지만 사냥꾼은 배도 여전히 고프고 싱싱한 채소는 또 기막히게 맛있는지라 허겁지겁 계속 먹었습니다. 그러다가 다른 채소를 보자 그것도 조금 뜯어먹었습니다. 그런데 또 뭔가 변하는 듯 이상한 느낌이 오더니 다시 사람의 모습으로 돌아왔습니다.

마침내 사냥꾼은 길게 누워 쿨쿨 자면서 쌓였던 피곤을 풀었습니다. 다음 날 아침, 사냥꾼은 일어나서 나쁜 양배추와 좋은 양배추를 뽑아들고 생각했습니다.

'이걸로 내 물건들을 다시 찾아오고 배신의 대가를 꼭 치르게 하고 말 거야.'

사냥꾼은 양배추를 배낭에 집어넣고 담장을 넘어 사랑하는 아가씨가 있는 성을 찾아 길을 떠났습니다. 여러 날을 헤맨 끝에 운 좋게도 사냥꾼은 성을 다시 찾아냈습니다. 사냥꾼은 친어머니도 얼른 알아보지 못할 정도로 얼굴을 거무스름하게 칠했습니다. 그리고 성에 들어가서 하룻밤 재워달라고 말했습니다.

"너무 피곤해서 더는 갈 수가 없어요."

그러자 마녀가 물었습니다.

"시골양반, 당신은 누구시오, 뭘 하는 사람이요?"

사냥꾼이 대답했습니다.

"나는 왕의 전령인데 햇빛 아래 자라는 가장 맛좋은 채소를 찾아오라는 분부를 받았어요. 그것을 찾아냈는데 정말 행복했지요. 내가 지금 갖고 있어요. 그런데 햇볕이 너무 따가워 부드러운 양배추가 시들어가요. 집까지 가져갈 수 있을지 모르겠군요."

마녀는 가장 맛좋은 양배추 이야기를 듣더니 먹고 싶어 안달이 나서 말했습니다.

"시골양반, 그 맛있는 양배추 맛 좀 보게 해줘요."

그러자 사냥꾼이 말했습니다.

"못할 이유가 없죠. 양배추 두 개를 가져왔는데 하나 주리다."

사냥꾼은 배낭을 열고 나쁜 양배추를 꺼내 마녀에게 주었습니다. 마녀는 전혀 의심하지 않고 새로운 음식을 먹고 싶은 열망으로 군침을 꿀꺽 삼켰습니다. 마녀는 직접 부엌으로 들어가 양배추를 요리했습니다. 그런데 마녀는 양배추 샐러드가 식탁에 차려질 때까지 도저히 기다리지 못하고 요리가 끝나자 잎을 몇 장 집어 냉큼 입에 넣었습니다. 그런데 양배추를 삼키자마자 마녀의 모습은 온데간데없이 사라지고, 대신 당나귀 한 마리가 경중경중 마당으로 달려갔습니다. 얼마 뒤, 하녀가 부엌으로 들어와 양배추 샐러드를 보고 식탁에 올리려 들고 나갔습니다. 그런데 도중에 평소 습관대로 맛을 보려고 양배추를 조금 집어먹었습니다. 순간 마법의 힘으로 하녀는 당나귀가 되어 마녀 곁으로 달려갔습니다. 샐러드 접시는 쩽그랑 바닥에 떨어졌습니다. 그동안 사냥꾼은 아름다운 아가씨 옆에 앉아 있었습니다. 그런데 양배추가 먹고 싶어 안달이 난 아가씨가 아무도 양배추를 가져오지 않자 말했습니다.

"샐러드를 왜 가져 오지 않는지 모르겠네요."

사냥꾼은 이젠 양배추의 효과가 나타났을 거로 생각하고 말했습니다.

"내가 부엌에 가서 무슨 일인지 보고 올게요."

사냥꾼이 내려와 보니 당나귀 두 마리가 마당에서 뛰어다니고 있었습니다. 양배추 샐러드는 바닥에 떨어져 있었습니다. 사냥꾼이 말했습니다.

"좋아. 자신들이 받아야 할 벌을 받았구먼."

사냥꾼은 바닥에 떨어진 양배추 잎을 그릇에 주워담아 아가씨에게 가져갔습니다.

"오래 기다릴까 봐 내가 직접 맛있는 음식을 가져왔어요."

아가씨는 냉큼 양배추를 먹어치웠습니다. 그러자 아가씨는 곧바로 인간의 모습을 잃어버리고 당나귀가 되어 경중경중 마당으로 달려나갔습니다.

사냥꾼은 당나귀로 변한 여자들이 자기를 알아볼 수 있도록 얼굴을 깨끗이 씻고 마당으로 내려가 말했습니다.

"이제 배신의 대가를 치르게 하겠다."

사냥꾼은 세 사람을 동아줄로 한데 묶어 방앗간으로 끌고 갔습니다. 사냥꾼이 창문을 똑똑 두드리자 방앗간 주인이 머리를 빼꼼 내밀고는 무슨 일이냐고 물었습니다. 사냥꾼이 대답했습니다.

"내게 못된 짐승 세 마리가 있는데, 더는 데리고 있기가 싫어서요. 당신이 이 녀석들을 맡아서 먹이고 재우고 내가 말하는 대로만 길러주면 당신이 원하는 만큼 돈을 드릴게요."

그러자 방앗간 주인이 말했습니다.

"그렇게 하리다. 그런데 녀석들을 어떻게 기를까요?"

사냥꾼이 말했습니다. 늙은 당나귀는, 그건 마녀였죠, 매일 세 번 매를 때리고 딱 한 끼만 주라고 했습니다. 그보다 좀 어린 당나귀는, 그건 하녀였죠, 매일 세 번 매를 때리고 세끼를 주라고 했습니다. 가장 어린 당나귀는, 그건 아가씨였죠, 때리지 말고 하루 세 끼 꼬박꼬박 먹이를 주라고 했습니다. 사냥꾼은 아가씨가 매 맞는 것이 싫었습니다. 방앗간 주인에게 차마 그런 짓을 시킬 수는 없었죠. 사냥꾼은 다시 성으로 돌아와 필요한 물건들을 모두 찾아냈습니다.

며칠 후 방앗간 주인이 와서 매만 맞고 하루 한 끼만 먹은 늙은 당나귀가 죽었다고 알려주었습니다. 방앗간 주인은 계속 말했습니다.

"나머지 두 마리는 죽지 않았어요. 하루 세끼를 꼬박꼬박 먹으니까요. 하지만 너무 슬퍼서 그 녀석들도 얼마 못 가 죽을 것 같아요."

사냥꾼은 그 말을 듣자 화가 풀리면서 불쌍한 생각이 들었습니다. 그래서 방앗간 주인에게 당나귀들을 다시 데리고 오라고 했습니다. 당나귀들이 도착하자 사냥꾼은 그들에게 좋은 양배추를 주었습니다. 그래서 당나귀들은 다시 사람이 되었죠. 아름다운 아가씨는 사냥꾼 앞에 무릎을 꿇고 말했습니다.

"아아, 사랑하는 당신, 나쁜 짓을 한 저를 용서해주세요. 어머니가 그렇게 하라고 억지로 시켰어요. 정말 저는 원하지 않았어요. 당신을 진심으로 사랑했거든요. 요술망토는 옷장에 걸려있어요. 그리고 새의 심장이 나오게 토하는 약을 먹을게요."

하지만 사냥꾼은 이렇게 말했습니다.

"그냥 가져요. 누가 가지고 있든지 마찬가지 일이니. 내 아내가 되어주세요."

그래서 두 사람은 결혼식을 올리고 평생토록 행복하게 살았답니다.

◆126◆
숲 속의 노파

옛날에 가난하고 어린 하녀가 주인집 식구와 마차를 타고 커다란 숲 속을 지나고 있었습니다. 그런데 일행이 숲 한가운데에 이르렀을 때 도둑들이 우거진 숲에서 불쑥 튀어나와 닥치는 대로 사람들을 죽였습니다. 그래서 모두 죽고 어린 하녀 혼자만 살아남았습니다. 소녀는 너무 놀라 마차에서 뛰어내려 나무 뒤에 숨었습니다. 도둑들이 빼앗은 물건들을 가지고 자리를 뜨자 소녀는 나무 뒤에서 나와 이 끔찍한 광경을 보고 울부짖었습니다.

"아, 어쩌면 좋아. 사람 하나 살지 않는 숲 속에서 어떻게 빠져나가라고. 난 이제 굶어 죽을 거야."

소녀는 길을 찾느라 이리저리 헤맸지만 길은 나오지 않았습니다. 저녁이 되자 소녀는 나무 밑에 털썩 주저앉았습니다. 이제 하나님께 다 맡기고 무슨 일이 일어나든 그 자리에 앉아있기로 마음먹었습니다. 한동안 그렇게 앉아있는데 하얀 비둘기가 작은 황금 열쇠를 입에 물고 포르르 날아왔습니다. 비둘기는 소녀의 손바닥에 열쇠를 떨어뜨리고 이렇게 말했습니다.

"저기 커다란 나무가 보이지요? 그 나무에 달린 작은 자물쇠를 이 열쇠로 열어보세요. 안에 음식이 잔뜩 있을 테니 이제 굶지 않아도 돼요."

소녀는 나무가 있는 곳으로 가서 자물쇠를 열었습니다. 안에는 우유가 담긴 작은 그릇이 놓여있었고, 또 우유에 적셔 먹도록 흰 빵이 있었습니다. 맘껏 먹고 배가 부르자 소녀가 말했습니다.

"이제 닭들이 홰에 오를 시간이군. 나도 너무 피곤한데 누울 침대가 있으면 얼마나 좋을까."

그러자 비둘기가 또 다른 황금 열쇠를 입에 물고 포르르 날아와 말했습니다.

"이쪽 나무를 여세요. 침대가 있을 거예요."

소녀가 나무를 열자 아름답고 푹신푹신한 침대가 나왔습니다. 소녀는 하나님께 밤새워 지켜주시기를 기도하고 침대에 누워 잠이 들었습니다. 다음 날 아침, 비둘기가 또 세 번째 열쇠를 물고 와서 말했습니다.

"저쪽 나무를 여세요. 옷이 들었을 거예요."

소녀가 나무를 열자 금과 보석으로 장식된, 공주의 옷보다 더 아름다운 옷이 나왔습니다. 소녀는 얼마 동안 그곳에서 지냈습니다. 비둘기는 필요한 것들을 매일 물어다 주며 소녀를 보살펴주었습니다. 행복하고 조용한 생활이었습니다.

그러던 어느 날, 비둘기가 와서 말했습니다.

"나를 위해 부탁 하나 들어줄래요?"

소녀가 말했습니다.

"기꺼이 들어줄게."

그러자 비둘기가 말했습니다.

"아가씨를 작은 오두막집으로 데려다 줄게요. 안으로 들어가면 한가운데에 화덕이 있고 그 옆에 어떤 노파가 앉아서 '안녕' 하고 인사를 할 거예요. 하지만 절대로 대답하지 마세요. 노파가 뭘 하든 옆을 지나 오른쪽으로 가세요. 그럼 문이 하나 나오는데 그 문을 열고 방안으로 들어가면 탁자가 있어요. 탁자 위에는 온갖 종류의 반지들이 쌓여있을 텐데, 반지들 가운데 반짝반짝 빛나는 화려한 보석 반지들은 그대로 놔두세요. 대신 그 속에서 소박한 반지를 찾아서 되도록 빨리 나한테 가져오세요."

소녀는 작은 오두막집으로 가서 문을 열고 안으로 들어갔습니다. 방에 앉아있던 노파가 소녀를 보더니 눈이 휘둥그레져 말했습니다.

"안녕, 얘야."

하지만 소녀는 대답하지 않고 문 쪽으로 갔습니다.

"어딜 가려고?"

노파는 소리치면서 소녀의 치맛자락을 꼭 잡았습니다.

"여긴 내 집이야. 내가 원하지 않으면 아무도 못 들어간다고."

하지만 소녀는 아무 말 하지 않고 노파의 손을 뿌리치고는 방 안으로 쑥 들어갔습니다. 방 안 탁자 위에는 넘치도록 많은 반지가 눈부시게 반짝거리며 쌓여있었습니다. 소녀는 이리저리 뒤적이며 소박한 반지를 찾았지만 찾을 수가 없었습니다. 그러다가 소녀는 노파가 새장을 들고 살그머니 빠져나가려는 것을 보았습니다. 소녀는 노파에게 달려가 손에 든 새장을 빼앗았습니다. 새장 안을 들여다보니 새 한 마리가 소박한 반지를 입에 물고 있었습니다. 소녀는 반지를 빼내 집 밖으로 나왔습니다. 정말 기뻤죠. 그런데 반지를 가지러 올 줄 생각했던 하얀 비둘기가 영 나타나지 않았습니다. 소녀는 비둘기를 기다리려고 앉아서 나무에 몸을 기댔습니다. 그런데 나무가 나긋나긋해지며 휘어지는가 싶더니 나뭇가지들이 축 늘어졌습니다. 나뭇가지들은 갑자기 소녀를 빙빙 휘감았습니다. 그런데 그것은 두 팔이었습니다. 어리둥절해서 둘러보니 나무는 아름다운 남자로 변해 있었습니다. 소녀를 품에 안은 남자는 다정하게 입맞춤하고 말했습니다.

"아가씨가 못된 마녀인 노파의 손아귀에서 나를 구해줬어요. 마녀가 나를 나무로 만들었는데, 매일 몇 시간 동안만 하얀 비둘기가 되었죠. 마녀가 반지를 가지고 있는 한 나는 원래 사람의 모습으로 돌아올 수 없었죠."

그리고 나무로 변한 시종들과 말들도 마법에서 풀려나와 옆에 서 있었습니다. 남자는 다름 아닌 왕자님이었습니다. 두 사람은 왕자의 나라에 가서 결혼하고 행복하게 잘 살았답니다.

◆127◆
성실한 페르디난드와 불성실한 페르디난드

옛날에 어느 부부가 살았습니다. 부부는 부자로 살 때는 아이가 없더니 가난해지자 덜컥 아들을 하나 얻었습니다. 하지만 아이의 대부를 서주겠다는 사람이 없었습니다. 아이 아버지는 혹시 대부를 서줄 사람이 있는지 알아봐야겠다면서 이웃마을로 향했습니다. 그런데 도중에 한 가난한 남자를 만났습니다. 그 남자는 아이 아버지에게 어디를 가느냐고 물었습니다. 아이 아버지는 너무 가난하니까 대부가 되어주겠다는 사람이 없어서 이웃마을에 알아보러 가는 길이라고 말했습니다. 그러자 가난한 남자가 말했습니다.

"흠, 당신도 가난하고 나도 가난하니까 내가 대부를 서 주리다. 하지만 나도 너무 가난해서 아이에게 줄 게 아무것도 없군요. 산파에게 아이를 데리고 교회로 오라고 하세요."

그래서 산파가 아이를 데리고 교회에 도착하니 거지는 벌써 와 있었습니다. 거지는 아이에게 '성실한 페르디난드'라는 이름을 지어주었습니다.

교회에서 나오자 거지가 말했습니다.

"이제 집으로 가세요. 줄 게 아무것도 없군요. 당신도 나에게 아무것도 주지 않아도 돼요."

하지만 거지는 산파에게 열쇠 하나를 주면서 집에 도착하면 아이 아버지에게 주라고 말했습니다. 그리고 아이가 열네 살이 될 때까지 열쇠를 잘 보관해야 한다고 했습니다. 벌판에 성이 있는데 그 성문에 딱 들어맞는 열쇠라며 성안에 있는 것은 모두 아이의 것이라고 말했습니다. 어느덧 아이는 무럭무럭 자라 일곱 살이 되었습니다. 어느 날, 성실한 페르디난드는 다른 사내아이들과 놀고 있었습니다. 아이들은 누가 대부에게 선물을 더 많이 받았는지 서로 자랑했습니다. 하지만 성실한 페르디난드는 아무 말도 못 하고 울면서 집에 돌아와 아버지에게 말했습니다.

"대부님에게 저는 아무것도 못 받은 거예요?"

그러자 아버지가 말했습니다.

"아니, 받았단다. 넌 열쇠를 받았지. 벌판에 성이 있는데 가서 성문을 열어보렴."

성실한 페르디난드는 벌판으로 나갔습니다. 하지만 성은 보이지 않았습니다. 다시 칠 년이 흘러 어느덧 열네 살이 된 페르디난드는 다시 벌판으로 갔습니다. 그런데 벌판에 성이 하나 우뚝 서 있는 것이 아닙니까. 성문을 열고 들어가니 보이는 것은 백마 한 마리뿐이었습니다. 페르디난드는 아주 기뻐서 백마에 올라타고 아버지에게 바람처럼 달려가서 말했습니다.

"저에게 백마도 생겼으니 여행을 떠나겠습니다."

성실한 페르디난드는 길을 떠났습니다. 말을 타고 가는데 길에 깃 펜이 떨어져 있었습니다. 처음에는 그것을 주울까 하다가 다시 이렇게 생각했습니다.

'그냥 놔두자. 필요하면 가는 곳마다 있을 테니.'

그리고 다시 길을 가는데 뒤에서 누가 불렀습니다.

"성실한 페르디난드야, 깃 펜을 가져가렴."

성실한 페르디난드는 주위를 둘러보았지만 아무도 보이지 않았습니다. 성실한 페르디난드는 다시 돌아가 깃 펜을 주웠습니다. 그리고 말을 달려 얼마 후 어느 강가에 이르렀습니다. 그런데 물고기 한 마리가 강기슭에서 뻐끔뻐끔 가쁜 숨을 몰아쉬고 있었습니다. 페르디난드가 말했습니다.

"기다려, 물고기야. 다시 물에 놓아주마."

페르디난드는 물고기의 꼬리를 잡아서 강물에 던졌습니다. 물고기는 물 위로 머리를 쏙 내밀더니 이렇게 말했습니다.

"진흙탕에 빠진 저를 구해줬으니 피리를 드릴게요. 어려운 일이 생기면 피리를 부세요. 제가 도와드리겠어요. 또 물에 뭔가 빠뜨렸어도 바로 피리를 불면 건져다 드리겠어요."

성실한 페르디난드는 다시 말을 달렸습니다. 가다가 도중에 한 남자를 만났는데 남자가 어디를 가느냐고 물었습니다. 성실한 페르디난드가 대답했습니다.

"이웃마을에 가는 길입니다."

남자는 또 이름이 무엇이냐고 물었습니다.

"성실한 페르디난드예요."

그러자 남자가 말했습니다.

"이럴 수가, 내 이름과 거의 비슷하구먼. 내 이름은 불성실한 페르디난드요."

두 사람은 같이 이웃마을로 가서 여관으로 들어갔습니다.

그런데 문제가 있었습니다. 불성실한 페르디난드는 상대방이 무엇을 생각하는지, 무엇을 하려고 하는지 온갖 나쁜 마법으로 알아내는 능력이 있었습니다. 여관에는 한 야무진 아가씨가 일하고 있었습니다. 맑은 얼굴에 아주 예쁜 아가씨였죠. 아가씨는 아름다운 청년인 성실한 페르디난드에게 흠뻑 반했습니다. 아가씨는 성실한 페르디난드에게 어디를 가느냐고 물었습니다. 세상을 여행하는 중이라고 대답하자 아가씨는 이 나라의 왕이 시종이나 마차 수행원을 구하고 있는데 이곳에 머물러 일해보지 않겠느냐고 했습니다. 그러자 성실한 페르디난드는 일하겠다고 어떻게 불쑥 나서느냐면서 그럴 수는 없다고 했습니다. 그러자 아가씨가 말했습니다.

"아, 제가 대신 얘기할게요."

아가씨는 곧바로 왕을 찾아가 왕을 시중들 좋은 사람이 있다고 말했습니다. 왕은 아가씨의 말에 솔깃해서 그 사람을 데려오라고 했습니다. 왕이 성실한 페르디난드를 보고 시종으로 쓰겠다고 하자 페르디난드는 마차 수행원으로 일하고 싶다고 했습니다. 자신의 백마와 헤어지고 싶지 않아서였습니다. 왕은 좋다면서 성실한 페르디난드를 마차 수행원으로 쓰기로 했습니다. 그런데 불성실한 페르디난드가 그 이야기를 듣고 아가씨에게 말했습니다.

"잠깐, 그 친구는 도와주면서 왜 나는 도와주지 않죠?"

그러자 아가씨가 말했습니다.

"아니에요, 당신도 도와드리죠."

그러면서 아가씨는 속으로 생각했습니다.

'믿을 수 없는 사람이야. 적당히 친구처럼 대해야지.'

아가씨는 왕을 찾아가 불성실한 페르디난드를 시종으로 제의했습니다. 왕은 이번에도 흔쾌히 승낙했습니다.

불성실한 페르디난드는 매일 아침 왕이 옷을 입을 때 옆에서 시중을 들었습니다. 그런데 왕은 늘 이렇게 탄식했습니다.

"아아, 사랑하는 사람이 곁에 있으면 얼마나 좋을까!"

성실한 페르디난드를 늘 눈엣가시처럼 여겼던 불성실한 페르디난드는 어느 날 왕이 또 한탄하자 이렇게 말했습니다.

"수행원이 있잖습니까? 그에게 사랑하는 사람을 데려오라고 하세요. 그렇게 하지 않으면 목을 댕강 베어버리시고요."

그러자 왕은 성실한 페르디난드를 불러 어디 어디 가면 사랑하는 사람이 있는데 당장 데려오라고 명령했습니다. 또 데려오지 못하면 죽은 목숨이니 각오하라고 했습니다.

성실한 페르디난드는 마구간으로 가서 백마를 붙잡고 흐느끼며 탄식했습니다.

"아이고, 정말 재수가 나쁘구나!"

그때 돌연 목소리가 뒤에서 들렸습니다.

"성실한 페르디난드님, 왜 우세요?"

그런데 주위를 돌아보았지만 아무도 없었습니다. 성실한 페르디난드는 또 탄식했습니다.

"아, 사랑하는 백마야, 널 두고 내가 죽어야 한다니."

그러자 또 목소리가 들렸습니다.

"성실한 페르디난드님, 왜 우세요?"

그제야 성실한 페르디난드는 알아차렸습니다. 백마가 말을 하고 있었던 겁니다.

"너니, 백마야? 말을 하는구나?"

그리고 말을 이었습니다.

"어디 어디로 가서 신부를 데려와야 하는데, 어쩌면 좋지?"

그러자 백마가 말했습니다.

"왕을 찾아가 고기를 가득 실은 배 한 척과 빵을 가득 실은 배 한 척을 준비해달라고 하세요. 꼭 필요하다고요. 그래야 신부를 데려올 수 있다고 하세요. 바다에 사는 큰 거인들이 고기를 주지 않으면 당신을 갈기갈기 찢어버릴 거라고요. 또 커다란 새들도 있는데 빵을 주지 않으면 당신 눈을 쪼아버릴 거라고 말하세요."

그러자 왕은 온 나라 푸줏간과 빵집에 가축을 잡고 빵을 구워 배에다 가득 실어놓으라고 명령을 내렸습니다.

준비가 끝나자 백마가 성실한 페르디난드에게 말했습니다.

"제 등에 올라 배 있는 곳으로 가세요. 그리고 거인들이 나타나면 이렇게 말하세요.

가만, 가만, 사랑스러운 거인들아,

너희를 생각해서,

가져온 게 있단다.

새들이 나타나면 이렇게 말하고요.

가만, 가만, 사랑스러운 새들아.

너희를 생각해서,

가져온 게 있단다.

그럼 당신을 해치지 않을 거예요. 성에 도착하면 거인들이 도와줄 겁니다. 그러니 거인들 서넛을 데리고 성으로 올라가세요. 성안에는 공주님이 침대에 누워 자고 있을 거예요. 공주님을 절대 깨우지 말고 거인들에게 침대에 누운 그대로 배로 옮기라고 하세요."

모든 것이 백마가 말한 그대로였습니다. 성실한 페르디난드는 거인들과 새들에게 가져간 고기와 빵을 주었습니다. 거인들은 편안히 자는 공주를 침대째 배에 옮겨주었습니다. 그런데 그렇게 왕에게 온 공주가 성에 서류를 두고 왔다며 그것 없이는 살 수 없다고 했습니다. 왕은 불성실한 페르디난드의 부추김에 또 넘어가 이번에도 성실한 페르디난드를 불렀습니다. 다시 성에 가서 공주의 서류를 가져오라며 그렇지 않으면 죽을 것이라고 했습니다. 성실한 페르디난드는 다시 마구간으로 가서 흐느끼며 말했습니다.

"아, 사랑하는 백마야, 다시 떠나야 한단다. 어쩌면 좋지?"

백마는 지난번처럼 배에 고기와 빵을 가득 싣게 하라고 말했습니다. 모든 것이 전과 똑같았습니다. 거인들과 새들은 고기와 빵을 배불리 먹고 나서 고분고분해졌습니다. 성에 도착하자 백마는 성실한 페르디난드에게 탁자 위에 서류가 놓여있으니 공주의 침실로 들어가라고 했습니다. 성실한 페르디난드는 침실로 들어가 서류를 가지고 나왔습니다. 하지만 성실한 페르디난드는 깃 펜을 그만 바다에 빠뜨리고 말았습니다. 그러자 백마가 말했습니다.

"이번에는 도울 수가 없어요."

그런데 문득 피리가 떠올랐습니다. 성실한 페르디난드는 피리를 불기 시작했습니다. 그러자 물고기가 깃 펜을 입에 물고 와서 성실한 페르디난드에게 주었습니다. 성실한 페르디난드는 무사히 서류를 가져왔고 왕은 공주와 결혼식을 올렸습니다.

그러나 왕비는 왕을 싫어했습니다. 왕의 얼굴에 코가 없어서였죠. 왕비는 성실한 페르디난드를 좋아했습니다. 어느 날, 대신들이 모두 함께 모인 자리에서 왕비는 요술을 부릴 줄 안다고 말했습니다. 사람의 머리를 잘랐다가 다시 붙일 수 있는 요술인데 누가 한번 시험해보지 않겠느냐고 물었습니다. 하지만 아무도 선뜻 나서질 못했습니다. 그러자 또 불성실한 페르디난드가 왕을 들쑤시는 바람에 성실한 페르디난드가 앞에 나서게 되었습니다. 왕비는 성실한 페르디난드의 머리를 댕강 자른 뒤 다시 붙였습니다. 상처도 금세 아물어 목둘레에 빨간 실밥 자국만 남았습니다. 왕이 왕비에게 물었습니다.

"왕비, 그런 요술을 도대체 어디서 배웠소?"

왕비가 말했습니다.

"예, 요술을 꽤 부릴 줄 안답니다. 임금님께도 한번 해볼까요?"

왕이 말했습니다.

"그래요, 어디 해보오."

그러자 왕비는 왕의 머리를 댕강 베었습니다. 하지만 일부러 머리를 제대로 붙이지 않았습니다. 마치 잘 붙지 않는 것처럼 머리를 삐딱하게 올렸습니다. 결국, 왕은 땅에 묻혔고 왕비는 성실한 페르디난드와 결혼했습니다.

성실한 페르디난드는 늘 백마를 타고 다녔습니다. 어느 날, 백마는 성실한 페르디난드에게 길을 가르쳐줄 테니 다른 벌판으로 가서 세 번 획획돌라고 했습니다. 그렇게 하자 백마는 우뚝 두 다리로 섰습니다. 그리고 왕자가 되었답니다.

◆128◆
무쇠 난로

아득한 옛날, 소원을 빌면 척척 이루어지던 시절이었습니다. 한 왕자가 늙은 마녀의 마법에 걸려 숲 속에 있는 커다란 무쇠 난로에 갇히게 되었습니다. 그런데 마법을 풀어줄 사람이 아무도 없어서 왕자는 오랜 세월을 무쇠난로에서 지냈습니다. 그러던 어느 날, 공주가 숲에 왔다가 그만 길을 잃어왕국으로 돌아가지 못하고 숲 속에서 헤매게 되었습니다. 공주는 벌써 아홉 날째 숲 속에서 헤매고 다니다가 마침내 무쇠 난로 앞에서 발을 멈췄습니다. 그런데 난로에서 목소리가 들렸습니다.

"어디서 왔어요? 어디로 가시려고요?"

공주가 대답했습니다.

"왕국으로 가는 길을 못 찾아 집에 돌아갈 수가 없어요."

그러자 또 무쇠 난로에서 목소리가 났습니다.

"집에 빨리 갈 수 있게 도와줄게요. 대신 내가 시키는 대로 하겠다고 서명하세요. 난 공주님의 나라보다 더 큰 나라에서 온 왕자인데 그대와 결혼하리다."

공주는 깜짝 놀라 생각했습니다.

'맙소사, 무쇠 난로로 뭘 어쩌라는 거야!'

하지만 아버지가 계시는 집에 빨리 가고 싶었던 공주는 시키는 대로 하겠다고 서명했습니다. 그러자 무쇠 난로는 이렇게 말했습니다.

"칼을 가지고 와서 쇠를 긁어내 구멍을 뚫어주세요."

그러고는 같이 갈 사람도 하나 붙여주었습니다. 그 사람은 옆에 가면서 한마디 말도 하지 않았지만, 공주를 두 시간 만에 집에 데려다 주었습니다. 공주가 돌아왔다고 성안에는 기쁨이 넘쳐흘렀습니다. 늙은 왕은 공주를 껴안고 입을 맞췄습니다. 하지만 공주는 근심에 쌓여 이렇게 말했습니다.

"아버지, 무슨 일이 있었는지 정말 끔찍했어요! 무쇠 난로를 만나지 않았더라면 그 크고 무시무시한 숲을 빠져나와 돌아올 수 없었을 거예요. 대신 무쇠 난로에 돌아가야 해요. 마법을 풀어주고 또 결혼하겠다고 서명을 했거든요."

그러자 늙은 왕은 기절할 듯 놀랐습니다. 자식이라고는 공주밖에 없었으니까요. 그래서 대신들과 의논을 한 끝에 공주 대신 예쁜 방앗간 집 딸을 보내기로 했습니다. 사람들은 방앗간 집 딸을 숲으로 데려가 칼을 주면서 무쇠 난로에 구멍을 뚫으라고 했습니다. 방앗간 집 딸은 날을 꼬박 새우며 쇠를 긁어댔지만 새 발의 피였습니다. 그런데 날이 밝아오자 무쇠 난로에서 목소리가 들려왔습니다.

"날이 밝은 것 같네요."

방앗간 집 딸이 대답했습니다.

"그래요. 아버지의 방앗간에서 물방아 돌아가는 소리도 나는 것 같거든요."

"아, 당신은 방앗간 집 딸이군요. 당장 돌아가서 공주님을 보내라고 하세요."

방앗간 집 딸은 돌아와서 늙은 왕에게 저 숲에 있는 사람은 자기가 아닌 공주님을 원한다고 말했습니다. 늙은 왕은 가슴이 철렁 내려앉았고 공주는 엉엉 울었습니다. 그런데 방앗간 집 딸보다 더 예쁜 돼지치기의 딸이 있었습니다. 대신들은 돼지치기의 딸에게 공주 대신 무쇠 난로가 있는 곳에 가면 돈을 주겠다고 했습니다. 사람들은 이번에는 돼지치기의 딸을 숲으로 데려갔습니다. 돼지치기의 딸도 날을 꼬박 새우며 쇠를 긁어댔습니다. 하지만 구멍이 뚫리기는커녕 티도 나지 않았습니다. 날이 밝아오자 무쇠 난로에서 목소리가 들렸습니다.

"날이 밝은 것 같네요."

돼지치기의 딸이 대답했습니다.

"그래요, 아버지의 뿔피리 소리가 들리는 것 같거든요."

"아, 당신은 돼지치기의 딸이군요. 당장 돌아가서 공주님을 보내라고 하세요. 만약 약속을 어기고 오지 않으면 온 나라가 무너져 내려 돌덩이 하나 남아나지 않고 멸망할 거라고 하세요."

공주는 그 말을 듣자 울기 시작했습니다. 하지만 어쩔 수가 없었습니다. 약속을 지킬 수밖에요. 공주는 아버지에게 작별인사를 한 뒤에 칼을 집어넣고 숲 속 무쇠 난로를 찾아갔습니다. 공주는 도착하자 바로 득득 쇠를 긁기 시작했습니다. 그런데 쇠가 조금씩 파이는 듯싶더니 두 시간쯤 긁어대자 작은 구멍이 하나 생겼습니다. 공주는 구멍 안을 들여다보았습니다. 그런데 세상에, 금과 보석으로 치장해 반짝반짝 눈부시게 빛나는 아름다운 젊은이가 난로 속에 앉아있는 것이 아닙니까. 공주는 젊은이가 마음에 쏙 들었습니다. 공주는 계속 구멍을 파서 크게 만들었습니다. 드디어 젊은이가 밖으로 나와 말했습니다.

"당신은 나의 것, 나는 당신 것이오. 내 신부가 나를 마법에서 풀어줬어요."

왕자는 공주를 자기 나라로 데려가려 했습니다. 하지만 공주가 그 전에 아버지를 봬야겠다고 하자 왕자는 그러라고 했습니다. 단 아버지와 세 마디 이상 말을 하면 안 된다고 했습니다. 그런데 집에 간 공주는 아차, 그만 말을 세 마디보다 더하고 말았습니다! 순간 무쇠 난로는 유리산들과 뾰족뾰족한 칼들 너머 저쪽 멀리 사라져버리고 말았습니다. 하지만 왕자는 마법에서 풀려 다시 무쇠 난로 속에 갇히지는 않았습니다. 공주는 아버지에게 작별인사를 하고 돈을 조금 챙긴 뒤 다시 커다란 숲으로 돌아왔습니다. 그런데 아무리 찾아도 무쇠 난로가 보이지 않았습니다. 벌써 아홉 날째 무쇠 난로를 찾아 헤매던 공주는 먹을 것도 다 떨어져 배가 너무 고팠고 정말 막막했습니다. 저녁이 되자 공주는 작은 나무 밑에 털썩 주저앉았습니다. 사나운 들짐승들이 무서워서 나무 위에서 하룻밤을 보내기로 했습니다. 그런데 밤 열두 시가 가까워져 오자 멀리서 작은 불빛 하나가 깜박였습니다. 공주는 이제 살았다 싶어 나무에서 내려와 불빛을 따라갔습니다. 열심히 기도하면서 갔습니다. 마침내 오래된 작은 오두막집이 나타났습니다. 집 주변은 잡초가 무성했고 작은 나뭇단 하나가 집 앞에 놓여있었습니다. 공주는 도대체 웬 집이지, 하면서 창 안을 들여다보았습니다. 그런데 집 안에는 통통하고 작은 두꺼비들만 있었습니다. 식탁에는 포도주와 구운 고기가 은잔과 은 접시에 보기 좋게 차려져 있었습니다. 공주는 용기를 내어 문을 똑똑 두드렸습니다. 그러자 뚱뚱한 두꺼비 한 마리가 소리쳤습니다.

"초록 꼬마야,
쪼그랑 다리야,
쪼그랑 다리 강아지,
쫄랑쫄랑 어서 가서,

누가 왔나 보렴."

새끼두꺼비가 문 쪽으로 오더니 문을 활짝 열었습니다. 공주가 들어가자 두꺼비들은 공주를 반갑게 맞으며 앉으라고 했습니다. 두꺼비들이 물었습니다.

"어디서 왔어요? 어디 가세요?"

공주는 무슨 일이 있었는지 모두 이야기했습니다. 왕자의 말을 어기고 세 마디 넘게 말을 하는 바람에 난로도 왕자님도 온데간데없이 사라져 버렸다고 했습니다. 그래서 왕자님을 찾을 때까지 산을 넘고 골짜기를 지나고 계속 돌아다닐 거라고 했습니다. 그러자 늙은 두꺼비가 말했습니다.

"초록 꼬마야,

쪼그랑 다리야,

쪼그랑 다리 강아지,

쫄랑쫄랑 어서 가서,

큰 상자를 가져오렴."

새끼두꺼비가 상자를 가져왔습니다. 두꺼비들은 공주에게 음식을 대접한 다음 공주를 화려한 비단 침대로 데려갔습니다. 공주는 침대에 누워 기도하고 잠이 들었습니다. 날이 밝아 공주가 일어나자 늙은 두꺼비는 큰 상자에서 바늘 세 개를 꺼내주며 가져가라고 했습니다. 높은 유리산을 넘어야 하고, 날카롭게 날이 선 세 자루의 칼 위를 지나야 하고 또 큰 강을 건너야 하는데, 그때 필요할 것이라고 했습니다. 그것들을 통과해야 사랑하는 왕자님을 다시 얻을 거라고 했습니다. 두꺼비는 잘 간직하라며 세 가지 물건을 내주었습니다. 큰 바늘 세 개와 바퀴 달린 쟁기와 호두 세 개였습니다. 공주는 그것들을 지니고 다시 길을 떠났습니다. 이윽고 공주는 유리산에 닿았습니다. 유리산은 아주 미끌미끌했습니다. 공주는 바늘 세 개를 발판 삼아 한 발 한 발 내디디며 유리산을 넘었습니다. 산을 다 내려 온 공주는 바늘들을 한 곳에 조심스럽게 꽂아놓았습니다. 이번에는 날카 롭게 날이 선 칼 세 자루가 앞에 나타났습니다. 공주는 바퀴 달린 쟁기에 올라타 칼날 위를 굴러갔습니다. 마지막으로 큰 강이 나왔고 공주는 무사 히 강을 건넜습니다. 건너편에는 크고 아름다운 성이 있었습니다. 공주는 성안으로 들어가 하녀인데 일자리가 있으면 일하고 싶다고 했습니다. 사 실 공주는 자기가 큰 숲 속 무쇠 난로에서 구해준 왕자님이 성안에 있다 는 것을 알고 있었던 거였습니다. 그렇게 공주는 돈도 조금 받으며 부엌에 서 일하게 되었습니다. 그런데 공주가 이미 죽은 줄로만 알았던 왕자는 다 른 아가씨와 결혼하려던 참이었습니다. 저녁에 설거지를 끝낸 공주는 주 머니를 뒤져 늙은 두꺼비가 준 호두 세 개를 꺼내 들었습니다. 공주는 호 두를 먹으려고 꽉 깨물었습니다. 그런데 세상에, 호두 속에 우아하고 아름 다운 공주 옷 한 벌이 들어있는 게 아닙니까! 그런데 왕자의 신부가 그 소 리를 듣고 공주를 찾아와 그 옷을 사겠다고 간청했습니다. 부엌에서 일하 는 하녀에게는 어울리지 않는 옷이라면서 달라고 했습니다. 하지만 공주 는 그 옷을 팔지 않겠다고 했습니다. 굳이 그러고 싶다면 부탁 하나를 들 어달라고, 신랑 방에서 하룻밤만 자게 해달라고 했습니다. 그렇게 아름다 운 옷을 생전 처음 본 신부는 좋다고 했습니다. 저녁이 되자 신부는 왕자 에게 말했습니다.

"바보 같은 하녀가 당신 방에서 자고 싶다는군요."

왕자가 말했습니다.

"당신이 괜찮다면 상관없어요."

하지만 신부는 왕자가 마시는 포도주에 잠 오는 약을 탔습니다. 두 사람은 같은 방에서 자게 되었지만, 공주는 깊이 잠든 왕자를 깨울 수가 없었습니다. 공주는 밤새 내내 흐느끼면서 한탄했습니다.

"무시무시한 숲 속 무쇠 난로에서 당신을 구해줬답니다. 또 당신을 찾아 유리산을 넘고 세 개의 날카로운 칼날 위를 지나 큰 강을 건너기까지 했어요. 그런데 당신은 내 말을 못 듣는군요."

문 앞을 지키던 시종들이 밤새 내내 우는 소리를 듣고 아침이 되자 왕자에게 이야기했습니다. 그날 저녁 공주는 설거지를 끝내고 두 번째 호두를 깨물었습니다. 호두 속에는 지난번보다 훨씬 더 아름다운 옷이 들어있었습니다. 그런데 신부가 또 그 옷을 보고 사겠다고 했습니다. 그러나 공주는 돈은 필요 없고 다시 한 번 왕자의 방에서 하룻밤 자게 해달라고 했습니다. 이번에도 신부는 왕자가 마시는 술에 잠 오는 약을 탔고 왕자는 깊은 잠이 들어 공주의 말을 또 듣지 못했습니다. 공주는 밤새 내내 흐느끼면서 한탄했습니다.

"무시무시한 숲 속 무쇠 난로에서 당신을 구해줬답니다. 또 당신을 찾아 유리산을 넘고 세 개의 날카로운 칼날 위를 지나 큰 강을 건너기까지 했어요. 그런데 당신은 내 말을 못 듣는군요."

방문 앞을 지키던 시종들이 밤새 내내 우는 소리를 듣고 아침이 되자 왕자에게 또 이야기했습니다. 셋째 날 저녁, 공주는 설거지를 끝내고 세 번째 호두를 깨물었습니다. 이번에는 둘째 날보다 더 아름다운, 순금으로 장식된 옷이 들어있었습니다. 그 옷을 본 신부가 또 가지고 싶다고 하자 공주는 세 번째로 왕자의 방에서 자게 해준다면 주겠다고 했습니다. 왕자는 이번에는 조심해서 잠 오는 약이 든 술을 마시지 않았습니다. 공주는 또 울기 시작했습니다.

"사랑하는 당신, 그 끔찍하고 무시무시한 숲 속 무쇠 난로에서 당신을 구해줬답니다."

그러자 왕자는 벌떡 일어나 말했습니다.

"당신이 진짜 내 신부요. 당신은 내 것이고 난 당신 것이요."

밤중인데도 왕자는 공주를 마차에 태웠습니다. 가짜 신부는 옷을 벗겨서 일어나지 못하게 했습니다. 큰 강에 도착한 두 사람은 배를 타고 강을 건넜습니다. 세 자루의 날카로운 칼 앞에서는 바퀴 달린 쟁기에 올라타 칼날 위를 지나갔습니다. 그리고 유리산에서는 바늘 세 개를 꽂아 발판으로 삼았습니다. 드디어 두 사람은 낡은 오두막집에 도착했습니다. 그런데 두 사람이 집에 들어서자 오두막집은 어느새 큰 성이 되어 있었습니다. 두꺼비들도 마법에서 풀려났습니다. 모두 왕자님, 공주님들이었습니다. 성에는 기쁨이 넘쳐흘렀습니다. 두 사람은 결혼식을 올리고 그 성에서 살았습니다. 아버지의 성보다 훨씬 더 큰 성이었죠. 하지만 늙은 왕이 혼자 살면서 슬퍼한다는 소식을 듣고 두 사람은 달려가서 아버님을 모셔왔습니다. 그리고 두 왕국을 다스리며 행복한 결혼생활을 누렸답니다.

저기 생쥐가 쪼르르 달려오네요,

이 이야기는 여기서 끝을 맺겠어요.

◆129◆
실 잣기를 싫어하는 게으름뱅이 여인

어느 마을에 부부가 살았습니다. 그런데 아내는 어찌나 게으른지 도무지 일하려 하지 않았습니다. 남편이 실을 자으라고 일감을 주면 끝까지 일하는 법이 없었습니다. 자은 실도 제대로 감아놓지 않아 실 뭉치가 헝클어진 채 여기저기 널려있었습니다. 남편이 야단을 치면 입을 삐죽 내밀고 이렇게 말했습니다.

"아니 얼레도 없는데 어떻게 실을 감으라고요? 숲에 가서 얼레부터 만들어주든지."

그러자 남편이 말했습니다.

"그게 이유라면 숲에 가서 얼레 만들 나무를 해오리다."

남편이 정말 나무를 해온다니 아내는 은근히 걱정되었습니다. 나무를 해서 얼레를 만들어주면 실을 감은 뒤 다시 자아야 하기 때문입니다. 아내는 궁리 끝에 좋은 생각을 떠올렸습니다. 아내는 살그머니 남편 뒤를 따라가 숲으로 들어갔습니다. 남편이 적당한 나무를 골라 자르려고 나무에 오르자 눈에 띄지 않도록 나무 밑 덤불 속으로 몸을 숨기고 위를 향해 소리쳤습니다.

"얼레 만들 나무를 베는 자는 죽을 것이요,
　얼레에 실 감는 자 망할 것이다."

남편은 그 말을 듣더니 잠시 도끼를 내려놓고 도대체 무슨 소리인지 생각하다가 말했습니다.

"에이, 아무것도 아냐! 귀가 윙윙 울린 거라고. 쓸데없이 겁먹을 거 없어."

남편은 다시 도끼를 집어 들고 나무를 베려고 했습니다. 그런데 그때 밑에서 또 들렸습니다.

"얼레 만들 나무를 베는 자는 죽을 것이요,
　얼레에 실 감는 자 망할 것이다."

남편은 멈칫했습니다. 겁이 덜컥 나서 도대체 무슨 소리인지 골똘히 생각했습니다. 조금 지나 마음이 가라앉은 남편은 세 번째로 다시 도끼를 집어 나무를 베려고 했습니다. 그런데 또 소리가 크게 들렸습니다.

　"얼레 만들 나무를 베는 자는 죽을 것이요,
　얼레에 실 감는 자 망할 것이다."

이제 남편도 더는 참을 수가 없었습니다. 뭘 하고 싶은 마음도 싹 사라졌습니다. 남편은 허겁지겁 나무에서 내려와 집으로 향했습니다. 아내는 샛길로 온 힘을 다해 달려 남편보다 먼저 집에 도착했습니다. 남편이 방에 들어서자 아무 일도 없었던 듯 시치미를 뚝 떼고 말했습니다.

"얼레 만들 좋은 나무를 가져왔어요?"

남편이 말했습니다.

"아니요, 얼레로 실을 감기는 틀린 것 같아요."

그리고 숲에서 있었던 일을 아내에게 이야기했습니다. 그때부터 남편은 아내에게 실을 자으라고 하지 않았습니다.

그러나 얼마 못 가서 남편은 집안이 엉망이라고 또 짜증을 부렸습니다. 남편이 말했습니다.

"여보, 자은 실을 저렇게 헝클어진 채 놔두면 어떡해요."

그러자 아내가 말했습니다.

"그럼 이렇게 하자고요. 얼레가 없으니 당신은 다락방으로 올라가세요. 내가 이 밑에서 실 뭉치를 던져주면 당신이 받아서 다시 밑으로 던져요. 그럼 실타래가 만들어지니까요."

그러자 남편이 말했습니다.

"그래, 그러면 되겠군."

두 사람은 그렇게 했습니다. 일이 끝나자 남편이 말했습니다.

"실을 다 감았으니 이제 삶아야겠군."

아내는 다시 불안해졌습니다. 물론 말은 이렇게 했습니다.

"그래요, 내일 아침 일찌감치 삶으면 되겠네요."

하지만 속으로는 새로운 꾀를 궁리했습니다. 다음 날 아침, 일찌감치 일어난 아내는 불을 지피고 솥을 올려놓았습니다. 그리고 실 대신에 아마 부스러기를 덩어리째 넣고 푹푹 삶기 시작했습니다. 아내는 아직 자는 남편에게 가서 말했습니다.

"밖에 나가야 하니까 얼른 일어나 솥에 삶고 있는 실을 좀 봐줘요. 제때 봐야 해요. 명심하세요. 닭이 울 때 살펴보지 않으면 실이 아마 부스러기가 되고 말 거예요."

남편은 행여 잘못할세라 부랴부랴 일어나 부엌으로 달려갔습니다. 그런데 솥 안을 들여다보던 남편은 깜짝 놀랐습니다. 솥에는 다름 아닌 아마 부스러기 덩어리가 들어있었으니까요. 불쌍한 남편은 쥐죽은 듯 조용해졌습니다. 자기가 잘못해서 그렇게 된 것으로 생각한 겁니다. 그때부터 남편은 실 자으라는 말을 절대 하지 않았답니다. 하지만 여러분 아내가 정말 뻔뻔하네요, 그렇죠?

◆130◆
재치 많은 네 형제

옛날에 네 아들을 둔 한 가난한 아버지가 살았습니다. 네 아들이 크자 아버지가 말했습니다.

"얘들아, 이제 세상으로 나갈 때가 되었다. 그런데 이 아비는 너희에게 줄 게 아무것도 없구나. 집을 떠나 다른 고장에 가서 기술을 배워라. 스스로 세상을 헤쳐나가야 한다."

그래서 네 형제는 여행자의 지팡이를 잡고 아버지에게 작별인사를 한 뒤 성 밖으로 나갔습니다. 한동안 같이 걸어가는데 네 갈래 길이 나왔습니다. 그러자 첫째 아들이 말했습니다.

"우리 여기서 헤어지기로 하자. 그리고 사 년 후 바로 이 자리에서 다시 만나자. 그동안 각자 자신의 행운을 시험해보자."

네 형제는 저마다 다른 길로 떠났습니다. 첫째 아들은 가다가 한 남자를 만났습니다. 남자는 그에게 어디를 가는지, 무엇을 하려는지 물었습니다. 첫째 아들이 대답했습니다.

"기술을 배우려고 해요."

그러자 남자가 말했습니다.

"그럼 나하고 같이 가서 도둑질을 배우게."

첫째 아들이 말했습니다.

"아뇨, 그건 옳은 기술이 아니죠. 결국, 교수대에 대롱대롱 매달리는 신세가 될 텐데."

남자가 다시 말했습니다.

"아, 교수대가 겁나는구먼. 그럴 필요 없네. 얻지 못하는 물건을 감쪽같이 훔쳐내는 기술을 가르쳐주겠다는 것뿐일세."

첫째 아들은 그의 말에 넘어가 도둑질을 배웠습니다. 솜씨가 어찌나 좋은지 원하기만 하면 훔치지 못하는 것이 없었습니다. 둘째 아들도 한 남자를 만났는데, 이 남자도 세상에서 무엇을 배우고 싶은지 물었습니다. 둘째 아들이 대답했습니다.

"아직 모르겠어요."

"그럼 나하고 같이 가서 점성술을 배우게. 세상에 이것보다 더 좋은 건 없지. 자네가 모르는 비밀이 없을 테니."

둘째 아들은 남자의 말을 따라서 유능한 점성가가 되었습니다. 스승은 공부를 마치고 떠나려는 제자에게 망원경을 주면서 말했습니다.

"이것으로 땅과 하늘에서 일어나는 모든 것을 알 수 있다. 자네가 모르는 비밀이 없지."

셋째 아들은 사냥꾼의 제자가 되었습니다. 사냥꾼이 사냥에 관한 모든 것을 잘 가르쳐줘서 셋째 아들은 훌륭한 사냥꾼이 되었습니다. 헤어질 때 스승은 그에게 엽총을 주면서 말했습니다.

"이걸로 쏘면 백발백중 다 맞추지."

그리고 막내아들도 형들처럼 한 남자를 만났습니다. 남자가 그에게 앞으로 무엇을 하려고 하는지 물었습니다.

"재봉사가 되고 싶지 않나?"

남자의 말에 막내아들이 대답했습니다.

"생각해보지 않았는데요. 아침부터 저녁까지 구부정하게 앉아서 내내 바느질하고 다림질하고, 그러고 싶지는 않아요."

그러자 남자가 말했습니다.

"아냐, 자네가 뭘 안다고! 나한테서 배우는 재봉기술은 아주 다르네. 고급스럽고 또 영예를 떨칠 수도 있지."

막내아들도 남자의 말을 받아들여 재봉기술을 기초부터 꼼꼼히 다 배웠습니다. 헤어질 때 스승은 제자에게 바늘을 하나 주면서 말했습니다.

"이 바늘로 모든 것을 꿰맬 수 있네. 달걀처럼 부드러워도 쇠처럼 딱딱해도 실밥 하나 보이지 않게 깔끔하게 꿰맬 수 있어."

어느덧 약속했던 사 년이 지나 네 형제는 갈림길에서 다시 모였습니다. 형제들은 반갑게 서로 껴안고 입을 맞췄고 아버지를 뵈러 집으로 갔습니다. 아버지는 무척 반가워하며 말했습니다.

"흠, 바람이 너희를 다시 데려다 주었구나."

형제들은 집 앞 커다란 나무 밑에 앉아서 그동안 무슨 일이 있었는지, 저마다 무슨 기술을 배워왔는지 이야기를 나누었습니다. 아버지가 말했습니다.

"그래, 얼마나 재주가 좋은지 시험해보겠다."

아버지는 나무를 올려다보며 둘째 아들에게 말했습니다.

"나무꼭대기 가지들 사이에 되새 둥지가 있다. 알이 몇 개 들었느냐? 대답해봐라."

점성가는 망원경으로 둥지를 올려다보더니 말했습니다.

"다섯 개 있어요."

아버지가 첫째 아들에게 물었습니다.

"알을 품은 어미 새 몰래 알들을 꺼내 와라."

그러자 손 빠른 도둑은 나무에 올라 알 다섯 개를 슬쩍 꺼내 다시 내려왔습니다. 어미 새는 전혀 알아채지 못한 채 앉아있었습니다. 아버지는 식탁 모서리에 새알을 하나씩 놓고 나머지 한 개는 식탁 한가운데 놓은 뒤 말했습니다.

"단 한 방에 다섯 개 모두 반으로 쪼개라."

사냥꾼은 엽총을 겨눠 아버지가 하라는 대로 탕, 한 방에 알 다섯 개 모두 반쪽을 내버렸습니다. 식탁 모서리마다 화약이 묻어있었으니 틀림없었습니다.

"자, 이제 네 차례다."

아버지는 막내아들에게 말했습니다.

"알들을 다시 꿰매놓아라. 알 속에 든 새끼 새들이 털끝 하나 다치지 않도록 해야 한다."

재봉사는 바늘을 꺼내 아버지가 하라는 대로 알들을 꿰맸습니다. 다 꿰맨 뒤에 도둑이 어미 새 몰래 알들을 도로 둥지에 갖다놓았습니다. 어미 새는 알들을 충분히 품어 며칠 후에 새끼들이 껍데기를 깨고 밖으로 나왔습니다. 그런데 새끼 새들의 목둘레에 빨갛게 바느질 자국이 남아있었습니다. 아버지가 네 형제에게 말했습니다.

"잘했다, 입에 침이 마르도록 칭찬해주고 싶구나. 시간을 잘 이용해서 쓸모 있는 기술들을 배워왔어. 하지만 누가 최고인지 지금 가릴 수가 없구나. 곧 기술을 보여줄 좋은 기회가 올 거야. 그럼 그때 누가 최고인지 밝혀질 것이다."

얼마 지나지 않아 온 나라가 시끄러워졌습니다. 공주가 용에게 잡혀갔다고 했습니다. 왕은 밤낮으로 근심에 쌓여 누구든 공주를 구해오면 공주와 결혼을 시켜주겠다고 널리 알렸습니다. 네 형제는 머리를 맞대고 의논했습니다.

"우리의 기술을 세상에 알릴 좋은 기회야."

그래서 네 형제는 공주를 구하러 같이 떠나기로 했습니다.

"공주님이 어디 있는지 알아볼게."

점성가는 이렇게 말하고 망원경을 들여다보았습니다.

"공주님이 보인다. 먼바다 한가운데 바위에 앉아있어. 그런데 바로 옆에 용이 지키고 있는 걸."

점성가는 왕을 찾아가 네 형제가 타고 갈 배를 한 척 내어달라고 청했습니다. 네 형제는 배를 타고 바다로 나가 바위에 닿았습니다. 그런데 용이 공주의 무릎을 베고 쿨쿨 자고 있었습니다. 사냥꾼이 말했습니다.

"총을 쏠 수가 없어. 그러면 아름다운 공주님도 총에 맞아 죽거든."

그러자 도둑이 말했습니다.

"내 행운을 시험해볼게."

그리고는 살금살금 다가가서 공주를 잽싸게 슬쩍 빼냈습니다. 용은 아무것도 모르고 드르렁드르렁 코를 골았습니다. 네 형제는 공주를 얼른 배에 태우고 너른 바다로 신 나게 나아갔습니다. 하지만 잠을 깬 용은 공주가 보이지 않자 분통을 터뜨리며 하늘로 날아올라 씩씩거리며 뒤를 쫓아왔습니다. 배 위를 날던 용이 내려오려고 하자 사냥꾼이 총을 탕 쐈습니다. 용은 가슴 한가운데에 총을 맞고 떨어졌습니다. 그런데 용이 어찌나 크고 엄청나던지 배가 그만 산산조각이 나고 말았습니다. 그들은 판자 조각 몇 개를 겨우 붙들고 넓은 바다 위를 둥둥 떠다녔습니다. 다시 큰 위험에 빠진 거였습니다. 하지만 부지런한 재봉사가 재빨리 신기한 바늘로 판자 조각들을 듬성듬성 이어서 위에 올라탔습니다. 그리고 배의 파편들을 모아서 조각조각 꿰매 배를 만들었는데, 어찌나 솜씨가 좋았던지 곧 배를 타고 떠나 무사히 집에 돌아올 수 있었습니다.

왕은 공주를 보고 크게 기뻐하며 네 형제에게 말했습니다.

"너희 중 한 사람은 공주와 결혼할 수 있다. 하지만 누가 신랑이 될지는 너희끼리 의논해서 정하라."

네 형제는 격렬하게 다퉜습니다. 저마다 공주와 결혼할 사람은 자기라고 우겨댔습니다. 점성가가 말했습니다.

"내가 공주님을 보지 못했다면 너희 기술이 무슨 소용 있었겠어! 공주님은 내 신부야."

도둑이 말했습니다.

"아무리 공주님을 봤더라도 내가 공주님을 용 몰래 빼내지 못했다면 무슨 소용 있었겠어! 공주님은 내 신부야."

사냥꾼이 말했습니다.

"그 괴물이 내가 쏜 총에 맞지 않았더라면 너희와 공주님 모두 갈기갈기 찢어 죽였을 거라고! 공주님은 내 신부야."

재봉사가 말했습니다.

"내가 바느질해서 배를 다시 이어놓지 않았더라면 모두 비참하게 물에 빠져 죽었을 거라고! 공주님은 내 신부야."

그러자 왕이 말했습니다.

"너희 모두 똑같이 공주와 결혼할 수 있는 권리가 있다. 하지만 네 사람 모두 공주와 결혼할 수는 없는 법이다. 그러하니 아무도 공주를 얻지 못하리라. 대신 너희에게 왕국의 반을 상금으로 내리겠노라."

왕의 말에 네 형제는 만족했습니다.

"서로 다투는 것보다 그렇게 하는 게 좋겠습니다."

그래서 네 형제는 왕국의 절반을 받았습니다. 그리고 아버지를 모시고 하나님이 허락하실 때까지 아주 행복하게 살았답니다.

◆131◆
예쁜 카트리넬리에와 핍 팝 폴트리

"안녕하세요, 홀렌테(Hollenthe) 아버님."

"안녕, 핍 팝 폴트리."

"따님을 주실 수 있는지요?"

"오, 그럼. 어머니 말코(Malcho, Melkkuh: 젖소)와 오빠 호엔스톨즈 (Hohenstolz: 콧대 높음)와 언니 캐제트라우테와(Kaesetraute 치즈 트라우테)와 예쁜 카트리넬리에가 좋다고 하면 데려가게."

"어머니 말코는 어디 계세요?"

"외양간에서 젖을 짜고 있네."

"안녕하세요, 말코 어머님."

"안녕, 핍 팝 폴트리."

"따님을 주실 수 있는지요?"

"오, 그럼. 아버지 홀렌테와 오빠 호엔스톨즈와 언니 캐제트라우테와 예쁜 카트리넬리에가 좋다고 하면 데려가게."

"오빠 호엔스톨즈는 어디 있어요?"

"헛간에서 장작을 패고 있네."

"안녕하세요, 호엔스톨즈 형님."

"안녕, 핍 팝 폴트리."

"여동생을 줄 수 있는지요?"

"오, 그럼, 아버지 홀렌테와 어머니 말코와 누나 캐제트라우테와 예쁜 카트리넬리에가 좋다고 하면 데려가게."

"누나 캐제트라우테는 어디 있어요?"

"정원에서 잡초를 베고 있어."

"안녕하세요, 캐제트라우테 누님?"

"안녕, 핍 팝 폴트리."

"여동생을 줄 수 있는지요?"

"오, 그럼, 아버지 홀렌테와 어머니 말코와 동생 호엔스톨즈와 예쁜 카트리넬리에가 좋다고 하면 데려가게."

"예쁜 카트리넬리에는 어디 있어요?"

"방에서 동전을 세고 있지."

"안녕하세요, 예쁜 카트리넬리에."

"안녕하세요, 핍 팝 폴트리."

"내 아내가 되어줄래요?"

"오, 그럼요, 아버지 홀렌테와 어머니 말코와 오빠 호엔스톨즈와 언니 캐제트라우테가 좋다고 하면 그럴게요."

"예쁜 카트리넬리에, 지참금은 얼마나 있어요?"

"현금이 동전 열네 닢, 빚이 은전 세 닢 반, 말린 과일이 반 파운드, 짭짤한 비스킷이 한 움큼, 뿌리가 한 움큼 있어요. 이만하면 어때요, 지참금으로 충분하지 않나요?"

"그런데 핍 팝 폴트리, 당신 직업은 뭐죠? 재봉사예요?"

"그보다 훨씬 좋지요."

"그럼, 구두장이?"

"그보다 훨씬 좋지요."

"농부?"

"그보다 훨씬 좋지요."

"목수?"

"그보다 훨씬 좋지요."

"대장장이?"

"그보다 훨씬 좋지요."

"방앗간 주인?"

"그보다 훨씬 좋지요."

"혹시 빗자루 만드는 사람?"

"예, 맞았어요! 정말 멋진 직업 아닙니까?"

◆132◆
여우와 말

한 농부에게 충직한 말 한 마리가 있었습니다. 말이 늙어서 더는 일을 할 수 없게 되자 주인은 말에게 먹을 것을 주지 않고 말했습니다.

"넌 이제 아무짝에도 쓸모없어. 하지만 널 생각해서 말하는데 사자 한 마리만 데리고 와봐. 그 정도로 힘이 세다는 것을 보여주면 계속 돌봐줄 테니. 이제 냉큼 마구간에서 나가라고."

주인은 말을 멀리 벌판으로 쫓아버렸습니다. 말은 슬픔에 젖어 비바람을 피하려고 숲으로 들어갔습니다. 그런데 숲에서 여우를 만났습니다. 여우가 말했습니다.

"왜 그렇게 머리를 축 늘어뜨리고 혼자서 돌아다니니?"

말이 대답했습니다.

"후유, 인색함과 충성심은 한데 어울릴 수 없나 봐. 내가 수년 동안 얼마나 열심히 일했는지 알아? 그런데 주인님이 그건 다 잊어버리고 쟁기질 하나 제대로 못 한다고 먹을 것도 안 주고 날 쫓아냈단다."

그러자 여우가 물었습니다.

"위로도 안 해주고?"

"그게 어처구니가 없단다. 사자를 데려올 정도로 아직 힘이 세면 돌봐주겠대. 내가 할 수 없다는 것을 뻔히 아니까 그러는 거야."

여우가 말했습니다.

"내가 도와줄게. 땅바닥에 누워, 네 다리 쭉 뻗고, 죽은 것처럼 꼼짝 말고 누워있어."

말은 여우가 시키는 대로 했습니다. 여우는 멀지 않은 곳에 있는 사자 동굴로 가서 말했습니다.

"저기 죽은 말이 쓰러져있단다. 날 따라오면 푸짐하게 먹을 수 있지."

사자는 여우하고 같이 갔습니다. 말 있는 곳에 이르자 여우가 말했습니다.

"여기서는 편하게 먹을 수 없겠네. 이렇게 하자. 말꼬리를 네 다리에 매달자고. 그럼 죽은 말을 네 동굴로 끌고 가서 아주 조용히 맘껏 먹을 수 있잖아."

사자는 여우의 제안이 마음에 들었습니다. 사자는 여우가 다리에 말꼬리를 단단하게 매달도록 똑바로 서서 숨을 죽였습니다. 하지만 여우는 말꼬리로 사자의 네 다리를 한꺼번에 묶어버렸습니다. 아무리 힘써도 풀리지 않도록 꽁꽁 묶었습니다. 일을 마치자 여우는 말의 어깨를 툭툭 치며 말했습니다.

"끌어, 백마야. 끌라고."

그러자 말이 벌떡 일어나 사자를 끌고 갔습니다. 사자가 으르렁으르렁 울부짖자 숲 속의 새들이 깜짝 놀라 푸드덕푸드덕 날아올랐습니다. 하지만 말은 그러거나 말거나 사자를 질질 끌고 들판을 지나 주인집 문 앞까지 갔습니다. 주인은 그것을 보자 마음을 고쳐먹고 이렇게 말했습니다.

"내 곁에서 편안하게 지내 거라."

주인은 말이 죽을 때까지 늘 배불리 먹였답니다.

◆133◆
춤추는 열두 공주의 닳은 신발

옛날에 딸만 열둘을 둔 왕이 있었는데, 모두 하나같이 아름다운 공주님들이었습니다. 열두 공주는 침대가 나란히 놓인 큰 홀에서 함께 잠을 잤습니다. 밤에 공주들이 잠자리에 들면 왕은 문을 꼭 잠가놓았습니다. 그런데 어느 날 아침, 문을 열어보니 밤새 춤이라도 춘 듯 공주들의 신발이 다 닳아있었습니다. 아무도 무슨 영문인지 알 수가 없었습니다. 왕은 밤 동안에 공주들이 어디서 춤을 추는지 알아내는 사람은 공주들 가운데 하나와 결혼할 수 있고, 또 자신이 죽으면 그에게 왕위를 물려주겠다고 널리 알렸습니다. 하지만 사흘 낮과 밤 동안 알아내지 못하면 목숨을 잃을 것이라고 했습니다. 얼마 지나지 않아 한 왕자가 모험을 해보겠다고 나섰습니다. 사람들은 왕자를 반갑게 맞아들였고, 밤이 되자 공주들의 침실과 통하는 방으로 안내했습니다. 방에는 왕자가 누울 침대도 준비되어 있었습니다. 왕자는 공주들이 어디로 가서 춤을 추는지 잘 지켜봐야 했습니다. 공주들이 몰래 딴짓을 하거나 다른 데 가지 못하도록 홀 문도 활짝 열어두었습니다. 하지만 눈꺼풀이 납덩이처럼 무거워지더니 왕자는 그만 스르륵 잠이 들고 말았습니다. 다음 날 아침 왕자가 일어나보니 열두 공주 모두 춤추러 갔다 온 것이 분명했습니다. 공주들의 신발 밑바닥에 구멍이 나 있었으니까요. 이튿날 밤에도 사흗날 밤에도 마찬가지였습니다. 결국, 왕자는 그 자리에서 목이 댕강 달아났습니다. 그 후에도 많은 사람이 도전했지만 죄다 목숨만 잃고 말았습니다. 그러던 어느 날, 부상을 당하는 바람에 군대에서 나온 한 가난한 병사가 왕이 사는 도시로 가고 있었습니다. 그런데 가다가 웬 노파를 만났습니다. 노파가 병사에게 어디 가느냐고 물었습니다.

"저도 잘 몰라요. 차라리 신발이 다 닳도록 공주님들이 어디서 그렇게 춤을 추는지 알아보러 갈까요? 그럼 왕도 될 수 있잖겠어요."

병사가 농담조로 툭 말을 던지자 노파가 이렇게 말했습니다.

"그건 어렵지 않지. 밤에 갖다 주는 포도주를 마시지 말고 깊이 잠든 척만 하면 되거든."

노파는 병사에게 작은 망토를 하나 주면서 말했습니다.

"이 망토를 두르면 자네는 사람들 눈에 전혀 보이지 않는다네. 이걸 두르고 공주님들 뒤를 따라가 보게."

병사는 노파의 도움말에 귀가 솔깃했습니다. 이리저리 생각하다가 마침내 용기를 내어 왕을 찾아가 구혼자로 나섰습니다. 병사는 지난번 구혼자들처럼 극진한 대접을 받았고 왕실 옷도 입었습니다. 밤에 잠자리에 들 시간이 되자 병사는 공주님들의 침실로 통하는 작은 방으로 들어갔습니다. 침대에 누우려고 하는데 첫째 공주가 포도주를 한 잔 가지고 왔습니다. 하지만 병사는 턱밑에 스펀지를 미리 대놓아서 포도주를 스펀지에 슬쩍 흘리고 한 방울도 마시지 않았습니다. 그리고 침대에 드러누워 금세 깊이 잠든 것처럼 코를 골기 시작했습니다. 열두 공주는 드르렁거리는 소리를 듣고 킬킬 웃었습니다. 첫째 공주가 말했습니다.

"목숨이 아깝지도 않나."

공주들은 자리에서 일어나 옷장이며 함이며 활짝 열어젖히더니 화려한 옷들을 꺼냈습니다. 거울 앞에 서서 요리조리 모양도 내고, 팔짝팔짝 뛰어도 보고 빙그르르 돌기도 하면서 춤을 추고 싶어 안달이 났습니다. 그런데 막내 공주가 말했습니다.

"언니들은 즐거운가 봐. 글쎄, 난 왠지 좀 이상한 기분이 들어. 아무래도 안 좋은 일이 생길 것 같다고."

그러자 첫째 공주가 말했습니다.

"흰기러기처럼 겁은 많아서. 얼마나 많은 왕자님이 왔다가 실패했는지 잊었어? 저 촌뜨기한테는 잠 오는 약을 먹일 필요도 없었는데, 어차피 깨지 않거든."

준비를 마친 공주들은 병사부터 살펴보았습니다. 병사가 눈을 감고 꼼짝도 하지 않자 모두 마음을 푹 놓았습니다. 첫째 공주가 침대로 가서 톡

톡 쳤습니다. 그러자 침대가 땅속으로 푹 꺼지며 통로가 생겼습니다. 공주들은 첫째 공주부터 차례차례 통로를 통해 밑으로 내려갔습니다. 그 광경을 지켜보던 병사도 머뭇거리지 않았습니다. 얼른 망토를 어깨에 두르고 막내 공주 뒤를 따라 내려갔습니다. 그런데 계단을 반쯤 내려왔을 때 그만 막내 공주의 치맛자락을 살짝 밟고 말았습니다. 막내 공주는 후다닥 놀라며 소리쳤습니다.

"뭐야? 누가 내 옷을 잡아당기지?"

그러자 첫째 공주가 말했습니다.

"바보 같은 소리 하지 마. 고리에 걸렸겠지."

맨 밑에까지 내려오니 길이 나왔습니다. 길가에 나무가 쭉 늘어서 있고, 은빛 잎사귀들이 반짝거리는 정말 눈부시게 아름다운 길이었습니다. 병사는 증거물을 가져가려고 나뭇가지 하나를 꺾었습니다. 돌연 나무에서 쾅, 요란한 소리가 났습니다. 막내 공주가 소리쳤습니다.

"뭔가 이상해. 쾅하는 소리 들었지?"

그러자 첫째 공주가 말했습니다.

"그건 축포소리야. 왕자님들이 곧 풀려나서 기쁘다고 쏘는 소리라고."

그리고 나서 열두 공주는 금빛 잎사귀 나무가 늘어선 길을 지나서 마침내 투명한 다이아몬드 잎사귀 나무가 쭉 늘어선 길을 걸어갔습니다. 병사는 두 나무에서도 가지를 꺾었는데 그럴 때마다 쾅 쾅 요란한 소리가 났습니다. 막내 공주가 그 소리를 듣고 소스라치니까 첫째 공주는 그건 축포소리라고 딱 잘라 말했습니다.

계속 걸어가니 커다란 강이 나왔습니다. 강에는 작은 배 열두 척이 떠 있었습니다. 그리고 배마다 아름다운 왕자가 앉아서 공주를 기다리고 있었습니다. 열두 왕자는 공주를 한 사람씩 자기 배에 태웠습니다. 병사는 막내 공주의 배에 올라탔습니다. 그러자 그 배의 왕자가 말했습니다.

"이상하다. 오늘은 배가 훨씬 무겁단 말이야. 온 힘을 다해 저어야 겨우 움직이네."

막내 공주가 말했습니다.

"날씨가 더워서 그럴 거예요. 저도 정말 덥거든요."

강 건너편에는 밝게 빛나는 아름다운 성이 우뚝 서 있었고, 북소리와 트럼펫 소리가 어우러진 흥겨운 음악 소리가 밖으로 울려 나왔습니다. 배를 저어 강을 건넌 뒤 모두 성안으로 들어갔습니다. 왕자들은 저마다 사랑하는 공주와 춤을 추었습니다. 병사도 함께 어울려 춤을 추었습니다. 물론 다른 사람들 눈에는 보이지 않았죠. 병사는 공주들이 찰랑거리는 포도주잔을 들어 입으로 가져가면 냉큼 자기가 다 마셔버렸습니다. 막내 공주는 또 마음이 불안해졌습니다. 하지만 첫째 공주는 또 막내의 말을 딱 잘랐습니다. 춤은 다음날 새벽 세 시까지 계속되었습니다. 신발이 다 닳아 더는 춤을 출 수가 없었던 겁니다. 왕자들은 공주들을 배에 태워 다시 강을 건넜습니다. 병사는 이번에는 첫째 언니 배에 올라탔습니다. 강기슭에서 공주들은 왕자들과 헤어지면서 다음날 밤 다시 오겠노라 약속했습니다. 계단에 이르자 병사는 앞질러 올라가서 침대에 누웠습니다. 녹초가 된 열두 공주가 느릿느릿 계단을 올라오자 병사는 다 들리도록 드르렁드르렁 코를 골았습니다. 공주들이 말했습니다.

"저렇다니까, 신경 쓸 필요가 없다고."

공주들은 아름다운 옷을 벗어 제자리에 갖다놓고서 다 닳은 신발은 침대 밑에 두고 침대에 드러누웠습니다. 다음 날 아침, 병사는 그 신기한 광경이 또 보고 싶었습니다. 그래서 입을 꾹 다물고 남은 이틀 밤 동안 공주들의 뒤를 따라갔습니다. 모든 것이 첫날과 똑같았습니다. 공주들은 신발이 닳아 두 쪽이 날 때까지 춤을 추었습니다. 마지막 날 밤, 병사는 증거물로 술잔을 집어왔습니다. 마침내 왕에게 대답해야 하는 시간이 되었습니다. 병사는 나뭇가지 세 개와 술잔을 들고 왕에게 갔습니다. 열두 공주는 문 뒤에 서서 병사가 무슨 말을 할지 귀를 기울였습니다. 왕이 물었습니다.

"밤중에 열두 공주가 신발이 다 닳도록 어디서 춤을 추었느냐?"

병사가 대답했습니다.

"열두 왕자님들과 땅 밑에 있는 성에서요."

병사는 무슨 일이 있었는지 왕에게 보고하고 증거물들을 꺼냈습니다. 그러자 왕은 공주들을 불러 병사가 진실을 말했는지 물었습니다. 공주들은 비밀이 탄로가 났으니 아니라고 해봤자 소용이 없다는 걸 깨달았습니다. 사실대로 다 털어놓을 수밖에 없었습니다. 왕이 병사에게 누구를 아내로 택하겠느냐고 물었습니다. 병사가 말했습니다.

"제가 젊은 나이가 아니니 첫째 공주님을 주십시오."

바로 그날 두 사람은 결혼식을 올렸습니다. 왕은 자기가 죽은 후 왕위를 물려주겠다고 약속했습니다. 하지만 왕자들은 열두 공주와 어울려 춤을 춘 날들만큼 다시 마법에 걸려 지내야 했답니다.

◆134◆
여섯 하인

옛날에 한 여왕이 있었는데, 여왕은 마녀였습니다. 그런데 마녀 여왕의 딸은 세상에서 가장 아름다운 아가씨였습니다. 마녀 여왕은 오로지 어떻게 사람들을 살살 꾀어내 파멸시킬까 하는 생각밖에 없었습니다. 구혼자가 나타나면 먼저 과제를 풀어야 공주를 얻을 수 있고, 풀지 못하면 죽는다고 말했습니다. 그런데 많은 구혼자가 아가씨의 아름다움에 눈이 멀어

해보겠다고 용감하게 나서곤 했습니다. 하지만 모두 마녀 여왕이 낸 과제를 해내지 못했습니다. 무릎을 꿇은 채 가차 없이 목만 날아가고 말았습니다. 어느 날, 한 왕자가 공주가 그지없이 아름답다는 소문을 듣고 아버지에게 말했습니다.

"공주에게 청혼하고 싶으니 허락해주십시오."

그러자 왕이 말했습니다.

"절대로 안 된다. 가면 살아 돌아오지 못할 것이다."

그러자 왕자는 덜컥 중병이 들어 자리에 눕더니 칠 년 동안 시름시름 앓았습니다. 어떤 의사도 왕자의 병을 고치지 못했습니다. 병이 나을 가망이 없어 보이자 슬픔에 가득 찬 왕은 왕자에게 말했습니다.

"가라. 가서 네 행운을 시험해 보라. 짐이 도와줄 방법이 이것밖에 없구나."

왕의 말에 왕자는 침대에서 벌떡 일어나 언제 앓았느냐는 듯 쌩쌩해져서 길을 떠났습니다.

어느 날, 왕자가 말을 타고 들판을 지나는데 저 멀리 땅바닥에 커다란 건초더미 같은 것이 보였습니다. 가까이 다가가서 보니 그것은 길게 누워있는 어떤 사내의 배였습니다. 배가 불룩하니 마치 작은 산 같았습니다. 뚱보 사내는 여행자를 쓱 쳐다보더니 몸을 일으키며 말했습니다.

"하인이 필요하면 저를 데려가세요."

그러자 왕자가 말했습니다.

"자네처럼 크고 살찐 뚱보를 어디 써먹겠나?"

뚱보 사내가 말했습니다.

"에이, 이건 아무것도 아니에요. 몸을 제대로 쫙 부풀리면 삼천 배나 더 뚱뚱해져요."

왕자가 말했습니다.

"그렇다면 쓸모가 있겠군. 날 따라오게."

뚱보 사내는 뒤에서 따라왔습니다. 두 사람은 한참을 가다가 또 한 사내를 만났습니다. 사내는 땅에 엎드려 풀밭에 귀를 바싹대고 있었습니다. 왕자가 물었습니다.

"여보게, 뭘 하고 있나?"

그러자 사내가 말했습니다.

"귀 기울여 듣고 있어요."

"뭘 그렇게 열심히 듣는데?"

"세상에서 무슨 일이 벌어지고 있는지 듣고 있어요. 제 귀엔 다 들리거든요. 풀 자라는 소리까지 들리니까요."

왕자가 물었습니다.

"그럼 아름다운 딸을 가진 늙은 여왕의 궁전에서 무슨 소리가 들리는지 말해보아라."

사내가 대답했습니다.

"어떤 구혼자의 목을 베느라 휙휙 칼 휘두르는 소리가 나요."

그러자 왕자가 말했습니다.

"쓸모가 있겠군. 날 따라오게."

세 사람은 계속 길을 걸어갔습니다. 그런데 저 앞에 사람 발이 나란히 보이고 다리도 조금 보이는데 다리가 어찌나 긴지 끝이 보이지 않는 겁니다. 한참을 가니까 그제야 몸통이 보이고, 또 한참을 가서야 머리가 나왔습니다.

왕자가 말했습니다.

"어유, 엄청나게 길다, 진짜 키다리군!"

그러자 키다리 사내가 말했습니다.

"에이, 이건 아무것도 아니에요. 팔다리를 쭉 뻗어 제대로 늘려주면 키가 삼천 배로 커져요. 세상에서 가장 높은 산보다 더 높다고요. 저를 하인으로 쓰시면 기꺼이 모시겠습니다."

왕자가 말했습니다.

"따라오너라. 쓸모가 있겠다."

네 사람은 계속 걸어갔습니다. 가다가 이번에는 눈가리개로 눈을 가린 채 길가에 앉아있는 한 사내를 만났습니다. 왕자가 말했습니다.

"눈이 약해서 햇빛도 못 보겠느냐?"

사내가 대답했습니다.

"그런 게 아니고요, 눈가리개를 벗으면 안 돼요. 제 눈빛이 너무 강렬해서 보는 족족 다 부서져 버리니까요. 제가 필요하시면 기꺼이 모시겠습니다."

왕자가 말했습니다.

"그래, 쓸모가 있을 거야."

다섯 사람은 계속 가다가 뜨거운 햇볕 아래서 온몸을 덜덜 떨며 누워있는 한 사내를 만났습니다. 왕자가 말했습니다.

"햇볕이 이렇게 따뜻한데 왜 추워하느냐?"

사내가 대답했습니다.

"제가 특이한 체질이에요. 날이 더우면 더울수록 몸은 점점 추워지거든요. 추위가 뼛속 깊이 스며드는 것 같죠. 날이 추우면 추울수록 몸은 점점 더 더워지고요. 얼음 속에 있으면 더워서 견딜 수가 없고, 불 속에서는 추워서 견딜 수가 없어요."

그러자 왕자가 말했습니다.

"참, 신기한 사람이군. 내 시중을 들고 싶으면 따라오게."

여섯 사람은 계속 가다가 목을 길게 뺀 채 주위를 휘휘 둘러보면서 저 멀리 산 너머까지 내다보고 있는 사내를 만났습니다. 왕자가 말했습니다.

"뭘 그렇게 열심히 보는 거냐?"

사내가 대답했습니다.

"눈이 밝아서 숲과 들판과 골짜기와 산 너머 아주 멀리까지 다 내다볼 수 있어요."

왕자가 말했습니다.

"원하면 날 따라오게. 자네 같은 사람이 필요하니까."

이제 여섯이나 되는 하인을 거느리고 왕자는 늙은 여왕이 사는 도시에 들어왔습니다. 왕자는 자신의 신분을 밝히지 않고 여왕에게 말했습니다.

"여왕 폐하의 아름다운 딸을 위해 주시는 과제를 수행하겠습니다."

마녀는 그토록 아름다운 젊은이가 자신의 그물에 걸려든 것이 흐뭇했습니다.

"세 가지 과제를 주겠다. 그 과제들을 다 해내면 내 딸과 결혼할 수 있다."

그러자 왕자가 물었습니다.

"첫 번째 과제가 무엇입니까?"

"내가 홍해에 반지를 빠뜨렸다. 그것을 찾아오너라."

왕자는 숙소로 돌아가 하인들에게 말했습니다.

"첫 번째 과제가 쉽지 않구나. 홍해에 빠진 반지를 찾아와야 한다. 어떻게 하면 좋겠냐?"

그러자 밝은 눈을 가진 사내가 말했습니다.

"반지가 어디 있는지 제가 보겠습니다."

그리고 바닷속을 들여다보더니 이렇게 말했습니다.

"바닷속 뾰족한 바위에 걸려있어요."

그러자 키다리 사내가 모두 번쩍 들어 그곳으로 옮겨놓고 말했습니다.

"보이기만 하면 내가 반지를 건져올 텐데."

그러자 뚱보 사내가 소리쳤습니다.

"그게 다이면 문제없어."

뚱보 사내는 땅바닥에 납작 엎드리더니 입을 물에 갖다 댔습니다. 그러자 깊은 구렁으로 빨려들어 가듯 바닷물이 넘실넘실 입안으로 흘러들었습니다. 뚱보 사내는 바다 전체를 벌컥벌컥 다 들이마셨습니다. 바다는 말라서 초원처럼 되었습니다. 키다리가 몸을 약간 구부리더니 반지를 집어 들었습니다. 반지를 찾아낸 왕자는 기뻤습니다. 왕자가 반지를 가져다주자 마녀 여왕은 깜짝 놀라고 말했습니다.

"그래, 바로 이 반지야. 첫 번째 과제는 잘해냈다. 이제 두 번째 과제를 내겠다. 저기 성 앞쪽에 있는 목초지가 보이느냐? 살진 황소 삼백 마리가 풀을 뜯고 있지. 그 황소들을 껍질, 털, 뼈, 뿔까지 하나도 남김없이 먹어야 한다. 그리고 지하저장실에 있는 포도주 삼백 통도 다 마셔야 한다. 황소 털하나라도, 포도주 한 방울이라도 남기면 네 목을 바쳐야 하니라."

그러자 왕자가 말했습니다.

"손님들을 초대하면 안 되나요? 같이 먹을 사람이 없으면 맛이 없어요."

마녀 여왕은 낄낄 사악하게 웃으며 대답했습니다.

"한 사람 불러서 같이 먹어라. 딱 한 사람이다."

왕자는 하인들에게 가서 뚱보 사내를 향해 말했습니다.

"오늘 내 손님으로 와서 배불리 먹게."

뚱보 사내는 몸을 쭉 부풀리고 황소 삼백 마리를 털 하나 남기지 않고 깨끗이 먹어치웠습니다. 그러더니 고작 이거냐, 아침 식사밖에 없느냐, 하고 물었습니다. 포도주는 잔도 없이 통째로 마지막 한 방울까지 벌컥벌컥 들이켰습니다. 식사를 마치고 왕자는 마녀 여왕에게 가서 두 번째 과제도 끝냈다고 말했습니다. 마녀 여왕은 놀랍고 신기한 듯 말했습니다.

"여기까지 해낸 사람은 아무도 없었는데. 하지만 아직 과제가 하나 더 남아있다."

그러고는 속으로 생각했습니다.

'나한테서 빠져나갈 수 없지. 네 머리도 위에 붙어있지 않을 거다.'

마녀 여왕은 말했습니다.

"오늘 밤 내 딸을 자네 방으로 보낼 테니 품에 꼭 안고 있어야 한다. 하지만 안은 채 잠들지 않도록 주의해라. 밤 열두 시 종이 울리면 내가 가서 볼 것이다. 내 딸이 자네 품에 없으면 자넨 끝장이야."

왕자는 속으로 생각했습니다.

'이번 과제는 쉽군. 눈만 뜨고 있으면 되잖아.'

왕자는 하인들을 불러 마녀 여왕이 무슨 말을 했는지 이야기했습니다.

"그런데 무슨 꿍꿍이가 있을지도 모르니까 조심하는 게 좋겠다. 아가씨가 방에서 나오지 못하게 잘 지켜야 한다."

밤이 찾아들자 마녀 여왕은 딸을 데리고 와서 왕자의 품에 안겨주었습니다. 그러자 키다리 사내가 두 사람을 둥글게 에워쌌고, 뚱보 사내는 아무도 들어오지 못하게 문 앞에 떡 버티고 섰습니다. 두 사람은 가만히 앉아 있었고, 아가씨는 아무 말도 하지 않았습니다. 그런데 창문으로 스며들어온 달빛을 받고 눈부시게 아름다운 아가씨의 얼굴이 환히 드러났습니다. 왕자는 아가씨만 바라보고 있었습니다. 가슴이 기쁨과 사랑으로 가득 찼고 눈도 전혀 피곤하지 않았습니다. 열한 시까지는 아무 일도 없었습니다. 그런데 마녀 여왕이 휙 마법을 걸자 모두 잠이 들고 말았습니다. 아가씨도 바로 사라졌습니다.

열두 시 십오 분 전, 마법이 풀리면서 자고 있던 사람들이 모두 다시 깨어났습니다. 왕자가 부르짖었습니다.

"이를 어쩌나, 큰일 났다. 난 이제 끝이야."

충성스러운 하인들도 한탄하기 시작했습니다. 그러자 귀 밝은 하인이 말했습니다.

"조용히 해. 무슨 소리가 나는지 들어볼 테니."

그러고는 잠시 귀를 기울여 듣더니 말했습니다.

"아가씨는 여기서 걸어서 삼백 시간 떨어진 곳, 바위에 앉아서 자신의 운명을 한탄하고 있어. 어이 키다리, 도울 수 있는 사람은 자네뿐이야. 똑바로 서서 몇 걸음만 가면 되거든."

키다리가 대답했습니다.

"하지만 날카로운 눈을 가진 친구하고 같이 가야 바위를 치울 수 있어."

키다리는 눈을 가린 사내를 등에 업더니 손바닥 뒤집듯 순식간에 마법에 걸린 바위 앞으로 갔습니다. 키다리는 눈을 가린 사내의 눈가리개를 벗겼습니다. 그 사내는 바위 쪽을 쓱 돌아보았습니다. 그렇게 하자마자 바위는 산산조각이 나버렸습니다. 키다리는 아가씨를 품에 안고 순식간에 왕자에게 데려다 놓은 뒤 눈가리개 하인도 금세 데려왔습니다. 열두 시가 되기 전에 모두 전처럼 명랑하고 기분 좋게 한데 모여 앉았습니다. 열두 시 종이 울리자 늙은 마녀가 '이제 넌 내 거다.' 하듯 비죽비죽 웃으며 슬그머니 방으로 들어왔습니다. 아직 삼백 시간이나 걸리는 저 먼 곳 바위에 자기 딸이 있는 줄만 알았으니까요. 그런데 왕자의 품에 안겨있는 딸을 보자 마녀 여왕은 깜짝 놀라 말했습니다.

"나보다 더 강력한 자가 있구나."

마녀 여왕은 말 한마디 못하고 왕자에게 딸을 줘야만 했습니다.

그런데 마녀 여왕은 떠나는 딸의 귀에 대고 이렇게 속삭였습니다.

"천한 사내에게 순종해야 하니 창피하지도 않니? 맘에 드는 신랑을 직접 고르지도 못하고."

그러자 자존심 강한 아가씨의 가슴에 분노가 부글부글 끓어올랐습니다. 아가씨는 복수를 다짐했습니다. 다음 날 아침, 아가씨는 삼백 말터나[29] 되는 장작을 수레에 실어 가져오게 했습니다. 아가씨는 왕자에게 세 과제를 해냈지만, 조건이 하나 더 있다고 말했습니다. 불타는 장작더미 한가운데에 앉아 뜨거운 불을 견뎌낼 하인이 없으면, 왕자의 아내가 될 수 없다는 것입니다. 아가씨는 하인 중 주인을 위해 타죽으려는 자는 아무도 없을 거로 생각했습니다. 그러면 아가씨를 사랑하는 왕자가 스스로 불에 뛰어들 거고 자기는 자유로워질 거라는 속셈이었죠. 하지만 하인들이 말했습니다.

"이제 추위 타는 친구 차례에요. 다들 일을 했는데, 그 친구 혼자 아직 아무 일도 하지 않았거든요."

그러고는 추위 타는 사내를 장작더미 한가운데에 앉히고 불을 붙였습니다. 불은 활활 타올랐습니다. 사흘이 지나서야 장작이 다 타서 불길이 잦아들었습니다. 그런데 잿더미 한가운데에 추위 타는 사내가 사시나무 떨듯 와들와들 떨고 서서 말했습니다.

"이렇게 견디기 힘든 추위는 내 생전 처음이네. 조금만 더 있었다면 아마 얼어 죽었을 거야."

이제는 핑계 댈 것이 없었습니다. 아가씨는 낯선 젊은이를 남편으로 맞아야 했고 두 사람은 교회로 향했습니다.

"너무 망신스러워 견딜 수가 없어."

마녀 여왕은 이렇게 말하고 딸을 데려오라고 병사들을 보내면서 대드는 사람이 있으면 닥치는 대로 죽이라고 명령했습니다. 하지만 귀 밝은 사내가 귀를 쫑긋 세우고 마녀 여왕이 몰래 하는 이야기를 다 들었습니다. 귀 밝은 사내는 뚱보 사내에게 말했습니다.

"이렇게 할까?"

---

29 목재의 용적을 재는 단위, 약 80세제곱피트.

뚱보 사내는 방법을 알고 있었습니다. 마차 뒤쪽을 향해 마셨던 바닷물을 두어 번 푸, 하고 뿜어냈더니 커다란 호수가 생겼습니다. 따라오던 병사들은 호수에 빠져 죽고 말았습니다. 마녀 여왕이 그 소식을 듣고 또 갑옷으로 무장한 기사들을 보냈습니다. 귀 밝은 사내는 갑옷이 쩔렁거리는 소리를 듣고 눈을 가린 사내의 눈가리개를 벗었습니다. 그 사내가 적들을 쓱 쏘아보자 기사들은 유리처럼 그대로 박살이 나버렸습니다. 두 사람은 이제 아무 방해도 받지 않고 마차를 달려 교회로 갔습니다. 두 사람이 결혼식을 마치자 여섯 하인은 작별인사를 하며 왕자에게 말했습니다.

"왕자님은 이제 소원을 이루었으니 우리가 필요하지 않을 겁니다. 우리는 떠나겠습니다. 행운을 시험해보겠어요."

성에서 반 시간 정도 떨어진 곳에 한 마을이 있었는데, 그곳에서 돼지를 키우는 사람이 있었습니다. 그곳에 이르자 왕자가 신부에게 말했습니다.

"내가 누구냐고요? 난 왕자가 아니라 돼지치기예요. 돼지 떼를 몰고 가는 저기 저분이 내 아버지입니다. 우리도 아버지를 도와 돼지를 길러야 해요."

왕자는 신부와 같이 여관으로 들어갔습니다. 그리고 몰래 여관 주인을 불러 밤중에 신부의 왕실 옷을 치우라고 말했습니다. 아내가 아침에 일어나보니 입을 옷이 없었습니다. 그러자 여관집 주인 아내가 대단한 선물이라도 되는 듯 낡은 치마와 낡은 털양말 한 짝을 주면서 말했습니다.

"당신 남편을 봐서 주는 줄 알아요."

그러자 신부는 왕자가 정말 돼지치기라고 믿게 되었습니다. 신부는 왕자와 같이 돼지를 치며 생각했습니다.

'내가 너무 콧대 높고 교만했던 탓이지.'

그렇게 여드레가 지나자 발이 상처투성이가 되었습니다. 신부는 더 견딜 수가 없었습니다. 그러자 사람들이 와서 남편이 누구인지 아느냐고 물었습니다. 신부가 대답했습니다.

"예, 돼지치기인데 장사하러 막 나갔어요."

그러자 사람들이 말했습니다.

"남편한테 데려다 줄 테니 따라오세요."

사람들은 신부를 성으로 데려갔습니다. 홀에 들어서자 남편이 왕의 예복을 입고 서 있었습니다. 하지만 신부는 남편을 알아보지 못했습니다. 왕자는 신부를 껴안고 입맞춤을 하더니 이렇게 말했지요.

"당신을 사랑하기에 갖은 고생을 겪었어요. 그래서 당신도 그래야 했지요."

두 사람은 결혼식을 올렸습니다. 이 이야기를 해준 사람도 결혼식에 참석했으면 참 좋았을 거라고 말했답니다.

◆135◆
하얀 신부와 까만 신부

한 어머니가 친딸과 의붓딸을 데리고 꼴을 베러 들판으로 나갔습니다. 그때 하나님이 가난뱅이처럼 꾸미고 나타나 물었습니다.

"마을로 가는 길이 어디죠?"

그러자 어머니가 말했습니다.

"알고 싶으면 직접 찾아봐요."

친딸이 덧붙였습니다.

"못 찾겠으면 안내인을 데리고 다니든지."

하지만 의붓딸은 이렇게 말했습니다.

"제가 안내해드릴 테니 따라오세요."

하나님은 어머니와 친딸이 너무 괘씸해서 등을 돌리고 밤처럼 새까맣고 죄처럼 추해지라고 저주를 내렸습니다. 하지만 의붓딸에게는 은혜를 내려주었습니다. 마을 가까이 오자 하나님은 의붓딸을 축복하며 말씀했습니다.

"세 가지 소원을 말해라. 내가 들어주마."

그러자 아가씨가 말했습니다.

"해님처럼 밝고 아름다워지고 싶어요."

말이 끝나자마자 아가씨는 밝은 낮처럼 하얗고 아름다워졌습니다.

"또 절대로 비지 않는 돈주머니를 갖고 싶어요."

하나님은 아가씨에게 그것도 주었습니다. 하지만 이렇게 말씀했습니다.

"가장 좋은 것을 잊지 마라."

아가씨가 말했습니다.

세 번째로 죽은 뒤에 천국에 가서 영생을 누리고 싶어요."

하나님은 그 소원도 들어주시고 아가씨 곁을 떠났습니다.

어머니와 친딸이 집으로 돌아와서 보니 두 사람 모두 숯처럼 새까맣고 추한 모습이 되어있었습니다. 하지만 의붓딸은 하얗고 아름다웠습니다. 어머니는 약이 바짝 올랐습니다. 의붓딸을 어떻게 구박할까 하는 생각뿐이었습니다. 그런데 의붓딸에게는 레기너라는 오빠가 있었습니다. 오빠를 무척 사랑하는 의붓딸은 무슨 일이 있었는지 오빠에게 다 이야기했습니다. 그러자 레기너가 말했습니다.

"누이야, 네 초상화를 그려야겠다. 널 언제나 눈앞에 두고 볼 수 있게 말이야. 오빠는 널 무척 사랑해. 그래서 늘 보고 싶거든."

그러자 의붓딸이 말했습니다.

"그럼 부탁하는데 아무에게도 내 그림을 보여주면 안 돼."

레기너는 누이의 초상화를 그려 자기 방에 걸어두었습니다. 레기너는 어떤 왕의 성에서 마부로 일하며 살고 있었는데, 매일 초상화 앞에 서서 사랑하는 누이의 행복을 빌면서 감사기도를 올렸습니다. 그러던 어느 날, 레기너가 섬기는 왕비가 죽었습니다. 세상 누구보다도 아름다운 왕비였습니다. 왕은 깊은 슬픔에 빠졌습니다. 그런데 매일 아름다운 초상화 앞에 서 있는 레기너를 보고 이상하게 여긴 시종들이 왕에게 이 사실을 보고했습니다. 왕은 그 초상화를 가져오라고 했습니다. 초상화를 본 왕은 그림 속의 아가씨를 보자마자 그만 사랑에 빠져버리고 말았습니다. 아가씨가 죽은 왕비와 똑 닮은 데다 더 아름답기까지 했으니까요. 왕은 마부를 불러 그림 속의 아가씨가 누구인지 물었습니다. 마부가 여동생이라고 대답하자 왕은 이 아가씨와 결혼해야겠다고 마음먹었습니다. 왕은 레기너에게 마차와 말과 금빛 찬란한 옷을 내주며 선택된 신부를 데려오라고 했습니다. 레기너가 이 소식을 가지고 집에 가자 누이는 몹시 기뻐했습니다. 그러나 깜장이 친딸은 의붓딸의 행운에 너무 질투가 나서 분통을 터뜨리며 어머니에게 말했습니다.

"어머니 재주가 아무리 많으면 뭘 해요? 저런 행운도 가져다주지 못하면서요."

그러자 어머니가 말했습니다.

"가만히 있어라. 어미가 행운을 불러주마."

어머니는 마술을 부려 마부의 눈을 반쯤 멀게 하고, 하얀 의붓딸의 귀를 막아 듣지 못하게 만들었습니다. 그리고 모두 마차에 올랐습니다. 먼저 화려한 왕비 옷으로 차려입은 신부가 마차에 올랐습니다. 이어서 어머니와 친딸이 마차에 탔고, 레기너는 마부 석에 앉아 마차를 몰았습니다. 얼마 동안 마차를 달리다가 마부가 소리쳤습니다.

"잘 덮고 있어라, 누이야,

비에 젖지 않게,
바람에 먼지투성이가 되지 않게,
아름다운 모습으로 임금님께 가야지!"

그러자 신부가 물었습니다.
"오빠가 뭐라고 했죠?"
어머니가 말했습니다.
"아, 황금 옷을 벗어서 언니에게 주라고 하는구나."
하얀 신부는 옷을 벗어 깜장이 언니에게 입혀주었습니다. 대신 깜장이
언니는 하얀 신부에게 낡고 허연 작업복을 주었습니다. 얼마 동안 마차를
달리다가 마부가 또 소리쳤습니다.

"잘 덮고 있어라, 누이야,
비에 젖지 않게,
바람에 먼지투성이가 되지 않게,
아름다운 모습으로 임금님께 가야지!"

신부가 또 물었습니다.
"오빠가 뭐라고 했죠?"
어머니가 대답했습니다.
"아, 황금 모자를 벗어서 언니에게 주라고 하는구나."
신부는 모자를 벗어 깜장이 언니에게 씌워주고 자신은 맨머리로 앉아
있었습니다.
얼마 동안 마차를 달리다가 마부 오빠가 또 소리쳤습니다.

"잘 덮고 있어라, 누이야,

비에 젖지 않게,

바람에 먼지투성이가 되지 않게,

아름다운 모습으로 임금님께 가야지!"

신부가 물었습니다.

"오빠가 뭐라고 했죠?"

어머니가 말했습니다.

"아, 마차 밖을 한번 내다보라고 하는구나."

마차는 깊은 강물 위의 다리를 막 지나고 있었습니다. 신부가 일어나 마차 문밖으로 몸을 내밀었습니다. 그러자 두 사람은 신부를 힘껏 밀어 강물 한가운데에 빠뜨렸습니다. 그런데 신부가 물속으로 가라앉자마자 눈처럼 새하얀 오리 한 마리가 수면 위로 떠오르더니 둥둥 떠내려갔습니다. 마부 오빠는 아무것도 모르고 마차를 달려 마침내 궁전에 이르렀습니다. 마부는 까만 아가씨를 정말 누이동생인 줄 알고 왕에게 데려갔습니다. 눈이 흐릿해 가물가물 빛나는 황금 옷만 어렴풋이 보았으니까요. 왕은 신부라는 여자가 너무 못생긴 것을 보고 노발대발했습니다. 당장 독사가 우글거리는 뱀 굴에 마부를 던져버리라고 명령했습니다. 하지만 늙은 마녀는 마법을 부려 왕을 유혹했습니다. 한순간 유혹에 눈이 먼 왕은 마녀와 딸을 곁에 두었습니다. 그뿐만 아니라 못생긴 신부도 그런대로 괜찮게 보여서 결국 결혼까지 하게 되었습니다.

어느 날 밤, 까만 신부가 왕의 무릎 위에 앉아있을 때 하얀 오리 한 마리가 하수구를 통해 부엌으로 들어와서 심부름하는 소년에게 말했습니다.

"아이야, 불을 지펴라,

깃털을 말려야 해."

심부름하는 소년은 화덕에 불을 지폈습니다. 그러자 오리는 화덕 옆에
앉아 부르르 몸을 떨더니 부리로 깃털을 다듬었습니다. 그러면서 오리가
물었습니다.
"우리 오빠 레기너는 뭘 하니?"
심부름하는 소년이 대답했습니다.

"독사가 우글거리는
  뱀 굴에 갇혀 있지."

오리가 또 물었습니다.
"까만 마녀는 집에서 뭘 하니?"
심부름하는 소년이 대답했습니다.

"임금님 품에
  포근히 안겨있지."

오리가 말했습니다.
"아이, 가엾어라!"
그러고서 오리는 하수구로 나가버렸습니다.
다음날 밤 오리는 다시 와서 똑같은 질문을 했고, 세 번째 밤에도 또 왔
습니다. 그러자 심부름하는 소년은 차마 더 오래 두고 볼 수가 없어서 왕에
게 가서 털어놓았습니다. 왕은 직접 봐야겠다며 다음날 밤 부엌으로 갔습
니다. 오리가 하수구에서 목을 내밀자 왕은 칼을 빼 오리의 목을 내리쳤습

니다. 순간 오리는 눈부시게 아름다운 아가씨로 변했습니다. 마부 오빠가 그린 그림 속 아가씨와 똑같았죠. 왕은 뛸 듯이 기뻐했습니다. 물에 푹 젖은 채로 서 있는 아가씨에게 왕은 멋진 옷을 가져오게 했습니다. 옷을 갈아입은 아가씨는 자신이 간교한 속임수에 넘어가 강물에 던져졌다고 말했습니다. 그리고 먼저 오빠를 뱀 굴에서 구해달라고 청했습니다. 그러자 왕은 아가씨의 부탁을 들어주고는 늙은 마녀가 있는 방으로 가서 물었습니다.

"이런 짓을 한 여자는 어떤 벌을 받아야겠소?"

왕이 무슨 일이 있었는지 이야기하자 마녀는 보이는 게 없는지 전혀 눈치채지 못하고 떡하니 말했습니다.

"그런 여자는 발가벗겨서 못이 뾰족뾰족 튀어나온 통에 집어넣고요, 그 통을 말에 매달아 세상 곳곳 끌고 다니게 해야 마땅하죠."

그래서 딱 그렇게 마녀와 까만 신부는 벌을 받았습니다. 왕은 하얗고 아름다운 신부와 결혼을 했습니다. 충성스러운 오빠는 왕이 후한 상을 내려서 부유하고 존경받는 인물이 되었답니다.

◆136◆
무쇠 한스

옛날에 한 왕이 살았습니다. 왕이 사는 성 바로 옆에는 커다란 숲이 있었는데, 그곳에는 온갖 들짐승들이 뛰어다녔습니다. 어느 날, 왕은 노루를 잡아오라고 사냥꾼을 숲에 보냈습니다. 하지만 사냥꾼은 돌아오지 않았습니다.

"좋지 않은 일이 생긴 모양이군."

왕은 이렇게 말하고 다음날 돌아오지 않는 사냥꾼을 찾으라고 사냥꾼

둘을 숲에 보냈습니다. 하지만 그 두 사냥꾼도 돌아오지 않았습니다. 그래서 셋째 날 사냥꾼들을 모두 불러서 이렇게 말했습니다.

"온 숲 속을 샅샅이 뒤져 세 사냥꾼을 반드시 찾아오너라."

하지만 이번에도 다시 돌아온 사람은 한 사람도 없었고, 데려갔던 사냥개 무리도 돌아오지 않았습니다. 그러자 아무도 그 숲에 들어가려고 하지 않았습니다. 외지고 적막한 숲에는 깊은 정적이 감돌았고, 이따금 독수리나 매가 숲 위로 날아다닐 뿐이었습니다. 그렇게 수년이 흘렀습니다. 그런데 어느 날, 한 낯선 사냥꾼이 왕을 찾아와 일하도록 해주면 그 위험한 숲에 들어가겠다고 했습니다. 왕은 허락할 수 없다고 했습니다.

"그 으스스한 숲에 어찌 들어가려고 하는가. 자네도 다른 사람들보다 더 나을 게 없을 터. 그들처럼 다시는 돌아오지 못할 걸세."

사냥꾼이 대답했습니다.

"임금님, 위험을 각오하고 한번 해보겠습니다. 두렵지 않습니다."

사냥꾼은 사냥개를 데리고 숲으로 들어갔습니다. 얼마 지나지 않아 사냥개는 짐승의 발자국을 발견하고 뒤를 쫓았습니다. 하지만 몇 걸음 가지 못해서 깊은 웅덩이에 가로막혀 더는 나아갈 수가 없었습니다. 그때 맨팔 하나가 물속에서 쑥 나와 사냥개를 확 낚아채더니 물속으로 끌고 들어갔습니다. 그것을 본 사냥꾼은 성으로 돌아가 사람들 셋을 데리고 다시 왔습니다. 사람들은 양동이로 웅덩이의 물을 퍼냈습니다. 그러자 차츰 바닥이 드러났습니다. 그런데 바닥에 웬 짐승 같은 사내가 누워있었습니다. 몸은 녹슨 무쇠처럼 구릿빛이고 머리카락은 얼굴을 덮으며 무릎까지 길게 내려왔습니다. 사람들은 사내를 꽁꽁 묶어서 성으로 끌고 갔습니다. 야생 인간이 끌려오자 성안은 발칵 뒤집혔습니다. 왕은 그를 마당에 있는 무쇠 우리에 가두었습니다. 그리고 우리의 문을 여는 자는 사형에 처할 것이라 호령하고는 왕비에게 직접 보관하라고 열쇠를 주었습니다. 그때부터 누구나 안전하게 숲을 드나들 수 있었습니다.

왕에게는 여덟 살배기 아들이 하나 있었습니다. 어느 날, 왕자는 마당에서 황금 공을 가지고 놀고 있었습니다. 그런데 그만 공이 우리 안으로 들어가고 말았습니다. 왕자는 달려가서 말했습니다.

"내 공을 돌려줘."

그러자 사내가 말했습니다.

"문을 열어주면 줄게."

소년이 말했습니다.

"안 돼. 못 열어. 임금님이 하지 말랬어."

소년은 휙 가버렸습니다. 하지만 다음 날 소년은 다시 와서 공을 돌려달라고 했습니다. 야생 인간이 말했습니다.

"문을 열어줘."

이번에도 소년은 문을 열어주지 않았습니다. 세 번째 날, 왕이 사냥을 나가자 소년은 또 와서 말했습니다.

"문을 열어주고 싶어도 열 수가 없어. 열쇠가 없거든."

그러자 야생 인간이 말했습니다.

"어머니 베개 밑에 열쇠가 있으니 가져오렴."

소년은 공이 너무 가지고 싶어 이런저런 생각 다 바람에 날려 보내고 열쇠를 가져왔습니다. 그런데 손가락이 문에 끼는 바람에 끙끙대며 겨우 문을 열었습니다. 문이 열리자 야생 인간은 소년에게 황금 공을 주고는 냅다 달아났습니다. 소년은 그제야 겁이 덜컥 나서 사내의 등 뒤에 대고 소리를 질렀습니다.

"아이, 야생 인간아, 달아나지 마. 내가 매 맞는다고."

그러자 야생 인간은 돌아오더니 소년을 어깨에 태우고 잽싼 걸음으로 숲으로 들어갔습니다. 왕이 성에 돌아와 보니 우리가 텅 비어있었습니다.

무슨 일이 있었는지 왕비에게 묻자 아무것도 모르고 있던 왕비는 열쇠가 있는지 봤습니다. 열쇠가 보이지 않자 왕비는 소년을 소리쳐 불렀지만 아무 대답도 없었습니다. 왕은 사람들을 들판으로 내보내 소년을 찾게 했습니다. 하지만 소년은 어디에도 없었습니다. 그때야 문득 왕은 무슨 일이 벌어졌는지 알아챘습니다. 성안은 커다란 슬픔에 잠겨버렸습니다.

어두컴컴한 숲 속으로 다시 들어온 야생 인간은 소년을 내려놓고 말했습니다.

"부모님을 다시는 보지 못할 거다. 내 곁에 있어라. 나를 구해줬고 또 네가 불쌍해서 그런다. 내가 시키는 대로만 해라. 그럼 편안히 지낼 수 있지. 보물과 금도 충분히 있다. 이 세상 누구보다도 많이 가지고 있지."

야생 인간은 이끼로 잠자리를 만들어주었고, 소년은 곧 잠이 들었습니다. 다음 날 아침, 야생 인간은 소년을 샘물에 데려가더니 말했습니다.

"봐라, 수정처럼 맑고 깨끗한 황금 샘물이다. 샘물가에 앉아서 물속에 아무것도 빠지지 않도록 잘 지켜야 한다. 뭐라도 빠지면 물이 더러워지고 만다. 매일 저녁 시키는 대로 잘했는지 보러 오겠다."

소년은 샘물가에 앉아 샘물을 지켰습니다. 이따금 황금빛 물고기도 보이고 황금빛 뱀도 보였습니다. 소년은 샘물 속에 아무것도 빠지지 않도록 조심했습니다. 그런데 갑자기 손가락이 못 견디게 아팠습니다. 그래서 자기도 모르게 그만 손가락을 물속에 쑥 넣고 말았습니다. 얼른 손가락을 다시 뺐지만, 손가락은 이미 황금빛으로 물들어있었습니다. 소년은 황금빛을 없애려고 한껏 애를 썼지만, 소용이 없었습니다. 저녁에 무쇠 한스가 왔습니다. 무쇠 한스는 소년을 쳐다보더니 말했습니다.

"샘물에 무슨 일이 있었느냐?"

소년이 보이지 않도록 얼른 손가락을 등 뒤에 숨기고 말했습니다.

"아니요. 아무 일도 없었어요."

하지만 야생 인간이 말했습니다.

"손가락을 샘물에 담갔구나. 이번에는 그냥 넘어가겠다. 하지만 뭘 또 빠트리지 않도록 조심해라."

다음 날, 소년은 이른 새벽부터 물가에 앉아 샘물을 지켰습니다. 그런데 손가락이 또 아팠습니다. 너무 아파서 소년은 손가락으로 머리를 쓱 쓸어 넘겼습니다. 그런데 그만 불행하게도 머리카락 한 올이 샘물에 떨어졌습니다. 소년은 냉큼 머리카락을 건졌습니다. 하지만 이미 손가락은 황금빛으로 물들어있었습니다. 무쇠 한스가 와서 보고 무슨 일이 일어났는지 단박 알아채고 말했습니다.

"머리카락 한 올을 샘물에 빠트렸구나. 이번에도 내 그냥 넘어가마. 하지만 또 한 번 그런 일이 벌어지면 샘물이 더러워지고 만다. 그럼 너는 더는 내 곁에 머물 수가 없어."

사흘째 되는 날, 소년은 샘물가에 앉아있었습니다. 손가락이 아주 아팠지만 꼼짝하지 않았습니다. 하지만 너무 지루했습니다. 소년은 샘물에 비친 자기 얼굴을 들여다보다가 물에 비친 자기 눈을 제대로 보고 싶었습니다. 그래서 몸을 점점 숙여 물속을 들여다보는데 어깨까지 내려온 긴 머리가 그만 출렁 물속에 빠지고 말았습니다. 소년은 재빨리 몸을 일으켰지만, 머리카락은 벌써 황금빛으로 물들어 햇빛처럼 반짝거렸습니다. 불쌍한 소년이 얼마나 놀랐을지 여러분, 상상할 수 있죠? 소년은 무쇠 한스가 보지 못하게 손수건으로 머리를 둘러쌌습니다. 하지만 무쇠 한스는 벌써 다 알고 있었습니다.

"손수건을 풀어라."

한스가 손수건을 풀자 황금빛 머리가 출렁이며 쏟아져 내렸습니다. 소년은 용서해달라고 간절히 빌었습니다. 하지만 아무 소용이 없었습니다.

"넌 시험을 통과하지 못했으니 여기 더 있을 수 없다. 세상 밖으로 나가

라. 그럼 가난이 어떤 것인지 알게 될 거다. 하지만 마음씨가 나쁘지 않으니 잘되라는 마음에서 한 가지를 허락하마. 어려운 일이 생기면 숲에 와서 '무쇠 한스'를 불러라. 그럼 내가 와서 도와주마. 난 네가 생각하는 것보다 훨씬 막강하단다. 금과 은도 넘치도록 많이 가졌지."

왕자는 숲을 떠나 길이 있든 없든 내내 걸었습니다. 이윽고 큰 도시로 들어간 소년은 일자리를 찾았지만 찾을 수가 없었습니다. 먹고사는 데 도움이 될 만한 기술을 배운 적이 없었으니까요. 소년은 성에 가서 일자리가 있느냐고 물었습니다. 성에서 일하는 사람들은 마땅히 쓸 데는 없었지만, 소년이 마음에 들어 성에 있으라고 했습니다. 마침내 요리사가 소년을 쓰기로 했습니다. 소년은 장작을 나르고 물을 길어오고 재를 치워야 했습니다. 그런데 어느 날, 왕의 식탁에 음식을 날라야 하는데 마침 마땅한 사람이 없었습니다. 그래서 요리사는 소년에게 음식을 나르라고 했습니다. 소년은 황금빛 머리가 보일까 봐 모자를 눌러쓴 채 음식을 날랐습니다. 그런데 지금까지 그런 일을 본 적이 없었던 왕이 말했습니다.

"짐의 식탁 앞에서는 모자를 벗어야 하느니라."

그러자 소년이 대답했습니다.

"머리에 부스럼딱지가 심해서 모자를 벗을 수가 없습니다."

그러자 왕은 요리사를 불러 이런 아이에게 왜 일을 시키느냐고 버럭 야단을 치면서 당장 내쫓으라고 했습니다. 하지만 요리사는 소년이 불쌍해서 정원에서 일하는 아이하고 바꿔서 일하도록 했습니다.

소년은 정원에서 식물을 심고, 물을 주고, 흙을 파서 땅을 일구었습니다. 비바람이 휘몰아치는 아무리 사나운 날씨라도 묵묵히 일만 했습니다. 여름 어느 날, 소년은 혼자 정원에서 일하고 있었습니다. 그런데 날씨가 너무 더워서 땀을 식히느라 작은 모자를 잠시 벗었습니다. 그러자 황금빛 머리가 햇살을 받아 눈부시게 반짝거렸고, 황금 빛살은 공주의 침실에까지 스며들었습니다. 공주는 그것이 뭔지 보려고 벌떡 일어났습니다. 공주는 소년을 보자 소리쳐 불렀습니다.

"얘야, 꽃다발을 가지고 오렴."

소년은 허겁지겁 모자를 다시 쓰고 들꽃 한 다발을 꺾어서 묶었습니다. 소년은 꽃다발을 들고 계단을 올라가다가 정원사를 만났습니다. 정원사가 말했습니다.

"공주님에게 그런 보잘것없는 꽃을 갖다 드리면 어떡하니? 빨리 다른 꽃을 꺾어오너라. 가장 아름답고 귀한 꽃으로 말이다."

그러자 소년이 말했습니다.

"아니에요. 들꽃이 훨씬 향기롭거든요. 공주님이 더 좋아하실 거예요."

소년이 방에 들어서자 공주가 말했습니다.

"모자를 벗어라. 내 앞에서 모자를 쓰고 있다니, 예의가 바르지 못하구나."

소년이 말했습니다.

"안 돼요. 머리가 부스럼투성이에요."

하지만 공주는 소년의 모자를 확 벗겼습니다. 그러자 황금빛 머리가 출렁이며 어깨까지 쏟아져 내렸습니다. 참으로 아름다운 모습이었습니다. 소년이 뛰어 나가려고 하자 공주가 소년의 팔을 잡더니 한 줌 금화를 주었습니다. 소년은 금화를 받아들고 방에서 나왔습니다. 하지만 금화에 별 관심이 없었던 소년은 정원사에게 금화를 주면서 말했습니다.

"아저씨, 가지고 놀라고 아이들에게 갖다 주세요."

다음날, 공주는 또 소년을 불러 들꽃 한 다발을 가져오라고 했습니다. 소년이 들꽃을 들고 방에 들어오자 공주는 소년의 모자를 벗기려고 확 낚아챘습니다. 하지만 소년은 두 손으로 모자를 꽉 잡고는 놓지 않았습니다. 공주는 소년에게 또 한 줌 금화를 주었습니다. 소년은 금화를 또 아이들

장난감으로 갖다 주라고 정원사에게 주었습니다. 사흘째 되는 날도 마찬가지였습니다. 공주는 소년의 모자를 벗기지 못했고, 소년은 공주가 준 금화를 원하지 않았습니다.

얼마 지나지 않아 나라에 전쟁이 터졌습니다. 왕은 병사들을 불러 모았지만 커다란 군대를 가진 막강한 적에게 대항하여 싸울 수 있는지 자신이 없었습니다. 그러자 정원사 소년이 말했습니다.

"이제 저도 다 컸으니 전쟁에 나가고 싶습니다. 말 한 마리만 주세요."

사람들은 키득거리며 말했습니다.

"우리가 떠난 뒤에 말을 찾아보아라. 널 위해 한 마리 마구간에 남겨놓을 테니."

병사들이 전쟁터로 나가자 소년은 마구간으로 가서 말을 끌고 나왔습니다. 그런데 한쪽 다리를 절뚝절뚝 저는 말이었습니다. 그래도 소년은 말에 올라타고 어두운 숲을 향해 달렸습니다. 숲 어귀에 도착한 소년은 큰소리로 '무쇠 한스'를 세 번 외쳤습니다. 소리가 어찌나 큰지 쩌렁쩌렁 울리며 나무 사이로 퍼져나갔습니다. 그러자 곧바로 야생 인간이 나타나 말했습니다.

"뭘 원하느냐?"

"튼튼하고 빨리 달리는 말을 주세요. 전쟁에 나가려고요."

"알았다, 말을 갖다 주마. 원하는 말뿐 아니라 더 많이 주지."

이렇게 말하고 야생 인간은 다시 숲으로 들어갔습니다. 그리고 얼마 지나지 않아 마부가 준마를 한 마리 끌고 숲에서 나왔습니다. 콧김을 씩씩 거칠게 뿜어대는, 다루기가 무척 힘든 말이었습니다. 그 뒤에는 철갑으로 완전무장한 병사들이 햇빛에 칼을 번득이며 우르르 따라왔습니다. 소년은 마부에게 절름발이 말을 주고 자기는 준마에 올라타더니 앞장서서 달렸습니다. 전쟁터 가까이에 이르니 왕의 병사들 대부분은 쓰러져있었고 얼마 남지 않은 나머지 병사들도 후퇴하는 중이었습니다. 소년은 철갑 병사들을 이끌고 적진 속으로 쳐들어갔습니다. 번갯불처럼 재빠르게 적들을 쓰러뜨리며 대드는 자들은 모조리 칼로 내리쳤습니다. 적들은 달아났지만, 소년은 그들을 놓칠세라 바싹 추격해 한 사람도 남기지 않고 죄다 죽여 버렸습니다. 전쟁이 끝나자 소년은 왕에게 가지 않고 병사들을 이끌고 다시 숲에 돌아가 무쇠 한스를 소리쳐 불렀습니다. 야생 인간이 물었습니다.

"뭘 원하느냐?"

"말과 병사들을 도로 데려가고 제 절름발이 말을 돌려주세요."

그러자 원하는 대로 되었습니다. 소년은 절름발이 말을 타고 집으로 돌아왔습니다. 왕이 성으로 돌아오자 공주는 왕을 반갑게 맞이하며 승리를 축하했습니다. 그러자 왕이 말했습니다.

"그런데 전쟁에서 승리한 사람은 내가 아니다. 낯선 기사가 병사들을 이끌고 와서 나를 도와주었단다."

공주는 낯선 기사가 누구인지 알고 싶다고 했지만, 왕도 아는 것이 없었습니다.

"적을 뒤쫓아 갔는데 그를 보지 못했단다."

공주는 정원사에게 소년이 어디 있느냐고 물었습니다. 정원사는 껄껄 웃으며 말했습니다.

"절름발이 말을 타고 막 돌아왔어요. 사람들이 '저기 절뚝절뚝 절뚝이가 돌아오셨네.' 하고 놀려댔지요. '그동안 어느 울타리 뒤에서 늘어져 잤니?' 하고 묻기도 하고요. 그런데 녀석이 이렇게 대답하더라고요. '저는 큰일을 했어요. 제가 아니었으면 큰일 날 뻔했죠.' 그러니까 사람들이 더 놀려대는 거예요."

왕은 공주에게 말했습니다.

"사흘 동안 큰 잔치를 연다고 널리 알려야겠다. 공주는 황금 사과를 던져라. 그럼 그 기사가 올지도 모르잖느냐?"

왕은 잔치를 연다고 널리 알렸습니다. 소년은 숲에 가서 무쇠 한스를 불렀습니다. 무쇠 한스가 물었습니다.

"뭘 원하느냐?"

"공주님의 황금 사과를 받고 싶어요."

무쇠 한스가 말했습니다.

"벌써 받은 것이나 다름없다. 붉은 갑옷도 줄 테니 위풍당당한 밤색 말을 타고 가거라."

잔칫날이 되자 소년은 번개처럼 달려와 기사들 가운데 섰습니다. 하지만 소년을 알아보는 사람은 아무도 없었습니다. 공주는 앞으로 나와 기사들에게 황금 사과를 던졌습니다. 하지만 아무도 사과를 잡지 못했고, 사과를 잡은 사람은 소년밖에 없었습니다. 소년은 황금 사과를 잡자마자 번개처럼 사라졌습니다. 다음날 무쇠 한스는 소년에게 하얀 갑옷과 하얀 말을 주었습니다. 이번에도 소년 혼자서 사과를 잡았고, 또 눈 깜짝할 사이에 사라져버렸습니다. 그러자 왕이 화가 나서 말했습니다.

"무례하도다. 내 앞으로 나와 이름을 말해야 하거늘."

왕은 다음번에도 사과를 잡은 기사가 사라지면 뒤를 쫓으라고 명령했습니다. 만약 그 기사가 순순히 따라오지 않으면 무력을 써서라도 데리고 오라고 했습니다. 사흘째 날, 소년은 무쇠 한스한테서 검은 갑옷과 검정말을 받았고 또 황금 사과를 잡았습니다. 소년이 황금 사과를 가지고 번개처럼 달려가자 왕의 병사들이 뒤를 쫓았습니다. 그런데 한 병사가 소년을 바짝 뒤따라와 칼끝으로 다리를 찔렀습니다. 소년은 겨우 달아날 수 있었습니다. 하지만 말이 번쩍 뛰어오르자 투구가 벗겨져 땅에 떨어졌습니다. 병사들은 소년의 황금빛 머리카락을 보고서 말을 돌려 돌아가서는 왕에게 본 대로 이야기했습니다.

다음 날 아침, 공주는 정원사에게 소년이 어디 있느냐고 물었습니다.

"정원에서 일하고 있어요. 아, 그 괴짜 녀석도 잔치에 갔다가 어젯밤에야 돌아왔지 뭡니까. 이거서 얻은 것이라고 우리 아이들에게 황금 사과 세 개를 보여주더라고요."

왕은 소년을 불렀습니다. 소년은 이번에도 모자를 쓴 채 나타났습니다. 하지만 공주는 소년에게 다가가 모자를 확 벗겼습니다. 그러자 황금빛 머리가 어깨에 출렁 쏟아져 내렸습니다. 소년이 어찌나 아름다운지 모두 감탄했습니다. 왕이 물었습니다.

"그대가 그 기사였던가? 매일 다른 색의 갑옷에 다른 색의 말을 타고 잔치에 와서 황금 사과 세 개를 잡았던 그 기사 말이다."

소년이 대답했습니다.

"예, 여기 사과가 있습니다."

소년은 주머니에서 사과 세 개를 꺼내 왕에게 건넸습니다.

"임금님께서 다른 증거를 더 원하시면 병사들이 뒤를 쫓아와 제게 입힌 상처를 보여드리죠. 임금님께서 적을 물리치고 승리하실 수 있도록 도운 기사가 바로 저입니다."

"그런 일을 해낼 수 있는 그대는 단순히 정원에서 일할 젊은이가 아니야! 말해 보아라, 그대 아버지가 누구더냐?"

"제 아버님은 막강한 왕이십니다. 또 저는 원하는 만큼 황금도 많이 가지고 있습니다."

그러자 왕이 말했습니다.

"알겠노라. 그대에게 감사의 표시로 보답하련다. 무엇을 해주면 좋겠냐?"

소년이 대답했습니다.

"예, 공주님을 제 아내로 주십시오."

그러자 공주는 웃으며 말했습니다.

"문제 될 게 없죠. 저는 벌써 황금빛 머리를 보고 알았어요. 정원에서 일할 사람이 아니라고요."

공주는 소년에게 가서 입맞춤했습니다. 결혼식에는 소년의 부모도 왔습니다. 그들은 기뻐서 어쩔 줄 몰랐죠. 모든 희망을 접었는데 그 사랑하는 아들을 다시 보게 되었으니까요. 모두 잔칫상에 앉았을 때 음악이 뚝 멈추더니 문이 활짝 열리고 한 위엄있는 왕이 시종들을 거느리고 들어왔습니다. 왕은 신랑에게 다가가 그를 끌어안고 이렇게 말했답니다.

"내가 무쇠 한스다. 마법에 걸려 야생 인간이 되었는데 그대가 구해주었도다. 내가 가진 모든 보물은 그대 것이니라."

◆**137**◆
세 명의 검은 공주

인도 동쪽에 있는 한 도시가 적에게 포위되었습니다. 적군은 육백 탈러를 요구하며 돈을 받기 전에는 도시를 떠나지 않겠다고 했습니다. 그러자 도시의 우두머리들은 그 돈을 가져오는 사람에게 시장 자리를 주겠다고 사람들에게 널리 알렸습니다.

한 가난한 어부가 아들과 함께 바다에서 고기잡이하며 살고 있었습니다. 그런데 어느 날, 적들이 와서 아들을 붙잡아가며 육백 탈러를 내놓았습니다. 어부는 그 돈을 도시의 우두머리들에게 주었습니다. 그러자 적들은 물러갔고 어부는 시장이 되었습니다. 사람들은 어부를 꼭 '시장 나리'라고 불러야 했습니다. 그렇게 부르지 않으면 교수형에 처할 것이라는 엄

명이 떨어졌기 때문입니다.

한편 어부의 아들은 적으로부터 도망쳐 높은 산에 있는 커다란 숲으로 들어가게 되었습니다. 그런데 산이 열리며 마법에 걸린 큰 성이 우뚝 나타났습니다. 성안에는 의자며 탁자며 긴 의자들이 모두 검은색으로 꾸며져 있었습니다. 그리고 세 공주가 있었는데, 모두 얼굴 부분만 조금 흴 뿐 온통 까만 옷을 입고 있었습니다. 공주들은 어부의 아들에게 해치지 않을 테니 겁내지 말라면서 자기들을 구해달라고 했습니다. 어부의 아들은 공주들을 구하는 방법을 알면 당장 그리하겠다고 말했습니다. 공주들은 일 년 동안 말도 걸지 말고, 자기들을 쳐다보지도 말아야 한다고 말했습니다. 그러나 원하는 것이 있으면 물어보라면서 대답할 수 있는 것은 대답해주겠다고 했습니다. 그곳에서 오랜 시간을 지낸 어느 날, 어부의 아들은 아버지를 뵈러 집에 가고 싶다고 말했습니다. 공주들은 그러라고 했습니다. 돈주머니도 가져가고 이런저런 옷을 입고 가라면서 여드레 안에 꼭 돌아와야 한다고 했습니다.

아들은 번쩍 들려서 눈 깜박할 사이에 인도의 동쪽 나라로 옮겨졌습니다. 하지만 아버지는 오두막에 없었습니다. 아들은 불쌍한 어부가 어디 있는지 사람들에게 물었습니다. 하지만 사람들은 어부를 그렇게 부르면 교수대에 끌려갈 거라고 말했습니다. 아들은 마침내 아버지를 찾아 이렇게 말했습니다.

"어부이신 아버지가 도대체 어떻게 된 일입니까?"

그러자 아버지가 말했습니다.

"그렇게 부르지 마라. 도시의 우두머리들이 들으면 넌 교수대로 끌려간다."

하지만 아들은 아버지의 말을 듣지 않았고, 결국 교수대로 끌려가게 되었습니다. 아들은 교수대에 서서 말했습니다.

"나리들, 예전에 살던 오두막에 다녀올 수 있도록 한 번만 허락해주십시오."

아들은 오두막에 가서 전에 입던 작업복으로 갈아입고 돌아와서 나리들에게 말했습니다.

"자, 보세요. 제가 가난한 어부의 자식이란 것을 모르시겠어요? 이 작업복을 입고 일을 해서 부모님을 모셨습니다."

그제야 사람들은 아들을 알아보고 미안하다며 다시 집으로 돌려보냈습니다. 집에서 아들은 사람들에게 그동안 무슨 일이 있었는지 이야기했습니다. 높은 산에 있는 숲에서 모든 것이 온통 까맣기만 한 성에 들어갔는데, 얼굴 부분만 약간 흴 뿐 온몸이 까만 공주 셋이 나타나서 겁내지 말라면서 구해달라고 했다고 말했습니다. 그러자 어머니가 그건 분명 좋지 않은 일이라고 했습니다. 어머니는 봉헌된 거룩한 밀랍 초를 가져가서 뜨거운 밀랍을 공주들 얼굴에 떨어뜨리라고 말했습니다.

다시 성으로 돌아온 어부의 아들은 너무 무서웠습니다. 그래도 공주들이 잠들자 얼굴에 밀랍을 방울방울 떨어뜨렸습니다. 그러자 공주들의 몸이 반쯤 하얘졌습니다. 하지만 공주들이 벌떡 일어나 말했습니다.

"나쁜 놈 같으니라고! 반드시 복수하고 말겠다! 우리를 구해줄 사람은 세상에 없고 앞으로도 없을 것이다! 하지만 일곱 쇠사슬에 묶인 세 오빠가 너를 갈기갈기 찢어 죽일 것이다."

그러자 우지끈, 쿵쾅 요란한 소리가 온 성을 뒤흔들었습니다. 어부의 아들은 창문 밖으로 몸을 날려 겨우 빠져나왔지만, 한쪽 다리가 부러지고 말았습니다. 성은 땅속으로 푹 꺼졌고 산은 다시 닫혀버렸습니다. 그리고 그 성이 어디에 있었는지 아는 사람이 아무도 없었답니다.

◆138◆
크노이스트와 세 아들

베렐과 소에스트 사이에 있는 어느 마을에 크노이스트라는 사람이 살았습니다. 크노이스에게는 세 아들이 있었습니다. 그런데 아들 중 하나는 눈이 멀었고, 하나는 절름발이였습니다. 또 막내는 벌거숭이였죠. 어느 날세 아들은 들판에 나갔다가 토끼 한 마리를 보았습니다. 눈먼 아들은 토끼를 쏘았고, 절름발이 아들은 토끼를 잡았습니다. 그리고 벌거숭이 아들이 토끼를 주머니에 집어넣었죠. 세 아들은 엄청나게 커다란 강에 왔습니다. 강물에는 배가 세 척 떠 있었죠. 배들 가운데 하나는 샜고 하나는 가라앉았고 하나는 바닥이 없었습니다. 세 아들은 바닥이 없는 배 안으로 들어갔습니다. 그랬더니 어마어마하게 큰 숲이 나왔습니다. 숲 속에는 또 어마어마하게 커다란 나무가 한 그루 있었습니다. 나무에는 어마어마하게 큰 예배당이 있었습니다. 예배당 안에는 서어나무로 만든 교회 집사와 회양목으로 만든 목사가 있었습니다. 두 사람은 몽둥이로 성수를 뿌려댔답니다.

성수를 피하는 자는 복을 받으리라.

◆139◆
브라켈에서 온 아가씨

브라켈에서 온 아가씨가 힌넨부르크 아래쪽에 있는 성 안네 예배당에 갔습니다. 남자를 구하고 있었던 아가씨는 예배당 안에 아무도 없다고 생각하고 이렇게 노래를 불렀습니다.

"오, 성녀 안네여,

남자를 얻도록 도와주세요.

그를 잘 아시잖아요.

수트메어토르 앞에 사는,

금발 머리 남자요.

잘 아시잖아요!"

그런데 제단 뒤에 있던 교회 집사가 그 소리를 듣고 쉰 목소리로 소리
쳤습니다.

"그 남자는 안 돼! 얻지 못한다고!"

아가씨는 성녀 안네 옆에 서 있는 마리아의 아이가 그런 줄로 알고 화
가 나서 버럭 소리쳤습니다.

"말도 안 되는 소리, 이 바보 꼬마야. 입 닥쳐, 어머니가 말 좀 하시게."

◆140◆
하인

"어디 가니?"

"발페에 가."

"나도 발페에 가고, 너도 발페에 가고. 그럼 우리 같이, 같이 가자꾸나."

"남편이 있니? 남편 이름이 뭐지?"

"챰."

"내 남편도 챰, 네 남편도 챰. 나도 발페에 가고, 너도 발페에 가고. 그럼

우리 같이, 같이 가자꾸나."

"아이가 있니? 아이 이름이 뭐지?"

"그린드[30]."

"내 아이도 그린드, 네 아이도 그린드. 내 남편도 참, 네 남편도 참. 나도 발페에 가고, 너도 발페에 가고. 그럼 우리 같이, 같이 가자꾸나."

"요람이 있니? 요람 이름이 뭐지?"

"히포다이게."

"내 요람도 히포다이게, 네 요람도 히포다이게. 내 아이도 그린드, 네 아이도 그린드. 내 남편도 참, 네 남편도 참. 나도 발페에 가고, 너도 발페에 가고. 그럼 우리 같이, 같이 가자꾸나."

"하인이 있니? 하인 이름이 뭐지?"

"마흐미어스레히트[31]."

"내 하인도 마흐미어스레히트, 네 하인도 마흐미어스레히트. 내 요람도 히포다이게, 네 요람도 히포다이게. 내 아이도 그린드, 네 아이도 그린드. 내 남편도 참, 네 남편도 참. 나도 발페에 가고, 너도 발페에 가고. 그럼 우리 같이, 같이 가자꾸나."

◆141◆
어린 양과 작은 물고기

옛날에 서로 사랑하는 어린 오누이가 있었습니다. 그런데 친엄마가 세상

---

30 부스럼딱지라는 뜻.

31 '내게 잘해'라는 뜻.

을 떠나고 새엄마가 들어왔습니다. 새엄마는 오누이를 눈엣가시로 여겼습니다. 몰래 온갖 구박을 다 했죠. 그러던 어느 날, 오누이는 다른 아이들하고 집 앞 풀밭에서 놀고 있었습니다. 풀밭 옆에는 연못이 있었는데 연못은 한쪽으로 집과 맞닿아 있었습니다. 아이들은 연못가를 빙빙 돌며 술래잡기 놀이를 하고 있었습니다.

"에네케 베네케 날 살려주렴,
　살려주면 너에게 작은 새를 줄게,
　작은 새가 지푸라기를 물어오면,
　소들에게 지푸라기를 주고,
　소들이 우유를 주면,
　빵 굽는 아저씨에게 우유를 주지,
　아저씨가 케이크를 구워주면,
　작은 고양이에게 케이크를 주고,
　고양이가 생쥐들을 잡아주면,
　대롱대롱 매달아 연기에 그을려서,
　단번에 칼로 쓱싹!

아이들은 둥그렇게 서서 이 노래를 부르다가 "쓱싹"이라는 말이 떨어지면 그 말을 한 아이가 냅다 달아납니다. 그럼 다른 아이들이 그 아이를 쫓아가 잡는 놀이였습니다. 그런데 아이들이 재미있게 뛰어노는 모습을 창문에서 내다보던 새엄마는 은근히 부아가 났습니다. 새엄마는 마법을 부릴 줄 알았습니다. 그래서 오빠는 물고기로 만들고 누이는 양으로 만들어 버렸습니다. 작은 물고기가 된 오빠는 슬픔에 잠겨 헤엄치며 연못을 왔다 갔다 했습니다. 작은 양이 된 누이도 슬픔에 잠겨 풀 이파리 하나 입에 대지 않고 이리저리 풀밭을 돌아다녔습니다. 그렇게 오랜 시간이 흐른 어느 날, 성에 낯선 손님들이 찾아왔습니다. 그러자 나쁜 새엄마는 좋은 기회가 왔다, 생각하고 요리사를 불러 말했습니다.

"풀밭에 있는 양을 잡아라. 손님들에게 대접할 것이 그것밖에 없구나."

요리사는 풀밭에 가서 어린 양을 잡아 부엌으로 끌고 와서 다리를 꽁꽁 묶었습니다. 어린 양은 모든 것을 묵묵히 참았습니다. 요리사는 양을 찔러 죽이려고 칼을 빼 들어 그 자리에서 쓱쓱 갈았습니다. 그때 작은 물고기 한 마리가 하수구 앞쪽에서 왔다 갔다 헤엄치며 요리사를 올려다보았습니다. 그 물고기는 오빠였습니다. 요리사가 어린 양을 끌고 가는 것을 보자 물고기는 물속을 헤엄쳐 집까지 따라온 것입니다. 어린 양이 내려다보며 소리쳤습니다.

"아아, 깊은 물에 사는 오빠야,
　내 가슴이 얼마나 아픈지!
　요리사가 쓱쓱 칼을 갈아,
　내 심장을 찌르려고 해."

그러자 작은 물고기가 대답했습니다.

"아아, 위에 있는 누이야,
　내 가슴도 얼마나 아픈지!
　이 깊은 물 속에서!"

요리사는 어린 양이 말을 할 수 있는데다 작은 물고기와 그토록 애절하게 이야기를 주고받는 것을 보고 깜짝 놀랐습니다. 분명 진짜 양이 아니라 나쁜 여자의 마법에 걸린 양일 거라는 생각이 들었습니다. 요리사가 말했습니다.

"진정해라. 널 잡지 않을 테니."

요리사는 다른 짐승을 잡아 손님상을 차리고 어린 양은 마음씨 고운 시골아낙네에게 끌고 갔습니다. 요리사는 아낙네에게 보고 들은 대로 이야기했습니다. 그런데 그 아낙네는 어린 누이를 키워준 유모였습니다. 그래서 누가 그런 짓을 했는지 단박 알아챘죠. 유모는 어린 양을 데리고 지혜의 여인을 찾아갔습니다. 지혜의 여인이 어린 양과 작은 물고기를 위해 축복을 빌어주자 오누이는 다시 사람의 모습으로 돌아왔습니다. 지혜의 여인은 오누이를 커다란 숲에 있는 작은 집으로 데려갔고 그곳에서 오누이는 단둘이서 아주 행복하게 살았답니다.

◆142◆
지멜리 산

옛날에 두 형제가 있었는데 형은 부자였고 동생은 가난했습니다. 하지만 부자인 형은 가난한 동생에게 아무것도 주지 않았습니다. 가난한 동생은 곡물 장사를 하며 겨우겨우 끼니를 이어가고 있었습니다. 장사가 안되어 아내와 아이들이 먹을 빵이 없을 때도 종종 있었습니다. 어느 날, 동생은 손수레를 끌고 숲을 지나다가 옆쪽으로 커다란 민둥산이 우뚝 서 있는 것을 보았습니다. 한 번도 본 적이 없는 처음 보는 산이라 동생은 멈칫 서서 신기하게 바라보았습니다. 그렇게 서 있는데 저쪽에서 험상궂게 생긴 커다란 사내들 열두 명이 우르르 몰려왔습니다. 순간 동생은 도둑들인 줄 알고 손수레를 덤불 속에 확 밀어 넣고 나무 위로 올라가 무슨 일인지 가만히 기다렸습니다. 열두 명의 사내들은 산 앞에 가서 소리쳤습니다.

"젬지 산아, 젬지 산아, 열려라."

그러자 민둥산 한가운데가 양쪽으로 쫙 갈라졌습니다. 사내들은 그 안으로 들어갔습니다. 다 들어가고 나자 산은 다시 닫혔습니다. 그런데 잠시 뒤, 산이 다시 열리며 사내들이 등에 무거운 자루를 지고 나왔습니다. 모두 밖으로 나오자 사내들은 또 이렇게 말했습니다.

"젬지 산아, 젬지 산아, 닫혀라."

그러자 갈라진 산이 하나로 합쳐졌습니다. 입구도 보이지 않았습니다. 그리고 사내들은 그곳을 떠났습니다. 사내들이 눈앞에서 완전히 사라지자 동생은 나무에서 내려왔습니다. 도대체 산속에 무엇이 숨겨져 있는지 무척 궁금했습니다. 동생은 산 앞에 가서 말했습니다.

"젬지 산아, 젬지 산아, 열려라."

그러자 산이 또 쫙 열렸습니다. 동생은 안으로 들어갔습니다. 산 전체가 금은으로 가득한 동굴이었습니다. 뒤에는 진주들과 반짝거리는 보석들이 곡식을 쏟아놓은 듯 수북이 쌓여있었습니다. 동생은 그것을 보고 어찌해야 할지 몰랐습니다. 보석을 가져가도 되는 건지 아닌지 생각하다가 마침내 금만 호주머니에 가득 넣고 진주와 보석은 그대로 놔뒀습니다. 동생은 다시 밖으로 나와 말했습니다.

"젬지 산아, 젬지 산아, 닫혀라."

그러자 산이 닫혔고 동생은 다시 손수레를 끌고 집으로 돌아왔습니다. 이제 걱정거리가 없었습니다. 금을 가지고 아내와 아이들이 먹을 빵도 살 수 있었고 포도주까지 살 수 있었으니까요. 동생은 즐겁고 성실하게 살면서 가난한 사람들도 도와주고 모두에게 착한 일을 베풀었습니다. 그런데 돈이 다 떨어지자 동생은 부자 형에게 커다란 됫박을 하나 빌려 금을 또 가득 가져왔습니다. 하지만 보물 무더기에는 손도 대지 않았습니다. 세 번째로 금을 가지러 가려고 동생은 형에게 또 됫박을 빌렸습니다. 오래전부터 동생의 많은 재산이랑 아름답게 꾸며놓은 집 안을 보고 배 아파하던 형은 도무지 영문을 몰랐습니다. 어떻게 부자가 되었는지, 됫박을 빌려서 어디에 쓰는지 참 궁금했습니다. 그래서 잔꾀를 부려 됫박 바닥에 역청을 발라놓았습니다. 그런데 도로 돌려받은 됫박에 금화 한 닢이 딱 붙어있는 것이 아닙니까. 형은 동생을 찾아가 물었습니다.

"됫박으로 무엇을 되었니?"

동생이 말했습니다.

밀과 보리요."

그러자 형은 금화를 보여주며 사실 그대로 말하지 않으면 재판소에 신고하겠다고 으름댔습니다. 동생은 무슨 일이 있었는지 다 털어놓았습니다. 부자 형은 곧바로 마차를 준비시켜 달려갔습니다. 이번 기회에 다른 보물도 가져오겠다는 속셈이었습니다. 형은 산 앞에서 소리쳤습니다.

"젬지 산아, 젬지 산아, 열려라."

산이 열렸습니다. 안으로 들어갔더니 바로 눈앞에 금은보화가 무더기로 널려있었습니다. 형은 무엇부터 집어야 할지 몰랐습니다. 이윽고 형은 보석들을 들 수 있을 만큼 마구 쓸어 담았습니다. 그리고 다시 나가려고 하는데 산 이름이 생각나지 않았습니다. 보물에 정신이 팔린 나머지 깜박했던 것입니다. 형이 소리쳤습니다.

"지멜리 산아, 지멜리 산아, 열려라."

하지만 이름이 틀리니까 산은 굳게 닫힌 체 꿈적도 하지 않았습니다. 형은 덜컥 겁이 났습니다. 하지만 생각하면 할수록 점점 더 혼란스럽기만 했습니다. 금은보화고 뭐고 다 소용이 없었습니다. 저녁이 되자 산이 열리고 열두 명의 도둑이 들어왔습니다. 형을 보자 도둑들은 껄껄 웃으며 소리쳤습니다.

"요놈, 드디어 잡았구나. 두 번이나 여기 들어온 걸 우리가 모를 줄 아느냐? 그동안 널 잡을 수 없었지만, 이젠 나가지 못한다."

그러자 형이 이렇게 소리쳤습니다.

"내가 아니야. 내 동생이 그랬다고."

아무리 살려달라고 애걸복걸 빌어도 무슨 말을 해도 도둑들은 듣지도 않고 형의 머리를 댕강 베어버렸답니다.

◆143◆
여행

옛날에 아들 하나를 둔 가난한 여자가 살았습니다. 그런데 아들이 하도 여행을 하고 싶어 하니까 어머니가 말했습니다.

"어떻게 여행을 하겠다는 거냐? 가지고 갈 돈도 한 푼 없으면서."

아들이 말했습니다.

"제가 알아서 할게요. 늘 이렇게 말할 거예요. 많지 않아요, 많지 않아요, 많지 않아요."

여행길에 나선 아들은 얼마 동안을 걸어가면서 연신 중얼거렸습니다.

"많지 않아요, 많지 않아요, 많지 않아요."

어느 날, 아들은 어부들이 있는 곳에 이르러 이렇게 말했습니다.

"하나님께서 도와주시길! 많지 않아요, 많지 않아요, 많지 않아요."

"뭐라고, 이 녀석아? 많지 않다니?"

어부들은 이렇게 말하고 그물을 끌어 올렸습니다. 그런데 정말 물고기가 조금밖에 없는 것이 아닙니까. 그러자 어부 한 사람이 몽둥이를 들고 젊은이한테 냅다 달려들면서 소리쳤습니다.

"매타작 한번 당해봐라!"

그러면서 젊은이를 때리자 젊은이가 말했습니다.

"그럼 뭐라고 말해야 해요?"

"많이 잡으세요, 많이 잡으세요. 이렇게 말하라고."

젊은이는 얼마 동안 다시 길을 걸으며 연신 중얼거렸습니다.

"많이 잡으세요, 많이 잡으세요."

젊은이는 교수대가 있는 곳에 이르렀습니다. 그런데 사람들이 어떤 불쌍한 죄수의 목을 막 매달려던 참이었습니다. 젊은이가 말했습니다.

"안녕하세요, 많이 잡으세요, 많이 잡으세요."

"뭐라고, 이 녀석아? 많이 잡으라니? 나쁜 사람들이 더 많단 말이냐? 이 정도로는 충분하지 않아?"

젊은이는 또 두들겨 맞았습니다.

"그럼, 뭐라고 해야 해요?"

"이렇게 말해라. 저 불쌍한 영혼을 위로하소서."

젊은이는 다시 얼마 동안 걸어가면서 이렇게 중얼거렸습니다.

"저 불쌍한 영혼을 위로하소서."

젊은이가 도랑을 지나가는데 가죽 벗기는 사람이 말의 가죽을 벗기고 있었습니다. 젊은이가 말했습니다.

"안녕하세요, 저 불쌍한 영혼을 위로하소서!"

"뭐라고? 이 바보 같은 놈아."

사내가 소리치며 가죽 벗기는 갈고리로 젊은이의 뒤통수를 한 대 후려쳤습니다. 젊은이는 눈앞이 빙글빙글 아무것도 보이지 않았습니다.

"그럼 뭐라고 해야 해요?"

"이렇게 말해라. 도랑 속에 있어라, 망할 놈아!"

그러자 젊은이는 길을 걸으며 연신 중얼거렸습니다.

"도랑 속에 있어라, 망할 놈아! 도랑 속에 있어라, 망할 놈아!"

이윽고 젊은이는 사람들이 가득 탄 마차 옆을 지나게 되었습니다. 젊은이가 말했습니다.

"안녕하세요! 도랑 속에 있어라, 망할 놈아!"

그런데 마차가 도랑에 거꾸로 처박히고 말았습니다. 마부는 채찍으로 젊은이를 냅다 후려쳤습니다. 어찌나 세게 때렸는지 젊은이는 엉금엉금 기어서 집으로 돌아왔고, 그 뒤 평생 여행을 떠나지 않았답니다.

◆144◆
어린 당나귀

옛날에 어느 왕과 왕비가 살았습니다. 왕과 왕비는 부자였고 원하는 것은 다 가졌지만, 자식이 없었습니다. 왕비는 날마다 신세타령을 했습니다.

"난 아무것도 자라지 않는 메마른 밭이나 다름없어."

그러던 어느 날, 드디어 하나님이 왕비의 소원을 들어주셔서 아기가 태어났습니다. 그런데 아기는 사람이 아니라 당나귀 새끼였습니다. 왕비는 당나귀 새끼를 보자 울며불며 당나귀를 기르느니 차라리 아이가 없는 게 낫다면서 강물 속 물고기들에게나 던져버리라고 아우성을 쳤습니다. 하지만 왕은 이렇게 말했습니다.

"아니다. 하나님이 보내주신 아이다. 내가 죽으면 뒤를 이어 왕좌에 오를 내 아들이다."

그래서 당나귀는 궁전에서 자라게 되었습니다. 당나귀는 무럭무럭 자랐습니다. 쫑긋 솟은 귀도 쑥쑥 컸고, 활기차고 명랑해서 팔짝팔짝 잘도 뛰어놀았습니다. 당나귀는 특히 음악을 아주 좋아했습니다. 어느 날, 당나귀는 유명한 악사를 찾아가 말했습니다.

"악사님처럼 멋지게 라우테[32]를 연주하고 싶어요. 가르쳐주세요."

그러자 악사가 대답했습니다.

"아, 왕자님, 왕자님이 배우기에는 힘들 것 같습니다. 왕자님 손가락이 너무 커서 라우테에 맞지 않아요. 줄이 다 망가질 겁니다."

하지만 어떤 말도 소용없었습니다. 당나귀는 고집을 부렸고, 마침내 라우테를 배우기 시작했습니다. 당나귀는 열심히 꾸준히 배웠습니다. 나중에는 스승 못지않게 라우테를 잘 연주할 수 있었습니다. 그러던 어느 날, 당나귀 왕자는 생각에 잠긴 채 산책을 하다가 샘물에 이르렀습니다. 당나귀는 물속을 들여다보았습니다. 거울처럼 맑은 물에 당나귀 모습이 어른어른 비쳤습니다. 그제야 자신의 모습을 본 당나귀는 너무 슬펐습니다. 그래서 충성스러운 하인 하나만 달랑 데리고 훌쩍 세상으로 떠났습니다. 둘은 여기저기 돌아다니다가 이윽고 어느 늙은 왕이 다스리는 나라에 이르렀습니다. 늙은 왕에게는 딸이 하나 있었습니다. 눈부시게 아름다운 공주였습니다. 당나귀가 말했습니다.

"여기서 머물자."

당나귀는 성문을 탕탕 두드리며 소리쳤습니다.

"손님이다. 들어가게 문을 열어라."

하지만 문은 열지 않았습니다. 그러자 당나귀 왕자는 자리에 앉아서 두 앞발로 라우테를 아름답게 연주하기 시작했습니다. 순간 눈이 화등잔만 하게 커진 성문 지기가 왕에게 달려가 말했습니다.

"바깥 성문 앞에 당나귀가 앉아서 라우테를 켜는데 마치 명연주자가 연주하는 것 같아요."

---

32 구식 현악기의 일종.

그러자 왕이 말했습니다.

"그 음악가를 들어오라고 하라."

당나귀가 들어왔습니다. 사람들은 라우테 악사를 보고 깔깔 웃어댔습니다. 당나귀는 아래쪽 하인들 자리에 앉아서 식사해야 했습니다. 당나귀 왕자는 기분이 언짢아서 말했습니다.

"난 우리에 사는 그런 당나귀가 아니라 귀한 집 자식입니다."

그러자 사람들이 말했습니다.

"그렇다면 저 군인들 자리에 가서 앉게."

당나귀가 말했습니다.

"아뇨, 임금님 옆에 앉겠습니다."

왕은 껄껄 웃으며 기분 좋게 말했습니다.

"그래, 원하는 대로 하라. 당나귀야, 내 옆으로 오너라."

그런 뒤에 왕은 또 물었습니다.

"당나귀야, 공주가 마음에 드느냐?"

그러자 당나귀는 고개를 돌려 공주를 쳐다보더니 머리를 끄덕이며 말했습니다.

"이루 말할 수 없이 아름다우십니다. 이렇게 아름다운 아가씨는 처음 보았습니다."

왕이 말했습니다.

"그럼 공주 옆에 가서 앉도록 하라."

"예, 기꺼이 그러겠습니다."

당나귀는 이렇게 말하고 공주 옆에 앉아 점잖고 깔끔하게 식사를 했습니다. 품격 있는 당나귀 신사는 한동안 궁전에 머무르게 되었습니다. 하지만 당나귀는 생각했습니다.

'이게 다 무슨 소용이람? 이제 집에 돌아가자.'

슬픔에 젖은 당나귀는 고개를 축 늘어뜨린 채 왕 앞으로 나아가 이제 떠나고 싶다고 말했습니다. 하지만 그새 차츰차츰 당나귀가 좋아진 왕이 말했습니다.

"당나귀야, 무슨 일이냐? 찌푸린 얼굴이 식초를 통째 마시기라도 했더냐. 내 곁에 있어라. 원하는 건 뭐든지 다 주겠다. 금을 원하느냐?"

당나귀는 고개를 가로저으며 말했습니다.

"아니요."

"그럼 보석을 줄까?"

"아니요."

"나라의 절반을 줄까?"

"아뇨, 아닙니다."

그러자 왕이 말했습니다.

"너를 행복하게 해줄 수 있는 게 도대체 무엇이란 말이냐? 아름다운 공주와 결혼하고 싶으냐?"

당나귀가 말했습니다.

"예, 공주님과 결혼하고 싶습니다."

순간 당나귀는 기뻐서 어쩔 줄을 몰랐습니다. 바로 그것을 바랬었으니까요. 곧 성대한 결혼식이 열렸습니다. 밤에 신랑과 신부는 침실로 들어갔습니다. 그런데 왕은 당나귀가 점잖고 바르게 행동하는지 알고 싶었습니다. 그래서 하인에게 침실에 숨어있으라고 했습니다. 그런데 침실에 들어오자마자 당나귀 신랑은 문에 빗장을 질렀습니다. 그리고는 주위를 휘휘 돌아보더니 아무도 없다고 생각했는지 당나귀껍질을 홀러덩 벗어던졌습니다. 그러자 왕자가 아름다운 모습을 드러내며 우뚝 서 있는 것이 아닙니까. 왕자가 말했습니다.

"보세요, 내가 누구인지. 어때요, 당신 남편이 될 자격이 충분하지 않나요?"

신부는 뛸 듯이 기뻐하며 신랑에게 입맞춤했습니다. 신랑을 진심으로 사랑하게 되었죠. 날이 밝아오자 신랑은 벌떡 일어나 당나귀껍질을 다시 뒤집어썼습니다. 그 속에 무엇이 숨겨져 있는지는 누구 한 사람 알 턱이 없었습니다. 곧 늙은 왕이 와서 공주에게 말했습니다.

"어유, 당나귀 사위는 벌써 일어났더냐! 공주는 진짜 사람을 남편으로 맞이하지 못해 슬프지 않으냐?"

"아, 아니에요, 아버지. 남편이 세상에서 가장 멋져 보이고요, 남편을 정말 사랑한답니다. 평생 함께하고 싶어요."

왕은 어리둥절했습니다. 하지만 방에 숨어있던 하인이 와서 그동안 일어났던 일을 모두 이야기하자 왕이 말했습니다.

"도저히 있을 수 없는 일이다."

"그럼 오늘 밤 직접 지켜보십시오. 두 눈으로 직접 보시게 될 겁니다. 임금님, 이렇게 하시죠. 당나귀 껍질을 빼앗아 불에 던져버리세요. 그럼 당나귀도 어쩔 수 없이 원래의 모습을 드러낼 수밖에 없지 않겠습니까."

그러자 왕이 말했습니다.

"그거 좋은 생각이다."

그날 밤, 왕은 두 사람이 잠들자 살그머니 방 안으로 들어가 침대로 다가갔습니다. 그런데 당나귀껍질은 바닥에 떨어져 있고 환히 비치는 달빛 아래 늠름한 젊은이가 고이자고 있었습니다. 왕은 당나귀껍질을 집어 들고 밖으로 나와 불을 세게 피우라고 했습니다. 왕은 활활 타오르는 불에 당나귀껍질을 던지고 완전히 재가 될 때까지 지켜보았습니다. 그리고 껍질을 도둑맞은 당나귀 사위가 어떻게 하려나 보려고 뜬눈으로 밤을 새우며 귀를 기울였습니다. 날이 밝아 첫 햇살이 방에 비쳐들자 푹 잔 젊은이는 일어나서 당나귀껍질을 입으려고 했습니다. 하지만 당나귀껍질을 찾을 수가 없었습니다. 순간 가슴이 쿵 내려앉았습니다. 젊은이는 수심에 찬 얼굴로 이렇게 말했습니다.

"이제 도망치는 길밖에 없구나."

젊은이는 밖으로 나왔습니다. 그런데 바로 앞에 왕이 딱 버티고 서 있다가 말했습니다.

"아들아, 어딜 그렇게 바삐 가느냐? 무슨 생각을 하는 게냐? 여기 있어라. 이토록 아름다운 젊은이를 어찌 보낸단 말이냐. 나라의 절반을 주겠노라. 그리고 짐이 죽으면 온 나라를 가져라."

그러자 젊은이가 말했습니다.

"예, 시작이 좋으면 끝도 좋아야 하는 법, 그리하겠습니다."

늙은 왕은 사위에게 나라 절반을 내주었습니다. 일 년 뒤 왕이 죽자 젊은이는 온 나라를 다스리게 되었습니다. 그리고 아버지가 세상을 뜨자 그 나라까지 이어받아 화려하고 행복한 삶을 누렸다고 합니다.

◈145◈
은혜를 모르는 아들

옛날에 한 남자가 아내와 같이 대문 앞에 앉아있었습니다. 부부는 구운 닭을 앞에 놓고 막 먹으려던 참이었습니다. 그런데 늙은 아버지가 오는 것이 보였습니다. 남자는 얼른 구운 닭을 숨겼습니다. 아버지와 나눠 먹기가 아까워서였습니다. 늙은 아버지는 물 한 모금 얻어 마시고 돌아갔습니다. 아들은 구운 닭을 다시 식탁 위에 올려놓으려고 집어 들었습니다. 그런데 닭이 커다란 두꺼비가 되어있는 것이 아닙니까. 두꺼비는 아들의 얼굴에 펄쩍 뛰어오르더니 찰싹 들러붙어 내려가지를 않았습니다. 누가 떼어내려고 하기만 하면 당장 그 사람의 얼굴로 뛰어오를 듯 매섭게 노려보았습니다. 그래서 아무도 두꺼비를 건드릴 엄두를 못 냈습니다. 배은망덕한 아들은 날마다 두꺼비를 먹여 살려야 했습니다. 그러지 않으면 두꺼비에게 얼굴을 뜯어 먹히니까요. 아들은 쉼 없이 세상을 이리저리 떠도는 신세가 되었답니다.

◆146◆
무

옛날에 두 형제가 있었습니다. 둘 다 병사였는데 형은 부자였고 동생은 가난했습니다. 가난한 동생은 살기가 힘들어 군복을 벗고 농부가 되었습니다. 동생은 밭 한 뙈기를 갈아 무씨를 뿌렸습니다. 씨앗에서 싹이 트더니 팔뚝만 한 무 하나가 자라기 시작했습니다. 무는 갈수록 커지면서 눈에 띄게 쑥쑥 자라났습니다. 어쩌나 큰지 그런 무는 지금껏 본 적이 없었고 앞으로도 볼 수 없을 터였습니다. 단연 무의 여왕이라고 불릴만했습니다. 무는 어마어마하게 커져 그것만으로도 수레가 꽉 찼고 황소 두 마리가 끌어야 할 정도였습니다. 농부 동생은 이 일이 행운인지 불행인지 어찌할 바를 모르다가 이렇게 생각했습니다.

'무를 판다면 그것보다 더 대단한 것을 얻을 수 있겠나. 또 먹어치우자니 작은 무를 먹는 것과 다를 바 없을 거야. 그래, 임금님께 갖다 바치자. 그게 최선이야.'

동생은 황소 두 마리가 끄는 수레에 무를 싣고 궁전으로 가서 왕에게 바쳤습니다. 왕이 말했습니다.

"이 희귀한 것이 도대체 무엇이냐? 별별 신기한 물건들을 많이 보았지만 이런 괴이한 것은 처음이다! 도대체 무슨 씨앗이기에 이런 무가 자라나더냐? 아니면 자네만의 비결이라도 있는 건가? 행운아구나."

그러자 농부 동생이 말했습니다.

"아닙니다. 저는 행운아가 아닙니다. 가난한 병사랍니다. 그런데 먹고살게 없어서 군복을 벗고 농사를 짓고 있습니다. 형이 있는데 형은 부자입니다. 임금님께서도 아시는 사람이죠. 하지만 저는 가진 게 없어서 사람들이 잘 모르지요."

왕은 측은한 생각이 들어 말했습니다.

"자네를 가난에서 벗어나게 해주겠다. 형만큼 부자가 되도록 선물을 주겠노라."

왕은 농부 동생에게 금이며 밭이며 목초지며 가축들을 주었습니다. 동생은 형과는 비교되지 않을 정도로 어마어마한 부자가 되었습니다. 동생이 무 하나로 큰 부자가 되었다는 이야기를 듣자 형은 샘이 났습니다. 어떻게 하면 그런 행운을 잡을 수 있을지 요리조리 궁리를 짜냈습니다. 형은 좀 더 똑똑한 방법을 쓰기로 했습니다. 형은 금과 말들을 가지고 가서 왕에게 바쳤습니다. 그럼 왕이 답례로 훨씬 더 좋은 선물을 줄 것이라는 속셈이었습니다. 무 하나로 그렇게 많은 선물을 동생에게 주었는데, 더욱이 자기에게 주는 선물이야말로 대단할 거라는 생각이었죠. 그런데 왕이 형의 선물을 받고 답례로 준 것은 그 커다란 무였습니다. 그것보다 더 희귀하고 귀한 선물은 없다는 것입니다. 부자 형은 동생의 무를 수레에 싣고 집에 돌아왔습니다. 화가 난 형은 누구에게 화풀이할지 씩씩거리다가 문득 못된 생각을 떠올렸습니다. 동생을 죽여 버리기로 한 것입니다. 형은 그 일을 떠맡아줄 살인자들을 구해 몰래 숨어있으라고 일렀습니다. 그리고 동생에게 가서 말했습니다.

"아우야, 보물이 숨겨진 곳을 알고 있다. 우리 같이 찾아서 나눠 가지자."

동생은 그렇게 하자면서 아무 의심 없이 따라나섰습니다. 하지만 둘이 밖으로 나가자 살인자들이 동생에게 달려들었습니다. 동생을 꽁꽁 묶어 막 나무에 매달려고 하는데 멀리서 말발굽 소리와 함께 노랫소리가 우렁 차게 울려왔습니다. 살인자들은 덜컥 겁이 나서 동생을 자루에 허둥지둥 집어넣고 나뭇가지에 매달고는 냅다 달아나버렸습니다. 대롱대롱 매달린 동생은 가까스로 자루에 구멍을 뚫어 머리만 쏙 내놓았습니다. 그런데 다 가온 사람은 젊은 떠돌이 기능공이었습니다. 젊은이는 노래를 흥얼거리며 말을 타고 숲길을 지나고 있었습니다. 동생은 자루 밑으로 누가 지나가는 것을 보고 소리쳤습니다.

"안녕하세요, 마침 잘 오셨어요."

젊은이는 사방을 두리번거렸지만 어디서 나는 소리인지 알 수가 없었 습니다. 젊은이가 말했습니다.

"누가 날 부르는 거요?"

그러자 나무꼭대기에서 소리가 들렸습니다.

"고개를 들어 위를 보세요. 난 여기 지혜의 자루 속에 있어요. 짧은 시 간에 대단한 것들을 많이 배웠어요. 학교는 아무것도 아니죠! 조금만 더 배우면 공부가 끝나요. 그럼 나무에서 내려올 거예요. 아마 세상 누구도 나만큼 지혜로운 사람은 없을 겁니다. 별자리와 황도 십이궁을 다 아는데 다 바람 방향, 바닷모래, 질병 치료, 약초의 효능, 새와 돌들까지 쫙 꿰뚫고 있지요. 한번 자루에 직접 들어와 보면 지혜의 자루에서 나오는 이 대단 한 능력을 알게 될 겁니다."

다 듣고 난 젊은이는 감탄하며 말했습니다.

"당신을 만난 건 축복이군요! 잠시만 저도 자루에 들어갈 수 없나요?"

그러자 자루 속 동생은 별로 내키지 않는 듯 대답했습니다.

"은혜를 잊지 않는다면 잠시 들어오게 해줄게요. 하지만 한 시간 정도 더 기다리세요. 공부할 게 아직 조금 더 남아있거든요."

젊은이는 얼마 동안 기다렸습니다. 하지만 시간은 너무 더디 갔습니다. 지혜를 배우고 싶어 안달이 난 젊은이는 마침내 자루에 들어가게 해달라고 애원했습니다. 그러자 동생은 못 이기는체하면서 말했습니다.

"지혜의 자루에서 내가 나와야 하니까 줄을 늘어뜨려 자루를 내리세요."

젊은이는 자루를 내려 풀었습니다. 동생이 밖으로 나오자 젊은이가 소리쳤습니다.

"자, 빨리 올려줘요."

그러고는 똑바로 서서 자루 속으로 들어가려 했습니다. 그러자 동생이 말했습니다.

"잠깐, 그렇게 하면 안 돼요."

동생은 젊은이의 머리를 잡더니 거꾸로 자루 속에 밀어 넣고는 자루를 꽉 잡아맸습니다. 그런 다음 지혜를 향한 열정에 불타는 젊은이를 나무에 매달고는 앞뒤로 흔들며 말했습니다.

"어때, 젊은이? 벌써 지혜로워진 것 같지 않나? 좋은 경험이 될 걸세. 더 현명해질 때까지 얌전히 앉아 있거나."

동생은 젊은이의 말을 타고 그곳을 떠났습니다. 하지만 한 시간 뒤 사람을 보내 젊은이를 나무에서 내려주었답니다.

◆147◆
젊어진 노인

옛날에, 예수님이 세상에서 우리와 함께하실 때였습니다. 어느 날 저녁, 예수님은 성 베드로와 함께 어느 대장장이의 집에서 하룻밤을 보내게 되었습니다. 그런데 한 늙고 쇠약한 거지가 대장장이 집에 와서 구걸했습니다. 그러자 베드로가 그것을 보고 불쌍한 마음이 들어 예수님에게 말했습니다.

"주여, 스스로 살아갈 수 있도록 저자의 병을 고쳐주십시오."

그러자 예수님이 부드럽게 말씀하셨습니다.

"대장간 주인, 대장간의 화로를 빌려주시오. 그리고 석탄을 넣어 불도 피워주시구려. 저 병든 노인을 다시 젊게 만들어 주리다."

대장장이는 말씀에 따라 준비했고 성 베드로는 풀떡 풀무질을 했습니다. 불꽃이 활활 타오르사 예수님은 거지 노인을 불길이 빌긇게 이글거리는 화로 한가운데로 밀어 넣었습니다. 그러자 거지 노인은 하나님을 크게 찬양하며 불길 속에서 장미 나무처럼 달구어졌습니다. 예수님은 달구어진 노인을 물통 속에 집어넣었습니다. 물에 푹 잠긴 노인을 알맞게 식히고 예수님은 노인을 축복해주셨습니다. 그러자 놀랍게도 부드럽고 쭉 뻗은 팔팔한 모습이 마치 스무 살 젊은이처럼 보이는 남자가 물통에서 나오는 것이 아닙니까. 그 모든 것을 가까이서 유심히 지켜본 대장장이는 사람들을 모두 저녁 식사에 초대했습니다. 대장장이에게는 늙은 장모가 있었는데 눈도 잘 안 보이는 곱사등이었습니다. 늙은 장모는 젊은이에게 가서 불이 너무 뜨겁지 않더냐고 진지하게 물었습니다. 그러자 젊은이는 불길 속에 앉아있는데 마치 찬 이슬처럼 시원한 게 정말 좋더라고 대답했습니다.

그날 밤 내내 늙은 장모의 귀에는 젊은이의 말이 맴돌았습니다. 이른 아침, 예수님이 대장장이에게 고맙다는 인사를 하고 길을 떠난 뒤 대장장이는 늙은 장모를 젊게 만들 수 있을 것 같았습니다. 어떻게 하는지 모든 것을 꼼꼼히 눈여겨본 터라 자신의 기술로도 충분히 가능하리라는 것이었죠. 그래서 장모를 불러 열여덟 살 아가씨처럼 팔짝팔짝 뛰듯 걷고 싶지 않으냐고 물었습니다. 장모가 말했습니다.

"정말 그러고 싶네."

젊은이도 무사히 해냈으니까요. 대장장이는 불을 크게 지피고 늙은 장모를 화로 속에 밀어 넣었습니다. 그러자 늙은 장모는 이쪽저쪽 몸을 비틀며 끔찍한 비명을 내질렀습니다.

"가만히 좀 있어요. 왜 그렇게 소리를 지르고 뛰고 야단이세요? 지금부터 바람을 세게 불어넣을 거예요."

대장장이는 열심히 풀무질했고 늙은 장모의 누더기에 불이 붙었습니다. 노파는 연신 비명을 질렀습니다. 그러자 대장장이는 뭔가 잘못되어가는 것 같아서 장모를 꺼내 물통에 집어넣었습니다. 장모는 소리소리 질렀습니다. 그러자 위층에 있던 대장장이의 아내와 노파의 며느리가 그 비명을 듣고 계단을 뛰어 내려왔습니다. 노파는 잔뜩 웅크린 채 울부짖으며 물통 속에 누워있었습니다. 얼굴은 일그러지고 쭈글쭈글 주름투성이였습니다. 임신 중이었던 두 여자는 그 모습을 보고 너무 놀라서 바로 그날 밤 사내아이들을 낳았습니다. 그런데 아이들은 사람이 아닌 원숭이 모습을 하고 있었습니다. 아이들은 숲으로 들어가 버렸고 바로 그들이 원숭이의 선조가 되었답니다.

◆148◆
하나님의 동물과 악마의 동물

하나님은 모든 동물을 창조하신 뒤 늑대를 선택하셔서 가까이 두고 기르셨습니다. 그런데 염소를 깜박하고 만들지 않으셨습니다. 그러자 악마가 냉큼 끼어들어 기다랗고 멋진 꼬리를 가진 염소를 만들었습니다. 그런데 염소들이 풀 뜯으러 풀밭에 나가기만 하면 꼬리가 가시덤불에 걸려 꼼짝을 못하는 거였습니다. 그러면 그럴 때마다 악마가 가서 힘들게 꼬리를 풀어주어야 했습니다. 마침내 악마는 너무 짜증이 나서 염소들 꼬리를 모조리 물어뜯어 버렸습니다. 그래서 염소의 꼬리가 요즘처럼 뭉툭하게 된 것입니다.

악마는 염소들이 풀을 뜯어 먹게 혼자 내버려두었습니다. 그러던 어느 날, 하나님이 보시니까 녀석들이 과일나무도 갉아 먹고 귀한 포도 덩굴도 해치고 연약한 식물들까지 망쳐놓는 겁니다. 이것을 안타깝게 여기신 하나님은 자비와 은혜를 베푸셔서 늑대들을 풀어놓았습니다. 늑대들은 금세 염소들을 갈갈이 찢어 죽이고 말았습니다. 악마가 그것을 보고 하나님 앞에 가서 말했습니다.

"당신이 만든 동물이 내 동물을 찢어 죽였습니다."

하나님이 대답하셨습니다.

"어쩌자고 그런 해로운 것들을 만들었느냐!"

악마가 말했습니다.

"그럴 수밖에요! 난 해코지하려는 마음밖에 없는데 내가 만든 것들 또한 어련하겠습니까. 톡톡히 물어내야 합니다."

"알았다. 떡갈나무 잎이 다 떨어지면 그때 오너라. 돈을 준비해두마."

떡갈나무 잎이 다 떨어지자 악마가 찾아와 빚을 갚으라고 했습니다. 그러자 하나님이 말씀하셨습니다.

"콘스탄티노플 근처 교회에 높다란 떡갈나무가 있는데 그 나무에는 아직 잎이 다 달려있다."

악마는 미친 듯 펄펄 뛰면서 냅다 욕설을 퍼붓고는 떡갈나무를 찾아 길을 떠났습니다. 악마는 광야에서 여섯 달을 헤매고 나서야 겨우 떡갈나무를 찾아냈습니다. 그런데 다시 돌아와 보니 그새 다른 떡갈나무에 새로운 잎이 온통 푸르게 피어나있었습니다. 받을 돈이 다 날아간 거죠. 악마는 분통을 터뜨리며 남은 염소들의 눈을 몽땅 뽑아버리고 자신의 눈을 박아 넣었습니다.

그래서 염소들은 모두 악마의 눈을 하고, 물어뜯긴 듯 뭉툭해진 꼬리를 가지게 되었답니다. 또 악마는 염소의 모습을 하고 잘 나타난다는군요.

◆149◆
닭장 속 해

옛날에 한 마술사가 살았습니다. 마술사는 많은 사람에게 둘러싸여 마술을 부리고 있었습니다. 그중에는 수탉이 종종 걸어 나와 무거운 각목을 가벼운 새털처럼 번쩍 들어 등에 져 나르는 묘기도 있었습니다. 그런데 그곳에 방금 네 잎 클로버를 찾은 덕분에 똑똑해진 소녀가 있었습니다. 소녀는 어떤 속임수에도 넘어가지 않았습니다. 소녀는 각목이 한낱 지푸라기임을 단박 알아채고 소리쳤습니다.

"여러분, 잘 보세요. 수탉이 등에 진 건 각목이 아니라 지푸라기예요."

그렇게 하자마자 마법은 홀연 사라졌습니다. 사실을 알게 된 사람들은 마술사를 톡톡히 창피를 주어 멀리 쫓아버렸습니다. 마술사는 속에서 부아가 치밀어 말했습니다.

"반드시 복수하고 말겠다."

세월이 얼마 흐른 뒤 소녀는 결혼하게 되었습니다. 소녀는 신부 옷을 곱게 차려입고 교회로 가려고 결혼행렬에 둘러싸여 들판을 지나다가 냇가에 이르렀습니다. 그런데 냇물이 갑자기 엄청나게 불어났습니다. 다리도 징검다리도 없어서 냇물을 건널 수가 없었습니다. 그러자 신부가 재빨리 드레스를 걷어 올리고 냇물을 건너는데 마술사가 옆에 나타나 빈정거렸습니다.

"쯧! 눈은 어디다 뒀니? 이게 냇물인지 아시나 봐."

소녀의 눈이 번쩍 뜨였습니다. 그런데 소녀가 드레스를 걷어 올린 채 서 있는 곳은 세상에, 파란 꽃이 활짝 핀 아마밭 한가운데였습니다. 이것을 본 사람들은 소녀를 톡톡히 창피를 주어 멀리 쫓아버렸답니다.

◆150◆
거지 할머니

옛날에 한 할머니가 있었습니다. 여러분도 구걸하는 할머니를 본 적이 있죠? 그렇게 이 할머니도 동냥하러 다니는데, 뭐라도 얻으면 이렇게 말하곤 했습니다.

"복 받으세요."

이 거지 할머니가 오늘 어떤 집에 구걸을 왔는데 대문 앞에 친절한 개구쟁이 녀석이 모닥불을 쬐고 있었습니다. 녀석은 덜덜 떨면서 문에 서 있는 불쌍한 할머니를 보더니 말했습니다.

"이리로 와요, 할머니. 몸 좀 녹이세요."

할머니는 불 쪽으로 다가왔습니다. 그런데 너무 가까이 와서 입고 있는 누더기에 불이 붙어버렸습니다. 하지만 할머니는 그것을 알아채지 못했습니다. 그런데 녀석이 서서 빤히 쳐다보고만 있는 게 아닙니까. 아니, 불을 꺼야 하는 거 아니에요? 당연히 불을 꺼야지, 그렇잖아요? 물이 없으면 눈물을 흘려서라도 몸속에 있는 물을 짜내야죠. 흐르는 두 줄기 작은 냇물로도 불을 끌 수 있었을 텐데 말입니다.

◆151◆
게으름뱅이 세 아들

옛날에 아들 셋을 둔 왕이 있었습니다. 왕은 세 아들을 똑같이 사랑했습니다. 하지만 죽은 뒤 어느 아들에게 왕위를 물려주어야 할지 몰랐습니다. 어느덧 죽을 때가 다가오자 왕은 아들들을 침대로 불러 말했습니다.

"얘들아, 이제 너희에게 아비의 생각을 말해주겠다. 너희 중 가장 게으른 사람이 왕위에 오를 것이니라."

그러자 첫째 아들이 말했습니다.

"아버지, 그럼 이 나라는 제 것입니다. 제가 가장 게으르니까요. 누워 자려는데 눈에 물이 한 방울 떨어지면 자고 싶어도 절대 눈을 감지 않아요."

둘째 아들이 말했습니다.

"아버지, 이 나라는 제 것입니다. 제가 얼마나 게으르냐 하면요, 불가에 앉아 몸을 녹이는데 불에 발꿈치를 데더라도 절대 다리를 오므리지 않아요."

셋째 아들이 말했습니다.

"아버지, 이 나라는 제 것입니다. 저는요, 목에 이미 교수대의 밧줄에 감긴 상태에서 누가 날카로운 칼을 손에 쥐여주며 밧줄을 끊으라고 해도 죽으면 죽었지 손을 올리지 않아요."

그러자 아버지가 그 말을 듣고 이렇게 말했답니다.

"네가 가장 게으르구나. 네가 왕이 될지어다."

◆152◆
게으른 열두 하인

온종일 아무 일도 하지 않고 빈둥거리던 열두 하인이 있었습니다. 그들은 저녁에도 일할 생각은 하지도 않고 풀밭에 길게 누워 자신들이 얼마나 게으른지 자랑이랍시고 떠벌리고 있었습니다. 첫 번째 하인이 말했습니다.

"너희가 게으르든 말든 난 관심 없어. 내 게으름에만 신경 쓰거든. 내 몸 돌보는 일이 최우선이니까. 난 적게 먹지는 않아. 그리고 많이 마시는 편이지. 하지만 하루에 네 번 식사하고는 잠시 먹질 않지. 배가 고파 올 때까지 말이야. 그게 제일 편해. 난 아침에 일찍 일어나는 게 싫어. 점심때가 되면 쉴 곳부터 찾기 시작하지. 주인님이 날 부르면 처음엔 못 들은 척해. 그러다가 다시 부르면 좀 기다렸다 일어나서 엄청나게 느리게 걸어가지. 이렇게 하니까 그럭저럭 살만해."

두 번째 하인이 말했습니다.

"나는 말을 돌봐야 하는데 재갈을 물린 채 그대로 놔둬. 하기 싫으면 여물도 주지 않고 벌써 먹였다고 말하지. 그러고는 곡물 창고에서 네 시간 동안 잠을 자. 그런 다음 한쪽 발을 쭉 뻗어서 말의 몸통을 몇 번 쓱쓱 쓸어주면 말 털 솔질도 끝이야. 그런데 뭐하려고 힘들게 일하느냐고. 그런데도 난 내 일이 귀찮고 짜증스럽기만 한데."

세 번째 하인이 말했습니다.

"고생스럽게 일은 왜 해? 해 봤자 다 쓸데없다고. 한번은 볕이 드는 곳에서 자고 있는데 빗방울이 똑똑 떨어지는 거야. 하지만 뭐하러 일어나, 비가 내리라고 하면서 그냥 누워있었지. 그런데 급기야 폭우가 쏟아지더라고. 어찌나 세차게 퍼붓던지 머리카락이 뭉텅 뽑혀 빗물에 씻겨 내려갔어. 머리가 한 군데 뻥 뚫렸다니까. 상처에 반창고를 붙였더니 괜찮아지더군.

그런 상처를 입었던 적이 뭐 한두 번인가."

네 번째 하인이 말했습니다.

"난 일할 때 먼저 힘을 아끼려고 한 시간 정도 빈둥거려. 그런 다음 아주 느긋하게 일을 시작하지. 주위에 날 도와줄 사람이 있는지도 물어보고. 그런 사람이 있으면 일을 다 맡겨버려. 그냥 지켜만 보지만 난 그것도 너무 벅차."

다섯 번째 하인이 말했습니다.

"내 얘기 좀 들어봐! 난 마구간에서 말똥을 치워 수레로 날라야 해. 난일을 시작부터 아주 천천히 해. 쇠스랑으로 말똥을 약간 긁어 담아 반쯤 쳐들고는 우선 십오 분 쉬고 그런 다음 수레에 던져 넣지. 하루에 수레 한 대분 정도 실어 나르면 충분해. 죽으라 일하기는 싫거든."

여섯 번째 하인이 말했습니다.

"너희 부끄러운 줄 알아라. 난 어떤 일이든 겁내지 않아. 하지만 한번 누우면 옷도 안 벗고 삼 주 동안 쭉 누워있어. 뭐하러 신발 끈을 묶어? 신발이 벗겨지든 말든 상관없어. 층계를 올라갈 때는 첫 계단에 한쪽 발을 올려놓고는 천천히 다른 발을 끌어올리지. 그리고 남은 계단을 세어봐. 어디서 쉬어야 할지 알아야 하잖아."

일곱 번째 하인이 말했습니다.

"난 그렇게 못해. 주인님이 일을 어떻게 하는지 주의하거든. 그런데 주인님이 온종일 집에 있지만은 않지. 그렇다고 내가 일을 게을리하지는 않지만 기어 다니듯 몹시 느리게 걸어. 날 앞으로 나아가게 하려면 힘센 사내네 명이 있는 힘을 다해 밀어야 해. 한번은 평상이 있는 곳에 갔는데 여섯사람이 나란히 누워 자는 거야. 그래서 나도 그들 옆에 누워 쿨쿨 잤지. 그런데 날 도저히 깨울 수가 없었나 봐. 집에는 데려와야 했고, 어쩔 수 없이 사람들이 날 떠메고 왔다니까."

여덟 번째 하인이 말했습니다.

"이 중에서 똑똑한 사람은 나밖에 없는 것 같군. 난 앞에 돌이 있으면 그걸 넘으려고 구태여 다리를 들지 않아. 땅바닥에 그냥 누워버리고 말지. 비에 흠뻑 젖고 진흙투성이가 되어 더러워져도 해가 다시 나와 옷을 말려줄 때까지 계속 누워있어. 기껏해야 몸을 뒤집는 정도인데 햇빛을 골고루 받아야 하니까 그러는 거지."

아홉 번째 하인이 말했습니다.

"아무렴, 나보다 더할까! 오늘 빵이 바로 코앞에 있는데도 그걸 집기가 너무 귀찮아서 하마터면 굶어 죽을 뻔했거든. 물병도 바로 옆에 있는데 크고 무거워서 들기가 싫더라고. 차라리 목마른 게 더 낫지. 옆으로 눕는 것도 너무 귀찮아서 온종일 나무토막처럼 뻣뻣이 누워있었지."

열 번째 하인이 말했습니다.

"난 너무 게을러서 몸을 다쳤어. 한쪽 다리가 부러지고 장딴지가 이만큼 부었었다고. 친구들하고 셋이서 마차가 다니는 길가에 누워있었거든. 난 다리를 쭉 뻗고 있었지. 그때 어떤 사람이 마차를 몰고 오더라고. 난 그대로 바퀴 밑에 깔리고 말았어. 물론 다리를 오므리면 괜찮았을 텐데 마차 오는 소리가 안 들렸어. 모기들이 귓가에서 앵앵거리더니 콧구멍으로 쑥 들어와 입으로 다시 나갔거든. 귀찮은데 누가 그 벌레들을 쫓아버리겠느냐고."

열한 번째 하인이 말했습니다.

"어제 난 일을 그만뒀어. 주인님을 위해 무거운 책들을 가져왔다가 도로 가져다 놓고 하는 그런 일인데 더는 그 일을 하고 싶지 않아. 온종일 해도 끝나지를 않더라고. 그런데 솔직히 말하면 주인님이 더 일하지 말고 그만두라고 했어. 주인님 옷에 먼지가 뽀얗게 쌓이고 좀까지 슬었거든. 잘 됐지 뭐."

열두 번째 하인이 말했습니다.

"난 오늘 마차를 몰고 길을 떠났어. 마차 위에 지푸라기를 깔고 잠자리를 만들다가 그만 깜박 잠이 들었는데 눈을 떠보니까 고삐가 미끄러져 나갔는지 손에 없더라고. 말은 거의 고삐가 풀려있고 마구도 없어지고 등 띠도 멍에도 재갈도 온데간데없이 사라진 거야. 누군가 지나가다가 죄다 훔쳐간 거지. 게다가 마차는 진흙 구덩이에 처박힌 채 꼼짝도 안 했어. 나는 마차를 그대로 내버려두고 짚더미 위에 벌러덩 누워버렸지. 결국, 주인님이 직접 와서 마차를 구덩이에서 끌어냈어. 주인님이 오지 않았더라면 난 여기가 아니라 그곳에 누워 편안히 자고 있을 텐데."

◆153◆
양치기 소년

옛날에 양치기 소년이 있었습니다. 소년은 무엇을 물어보든 지혜로운 대답을 해서 이름을 널리 떨치고 있었습니다. 마침내 이 소문은 그 나라 왕의 귀에까지 들어갔습니다. 하지만 왕은 믿을 수가 없어서 소년을 직접 불러 말했습니다.

"짐이 세 가지를 물어보겠다. 만약 세 물음에 다 답하면 너를 친자식처럼 여기고 이 왕궁에서 짐과 함께 살도록 해주겠노라."

소년이 말했습니다.

"세 가지 물음이 무엇입니까?"

왕이 말했습니다.

"첫 번째 물음이다. 이 세상 바다에 물방울이 몇 개 있느냐?"

소년이 대답했습니다.

"임금님, 제가 물방울의 수를 다 셀 때까지 세상의 모든 강물을 막아주십시오. 바다에 물 한 방울도 흘러들지 못하도록 말입니다. 그럼 바다에 물방울이 몇 개 있는지 말씀드리겠습니다."

왕이 말했습니다.

"두 번째 물음이다. 하늘에는 별이 몇 개 있느냐?"

소년이 말했습니다.

"커다란 흰 종이를 한 장 주십시오."

소년은 깃털 펜으로 종이 위에 무수히 많은 깨알 같은 점을 찍었습니다. 빽빽하게 찍힌 점은 거의 보이지도 않았고 그 수도 거의 셀 수 없었습니다. 보기만 해도 눈이 빠질 것 같았습니다. 그러고 나서 소년이 말했습니다.

"하늘에는 이 종이 위에 있는 점만큼이나 많은 별이 있습니다. 세어보시지요."

하지만 아무도 셀 수가 없었습니다. 또 왕이 말했습니다.

"세 번째 물음이다. 영원을 초로 계산하면 몇 초냐?"

양치기 소년이 대답했습니다.

"힌터포메른[33]에 다이아몬드 산이 있는데, 산의 높이도 한 시간 거리이고 산의 둘레도 한 시간 거리, 또 산의 깊이도 한 시간 거리입니다. 그런데 백 년에 한 번씩 작은 새가 날아와 그 산에 대고 주둥이를 문지르죠. 그래서 온 산이 닳아 없어져야만 영원의 일 초가 흐른 겁니다."

그러자 왕이 말했습니다.

"너는 세 가지 물음에 현자처럼 지혜로이 대답했다. 이제 왕궁에서 짐과 함께 살도록 해라. 널 친자식처럼 여길 것이니라."

---

33 발트 해에 면한 북 독일지방 포메른의 동쪽 지역.

◆154◆
은화가 된 별

옛날에 한 작은 소녀가 살았습니다. 부모님도 모두 돌아가시고 소녀는 얼마나 가난한지 방 한 칸도, 침대도 없었습니다. 가진 것이라고는 입고 있는 옷과 빵 한 조각뿐이었습니다. 그 빵도 동정심 많은 어떤 사람이 준 빵이었습니다. 하지만 소녀는 착하고 믿음이 아주 깊었습니다. 세상으로부터 버림받은 소녀는 사랑하는 하나님만을 굳게 믿고 의지하며 들판으로 나갔습니다. 들판에서 소녀는 불쌍한 한 남자를 만났습니다. 남자가 말했습니다.

"먹을 것을 좀 다오. 배가 고파 죽겠구나."

그러자 소녀는 손에 들고 있던 빵을 통째로 내밀며 말했습니다.

"하나님의 축복이 있기를."

소녀는 계속 걸어가다 한 아이를 만났습니다. 아이는 울먹이면서 이렇게 말했습니다.

"머리가 너무 추워요. 머리 덮을 것 좀 주세요."

소녀는 아이에게 쓰고 있던 모자를 벗어주었습니다. 그리고 나서 얼마 동안 걸어가다 또 한 아이를 만났습니다. 그런데 그 아이는 겉옷도 없이 덜덜 떨고 있었습니다. 소녀는 아이에게 겉옷을 벗어주었습니다. 그리고 계속 걸어가다 또 한 아이를 만났는데 아이가 치마를 달라고 했습니다. 소녀는 치마도 벗어주었습니다. 마침내 숲에 이르자 어느덧 날은 저물어 캄캄했습니다. 그런데 또 한 아이가 오더니 속옷을 달라고 했습니다. 그러자 믿음 깊은 소녀는 이렇게 생각했습니다.

'캄캄한 밤이니까 아무도 안 볼 거야. 속옷도 벗어주자.'

그리고 나서 아이에게 속옷마저 벗어주었습니다. 소녀는 발가숭이가 되어 서 있었습니다. 그런데 갑자기 하늘에서 별들이 우르르 쏟아져 내렸습니다. 보니까 단단하고 반짝거리는 은화들이었습니다. 방금 속옷을 벗어주었는데 어느새 소녀는 새 속옷도 입고 있었습니다. 곱디고운 아마로 짠 속옷이었습니다. 소녀는 쏟아진 은화들을 모아서 평생을 부유하게 살았답니다.

◆155◆
도둑맞은 은화

어느 날, 아버지와 어머니와 아이들이 방문을 온 친한 아저씨와 함께 식탁에 앉아 점심을 먹고 있었습니다. 그런데 열두 시 종이 울리자 문이 활짝 열리며 한 어린아이가 들어왔습니다. 아이는 눈처럼 하얀 옷을 입었는데 얼굴도 몹시 창백했습니다. 아이는 주위를 둘러보지도 않고 아무 말 없이 곧장 옆방으로 들어갔습니다. 잠시 후, 방에서 나온 아이는 들어올 때처럼 스르륵 문으로 나갔습니다. 이튿날도 사흗날도 아이는 매번 똑같이 왔다가 사라졌습니다. 마침내 아저씨가 점심때마다 저 방으로 들어가는 귀여운 애는 도대체 누구 아이냐고 물었습니다. 그랬더니 아버지가 대답했습니다.

"난 못 봤는데요. 누구 아이인지도 모르겠고요."

다음 날, 아이가 다시 왔을 때 아저씨는 아버지에게 아이 쪽을 가리켰습니다. 하지만 아버지는 아이를 보지 못했습니다. 어머니와 아이들의 눈에도 아무것도 보이지 않았습니다. 그러자 아저씨는 벌떡 일어나 방문 앞에 가서 문을 빼꼼 열고 들여다보았습니다. 아이는 마룻바닥에 앉아서 손가락으로 마루청 틈새를 열심히 파 뒤집고 있었습니다. 하지만 아저씨를 눈치채자마자 연기처럼 사라져버렸습니다. 아저씨는 무엇을 봤는지, 또 아이가 어떻게 생겼는지 자세히 이야기했습니다. 그러자 어머니가 단박 알아채고 말했습니다.

"아이고, 그 아이는 사 주 전에 죽은 내 자식이에요."

그래서 마루청을 뜯어내고 봤더니 그 밑에 은화 두 개가 놓여있었습니다. 그것은 언젠가 어머니가 가난한 사람에게 주라고 아이에게 준 돈이었습니다. 아이는 그 돈으로 츠비박[34]을 사서 먹고 싶었습니다. 그래서 은화를 마루청 틈새에 숨겨두었죠. 하지만 아이는 무덤에서 편히 잠들 수가 없었습니다. 그래서 점심때마다 은화를 찾으러 왔던 것입니다. 부모님은 그 돈을 가난한 사람에게 주었습니다. 그랬더니 그 뒤로는 아이가 다시 나타나지 않았답니다.

◆156◆
신붓감 고르기

옛날에 결혼하고 싶어 안달이 난 어느 젊은 양치기가 있었습니다. 젊은이는 세 자매를 알고 있었는데 모두 하나같이 예뻐서 신붓감을 고르기가 어려웠습니다. 또 누가 신붓감으로 가장 적당한지 알 수가 없었습니다. 그래서 어머니에게 도움을 청했더니 어머니가 이렇게 말했습니다.

"세 자매를 집에 초대해서 치즈를 대접해라. 그리고 치즈를 어떻게 자르는지 유심히 살펴봐라."

젊은이는 어머니가 시킨 대로 했습니다. 큰언니는 치즈를 껍질째 홀라

---

34 두 번 구워 바삭바삭하고 딱딱한 빵.

당 먹어버렸습니다. 둘째 언니는 껍질을 잘라냈지만, 너무 서두른 탓에 껍질에 치즈가 많이 묻어있는데도 그냥 버렸습니다. 막내는 치즈 껍질을 많지도 적지도 않게 알맞게 벗겨 냈습니다. 젊은이가 모두 어떻게 했는지 어머니에게 이야기하자 어머니가 말했습니다.

"막내를 아내로 맞아들여라."

젊은이는 어머니의 말을 따라 막내와 결혼해서 아주 행복하게 잘 살았답니다.

◆157◆
버려진 아마 섬유

옛날에 어떤 아가씨가 살았습니다. 아가씨는 얼굴은 예뻤지만 게으르고 뭐든 열심히 하려는 마음이 없었습니다. 실을 자을 때 조금만 뭉친 곳이 생겨도 버럭 짜증을 내면서 아마 섬유를 통째로 뽑아내 바닥에 팽개쳐버리곤 했습니다. 그런데 그 집에 열심히 일하는 하녀 아가씨가 있었습니다. 하녀 아가씨는 버려진 아마 섬유를 한데 모아 손질을 해서 매끈한 실을 잣고 리넨을 짜서 아름다운 옷을 만들었습니다. 그런데 한 젊은이가 게으른 아가씨에게 청혼해서 결혼식을 올리게 되었습니다. 결혼식 전날 밤 잔치가 벌어졌는데 부지런한 하녀는 자기가 만든 아름다운 옷을 입고 흥겹게 춤을 추었습니다. 그러자 신부가 말했습니다.

"아이, 팔짝팔짝 춤추는 저 여자애
　내가 버린 아마로 옷을 지어 입었네!"

신랑이 그 말을 듣고 무슨 말이냐고 신부에게 물었습니다. 신부는 저 하녀가 자기가 버린 아마 섬유[35]로 옷을 만들어 입었다고 말했습니다. 그 말에 신랑은 신부가 얼마나 게으른지, 가난한 하녀 아가씨가 얼마나 부지런한지 알게 되었습니다. 그래서 젊은이는 신부를 내버려두고 하녀 아가씨를 아내로 맞아들였답니다.

◆158◆
아빠 참새와 새끼 참새 네 마리

아빠 참새가 새끼 참새 네 마리와 함께 제비 둥지에서 살고 있었습니다. 어느덧 새끼들은 무럭무럭 자라서 혼자 날 수 있게 되었습니다. 그런데 어느 못된 아이들이 와서 둥지를 부숴버렸습니다. 하지만 새끼들은 모두 돌풍을 타고 날아올라 무사히 빠져나올 수 있었습니다. 아빠 참새는 아들들이 걱정되었습니다. 세상의 온갖 위험에 대해 주의를 시키고 혼자 살아가는 법을 제대로 가르쳐주기도 전에 세상으로 나갔기 때문입니다.

어느덧 가을이 되어 많은 참새가 밀밭으로 몰려들었습니다. 그곳에서 아빠 참새는 새끼 참새들을 다시 만나게 되었습니다. 아빠 참새는 기쁨에 넘쳐 새끼들을 집으로 데려왔습니다.

"아이고, 내 새끼들아, 여름 내내 이 아비가 얼마나 걱정을 했는지 모른다. 제대로 가르쳐주기도 전에 바람 속으로 사라졌으니. 지금부터 아비가 하는 말을 잘 새겨듣고 따라야 한다. 특히 어린 새들에게는 늘 커다란 위

---

35 Schlickerlinge, 버려진 아마 섬유: 아마 빗으로 빗질하면서 제거한 짧은 아마 섬유, 예전에는 실 잣기를 배우기 시작하는 소녀들을 위해 보관해두곤 했다.

험이 도사리고 있는 것을 염두에 둬야 한다."

그러고 나서 아빠 참새는 맏아들에게 여름 내내 어디서 무엇을 먹고 살았는지 물었습니다.

"저는 여기저기 정원에서 버찌가 익을 때까지 작은 애벌레와 벌레들을 잡아먹고 살았어요."

그러자 아빠 참새가 말했습니다.

"그래, 아들아, 맛있는 식사가 나쁜 건 아니다. 하지만 몹시 위험할 수도 있으니까 이제부터는 조심해라. 특히 초록빛 나는 기다란 막대기를 든 사람들이 정원을 돌아다닐 때는 조심해야 한다. 속이 비고 위에 작은 구멍이 있는 막대기 말이다."

아들 참새가 말했습니다.

"예, 아버지, 구멍에다 작은 초록 잎사귀를 밀랍으로 붙여놓은 막대기 말이죠?"

"그걸 어디서 보았느냐?"

아들 참새가 말했습니다.

"어떤 상인 집 정원에서요."

아빠 참새가 말했습니다.

"오, 아들아, 상인들은 약삭빠른 사람들이지! 세상살이에 밝은 사람들 주변에서 지냈다면 세상을 살아가는 방법도 충분히 배웠을 거다. 하지만 적당히 해라. 자만하지 말고."

그러고 나서 이번에는 둘째 아들에게 물었습니다.

"넌 어디서 살았느냐?"

둘째 아들이 대답했습니다.

"궁전에 있었어요."

"거기는 참새나 어리숙한 새들이 있을 곳이 못 된다. 금도 많고 벨벳과 비단과 무기와 갑옷, 또 새매[36]나 부엉이나 송골매 따위가 너무 많거든. 귀리를 까부르고 타작하는 마구간이 좋다. 그럼 날마다 마음 편히 곡식을 얻어먹을 수 있을 테니까."

둘째 아들이 말했습니다.

"예, 아버지. 하지만 마부들이 마가목 열매를 미끼로 쓰고 지푸라기로 올가미를 엮어놓으면 올가미에 목이 걸려 꼼짝 못 할 수도 있어요."

아빠 참새가 말했습니다.

"그걸 어디서 보았느냐?"

"궁전에서 일하는 마부들이 그랬어요."

"오, 아들아, 궁전 하인들이 못됐구나! 궁전의 주인들 곁에 살면서 깃털 하나 남기지 않고 왔으면 많이 배운 것이다. 세상을 잘 헤쳐나갈 수 있을 거야. 하지만 조심해라. 영리한 개라도 늑대에게 잡아먹히는 경우가 종종 있단다."

아빠 참새가 이번에는 셋째 아들에게 물었습니다.

"너는 어디서 운을 시험해봤느냐?"

"저는 큰길과 시골 길에서 시작했는데 이따금 곡식 알갱이가 보이더라고요."

아빠 참새가 말했습니다.

"그래, 그것 또한 귀한 양식이지. 하지만 주변에 신경 쓰고 잘 살펴야 한다. 특히 누군가 허리를 구부리고 돌멩이를 집어 들면 얼른 달아나야 한다."

그러자 셋째 아들이 말했습니다.

"맞아요. 하지만 벌써 가슴 속이나 가방 속에 돌을 넣어서 다니면요?"

"그걸 어디서 보았느냐?"

---

36 수릿과의 새.

"광부들이 그랬어요, 아버지. 그들이 막장에서 나올 때 보면 보통 암석 표본을 갖고 나오더라고요."

"광부들, 노동자들, 약삭빠른 사람들! 광부들 주변에 있었다면 보고 배운 게 많겠구나. 가라, 하지만 조심하고 명심해라. 많은 참새가 광부들 손에 죽었다는 것을."

마지막으로 아빠 참새가 막내에게 왔습니다.

"우리 귀염둥이 꼬마야, 넌 가장 어리숙하고 가장 약하다. 늘 그랬으니 내 곁에 있어라. 세상에는 훨씬 사납고 못된 새들이 많단다. 일그러진 부리에다 긴 발톱을 쳐들고 불쌍한 작은 새들을 노리다가 날름 잡아먹는 새들이지. 너와 같은 무리에서 떠나지 말고 나무나 집 같은 곳에 사는 작은 거미나 애벌레를 쪼아 먹어라. 그럼 만족하며 길게 살 것이니."

"사랑하는 아버지, 남에게 폐를 끼치지 않고 살아가는 사람은 늘 부족함이 없을 거예요. 특히 정직하게 얻은 양식에 밤마다 아침마다 마음을 다해 하나님께 감사드리면 새매도 매도 수리도 솔개도 해치지 않아요. 하나님은 숲과 마을에 사는 모든 새의 창조주이시자 보호자시니까요. 어린 까마귀의 비명과 기도까지 들어주시는 분이죠. 하나님이 원하시지 않으면 참새도 굴뚝새도 땅에 떨어지는 법이 없어요."

"그걸 어디서 배웠느냐?"

막내가 대답했습니다.

"돌풍에 휩쓸려 아버지와 헤어지고 나서 교회로 가게 되었어요. 거기서 여름 내내 창문에 붙어있는 파리와 거미를 쪼아 먹으면서 설교를 들었는데, 그런 구절이 있었거든요. 모든 참새의 아버지이신 하나님께서 여름 내내 제게 양식을 주시고, 또 무엇보다도 불행한 일과 잔인한 새들로부터 저를 지켜주셨어요."

"세상에, 그런 일이! 아들아, 교회로 도망가서 거미와 파리를 깨끗이 치위주고 까마귀 새끼들처럼 짹짹거리며 영원하신 창조주에게 너를 맡겼다니. 넌 평화를 누릴 것이다. 아무리 온 세상이 사납고 나쁜 마음을 가진 새들로 가득하더라도 말이다.

> 하나님께 모든 것을 맡긴 자여,
> 묵묵히 참고 견디며 기다리고 기도하며,
> 온화함과 평온함을 잃지 아니하고,
> 믿음을 가지고 양심을 지키는 자여,
> 하나님께서 보호하시고 지켜주시느니라."

◆159◆
게으름뱅이 천국에 관한 이야기

옛날 게으름뱅이들이 살던 시절에 나는 가서 보았습니다. 로마와 라테란[37]은 가느다란 비단 실 끝에 대롱대롱 매달려있었습니다. 빠른 말보다 더 빨리 달리는 발 없는 사람도 있었고, 날카롭게 번뜩이는 칼에 다리가 단숨에 두 쪽이 나버렸습니다. 은빛 코를 가진 어린 당나귀가 날쌘 토끼 두 마리를 쫓아가는 것도 보았습니다. 아름드리 보리수에는 따끈따끈한 팬케이크가 열려있고 앙상하게 늙은 암염소가 마차 백 대분의 돼지기름과 마차 육십 대분의 소금을 거뜬히 등에 지고 나르는 것도 보았습니다. 이 정도 거짓말로는 어림없다고요? 말도 없고 소도 없이 쟁기 혼자 밭을 갈았습니다. 한 살배기 아기가 레겐스부르크에 있는 맷돌 네 개를 트리어까지,

---

37 로마의 옛 교황 궁, 지금은 미술관.

다시 트리어에서 레겐스부르크로 집어 던지는 것도 보았죠. 라인 강을 당당히 헤엄치는 매도 보았고, 너도나도 목청 높여 떠드는 물고기 소리가 하늘을 찌르듯 울려 퍼졌습니다. 깊은 계곡에서 높다란 산꼭대기로 달콤한 꿀이 물처럼 줄줄 흐르지를 않나, 온통 신기한 이야기들뿐이었습니다. 까마귀 두 마리가 풀밭에서 쓱쓱 풀을 베고 모기 두 마리는 다리를 세웠습니다. 비둘기 두 마리는 늑대를 뜯어먹고 아이 둘이서 새끼염소 두 마리를 휙휙 던지며 놀았습니다. 개구리 두 마리가 사이좋게 타작하는 것도 보았습니다. 생쥐 두 마리가 주교를 임명했습니다. 고양이 두 마리가 곰의 혀를 박박 긁고 달팽이는 잽싸게 달려와 사나운 사자 두 마리를 퍽퍽 때려 죽였습니다. 이발사가 여자의 수염을 깎아주고 두 젖먹이가 엄마에게 조용히 하라고 했습니다. 그레이하운드[38] 두 마리가 냇물에서 물레방아를 끌어내는데 늙어빠진 말이 옆에 서서 좋다고 말했습니다. 마당에서는 말 네 마리가 온 힘을 다해 타작했습니다. 염소 두 마리가 화덕에 불을 피우자 빨간 소가 화덕에 빵을 넣었습니다. 그리고 수탉이 이렇게 울었답니다.

"꼬끼오 꼬꼬, 이야기는 여기서 끝이에요. 꼬끼오 꼬꼬."

◆160◆
디트마르쉔[39]의 거짓이야기

여러분, 옛날이야기 하나 해줄게요. 구운 닭 두 마리가 날아가는데, 배는 하늘을 향하고 등은 지옥을 향한 채 빠르게 날더라고요. 또 모루와 맷돌

---

38 경주 및 사냥용 개.

39 디트마르쉔: 독일북부 슐레스비히 홀슈타인 주의 지방.

이 라인 강을 느릿느릿 조용히 헤엄쳐 건넜고, 개구리가 오순절에 얼음 위에 앉아서 보습[40]을 야금야금 먹었습니다. 그리고 세 젊은이가 목발을 짚고 토끼를 잡으러 가는데, 첫 번째 젊은이는 귀머거리이고 두 번째 젊은이는 장님이었습니다. 세 번째 젊은이는 벙어리이고 네 번째 젊은이는 다리를 쓰지 못했죠. 무슨 일이 일어났는지 알고 싶어요? 먼저 장님이 들판을 깡충깡충 달리는 토끼를 보았습니다. 그러자 벙어리가 절름발이에게 소리를 쳤고 절름발이는 토끼의 목덜미를 꽉 잡았습니다. 얼마 뒤 그들은 배를 타고 땅 위를 달리는데 바람 부는 쪽으로 활짝 돛을 펼치고 넓은 들판을 가로질러 달렸습니다. 하지만 높다란 산 위를 향해하다가 비참하게 물에 빠져 죽었습니다. 게가 달아나는 토끼를 뒤쫓고 암소가 높은 지붕 위로 올라가 떡하니 누웠습니다. 그 나라의 파리들은 이곳 염소만큼이나 컸답니다.

자, 이제 창문을 활짝 열어주세요. 거짓말이 다 날아가도록.

◆161◆
수수께끼 이야기

들판의 꽃으로 변한 세 여자가 있었습니다. 그런데 그중 한 사람은 자기 집에서 밤을 보낼 수 있었습니다. 날이 밝아오자 여자는 다시 들판의 친구들 곁으로 돌아가 꽃이 되어야 했죠. 여자가 남편에게 말했습니다.

"오늘 오전에 들판으로 나와 저를 꺾으세요. 그럼 저는 마법에서 풀려

---

40 농기구의 술 바닥에 끼우는 넓적한 삽 모양의 쇳조각.

나 영원히 당신 곁에 있을 거예요."

남편은 그대로 했습니다. 그런데 남편이 아내를 어떻게 알아봤을까요? 꽃들이 너무 똑같아서 잘 구별할 수 없거든요. 그 답은 이렇습니다. 집에서 밤을 보낸 여자는 들판의 두 여자와는 달리 이슬을 맞지 않았어요. 그래서 남편이 단박 알아봤답니다.

◈162◈
흰눈이와 빨간 장미

어느 가난한 과부가 오두막집에서 외롭게 살고 있었습니다. 오두막집 앞 정원에는 장미 나무 두 그루가 있었는데, 하나는 하얀 장미가 피고 다른 하나는 빨간 장미가 피는 나무였습니다. 과부에게는 꼭 그 장미꽃 같은 딸이 둘 있었습니다. 하나는 흰눈이라고 불렀고 다른 하나는 빨간 장미라고 불렀습니다. 두 아이는 세상 어떤 아이들보다 믿음이 깊고 착하고 부지런하고 성실했습니다. 흰눈이는 빨간 장미보다 조용하고 나긋나긋한 편이었죠. 빨간 장미는 들판을 뛰어다니며 꽃을 꺾거나 나비 잡는 것을 좋아했습니다. 흰눈이는 집에서 어머니를 도와 집안일을 하거나 할 일이 없을 때는 책을 읽어드렸습니다. 두 아이는 사이도 정말 좋아서 밖에 나갈 때는 늘 손을 꼭 잡고 다녔습니다.

"우리 절대로 헤어지지 말자."

흰눈이가 이렇게 말하면 빨간 장미가 대답했습니다.

"그래 죽을 때까지 절대 헤어지지 말자."

그러면 어머니가 말했습니다.

"뭐든 꼭 둘이서 나눠 가져야 한다."

아이들은 종종 숲 속을 돌아다니며 빨간 딸기를 땄습니다. 동물들은 절대로 아이들을 해치지 않았습니다. 오히려 마음 놓고 곁에 와서 놀았습니다. 양배추 잎을 손으로 주면 토끼는 사각사각 잘 받아먹었습니다. 노루는 곁에서 풀을 뜯었고 사슴은 경중경중 즐겁게 지나갔습니다. 새들은 나뭇가지에 앉아 아는 노래는 다 불러주었습니다. 아이들에게는 어떤 사고도 일어나지 않았습니다. 숲에서 너무 오래 놀다가 어쩌다 밤이 되면 이끼 위에 나란히 누워 아침까지 잠을 자기도 했습니다. 어머니도 그것을 알고 아무 걱정하지 않았습니다. 그러던 어느 날, 아이들이 숲 속에서 잠을 자고 아침 햇살에 눈을 떠 보니 웬 아름다운 아이가 반짝반짝하는 하얀 옷을 입고 옆에 앉아있었습니다. 아이는 일어서서 두 소녀를 다정하게 바라보더니 아무 말도 하지 않고 숲 속으로 사라졌습니다. 아이들이 주위를 둘러보니 바로 낭떠러지 옆에서 잠을 잔 것이 아닙니까. 어둠 속에서 몇 발짝만 더 갔으면 영락없이 낭떠러지 밑으로 떨어졌을 것입니다. 어머니는 분명 착한 아이들을 지켜주는 천사였을 거라고 말했습니다.

흰눈이와 빨간 장미는 오막살이집을 늘 깨끗이 가꿔서 집 안을 들여다보면 기분이 상쾌했습니다. 여름에는 빨간 장미가 집을 돌보았는데 아침마다 어머니가 일어나기 전에 꽃다발을 침대 머리맡에 가져다 놓았습니다. 두 장미 나무에서 하나씩 꺾어온 장미꽃들이었죠. 겨울에는 흰눈이가 화덕 불을 지피고 솥을 불 위에 걸어놓았습니다. 놋쇠로 만든 솥은 얼마나 깨끗이 닦았는지 황금빛이 반들거렸습니다. 밤에 눈이 내리면 어머니가 말했습니다.

"흰눈아, 가서 빗장을 걸어라."

모두 불가에 둘러앉으면 어머니는 안경을 끼고 성경 구절을 소리 내어 읽어주었습니다. 그럼 두 소녀는 귀를 기울이며 실을 자았습니다. 옆에는 어린 양이 바닥에 누워있고 뒤쪽 횃대 위엔 흰 비둘기가 날개 밑에 머리를 파묻은 채 앉아있었습니다.

어느 날 밤, 어머니와 두 딸이 오손도손 앉아있는데 집 안으로 들어오려는 듯 누가 문을 똑똑 두드렸습니다. 어머니가 말했습니다.

"빨간 장미야, 얼른 가서 문을 열어라. 잘 곳을 찾는 나그네인 모양이다."

빨간 장미는 가난한 사람이려니 생각하고 빗장을 열었습니다. 하지만 사람이 아니었습니다. 시커먼 곰이 그 커다란 머리를 문 사이로 쑥 들이미는 것이었습니다. 빨간 장미는 소리를 지르며 펄쩍 뒤로 물러섰습니다. 어린 양은 매애 울고 작은 비둘기는 파드득 날아올랐습니다. 흰눈이도 어머니 침대 뒤로 숨었습니다. 그런데 곰이 말했습니다.

"무서워하지 마세요. 해치지 않을 테니. 얼어 죽을 것 같아서 몸 좀 녹이려고요."

그러자 어머니가 말했습니다.

"아이고 불쌍해라. 이리로 와서 불 옆에 앉아라. 털이 타지 않게 조심하고."

그러고 나서 어머니는 소리쳤습니다.

"흰눈아, 빨간 장미야, 이제 나오너라. 곰이 해치지 않는다는구나. 진심인 거 같다."

그러자 두 아이는 밖으로 나왔습니다. 어린 양과 작은 비둘기도 차츰 가까이 다가왔고 더는 무서워하지 않았습니다. 곰이 말했습니다.

"얘들아, 털에 묻은 눈을 좀 털어줘."

아이들은 빗자루를 가져와 털을 싹싹 쓸어주었습니다. 곰은 몸을 쭉 피고 기분 좋게 그르렁거렸습니다. 아이들은 곧 서먹서먹한 곰과 친해져 장난을 치기 시작했습니다. 손으로 털을 쑥 잡아당기기도 하고 등위에 조그만 발을 올려놓고 곰을 이리저리 밀치기도 하고 개암나무 회초리로 찰싹 때리기도 했습니다. 곰이 으르렁대도 아이들은 깔깔 웃기만 했습니다. 곰은 아이들이 하고 싶은 대로 내버려두었습니다. 하지만 장난이 너무 지나치다 싶으면 이렇게 소리쳤습니다.

"얘들아, 살려줘!
흰눈아, 빨간 장미야,
신랑감을 때려죽이면 되겠니."

잘 시간이 되어 아이들이 침대에 들자 어머니는 곰에게 말했습니다.
"화덕 옆에 편히 누워 자라. 추위와 고약한 날씨를 피할 수 있을 거다."
날이 밝자마자 두 아이는 곰을 밖으로 내보내 줬습니다. 곰은 성큼성큼 눈을 밟으며 숲으로 들어갔습니다. 그때부터 곰은 매일 저녁 같은 시간에 와서 화덕 옆에 누워 아이들이 맘껏 장난치며 놀도록 해주었습니다. 아이들은 곰과 아주 친해져서 시커먼 놀이 친구가 오기 전에는 절대 문을 닫아걸지 않았습니다.

어느덧 봄이 오고 바깥이 온통 초록색으로 물든 어느 날 아침, 곰이 흰눈이에게 말했습니다.
"이제 떠날 때가 되었다. 여름 내내 못 올 거야."
흰눈이가 물었습니다.
"어디로 가는데, 곰아?"
"숲에 가서 나쁜 난쟁이들이 내 보물을 훔쳐 가지 못하도록 지켜야 해. 겨울에는 땅이 꽁꽁 얼어붙어 난쟁이들이 밖으로 못 나오고 땅속에 있어야 한단다. 하지만 이제 따사해진 햇볕에 땅이 녹아 말랑말랑해졌으니 땅속에서 나와 보물을 훔쳐갈 거야. 일단 난쟁이들이 손에 넣어 땅굴에 숨겨 놓은 것들은 다시 햇빛보기가 쉽지 않아."
곰과 헤어지자니 흰눈이는 몹시 슬펐습니다. 흰눈이가 빗장을 열자 곰은 밖으로 나왔습니다. 그런데 나오다가 그만 갈고리에 걸려 털가죽이 한 조각 찢겨나갔습니다. 그런데 흰눈이의 눈에는 그게 마치 반짝이는 금처럼 보였지만 정말 금인지 확실하지는 않았습니다. 그새 곰은 부랴부랴 나무 뒤로 사라져버렸습니다.

얼마 뒤 어머니는 마른 나뭇가지를 주워오라고 아이들을 숲으로 내보냈습니다. 숲 속에서 아이들은 바닥에 쓰러져있는 커다란 나무를 보았습니다. 그런데 뭔가 나무둥치에서 팔짝거리고 있었는데 그게 뭔지 알 수가 없었습니다. 아이들이 가까이 가보니 쪼글쪼글 늙은 얼굴에 눈처럼 하얀 수염을 길게 늘어뜨린 난쟁이였습니다. 그런데 수염 끝이 나무 틈새에 끼여 줄에 묶인 강아지처럼 이리 팔짝 저리 팔짝 쩔쩔매고 있었습니다. 난쟁이는 불타는 듯 이글거리는 눈으로 아이들을 매섭게 노려보며 소리 질렀습니다.

"뭘 보며 서 있는 거야? 당장 이리로 와서 도와주지 않고."

빨간 장미가 물었습니다.

"어쩌다 이렇게 됐어요, 난쟁이 아저씨?"

난쟁이가 대답했습니다.

"바보 같은 계집애가 호기심은 많아서. 땔감으로 쓰려고 나무를 쪼개다가 그랬다. 통나무를 지피면 음식이 빨리 타잖아. 우린 거칠고 탐욕스러운 너희 인간들처럼 음식을 그렇게 퍼먹지 않아. 아주 조금 먹는다고. 나무 틈새에 쐐기도 잘 박아놓고 모든 게 다 잘 됐는데, 이 망할 놈의 나무가 너무 미끄러워서 갑자기 쐐기가 도로 튕겨 나왔어. 그런데 나무가 너무 빨리 오므라들어서 내 아름다운 하얀 수염을 미처 꺼낼 틈이 없었어. 여기 끼여서 옴짝달싹 못 하게 되었다고. 그런데 멍청한 풋내기들이 와서 웃고 있다니! 에라, 꼴도 보기 싫은 것들아."

아이들은 있는 힘을 다했지만, 수염은 너무 꼭 끼여서 도저히 빼낼 수가 없었습니다. 그러자 빨간 장미가 말했습니다.

"빨리 가서 사람들을 데려올게요."

난쟁이가 투덜거렸습니다.

"얼빠진 멍청이, 사람들은 뭐하러 불러와? 너희 둘도 나한텐 많다고. 더 좋은 생각이 없나?"

흰눈이가 말했습니다.

"너무 조급하게 그러지 마세요. 좋은 생각이 있으니까."

그러고 나서 주머니에서 작은 가위를 꺼내 수염 끝을 싹둑 잘랐습니다. 난쟁이는 풀려나자마자 뿌리들 사이에 있던 금이 가득 든 자루를 와락 움켜잡더니 투덜거렸습니다.

"버릇없는 계집애들, 내 멋진 수염을 잘라 내다니! 망할 것들!"

난쟁이는 자루를 등에 휙 둘러메더니 아이들에게 눈길 한 번 주지 않고 가버렸습니다.

며칠 뒤 흰눈이와 빨간 장미는 요리하려고 물고기를 잡으러 갔습니다. 개울 가까이 갔는데 커다란 메뚜기 같은 것이 물속으로 뛰어들 것처럼 깡충거리고 있었습니다. 아이들이 가까이 가서 보니 그건 다름 아닌 난쟁이였습니다. 빨간 장미가 물었습니다.

"어디 가려고요? 물속으로 들어가려는 건 아니겠죠?"

그러자 난쟁이는 버럭 소리 질렀습니다.

"난 그런 바보가 아니야. 저 망할 놈의 물고기가 날 끌어당기는 게 안 보여?"

난쟁이가 앉아서 낚시하고 있는데 불행히도 바람이 불면서 수염이 그만 낚싯줄에 엉켜버린 것입니다. 그런데 그때 마침 커다란 물고기가 덥석 미끼를 물었습니다. 하지만 난쟁이는 물고기를 끌어당길 힘이 없었습니다. 오히려 물고기가 힘이 더 세서 난쟁이를 물속으로 끌어당겼습니다.

난쟁이는 지푸라기라도 잡겠다는 심정으로 아무거나 꽉 잡고 버텼지만 별로 소용이 없었습니다. 물고기가 움직이는 대로 끌려다니며 금방이라도 물속으로 끌려들어 갈 듯 아슬아슬했습니다. 마침 그때 아이들이 온 것입니다. 아이들은 난쟁이를 꽉 잡고 낚싯줄에 엉킨 수염을 풀려고 했지만, 너무 한데 뒤엉켜 있어서 소용이 없었습니다. 결국, 가위를 꺼내 수염을 잘라내는 수밖에 없었죠. 수염을 약간 잃어버린 난쟁이는 또 호통을 쳤습니다.

"이 두꺼비 같은 것들아. 버르장머리 없이 남의 얼굴을 이렇게 망쳐놓다니. 수염 끝을 뭉텅 잘라놓더니 이제는 가장 멋있는 데를 싹둑 잘라버렸어? 동료들 앞에 어떻게 얼굴을 내밀란 말이냐. 당장 멀리 꺼져버려!"

그러고 나서 갈대 속에서 진주가 든 자루를 꺼내더니 질질 끌고 아무 말 없이 바위 뒤로 사라졌습니다.

얼마 후 어머니는 두 소녀에게 도시에 나가 실과 바늘이랑 레이스와 리본을 사오라고 했습니다. 아이들이 군데군데 커다란 바위 덩어리들이 흩어져있는 황량한 들판을 지나가는데 커다란 새 한 마리가 보였습니다. 새는 아이들 머리 위에서 천천히 맴을 돌다가 점점 밑으로 내려오더니 멀지 않은 곳 바위 옆에 내려앉았습니다. 바로 그 순간 날카로운 비명이 귀청을 찢듯 들려왔습니다. 달려가 보니 놀랍게도 독수리가 낯익은 난쟁이를 채어 날아오르려던 참이었습니다. 동정심 많은 아이들은 난쟁이를 꽉 붙잡고 독수리가 놓아줄 때까지 잡아당겼습니다. 난쟁이는 놀란 가슴을 쓸어내리더니 새된 소리를 질렀습니다.

"좀 조심스럽게 대해줄 순 없느냐? 내 얇은 재킷을 붙들고 늘어져서 온통 찢어지고 구멍이 숭숭 뚫렸잖아. 어설픈 굼벵이들 같으니라고!"

그러고 나서 난쟁이는 보석이 든 자루를 끌고 바위 밑에 있는 땅굴로 들어가 버렸습니다. 아이들은 고마워할 줄 모르는 난쟁이의 태도에 익숙

해 있던 터라 그러려니 하고 가던 길을 계속 갔습니다. 도시에서 볼일을 끝내고 집으로 돌아오던 아이들은 들판을 지나가다 또 난쟁이를 보았습니다. 이렇게 늦은 시간에 아무도 지나다니지 않을 거로 생각한 난쟁이는 깨끗한 자리에 보석 자루를 바닥에 쏟아 붓다가 아이들을 보고 깜짝 놀랐습니다. 아이들은 서서 저녁노을 속에서 오색영롱한 빛을 띠며 반짝거리는 보석들을 바라보았습니다.

"입 딱 벌리고 서서 멍하니 뭣들 보는 거냐!"

분노로 잿빛 얼굴이 벌겋게 달아오른 난쟁이가 소리를 빽 질렀습니다. 그런데 계속 욕을 퍼부으려는 바로 그때였습니다. 으르렁거리는 소리가 들리더니 시커먼 곰이 숲에서 달려 나왔습니다. 난쟁이는 화들짝 놀라 도망치려 했지만, 몸을 숨기기엔 곰이 너무 가까이 와 있어 이미 늦어버린 듯했습니다. 난쟁이는 잔뜩 겁에 질려 소리쳤습니다.

"곰 아저씨, 살려주세요. 제가 가진 보물을 다 드릴게요. 저기 있는 아름다운 보석들을 보세요. 제발 목숨만 살려주세요! 작고 비리비리한 저 같은 걸 어디다 쓰시겠어요? 씹을 것도 없을 텐데. 저기 저 못된 계집애들이나 잡아먹어요. 어린 메추라기처럼 통통하고 연한 게 맛있을 거예요."

하지만 곰은 난쟁이의 말은 들은 척도 하지 않고 그 못된 녀석을 앞발로 한 대 냅다 후려쳤습니다. 난쟁이는 죽은 듯 널브러져 꼼짝하지 않았습니다.

흰눈이와 빨간 장미가 달아나자 뒤에서 곰이 소리쳤습니다.

"흰눈아, 빨간 장미야. 두려워하지 마. 기다려. 나하고 같이 가자."

그제야 곰의 목소리를 알아들은 아이들은 우뚝 걸음을 멈췄습니다. 곰이 아이들 곁으로 다가왔습니다. 그런데 곰의 가죽이 훌렁 벗겨지며 곰 대신 황금빛 찬란한 옷을 입은 아름다운 한 젊은이가 떡하니 서 있는 게 아닙니까. 젊은이가 말했습니다.

"나는 왕자다. 그런데 내 보물을 훔친 고약한 난쟁이가 마법을 걸어 날 곰으로 만들어버렸어. 난 숲에서 돌아다니며 난쟁이가 죽을 때를 기다렸지. 그래야 마법에서 풀려날 수 있었거든. 난쟁이는 마땅히 받아야 할 벌을 받은 것이야."

흰눈이는 왕자와 결혼을 했고, 빨간 장미는 그 왕자의 동생과 결혼을 했습니다. 난쟁이가 동굴 속에 모아놓은 수많은 보물도 사이좋게 나눠 가졌습니다. 늙은 어머니는 아이들 곁에서 평화롭고 행복하게 오래오래 살았습니다. 장미 나무 두 그루도 가지고 가서 창문 앞에 심어놓았더니 눈부시게 아름다운 흰 장미와 빨간 장미가 해마다 피어났답니다.

◆163◆
영리한 하인

만약 주인이 시키는 대로만 하지 않고 자신의 지혜를 믿고 따르는 영리한 하인이 있다고 하면, 주인과 그 집안 모두 얼마만큼 행복할까요? 옛날에 바로 그런 하인이 있었는데 한스라는 하인이었습니다. 어느 날, 주인은 하인 한스에게 밖에 나가 잃어버린 소를 찾아오라고 했습니다. 그런데 소를 찾아 나간 한스는 한참이 지나도 돌아오지 않았습니다. 주인은 충성스러운 한스가 몸을 아끼지 않고 열심히 소를 찾고 있으리라 생각했습니다. 하지만 늦도록 돌아오지 않자 주인은 불길한 예감에 걱정되어 직접한스를 찾으러 나갔습니다. 주인은 한참을 헤맨 끝에 드디어 넓은 들판에서 왔다 갔다 뛰어다니는 하인을 발견했습니다. 주인은 하인을 쫓아가서 말했습니다.

"찾아오라는 소를 찾아냈느냐?"

하인이 대답했습니다.

"아뇨, 주인님. 찾지 못했어요. 하지만 찾으려고 하지도 않았어요."

"그럼 뭘 찾았는데, 한스야?"

"더 좋은 건데 다행히도 찾았어요."

"그게 뭔데, 한스야?"

하인이 대답했습니다.

"개똥지빠귀 세 마리요."

주인이 물었습니다.

"개똥지빠귀들은 어디에 있니?"

영리한 하인이 대답했습니다.

"한 마리는 보이고요, 또 한 마리는 들리고요, 나머지 한 마리는 지금 쫓는 중이에요."

이 예화가 보여주듯 주인이 내리는 지시에 마음 쓰지 마세요. 생각나는 대로, 하고 싶은 대로 하세요. 그럼 영리한 한스처럼 지혜롭게 행동하게 될 겁니다.

◆164◆
유리관

가난한 재봉사가 출세해서 명성을 얻는 일이란 있을 수 없다고 절대 말하지 마십시오. 가난한 재봉사라도 다른 건 다 필요 없고 사람만 제대로 만나 잘하면 된다는 것이죠. 옛날에 그런 재봉사가 있었는데 얌전하고 행동이 날랜 수습 재봉사였죠. 재봉사는 이리저리 떠돌아다니다가 어느 날 커다란 숲에서 길을 잃고 헤매게 되었습니다. 밤이 찾아들자 으스스한 외딴 숲에서 잠자리를 찾을 수밖에 없었습니다. 물론 침대처럼 폭신한 이끼 위에서 자면 편하고 딱 좋겠지만, 들짐승들이 무서워 마음이 조마조마할 게 뻔했습니다. 그래서 재봉사는 나무 위에서 하룻밤 지내기로 하고 높다란 떡갈나무를 찾아 꼭대기로 올라갔습니다. 감사하게도 다리미를 가져왔는데, 그게 없었다면 재봉사는 아마 나무꼭대기에 불어오는 세찬 바람에 날려갔을 터입니다.

재봉사는 깜깜한 어둠 속에서 오들오들 떨며 몇 시간을 보냈습니다. 그런데 저쪽 멀지 않은 곳에서 불빛이 깜박깜박 보였습니다. 사람들이 사는 집일 거로 생각한 재봉사는 그곳이 나뭇가지 위보다는 나을 것 같아서 조심조심 나무에서 내려와 불빛을 따라갔습니다. 가다 보니 갈대로 얼기설기 엮어 만든 작은 오두막집이 하나 나왔습니다. 재봉사는 용기를 내어 문을 똑똑 두드렸습니다. 문이 열리고 쏟아져 나오는 불빛 속에 서리가 내린 듯 백발이 성성한 늙은 난쟁이가 색색의 헝겊쪼가리로 더덕더덕 기운 옷을 입고 모습을 드러냈습니다. 난쟁이는 그르렁대며 말했습니다.

"누구냐? 뭘 원하느냐?"

재봉사가 대답했습니다.

"가난한 재봉사예요. 황량한 이곳에서 밤을 맞게 되었어요. 제발 부탁하니 하룻밤만 재워주세요."

하지만 늙은 난쟁이는 퉁명스럽게 대답했습니다.

"가던 길이나 가게. 떠돌이하고는 상종하기 싫으니까. 다른 데 가서 알아보라고."

난쟁이는 다시 집 안으로 들어가려고 등을 돌렸습니다. 하지만 재봉사는 난쟁이의 윗옷 자락을 붙잡고 애걸복걸 매달렸습니다. 그러자 매정하게 거절했던 난쟁이는 마침내 마음을 누그러뜨리고 재봉사를 안으로 들어오게 했습니다. 그리고 재봉사에게 먹을 것을 주고 방 한구석에 아주 좋은 잠자리도 마련해주었습니다.

피곤했던 재봉사는 곧바로 잠이 들어 아침까지 평온히 잤습니다. 시끌벅적한 소리에 놀라 잠이 깨지 않았다면 아마 일어날 생각도 하지 않았을 겁니다. 자고 있는데 갑자기 찢어지는 듯 날카로운 비명과 포효하는 소리가 얇은 벽을 뚫고 귓전을 울렸습니다. 재봉사는 자기도 모르게 용기가 솟아 벌떡 일어나 허겁지겁 옷을 입고 뛰쳐나갔습니다. 밖에 나가 보니까 오두막집 바로 근처에서 커다란 검정 황소와 아름다운 사슴이 맞붙어 피를 튀기며 싸우고 있었습니다. 잔뜩 성이 난 두 짐승은 서로 으르렁대며 미친 듯 덤벼들었습니다. 쿵쿵 구르는 발소리에 땅이 부르르 떨리고 엄청난 포효소리가 하늘 가득 울려 퍼졌습니다. 한참을 싸웠는데도 어느 쪽이 이길지 장담하기가 어려웠습니다. 마침내 사슴이 가지 뿔로 황소의 몸통을 찌르자 황소는 무시무시한 소리를 내지르며 땅에 풀썩 주저앉았습니다. 이내 몇 차례 더 사슴의 공격이 이어지자 황소는 끝내 숨을 거두었습니다. 싸움을 지켜보던 재봉사는 눈이 휘둥그레져 붙박인 듯 서 있었습니다. 재봉사가 미처 달아나기도 전에 사슴이 경중경중 뛰어오더니 재봉사를 그 커다란 뿔로 번쩍 들어 올렸습니다. 생각할 겨를도 없이 사슴은 바람처럼 쌩쌩 내달렸습니다. 산을 넘고 골짜기를 지나 초원과 숲을 거침없이 달렸습니다. 재봉사는 사슴의 가지 뿔을 양손으로 꽉 그러쥐고 자신을 운명에 맡겨버렸습니다. 마치 하늘을 나는 것 같았습니다. 사슴은 가파른 암벽 앞에 와서야 우뚝 멈춰 서더니 재봉사를 조심스레 땅에 내려놓았습니다. 재봉사는 죽었다 살아난 듯 한참 지나서야 겨우 제정신이 돌아왔습니다. 재봉사가 어느 정도 정신을 차리자 옆에 서 있던 사슴은 암벽에 난 문을 뿔로 쿵 들이박았습니다. 그러자 문이 활짝 열리고 시뻘건 불길이 쏟아져 나왔습니다. 뒤이어 뭉게뭉게 따라 나오는 연기가 시야를 가리며 재봉사는 그만 사슴의 모습을 놓치고 말았습니다. 재봉사는 이 외딴곳에서 다시 사람들 곁으로 돌아가려면 어찌해야 할지 또 어디로 가야 할지 막막하기만 했습니다. 재단사가 마음을 정하지 못하고 우두커니 서 있는데 암벽 안쪽에서 목소리가 들렸습니다.

"두려워하지 말고 들어오세요. 해치지 않을 겁니다."

재봉사는 망설이다가 알지 못하는 힘에 이끌려 목소리가 이르는 대로 들어갔습니다. 쇠문을 지나자 크고 넓은 홀이 나왔는데 천장과 벽과 바닥은 반짝반짝 빛나고 매끈한 네모 돌로 되어 있었습니다. 그리고 돌 하나하나마다 알지 못할 기호들이 새겨져 있었습니다. 이 모든 것에 놀란 재봉사가 하나하나 감탄하며 유심히 살펴본 뒤 막 밖으로 나서는데 또 목소리가 들렸습니다.

"홀 한가운데에 있는 돌 위에 올라서세요. 큰 행운이 당신을 기다리고 있어요."

더욱 대담해진 재봉사는 목소리가 시키는 대로 하자 발아래 돌이 푹 내려앉으며 천천히 아래로 내려갔습니다. 다시 탄탄한 땅을 딛고 선 재봉사는 주위를 휘둘러보았습니다. 서 있는 곳은 아까 본 것과 똑같은 크기의 홀이었는데, 구경거리도 즐비했고 감탄할 것도 더 많았습니다. 벽을 오목하게 파서 만든 벽감에는 형형색색의 술이나 푸른 증기가 가득 든 투명한 유리그릇들이 놓여있었습니다. 홀 바닥에는 커다란 유리 상자 두 개가 서로 마주 보고 놓여있었습니다. 호기심이 난 재봉사는 유리 상자 쪽으로 다가갔습니다. 유리 상자 하나를 들여다보니 안에는 농가, 마구간, 헛간 같은 올망졸망한 것들에 둘러싸인 성 비슷한 아름다운 건물이 있었습니다. 모두 작았지만 꼼꼼하게 만들어진 세련된 것들로 숙달된 손으로 조각해 놓은 듯 정교한 솜씨가 단연 돋보였습니다.

다시 한 번 목소리가 들리지 않았다면 재봉사는 아마도 그 경이로운 것들에서 눈길을 떼지 못했을 겁니다. 목소리는 재봉사에게 돌아서서 맞은

편에 있는 유리 상자를 보라고 했습니다. 그런데 세상에, 그 안에는 눈부시게 아름다운 아가씨가 있었습니다. 아가씨를 본 재봉사의 놀라움은 이루 말할 수 없었죠. 아가씨는 화려한 망토처럼 치렁치렁한 금발로 몸을 감싼 채 잠든 듯 누워있었습니다. 눈은 꼭 감겨있었지만 생생한 얼굴빛과 숨을 쉴 때마다 오르락내리락 나풀대는 리본을 보면 살아있는 것이 분명했습니다. 재봉사가 가슴을 두근거리며 아름다운 아가씨를 들여다보고 있는데 갑자기 아가씨가 눈을 번쩍 떴습니다. 재봉사를 본 아가씨는 놀라움과 기쁨에 어쩔 줄 몰라 하며 소리쳤습니다.

"오, 하나님, 드디어 풀려나는군요! 이 감옥을 벗어나게 빨리 좀 도와주세요! 어서요. 유리관의 빗장을 열어주세요. 그래야 제가 나올 수 있어요."

재봉사는 망설이지 않고 아가씨의 말대로 했습니다. 곧 아가씨는 유리 뚜껑을 들어 올리고 밖으로 나와 홀 한쪽 구석으로 달려가서 폭이 넓은 망토를 몸에 둘렀습니다. 아가씨는 돌 위에 앉아 젊은이를 가까이 불렀습니다. 아가씨는 다정히 재봉사의 입술에 입을 맞추고 말했습니다.

"저를 구해주실 당신을 오랜 세월 애타게 기다렸어요. 선하신 하나님께서 당신을 보내셔서 고통을 거두어주시는군요. 고통이 끝나는 바로 오늘, 행복의 문이 열릴 겁니다. 당신은 하나님께서 정해주신 제 남편이에요. 이제 세상의 부와 저의 사랑을 넘치도록 받으시고 맘껏 누리면서 평생을 즐겁고 평화로이 살게 되실 거예요. 이제 앉아서 제 이야기를 들어보세요.

저는 부유한 백작의 딸이었어요. 부모님은 제가 어렸을 때 돌아가셨죠. 부모님의 마지막 유언에 따라 오빠가 저를 키웠어요. 우리는 사이가 아주 좋았어요. 생각하는 것도 좋아하는 것도 똑같아서 우린 결혼하지 말고 죽을 때까지 함께 살자고 약속했어요. 우리 집에는 늘 손님이 끊이지 않았죠. 이웃사람들과 친구들이 자주 우리 집을 방문했고, 우리는 모든 사람을 극진히 대접했어요. 그러던 어느 날 저녁, 한 낯선 사람이 말을 타고 성에 왔어요. 시간이 너무 늦어 다음 마을까지 갈 수 없다며 하룻밤만 재워달라고 했죠. 우리는 공손하고 친절하게 그러라고 했어요. 손님은 저녁 식사를 하면서 이런저런 재미있는 이야기로 우리를 아주 즐겁게 해주었어요. 오빠는 그 손님이 마음에 쏙 들어 며칠 더 묵어가라고 권했고, 손님은 처음 몇 번 사양하더니 마침내 그러겠다고 했어요. 밤이 깊어서야 우리는 자리에서 일어났고 손님을 방으로 안내해주었죠. 몹시 피곤했던 저는 서둘러 푹신한 침대로 파고들었습니다. 막 가물가물 잠이 들었는데 부드럽고 감미로운 음악 소리에 퍼뜩 잠이 깼어요. 그런데 도대체 음악 소리가 어디에서 나는지 모르겠더라고요. 그래서 옆방에서 자는 하녀를 불렀어요. 하지만 놀랍게도 가위에 눌린 듯 알지 못하는 힘에 꽉 눌려 말을 할 수가 없었어요. 목소리가 전혀 나오지 않는 거예요. 바로 그때 침대 옆 희미한 등잔 불빛에 사람의 모습이 보였어요. 그 사람은 단단히 잠긴 두 문을 지나 제 방으로 들어왔죠. 그 사람은 가까이 와서 이렇게 말했어요. 저를 깨우려고 마법의 힘을 빌려 감미로운 음악 소리가 울리도록 했다고요. 또 저에게 마음을 고백하고 청혼하려고 잠긴 문을 열고 직접 들어왔노라고 했어요. 하지만 저는 그 사람의 마술이 너무 불쾌해서 아무 대꾸도 하지 않았죠. 그는 한동안 미동도 않고 서 있었어요. 호의적인 답변을 기다렸겠죠. 하지만 제가 계속 입을 다물고 있었더니 화를 버럭 내면서 콧대를 꺾어놓고 말겠다, 어디 두고 보자 하면서 방을 휙 나가버리더라고요. 저는 불안한 마음에 밤새워 뒤척이다가 아침 무렵에야 겨우 잠이 들었어요. 그리고 눈을 뜨자마자 지난밤에 무슨 일이 있었는지 오빠에게 알리려고 달려갔어요. 그런데 오빠는 방에 없었어요. 시종이 오빠는 동틀 무렵 손님과 함께 사냥을 나갔다고 하더군요.

　순간 좋지 않은 예감이 머리를 스쳤어요. 저는 얼른 옷을 입고 저의 측

대보말에 안장을 얹게 하고는 달랑 하인 하나만 데리고 바람처럼 숲 쪽으로 달려갔어요. 그런데 하인이 탄 말이 넘어지면서 말의 발이 부러지는 바람에 하인은 저를 따라올 수 없었죠. 저는 멈추지 않고 계속 달렸어요. 잠시 뒤 그 사람이 아름다운 사슴 한 마리를 끌고 저를 향해 왔어요. 그에게 오빠는 어디에 두고 왔느냐고 물었지요. 그리고 사슴은 어떻게 된 거냐고요. 그런데 사슴의 커다란 두 눈에서 눈물이 뚝뚝 떨어졌어요. 그 사람은 제 말에 대답도 하지 않고 큰 소리로 웃기 시작했죠. 저는 분통이 터져 권총을 꺼내 그 악당을 향해 한 방 쐈어요. 하지만 가슴에 맞은 총알이 그대로 튕겨 나와 제가 탄 말의 머리에 맞아버렸어요. 저는 말에서 떨어졌고 그 사람이 몇 마디 중얼거리자 의식까지 잃어버렸죠.

정신을 차리고 보니 이 지하 동굴의 유리관에 제가 있더라고요. 마술사는 다시 나타나서 오빠를 사슴으로 만들었고, 우리가 살던 성과 주위의 모든 것들을 작게 만들어 다른 유리 상자에 집어넣었다고 말했어요. 그리고 하인들도 연기로 변하게 해서 유리병에 가두었다고요. 지금이라도 자기 뜻에 따라주면 원래대로 되돌려놓는 것은 식은 죽 먹기라고 말했어요. 유리 상자들을 열기만 하면 모두 다시 원래 상태로 돌아올 것이라고요. 저는 여전히 대답하지 않았죠. 그러자 그는 저를 감옥에 내버려둔 채 사라졌고 저는 깊은 잠에 빠졌어요. 그리고 제 영혼을 스치고 지나가는 그림 중 저에게 가장 커다란 위안을 준 것은 저를 구해주려고 온 젊은 분의 모습이었어요. 오늘 눈을 떴을 때 당신을 보고 이내 제 꿈이 이루어졌다는 것을 알았죠. 다른 것들도 원래대로 돌아가게 저를 도와주세요. 먼저 성이 들어 있는 유리 상자를 저 넓적한 돌 위로 옮겨야 해요."

유리 상자를 옮겨놓자 돌은 아가씨와 젊은이도 태우고 솟아올라 천장 문을 통해 위층 홀까지 올려다 주었습니다. 그곳에서 두 사람은 쉽게 밖으로 빠져나왔습니다. 밖에서 아가씨는 유리 상자의 뚜껑을 열었습니다. 그랬더니 성이며 집이며 농장들이 점점 커지면서 순식간에 원래의 크기로 돌아갔습니다. 두 사람은 다시 지하 동굴로 돌아가 연기로 가득 찬 유리병들을 돌 위로 날라 위로 옮겼습니다. 아가씨가 유리병들을 열자마자 푸른 연기가 뿜어져 나오며 이내 사람들로 변했습니다. 아가씨의 시종들과 주위 사람들이었습니다. 그리고 황소의 모습을 한 마법사를 죽인 아가씨의 오빠가 사람의 모습으로 돌아와 숲에서 나왔을 때, 아가씨의 기쁨은 이루 말할 수 없었습니다. 같은 날, 아가씨는 재단 앞에 서서 행복에 겨워하는 재봉사에게 손을 내밀며 평생을 약속했답니다.

◆165◆
게으름뱅이 하인츠

하인츠는 게을렀습니다. 염소를 몰고 풀밭에 나가는 것 외에는 매일 아무 일도 하지 않았습니다. 그러면서도 저녁때 하루 일을 마치고 집으로 돌아오면 힘들다고 한숨을 푹푹 내쉬며 툴툴거렸습니다.

"정말 고역이야. 해마다 늦가을까지 염소를 몰고 들로 나가야 하니까 힘들어 죽겠네. 잠시 누워 눈 붙일 틈만 좀 있으면 얼마나 좋아! 아니, 턱도 없는 소리지. 녀석이 어린나무들을 해치고, 울타리를 뚫고 정원에 막 들어가고, 아니면 아예 달아나버릴지도 모르니까 잠시라도 눈을 못 떼잖아. 그러니 어떻게 편히 쉬기도 하면서 삶을 즐길 수 있겠냐고!"

하인츠는 앉아서 이런저런 생각을 하며 어깨의 무거운 짐을 어떻게 하면 내려놓을 수 있을까 곰곰 궁리했습니다. 오래도록 생각을 해봤지만, 소용이 없었죠. 그런데 문득 눈에서 비늘이 벗겨지듯 한 가지 생각이 떠올랐습니다. 하인츠가 소리쳤습니다.

"맞아, 바로 그거야. 뚱뚱이 트리네와 결혼하자. 트리네도 염소가 있으니까 내 염소도 같이 몰고 나가라면 되잖아. 더 괴로워할 필요가 없어."

하인츠는 몸을 일으켜 지친 몸을 흐느적거리며 길을 가로질렀습니다. 그리 멀지 않은 곳에 사는 뚱뚱이 트리네의 부모님에게 하인츠는 부지런하고 정숙한 딸과 결혼하고 싶다고 말했습니다. 트리네의 부모는 길게 생각하지 않았습니다. 비슷한 사람들끼리 서로 좋아하는 법이라면서 결혼을 허락했습니다. 그래서 하인츠의 아내가 된 뚱뚱이 트리네는 염소 둘을 몰고 풀밭에 나갔습니다. 이제 하인츠는 하루하루를 즐겁게 보냈습니다. 일하지 않으니까 휴식을 취할 일도 없었습니다. 자신의 게으름이 지겹지만 않으면 다 괜찮았습니다. 어쩌다 한 번 트리네와 같이 염소를 몰고 나가기라도 하는 날에는 이렇게 말했습니다.

"이렇게 하는 이유는 일하고 나서 쉬는 맛이 정말 달콤해서야. 그렇지 않으면 아무 느낌도 없어."

하지만 뚱뚱이 트리네도 하인츠 못지않게 게을렀습니다. 어느 날, 트리네가 말했습니다.

"왜 우리는 이렇게 힘들게 살면서 아까운 청춘을 썩히고 있느냐고요? 이럴 필요가 없잖아요? 염소들도 이웃집에 줘버리는 게 더 낫지 않겠어요? 꿀잠을 자고 있는데 아침마다 매애 울어대며 방해하잖아요. 그 대신 이웃집에서 벌집을 주면 집 뒤꼍 양지바른 곳에 놓아두고 신경 쓰지 않아도 되거든요. 벌들은 돌볼 필요도 없고 들로 데리고 나갈 필요도 없어요. 벌들은 밖으로 날아갔다가 알아서 다시 집을 찾아오고 꿀도 모아오니까 우리는 손 하나 까딱할 필요 없다고요."

그러자 하인츠가 대답했습니다.

"역시 당신은 똑똑해. 당장 당신 말대로 합시다. 게다가 꿀은 염소 젖보다 더 맛도 좋고 영양가도 높고 또 오래 보관할 수도 있으니까."

이웃집 주인은 염소 두 마리를 받고 벌집 하나를 기꺼이 내주었습니다. 벌들은 이른 아침부터 밤늦게까지 쉼 없이 벌집을 들락날락하며 최고의 꿀로 벌집을 가득 채웠습니다. 그래서 가을 무렵에 하인츠는 단지 하나 가득 꿀을 딸 수 있었습니다.

부부는 꿀단지를 침실 벽에 붙은 선반 위에 고이 모셔놓았습니다. 누가 훔쳐갈까 봐, 또 생쥐들이 넘나들까 봐 걱정되어서였죠. 트리네는 불청객이 침입하면 귀찮게 일어나지 않고도 회초리를 집어 쫓아낼 수 있도록 단단한 개암나무 회초리를 바로 침대 옆에 놓아두었습니다.

게으름뱅이 하인츠는 한낮이 되도록 침대에서 나오지 않았습니다. 하인츠가 말했습니다.

"일찍 일어날수록 재산을 갉아먹는 법."

어느 날 아침, 밖은 환하게 밝았는데 침대에 늘어져서 너무 오래 자서 피로한 몸을 쉬어주고 있던 하인츠가 아내에게 말했습니다.

"여자들은 단 것을 좋아한단 말이야. 당신도 꿀을 야금거리잖아. 당신 혼자 다 먹어치우기 전에 새끼를 밴 거위와 바꿔버리는 게 더 낫겠어."

그러자 트리네가 말했습니다.

"그러려면 거위를 돌볼 수 있는 아이가 있어야 해요. 그전에는 절대 안 돼요. 저더러 어린 거위 새끼들에게 들볶이며 쓸데없이 힘을 쓰라고요?"

하인츠가 말했습니다.

"아들이 거위를 돌볼 거 같아? 요즘 아이들은 부모 말을 듣지 않아. 자기들 고집대로 하지. 부모보다 자기들이 더 똑똑하다고 생각하잖아. 소를 찾아오라고 했더니 지빠귀 세 마리를 잡아온 하인 녀석처럼 말이야."

트리네가 말했습니다.

"오, 내가 시키는 대로 하지 않으면 벌을 줘야지요. 회초리로 살이 문드러질 때까지 두들겨 패야죠. 봐요, 여보, 이렇게 때려줄 거예요."

흥분한 트리네는 소리치면서 생쥐들을 쫓아내려고 놓아둔 회초리를 집어 들고 획 한 번 휘둘렀습니다. 그런데 회초리 끝이 불행하게도 침대 위 선반에 있던 꿀단지를 때렸습니다. 꿀단지는 벽에 부딪혀 산산조각이 났고 맛있는 꿀은 바닥으로 줄줄 흘러내렸습니다. 하인츠가 말했습니다.

"거기 새끼 밴 거위가 누워있구먼. 돌볼 필요도 없어. 단지가 내 머리 위로 떨어지지 않은 게 천만다행이지. 운명에 만족해야 해. 그럴만한 이유가 다 있는 거라고."

하인츠는 깨진 단지 조각에 꿀이 조금 묻어있는 것을 보고는 얼른 조각을 집으면서 기쁘게 말했습니다.

"여보, 여기 조금 남아있네. 이거나 맛있게 먹고 많이 놀랐으니 좀 쉽시다. 평소보다 좀 늦게 일어난다고 해서 큰일 날 게 뭐 있겠어, 하루가 긴데."

트리네가 대답했습니다.

"예, 때가 되면 다 이루어지는 법이죠. 옛날에 달팽이가 결혼식에 초대를 받고 길을 떠났는데, 그 부부가 낳은 아이의 세례식 때 도착했대요. 그런데 집 앞 울타리에 걸려 넘어지면서 '서두르는 건 좋지 않다.' 라고 말했잖아요."

◆166◆
괴물 새 그라이프

옛날에 한 왕이 살았습니다. 왕이 다스리는 나라가 어디에 있는지, 왕의 이름이 무엇인지는 모르겠습니다. 왕에게는 아들이 없었고 달랑 딸만 하나 있었습니다. 그런데 공주는 늘 아팠습니다. 어떤 의사도 공주를 고칠 수 없었습니다. 어느 날, 왕은 공주가 사과를 먹으면 건강해진다는 말을 들었습니다. 그러자 왕은 공주의 건강을 되찾아주는 사과를 가져오는 사람은 공주와 결혼할 수 있고, 왕도 될 수 있다고 온 나라에 널리 알렸습니다. 아들 셋을 둔 농부도 그 소식을 듣고 큰아들에게 말했습니다.

"다락방에 올라가 빨갛고 예쁜 사과를 한 바구니 가득 담아 궁전으로 가거라. 공주님이 그 사과를 먹고 건강해질지도 모른다. 그럼 공주님과 결혼해서 왕이 될 수도 있다."

젊은이는 아버지가 시키는 대로 사과를 가지고 길을 떠났습니다. 얼마 후 젊은이는 백발이 성성한 난쟁이를 만났습니다. 난쟁이는 바구니에 무엇이 들었는지 물었습니다. 울리히가 말했습니다. 울리히는 큰아들의 이름입니다.

"개구리 뒷다리요."

난쟁이가 말했습니다.

"그렇다고 하니 그럴 것이다."

그리고 난쟁이는 가버렸습니다. 이윽고 울리히는 성 앞에 이르러 사과를 가져왔는데 공주님이 먹으면 건강해질 것이니 알리라고 했습니다. 왕은 뛸 듯이 기뻐하며 울리히를 데려오라고 했습니다. 그런데 맙소사! 울리히가 바구니를 열었더니 안에는 사과가 아니라 아직도 꿈틀 꿈틀하는 개구리 뒷다리가 들어있는 것이 아닙니까. 왕은 화가 나서 울리히를 집으로 쫓아버렸습니다. 집에 온 울리히는 아버지에게 무슨 일이 있었는지 말했습니다.

그러자 아버지는 둘째 아들 사무엘을 보냈습니다. 그런데 사무엘에게도 똑같은 일이 일어났습니다. 사무엘도 울리히처럼 백발이 성성한 난쟁이를 만났고, 난쟁이는 바구니에 뭐가 들었느냐고 물었습니다. 사무엘이 대답했습니다.

"돼지 털이요."

그러자 백발이 성성한 난쟁이가 말했습니다.

"그렇다고 하니 그럴 것이다."

사무엘은 성 앞에 도착해 사과를 가져왔는데 공주님이 먹으면 건강해질 것이라고 말했습니다. 그러자 문을 지키는 병사들은 사무엘을 들여보내지 않았습니다. 벌써 한 사람이 와서 자기들을 웃음거리로 만들었다고 말했습니다. 하지만 사무엘은 진짜 사과를 가져왔으니 들여보내 달라면서 물러서지 않았습니다. 마침내 병사들은 그 말을 믿고 사무엘을 왕에게 데려갔습니다. 하지만 사무엘이 바구니를 열었더니 안에는 돼지 털밖에 없었습니다. 왕은 노발대발하면서 사무엘을 회초리로 쳐서 쫓아내라고 호통쳤습니다. 사무엘은 집에 와서 무슨 일이 있었는지 말했습니다.

그러자 막내아들이 아버지에게 자기도 사과를 가지고 성에 가도 되느냐고 물었습니다. 사람들은 막내아들을 늘 바보 한스라고 불렀습니다. 아버지가 말했습니다.

"아, 그러셔, 네 녀석이 잘도 하겠구나! 똑똑한 형들도 하지 못한 일을 네가 어떻게 하겠다는 게냐!"

하지만 막내는 물러서지 않았습니다.

"제발, 아버지, 저도 갈래요."

"비켜라, 이 아둔한 녀석아. 더 영리해질 때까지 기다려."

아버지는 이렇게 말하고 등을 돌렸습니다. 하지만 한스는 아버지의 작업복 자락을 붙들고 늘어졌습니다.

"갈래요, 아버지, 저도 가고 싶다고요."

그러자 아버지는 퉁명스레 대답했습니다.

"마음대로 해. 가라. 어차피 되돌아올 텐데."

막내는 아주 좋아서 껑충껑충 뛰었습니다. 아버지가 또 말했습니다.

"바보처럼 굴지 말라고. 넌 어찌 날이 갈수록 점점 더 멍청해지는 게냐?"

하지만 한스는 아무래도 좋았습니다. 마냥 기쁘기만 했습니다. 하지만 날이 벌써 어둑어둑 저물어 오늘 궁전에 갈 수 없으니 아침까지 기다리자고 한스는 생각했습니다. 하지만 밤에 자려고 자리에 누웠는데도 잠이 오지 않았습니다. 깜박 잠이 들면 아름다운 아가씨들과 궁전들과 같은 온갖 것이 나오는 꿈을 계속 꾸었습니다. 다음 날 아침 한스는 길을 떠났습니다. 얼마 후 한스는 희끄무레한 옷을 입은 무뚝뚝한 난쟁이를 만났습니다. 난쟁이는 한스에게 바구니에 뭐가 들었느냐고 물었습니다. 한스가 공주가 먹으면 건강해질 수 있는 사과라고 대답했습니다. 그러자 난쟁이가 말했습니다.

"그렇다고 하니 그럴 것이다."

이윽고 한스는 성에 도착했습니다. 하지만 성문을 지키는 병사들은 한스를 들여보내지 않았습니다. 두 사람이 와서 사과를 가져왔다고 했는데 한 사람은 개구리 뒷다리를 가져왔고 다른 한 사람은 돼지 털을 가져왔다는 것입니다. 하지만 한스는 물러서지 않고 개구리 뒷다리가 아니라 온 나라에서 나는 사과 중 가장 탐스럽고 좋은 사과들을 가져왔으니 들여보내 달라고 했습니다. 한스의 진심 어린 말에 문지기 병사는 거짓말할 사람이 아니라는 생각이 들어 한스를 들여보내 주었습니다. 문지기의 생각은 옳았습니다. 한스가 왕 앞에서 바구니를 열었더니 정말 황금빛 사과들이 들어있었습니다. 왕은 기뻐하며 그것들을 공주에게 갖다 주라고 했습니다. 그리고 조마조마한 마음으로 효과가 어땠는지 보고를 기다렸습니다. 그런데 얼마 지나지 않아 누가 보고를 하러 왔습니다. 누구였을까요? 바로 공주였답니다! 공주는 사과를 먹자마자 건강해져서 침대에서 팔짝 뛰어내렸다고 했습니다. 왕은 얼마나 기뻐했는지 이루 말할 수 없었습니다. 하지만 한스에게 공주를 아내로 주고 싶지 않았습니다. 그래서 한스에게 물에서보다 마른 땅에서 더 잘 나가는 조각배를 만들어야 한다고 했습니다. 한스는 그러겠다고 하고 집으로 돌아가 그동안 있었던 일을 이야기했습니다. 그러자 아버지는 울리히를 조각배를 만들어보라고 숲으로 보냈습니다. 울리히는 휘파람까지 불며 열심히 일했습니다. 해가 중천에 뜨자 회색 난쟁이가 와서 뭘 만들고 있느냐고 물었습니다. 울리히가 대답했습니다.

"나무 주걱이요."

회색 난쟁이가 말했습니다.

"그렇다고 하니 그럴 것이다."

저녁 무렵 울리히는 이제 조각배가 다 만들어졌다고 생각해서 배에 올라탔습니다. 하지만 배 안에는 온통 나무주걱들뿐이었습니다.

다음날 사무엘이 숲으로 갔습니다. 하지만 사무엘에게도 똑같은 일이 벌어졌습니다. 세 번째 날에는 바보 한스가 숲으로 갔습니다. 한스는 열심히 일했습니다. 일하면서 노래를 흥얼거리기도 하고 흥겹게 휘파람을 불기도 했습니다. 한낮 가장 더울 때 난쟁이가 와서 뭘 만들고 있느냐고 물었습니다.

"물에서보다 마른 땅에서 더 잘 나가는 조각배를 만들고 있어요."

그러면서 한스는 조각배를 다 만들면 공주를 아내로 맞이할 수 있다고 말했습니다. 그러자 난쟁이가 또 말했습니다.

"그렇다고 하니까 그럴 것이다."

찬란한 황금빛으로 하늘을 물들이며 해가 뉘엿뉘엿할 무렵 한스도 일을 마쳤습니다. 필요한 모든 것을 갖춘 조각배를 완성한 것입니다. 한스는 조각배를 타고 궁전을 향해 나아갔습니다. 조각배는 바람처럼 쌩쌩 달렸습니다. 하지만 멀리서 지켜보던 왕은 여전히 마음이 내키지 않았습니다. 그래서 이른 아침부터 밤늦게까지 토끼 백 마리를 돌봐야만 공주를 주겠다고 했습니다. 한 마리라도 잃어버리면 공주와 결혼을 할 수 없다고 했습니다. 한스는 좋다고 하고 바로 다음날부터 토끼 떼를 풀밭으로 몰고 가서 한 마리도 달아나지 못하게 정신을 바짝 차리고 돌보았습니다.

그런데 얼마 지나지도 않았는데 성에서 하녀가 나와 손님들을 대접해야 하니까 당장 토끼 한 마리를 달라고 했습니다. 하지만 한스는 무슨 속셈인지 단박 알아챘습니다. 그래서 오늘은 안 되고 내일 손님들에게 토끼 내장요리를 대접하라고 하자 하녀는 고집을 부렸습니다. 나중에는 욕설까지 퍼부었습니다. 마침내 한스는 공주가 직접 온다면 토끼 한 마리를 주겠다고 했습니다. 하녀는 성에 돌아가 그렇게 전했습니다. 그래서 공주가 직접 왔습니다. 그러는 사이에 난쟁이가 또 왔습니다. 난쟁이가 뭘 하고 있느냐고 묻자 한스는 토끼 백 마리를 도망가지 않도록 지키고 있다고 대답했습니다. 그래야 공주님과 결혼해서 왕이 될 수 있다고 말입니다. 그러자 난쟁이가 말했습니다.

"좋다. 피리를 주마. 토끼가 달아나면 피리를 불어라. 그럼 토끼가 다시 돌아올 거다."

공주가 오자 한스는 앞치마에 토끼 한 마리를 담아주었습니다. 하지만 공주가 백 걸음쯤 갔을 때 한스는 피리를 삑 불었습니다. 그러자 토끼가 앞치마에서 톡 뛰어내려 친구들 곁으로 돌아왔습니다. 혹시 여러분들 못 봤어요? 저녁이 되자 토끼 치기 한스는 다시 한 번 피리를 삑 불고 전부 있는지 확인하고는 성으로 몰고 왔습니다. 왕은 한스가 토끼 백 마리를 한 마리도 잃어버리지 않고 어떻게 지킬 수 있었는지 놀랍기만 했습니다. 그럼에도 여전히 한스에게 딸을 주고 싶지는 않았습니다. 왕은 한스에게 그라이프[41]의 꼬리에서 깃털 한 개를 뽑아 와야 한다고 말했습니다. 한스는 바로 길을 떠나 힘차게 걸어갔습니다. 저녁 무렵 어느 성에 이르렀습니다. 한스는 하룻밤 재워달라고 했습니다. 그때는 여관이 없었기 때문이죠. 성주는

---

41 그리스 신화에 나오는 독수리 머리와 날개에 사자 몸을 한 괴물.

흔쾌히 승낙하며 어디 가는 길이냐고 물었습니다. 한스가 대답했습니다.

"그라이프 새를 찾아가는 길입니다."

"오, 그라이프라고요? 사람들이 그러는데 그라이프는 모르는 것이 없다고 하던데요. 내가 마침 무쇠 돈궤의 열쇠를 잃어버렸는데 열쇠가 어디 있는지 물어봐 주면 정말 고맙겠소."

그러자 한스가 말했습니다.

"예, 물론이죠. 그렇게 할게요."

이른 아침 한스가 성을 나와 길을 가는데 다른 성이 나왔습니다. 한스는 그 성에서 또 하룻밤을 묵었습니다. 성 사람들은 한스가 그라이프 새를 찾는다고 하자 성에 병든 딸이 하나 있다고 했습니다. 온갖 치료를 다 했지만 낫지를 않는다고 했습니다. 그래서 그라이프 새에게 딸이 나을 방법을 물어봐 달라고 했습니다. 한스는 기꺼이 그러겠노라며 다시 길을 떠났습니다. 이윽고 한스는 강에 이르렀는데 나룻배가 없었습니다. 그 대신 엄청나게 큰 사내가 사람들을 건네주었습니다. 사내는 한스에게 어디를 가는 길이냐고 물었습니다. 한스가 대답했습니다.

"그라이프 새를 찾아가는 길이에요."

사내가 말했습니다.

"그라이프 새에게 가면 내가 왜 모든 사람을 건네주어야만 하는지 좀 물어봐 줘요."

한스가 말했습니다.

"예, 그래요. 꼭 그러겠어요."

그러자 사내는 한스를 어깨에 메어 강을 건네주었습니다. 마침내 한스는 그라이프 새가 사는 집에 도착했습니다. 그런데 그라이프는 없고 그의 아내만 집에 있었습니다. 그라이프의 아내는 무슨 일로 찾아왔는지 물었습니다. 그래서 한스는 다 털어놓았습니다. 그라이프의 꼬리에서 깃털 한

개를 가져가야 한다고 했습니다. 또 어느 성에서 돈궤 열쇠를 잃어버렸는데 열쇠가 어디 있는지 물어봐야 하고, 또 다른 성에 아픈 딸이 하나 있는데 낫게 해줄 방법을 알아야 한다고 했습니다. 그리고 여기서 멀지 않은 곳 강가에 있는 사내는 사람들을 건네주어야 하는데, 왜 그래야만 하는지 사내가 알고 싶어 한다고 말했습니다. 그러자 아주머니가 말했습니다.

"이봐요, 착한 젊은이. 기독교인은 그라이프와 말을 할 수가 없어요. 그라이프가 다 잡아먹거든요. 하지만 정 원한다면 그라이프의 침대 밑에 숨어있어요. 밤에 그라이프가 깊이 잠들면 위로 손을 뻗어 꼬리 깃털을 뽑아요. 그리고 알고 싶어 하는 것들은 내가 직접 물어볼게요."

한스는 좋다고 하고 침대 밑에 누웠습니다. 저녁 무렵 그라이프가 돌아왔습니다. 그라이프는 방에 들어서면서 말했습니다.

"여보, 사람 냄새가 나는데."

아주머니가 말했습니다.

"예, 오늘 사람이 왔다 갔어요."

그러자 그라이프 새는 더 묻지 않았습니다. 한밤중에 그라이프가 드르렁 코를 골자 한스는 위로 손을 뻗어 꼬리 깃털을 하나 획 뽑았습니다. 그러자 그라이프는 놀라서 벌떡 일어나 말했습니다.

"여보, 사람냄새가 난다니까. 그리고 누가 꼬리를 잡아당긴 것 같다고."

아주머니가 말했습니다.

"꿈을 꿨겠죠. 내가 말했잖아요, 오늘 사람이 왔다 갔다고요. 그런데 별별 이야기를 다 하더라고요. 어느 성에서 돈궤 열쇠를 잃어버렸는데 찾을 수가 없다나 봐요."

그러자 그라이프가 말했습니다.

"어휴, 멍청이들. 나무 헛간의 문 뒤쪽 장작더미 밑에 있는데."

"또 이러더라고요. 어느 성에 아픈 딸이 하나 있는데 낫게 해줄 방법을 모른대요."

그라이프가 말했습니다.

"어휴, 멍청이들. 지하실 계단 밑에 두꺼비 한 마리가 소녀의 머리카락으로 집을 지었어. 머리카락을 도로 찾아오면 건강해질 텐데."

"또 이런 말도 했어요. 어떤 곳에 강이 있는데 한 사내가 누구든 다 건네줘야 한 대요."

그라이프가 말했습니다.

"어휴, 멍청이 같으니. 강 한가운데, 누구 한 사람 내려놓으면 아무도 건네주지 않아도 될 텐데."

이른 아침, 그라이프가 일찍 일어나 나가자 한스는 침대 밑에서 나왔습니다. 아름다운 깃털도 가졌고, 그라이프가 열쇠와 아픈 딸과 사내에 관해 해 준 말도 다 들었습니다. 그라이프의 아내는 한스가 잊지 않도록 처음부터 다시 한 번 더 말해 주었습니다. 한스는 다시 집으로 떠났습니다. 먼저 강가에 있는 사내를 만났습니다. 사내는 당장 그라이프가 뭐라고 했는지 물었습니다. 한스가 먼저 강을 건네주면 말해주겠다고 하자 사내는 한스를 건네주었습니다. 건너편 강기슭에 닿자 한스는 사내에게 누구 한 사람 강 한가운데에 내려놓으면 더는 아무도 건네주지 않아도 된다고 했습니다. 사내는 몹시 기뻐하면서 감사의 표시로 다시 한 번 강을 건넜다가 돌아오게 해주겠다고 말했습니다. 하지만 한스는 싫다고 했습니다. 수고할 필요가 뭐 있겠느냐, 괜찮다면서 다시 길을 떠났습니다. 이윽고 한스는 병든 소녀가 있는 성에 도착했습니다. 한스는 걷지도 못하는 소녀를 어깨에 태우고 지하실 계단을 내려갔습니다. 맨 아래 계단 밑에서 두꺼비집을 찾아 소녀의 손에 쥐여주자 소녀는 등에서 팔짝 뛰어내렸습니다. 그러더니 한스보다 먼저 계단을 뛰어 올라갔습니다. 다시 건강해진 딸을 보고 소녀의 부모는 기뻐서 어쩔 줄 몰라 하며 한스에게 선물로 금이며 은이며, 한스가 원하는 것은 다 주었습니다. 한스는 또 다른 성으로 갔습니다. 성에 도착하자 바로 나무 헛간으로 가서 문 뒤쪽에 있는 장작더미 밑에서 열쇠를 찾아 성주에게 갖다 주었습니다. 성주는 몹시 기뻐하면서 한스에게 고맙다면서 돈궤에 든 금을 잔뜩 내주었습니다.

한스가 돈이며 금은보화며 그 모든 것들을 가지고 오자 왕은 모두 어디서 난 것들이냐고 물었습니다. 한스는 누구든 원하면 그라이프가 다 준다고 대답했습니다. 그러자 왕은 자기도 가져와야겠다고 생각하고 그라이프를 찾아 길을 떠났습니다. 이윽고 왕은 강에 이르렀는데, 바로 한스 다음으로 처음 온 사람이 왕이었습니다. 사내는 왕을 강물 한가운데에 내려놓고는 가버렸습니다. 왕은 물에 빠져 죽었고, 한스는 공주와 결혼해서 그 나라의 왕이 되었답니다.

◆167◆
힘센 한스

옛날에 어떤 부부가 외딴 골짜기에서 외롭게 살았습니다. 부부에게는 아이가 하나밖에 없었습니다. 어느 날, 어머니는 두 살배기 어린 한스를 데리고 전나무 잔가지를 주우러 숲에 갔습니다. 그런데 도둑 두 명이 덤불 속에서 불쑥 튀어나와 어머니와 어린 한스를 붙잡고 인적이 끊긴 어둡고 깊은 숲 속으로 끌고 갔습니다. 불쌍한 한스 어머니는 도둑들에게 제발 놓아달라고 애걸복걸 빌었습니다. 하지만 아무리 애원해도 돌 같은 심장을 가진 도둑들은 들은 척도 하지 않고 어머니와 아이를 억지로 끌고 갔습니다. 딸기나무와 가시덤불을 헤치며 두어 시간쯤 걸었더니 바위가 나왔는데 바위에 문이 나 있었습니다. 도둑들이 문을 똑똑 두드리자 문이 활짝 열렸습니다. 일행은 길고 어두컴컴한 통로를 지나 커다란 동굴에 들어섰습니다. 동굴 안에는 모닥불이 주위를 환히 밝히며 활활 피어오르고 있었습니다. 벽에는 칼이며 사벨 같은 살인 무기들이 불빛에 번득이며 걸려 있었습니다. 동굴 한가운데에는 검은 탁자가 놓여있는데, 또 다른 도둑 네 명이 탁자에 빙 둘러앉아서 카드놀이를 하고 있었습니다. 맨 윗자리에 앉아있던 대장이 한스의 어머니를 보더니 다가와서 해치지 않을 테니 겁내지 말고 마음을 놓으라고 했습니다. 하지만 집안일을 해줘야 한다고 했습니다. 잘만 해주면 편하게 지낼 수 있다면서 어린 한스와 함께 잘 수 있는 침대를 보여주었습니다.

한스 어머니와 한스는 오랜 세월 동안 도둑들과 함께 살았습니다. 어느덧 한스는 무럭무럭 커서 힘세고 씩씩한 소년이 되었습니다. 어머니는 한스에게 옛날이야기를 들려주고, 동굴에서 찾은 기사들에 관한 옛날 책으로 글도 가르쳐주었습니다. 한스가 아홉 살이 되었을 때 한스는 전나무 가지로 묵직한 몽둥이를 하나 만들어 침대 뒤에 숨겨놓았습니다. 그러고 나서 어머니에게 가서 말했습니다.

"어머니, 이제 아버지가 누구인지 말해주세요. 꼭 알아야겠어요."

하지만 어머니는 아무 대답도 하지 않았습니다. 집에 가고 싶어 할까 봐 말해주고 싶지 않았던 것입니다. 나쁜 도둑들이 한스를 보내주지 않을 것이 뻔해서였죠. 하지만 한스가 아버지에게 못 간다는 생각을 하면 가슴이 터질 듯 아팠습니다. 밤에 도둑들이 약탈을 나갔다 돌아오자 한스는 몽둥이를 꺼내 들고 대장 앞에 가서 말했습니다.

"이제 아버지가 누구인지 알아야겠어요. 당장 말해주지 않으면 때려 눕힐 테니까요."

하지만 대장은 킬킬 웃더니 한스의 따귀를 철썩 후려쳤습니다. 한스는 탁자 밑으로 데구루루 굴러떨어졌습니다. 한스는 입을 꾹 다물고 몸을 일으키며 생각했습니다.

'일 년만 더 기다렸다가 다시 시험해보자. 그땐 사정이 달라질 테니.'

일 년이 지나자 한스는 다시 몽둥이를 꺼내 먼지를 닦아내고 이리저리 살피며 말했습니다.

"쓸모 있는 훌륭한 몽둥이야."

밤에 돌아온 도둑들은 포도주를 마셨습니다. 부어라 마셔라 계속 퍼마시더니 드디어 한 사람, 두 사람 고개가 축 늘어졌습니다. 한스는 몽둥이를 가져와 대장 앞에 서서 아버지가 누구인지 말하라고 했습니다. 그러자 대장은 또 한스의 따귀를 철썩 후려쳤습니다. 탁자 밑으로 굴러떨어진 한스는 다시 벌떡 일어나 대장과 도둑들을 몽둥이로 냅다 후려쳤습니다. 도둑들은 널브러져서 팔다리도 꼼짝거리지 못했습니다. 구석에 서서 한스를 지켜보던 어머니는 용감하고 씩씩한 아들의 모습에 놀라고 흐뭇했습니다. 한스는 도둑들을 모두 해치운 다음 어머니에게 말했습니다.

"저의 진심을 아시겠지요? 제 아버지가 누구인지 이젠 알아야겠어요."

어머니가 대답했습니다.

"한스야, 어서 아버지를 찾으러 가자."

두 사람은 대장에게서 동굴문의 열쇠를 빼앗았습니다. 한스는 커다란 밀가루 자루를 가져와 금이며 은이며 귀한 물건들을 눈에 보이는 대로 쓸어 담았습니다. 자루가 가득 차자 한스는 자루를 등에 졌습니다.

두 사람은 동굴을 나섰습니다. 어두운 동굴 속에서 밝은 바깥으로 나오니 푸른 숲이 눈앞에 펼쳐지며 꽃과 새들이 보이고 아침 해는 하늘 높이 떠 있었습니다. 눈이 휘둥그레진 한스는 바보처럼 멍하니 서서 이 모든 것을 바라보았습니다. 어머니가 집으로 가는 길을 찾아냈습니다. 몇 시간을 걸었더니 외딴 골짜기가 나왔고 집이 보였습니다. 문가에 앉아있던 아버지는 아내를 단박 알아보았습니다. 한스가 아들이라는 소리를 듣자 아내와 아들이 이미 오래전 죽은 줄 알았던 아버지는 기뻐서 펑펑 울었습니다. 한스는 열두 살이었지만 아버지보다 머리 하나만큼 더 컸습니다. 방으로 들어가자 한스는 난로 곁에 있는 긴 의자 위에 자루를 쿵 내려놓았습니다. 순간 온 집 안이 우지끈거리며 긴 의자가 부서져 버렸고 방바닥도 푹 내려앉아서 의자 위에 올려놓았던 무거운 자루가 지하실로 떨어졌습니다. 아버지가 소리쳤습니다.

"하나님 맙소사, 이게 웬일이냐? 우리 집이 다 부서졌구나."

"걱정하지 마세요, 아버지. 저 자루 속에 새집을 짓고도 남을만한 것들이 가득하니까요."

아버지와 아들은 곧바로 새집을 짓기 시작했고 가축을 장만하고 땅을 사서 살림을 꾸렸습니다. 한스가 쟁기로 밭을 갈면 소가 쟁기를 끌지 않아도 쑥쑥 앞으로 나갔습니다. 이듬해 봄에 한스가 말했습니다.

"아버지, 돈은 전부 아버지가 가지세요. 대신 백 파운드 정도 무게가 나가는 몽둥이를 하나 만들어주세요."

한스는 아버지가 만들어준 몽둥이를 들고 집을 떠나 여행길에 나섰습니다. 어느 날 한스는 어둡고 깊은 숲에 이르렀는데 어디선가 바스락거리는 소리가 났습니다. 주위를 둘러보니 밑에서 꼭대기까지 새끼줄 꼬이듯 비비 틀린 전나무가 보였습니다. 맨 위를 올려다보니 아주 우람하고 커다란 사내가 전나무를 움켜쥐고 마치 버들가지 비틀듯 비틀어대고 있었습니다.

한스가 소리쳤습니다.

"여보게, 거기서 뭘 하고 있나?"

사내가 대답했습니다.

"어제 해놓은 나무로 새끼줄을 꼬고 있네."

한스는 '괜찮은 친군데. 힘이 무지 세군.'이라고 생각하며 사내에게 말했습니다.

"그만하고 나하고 같이 가세."

사내가 나무에서 내려왔습니다. 한스도 결코 작은 키는 아닌데 사내는 머리 하나만큼 훌쩍 컸습니다. 한스가 말했습니다.

"이제부터 자네를 전나무비틀이라고 부르겠네."

두 사람은 함께 길을 걸어갔습니다. 그런데 탕탕 망치질하는 소리가 났습니다. 한 번 탕할 때마다 땅이 부르르 떨렸습니다. 곧 거대한 바위가 보였습니다. 어떤 거인이 바위 앞에 서서 주먹으로 바위를 탕탕 깨고 있었습니다. 한스가 뭘 하고 있느냐고 물었더니 거인이 대답했습니다.

"밤에 자려고만 하면 곰과 늑대 같은 해로운 동물들이 와서 쿵쿵대며 기웃거린다네. 그러니 잠을 잘 수가 있어야지. 편히 누워서 잠 좀 자려고 집을 짓는 중일세."

한스는 '대단하군, 이 친구도 쓸모 있겠어.'라고 생각하며 사내에게 말했습니다.

"집은 그만 짓고 나하고 같이 가세. 자네를 바위 깨는 사나이라고 부르지."

사내는 그러자고 했습니다. 세 사람은 이곳저곳 숲 속에서 돌아다녔습니다. 그런데 가는 곳마다 들짐승들이 사내들을 보면 화들짝 놀라 달아났습니다. 어느 날 저녁, 세 사내는 외딴 고성에 이르렀습니다. 성안으로 들어간 사내들은 홀에 드러누워 눈을 붙였습니다. 다음 날 아침, 한스가 정원에 내려가서 보니 제멋대로 자란 가시덤불만 무성했습니다. 한스가 이리저리 둘러보며 걸어가는데 멧돼지가 불쑥 튀어나와 한스에게 덤벼들었습니다. 한스가 몽둥이로 한 대 후려치자 멧돼지는 그 자리에서 고꾸라졌습니다. 한스는 멧돼지를 어깨에 둘러메고 돌아와 꼬챙이에 끼워 지글지글 맛있게 구워먹었습니다. 세 사람은 일을 나누어 교대로 하기로 했습니다. 매일 두 사람이 사냥을 나가면 한 사람은 집에 남아 요리를 하고, 고기도 아홉 파운드씩 서로 나누어 먹자고 정했습니다. 첫째 날은 전나무비틀이가 집에 남고 한스와 바위 깨는 사내가 사냥을 나갔습니다. 집에 남은 전나무비틀이가 한창 요리를 하고 있는데 쭈글쭈글하게 늙은 난쟁이가 성에 들어와 고기를 좀 달라고 했습니다. 전나무비틀이가 말했습니다.

"꺼져요, 엉큼한 아저씨. 아저씨 줄 고기가 어디 있어."

그러자 이게 웬일입니까. 작고 초라한 난쟁이가 사내에게 펄쩍 달려들더니 주먹을 마구 날렸습니다. 사내는 미처 손 쓸 틈도 없이 바닥에 나동그라져 헐떡거렸습니다. 난쟁이는 분이 풀릴 때까지 그러다가 돌아갔습니다. 사냥을 나갔던 두 사내가 돌아왔습니다. 하지만 전나무비틀이는 늙은 난쟁이에게 두들겨 맞았다고 말하지 않았습니다. 전나무비틀이는 이렇게 생각했습니다.

'집에 있는 날 저 두 친구도 그 드센 난쟁이와 한 번 붙어봐야 해.'

그다음 날은 바위 깨는 사내가 집에 남았는데, 전나무비틀이처럼 똑같은 일이 벌어졌습니다. 난쟁이에게 고기를 주지 않아 흠씬 얻어맞은 것입니다. 사냥을 나갔다가 저녁에 돌아와 바위 깨는 사내의 꼴을 본 전나무비틀이는 무슨 일이 벌어졌는지 단박에 알아챘습니다. 하지만 두 사람은 아무 말도 하지 않았습니다. 한스도 한 번 뜨거운 맛을 봐야 한다는 속셈이었죠.

그다음 날, 이번에는 한스가 자기 차례여서 집에 남아 부엌에서 일하고 있었습니다. 한스가 한창 솥을 닦고 있는데 아니나다를까 난쟁이가 나타나 고기 한 점 내놓으라고 했습니다. 한스는 생각했습니다.

'불쌍한 난쟁이네. 내 것에서 좀 떼어줘야겠다. 다른 친구들 건 모자라면 안 되니까.'

한스는 난쟁이에게 고기 한 점을 떼어주었습니다. 그런데 다 먹고 난 난쟁이는 또 고기를 달라고 했습니다. 마음씨 고운 한스는 고기 한 점을 또 떼어주면서 아주 맛있는 부위니까 이것만 먹고 그만 가라고 했습니다. 하지만 난쟁이는 또 고기를 달라고 했습니다.

"뻔뻔하기는."

한스는 이렇게 말하고 고기를 주지 않았습니다. 그러자 못된 난쟁이는 전나무비틀이와 바위 깨는 사내에게 했던 것처럼 한스에게 달려들었습니다. 하지만 사람을 잘못 보았죠. 한스가 몇 대 후려치자 난쟁이는 계단 아래로 펄쩍 뛰어내렸습니다. 그 뒤를 쫓아가 기다란 한스가 난쟁이를 덮쳤습니다. 하지만 일어나 보니 난쟁이는 벌써 저만큼 앞서 달아나고 있었습니다. 한스는 난쟁이를 쫓아 숲으로 들어갔습니다. 하지만 난쟁이는 바위굴 속으로 쏙 들어가 버렸습니다. 한스는 돌아섰지만, 장소를 잘 기억해두었습니다. 사냥을 나갔던 두 사람이 집에 돌아와 보니 놀랍게도 한스는 멀쩡했습니다. 한스는 그동안 무슨 일이 있었는지 이야기했습니다. 두 사람도 무슨 일을 당했는지 그제야 털어놓았습니다.

한스는 껄껄 웃으며 말했습니다.

"당연하지, 아깝다고 고기를 안 줬잖아. 게다가 이렇게 건장한 사내들이 난쟁이에게 언어맞다니, 부끄러운 일일세."

세 사내는 바구니와 밧줄을 들고 난쟁이가 숨어 들어간 바위 동굴로 갔습니다. 그리고 한스를 몽둥이와 함께 바구니에 태워 아래로 내려보냈습니다. 한스가 바닥에 내려서자 문이 하나 보였습니다. 문을 열었더니 방 안에는 눈부시게 아름다운 아가씨가 앉아있었습니다. 말로는 표현할 수 없을 정도로 너무나 아름다운 아가씨였습니다. 아가씨 옆에는 난쟁이가 앉아있었습니다. 난쟁이는 한스를 보자 얼굴을 일그러뜨리며 히죽히죽 웃었습니다. 아가씨는 쇠사슬에 꽁꽁 묶여서 애처로운 눈길로 한스를 쳐다보았습니다. 한스는 아가씨가 너무 불쌍해서 생각했습니다.

'저 사악한 난쟁이의 손아귀를 벗어나게 아가씨를 도와줘야 해.'

한스는 몽둥이로 난쟁이를 냅다 내리쳐 그 자리에서 죽여 버렸습니다. 그 순간 아가씨를 조이던 쇠사슬이 풀어졌습니다. 아름다운 아가씨의 모습에 넋을 잃은 한스에게 아가씨는 말했습니다. 자기는 공주인데 고향 나라에서 어떤 난폭한 백작의 청혼을 거절하자 그가 아가씨를 훔쳐내 이곳 바위 동굴에 가두고 난쟁이를 시켜 지키게 했다는 것입니다. 난쟁이는 아가씨를 못 견디게 괴롭혔다고 했습니다. 한스는 먼저 아가씨를 바구니에 태우고 위로 올려보냈습니다. 바구니가 다시 내려왔습니다. 하지만 두 친구를 믿지 못했던 한스는 생각했습니다.

'나한테 난쟁이가 왔다고 말하지도 않았잖아. 지금도 둘이서 무슨 흉계를 꾸미는지 어떻게 알아?'

그래서 한스는 바구니에 몽둥이를 넣었습니다. 운이 좋았죠. 두 친구는 바구니를 반쯤 끌어올리다가 탁 놓아버렸습니다. 한스가 바구니에 탔더라면 떨어져 죽을 뻔했던 거죠. 하지만 한스는 이 깊은 굴에서 어떻게 나가야 할지 막막했습니다. 이 궁리 저 궁리해보았지만 뾰족한 수가 없었습니다. 한스가 말했습니다.

"참 한심하구나. 여기서 죽어야 하나."

한스는 왔다 갔다 서성거리다가 아가씨가 있던 작은 방으로 들어갔습니다. 그런데 난쟁이의 손가락에 끼인 반짝거리는 반지가 눈에 들어왔습니다. 한스는 그 반지를 빼서 자기 손가락에 끼웠습니다. 반지를 빙글빙글 돌려 끼우는데 갑자기 머리 위쪽에서 쇠쇠 하는 소리가 나서 올려다보니 공기의 요정들이 둥실둥실 떠 있었습니다. 요정들은 주인님이 뭘 원하시느냐고 물었습니다. 순간적으로 놀란 한스는 말문이 턱 막혀 아무 말도 못 하다가 이내 위로 올려달라고 말했습니다. 그렇게 하자마자 요정들은 한스의 말에 따랐고, 한스는 마치 날개가 달린 듯 날아올랐습니다. 하지만 위에는 아무도 없었습니다. 성에 가 봤더니 그곳에도 아무도 없었습니다. 전나무비틀이와 바위 깨는 사내가 아름다운 아가씨를 데리고 사라져 버린 것입니다. 한스가 다시 반지를 돌리자 공기 요정들이 나타나 두 사내가 바다에 있다고 말했습니다. 한스는 쉬지 않고 내달려 바닷가에 이르렀습니다. 바다 저 멀리 작은 배 한 척이 가물가물 보였습니다. 자신을 배반한 친구들이 탄 배였습니다. 한스는 불같이 화를 내며 다짜고짜 지팡이를 들고 바다로 뛰어들었습니다. 하지만 백 파운드나 나가는 무거운 몽둥이 때문에 물속으로 가라앉았습니다. 물에 빠져 죽기 일보 직전 한스는 가까스로 반지를 돌렸습니다. 그러자 공기 요정들이 나타나 한스를 들어 번개처럼 작은 배에 옮겨놓았습니다. 한스는 나쁜 친구들에게 몽둥이를 휘둘러 저지른 죗값을 단단히 치르게 하고 마침내 바다에 던져버렸습니다. 아름다운 아가씨는 겁에 질려 벌벌 떨고 있었습니다. 한스는 아가씨를 두 번이나 구해준 것이죠. 한스는 아가씨와 함께 배를 타고 아가씨의 부모님이 계신 성으로 돌아왔고 두 사람은 결혼해서 잘 살았답니다.

◆168◆
천국에 간 농부

옛날에 가난하지만 믿음이 깊은 농부가 죽어서 천국으로 들어가는 문에 이르렀습니다. 그런데 똑같은 시간에 돈 많은 어떤 부자 양반도 천국에 들어가려고 문 앞에서 기다리고 있었습니다. 드디어 성 베드로가 열쇠를 가지고 와서 문을 활짝 열더니 먼저 부자를 들여보냈습니다. 하지만 농부는 보지 못했는지 문을 다시 닫아버렸습니다. 그런데 천국에 온 부자 양반을 크게 환영하는 소리가 문밖까지 들렸습니다. 음악 소리도 나고 노랫소리도 났습니다. 그러다가 다시 잠잠해지더니 성 베드로가 다시 나와 문을 열고 이번에는 농부를 들여보냈습니다. 그런데 천국에 들어가면 음악 소리, 노랫소리가 날 줄 알았는데 너무 조용했습니다. 물론 농부는 사랑이 넘치는 환영을 받았고 천사들도 마중을 나왔습니다. 그런데 아무도 노래를 부르지 않았습니다. 농부는 성 베드로에게 부자 양반이 들어왔을 때처럼 왜 노래를 부르지 않느냐고 물었습니다. 천국도 세상에서처럼 차별대우하는구나 싶었습니다. 그러자 성 베드로가 이렇게 말했답니다.

"그럴 리가 있나. 다른 사람하고 똑같이 우리에게는 자네도 소중하다네. 부자하고 똑같이 하늘나라의 기쁨도 다 누릴 수 있고. 하지만 보게나, 자네처럼 가난한 농부는 매일 하늘나라에 오지만 부자 양반은 글쎄, 백 년에 한 명 정도 올까 말까 해서 말일세."

◆169◆
말라깽이 리제

말라깽이 리제는 무사태평한 게으름뱅이 하인츠와 뚱보 트리네와는 완전히 달랐습니다. 리제는 아침부터 밤까지 죽도록 일했고 남편인 키다리 렌츠에게도 일을 많이 시켰습니다. 남편은 자루 세 개를 진 당나귀보다 더 힘들게 일했으니까요. 하지만 열심히 일한 보람도 없이 부부는 늘 가난하기만 했습니다.

어느 날 밤, 잠자리에 든 리제는 손끝 하나 까딱할 수 없을 정도로 피곤했습니다. 게다가 이런저런 생각에 잠도 오지 않아 뒤척이다가 남편의 옆구리를 팔꿈치로 쿡 찔렀습니다.

"렌츠, 뭘 생각했게요? 금화 한 닢은 줍고 한 닢은 얻고 또 한 닢은 빌려오고, 거기에다 당신이 한 닢을 주잖아요, 그럼 합쳐서 금화 네 닢이 되죠. 그걸로 송아지를 사려고요."

남편도 아내의 생각이 마음에 들었습니다.

"당신에게 줄 금화를 어디서 구할지는 모르겠지만, 그 돈을 마련해 소를 살 수 있다면 당신 생각대로 하구려."

남편은 이어서 말했습니다.

"그 소가 송아지를 낳으면 가끔 기운 나게 우유도 얻어 마시고, 좋겠구면."

아내가 말했습니다.

"당신이 마실 우유가 아니에요. 송아지가 먹어야지요. 어미젖을 빨고 무럭무럭 커서 살도 찌고 해야 나중에 잘 팔린다고요."

남편이 말했습니다.

"물론 그렇지만 조금은 우리가 먹어도 괜찮아요."

아내가 말했습니다.

"소를 어떻게 키우는지 당신이 뭘 알아요? 괜찮든 말든 난 반대라고요. 아무리 고집을 부려도 어림없어요. 한 방울도 못 마셔요. 여보, 키다리 렌츠 양반, 자기 배 안 부르다고 힘들여 번 것을 날름 먹어치우겠다니요?"

남편이 말했습니다.

"조용히 못 하오? 뺨따귀 맞고 싶어?"

아내가 소리쳤습니다.

"뭐라고요, 협박하는 거예요? 이 욕심쟁이, 게으른 영감탱이야."

아내가 머리카락을 잡아채려고 하자 키다리 렌츠는 벌떡 일어나 말라깽이 리제의 앙상한 팔을 한 손으로 꽉 잡고 머리를 베개에 꽉 눌렀습니다. 리제가 욕을 하든 말든 그러다가 지쳐 잠들 때까지 렌츠는 놓아주지 않았습니다. 다음 날 아침 둘이 일어나서도 계속 티격태격했는지 아니면 금화를 주우러 나갔는지, 그건 나도 모른답니다.

◆170◆

숲 속의 오두막집

한 가난한 나무꾼이 아내와 세 딸과 함께 외딴 숲 가장자리에 있는 조그
만 오두막집에서 살았습니다. 어느 날 아침, 나무꾼은 일을 나가면서 아
내에게 말했습니다.

"큰애를 시켜 점심을 숲 속으로 갖다 줘요. 안 그러면 일을 못 끝낼 것
같소. 아이가 길을 잃을 수 있으니 기장을 한 주머니 가지고 가면서 길에
다 뿌려놓으리다."

해가 하늘 한가운데 높이 솟자 큰딸은 수프가 가득 담긴 단지를 들고
길을 나섰습니다. 하지만 들과 숲에 사는 참새, 종달새, 되새, 지빠귀, 방
울새가 기장을 콕콕 다 쪼아 먹어버려 길을 잃어버리고 말았습니다. 소녀
는 행운을 바라며 타박타박 계속 걸었습니다. 하지만 어느덧 해가 지고
밤이 찾아왔습니다. 어둠 속에서 나뭇잎이 바스락거리고 부엉부엉 올빼
미가 울었습니다. 소녀는 덜컥 겁이 났습니다. 그런데 나무 사이로 저 멀
리 반짝반짝 불빛이 보였습니다. 소녀는 사람이 사는 집 같으니 하룻밤
자고 가야겠다고 생각하고는 불빛을 향해 걸었습니다. 잠시 뒤 불빛 환한
창문이 보이며 집이 나왔습니다. 문을 똑똑 두드리자 안에서 쉰 목소리
가 들렸습니다.

"들어오너라."

소녀는 어두컴컴한 복도를 지나 방문을 똑똑 두드렸습니다. 또 목소리
가 들렸습니다.

"어서 들어오너라."

문을 여니까 웬 백발노인이 두 손으로 턱을 괴고 식탁에 앉아있는데, 하얀 수염이 식탁을 뒤덮은 채 흘러내려 거의 바닥까지 치렁치렁 늘어져 있었습니다. 난롯가에는 암탉과 수탉과 점박이 소가 앉아있었습니다. 소녀는 노인에게 무슨 일이 있었는지 이야기하고 하룻밤 재워달라고 했습니다. 노인이 말했습니다.

"예쁜 암탉아,

예쁜 수탉아,

우리 예쁜 점박이 소야,

어떻게 할까?"

동물들이 대답했습니다.

"둑스!"

그것은 좋아요, 라는 말인 것 같았습니다. 노인이 소녀에게 이렇게 말했으니까요.

"여기는 뭐든지 다 있으니까 화덕에 불을 지펴 저녁을 지어라."

부엌에는 모든 것이 넘쳐났고, 소녀는 맛있게 요리를 했습니다. 하지만 동물들에게 줄 먹이는 그만 깜박 잊어버리고 말았습니다. 소녀는 그릇에 음식을 가득 담아 식탁에 차리고 백발노인 옆에 앉아 고픈 배를 채웠습니다. 실컷 먹고 난 소녀가 말했습니다.

"피곤해요. 자고 싶은데 침대는 어디에 있어요?"

그러자 동물들이 대답했습니다.

"주인님과 같이 먹고,

주인님과 같이 마시면서,

　　　우리 먹이는 생각도 안 해주네.

　　　잠자리는 네가 알아서 하렴."

노인이 말했습니다.

"계단을 올라가면 방에 침대가 둘 있다. 이불을 잘 털어서 흰 아마포 커버를 씌워놓아라. 그럼 나도 올라가서 자겠다."

소녀는 올라가서 이불을 홀홀 털고 커버를 새로 씌우고는 노인을 기다리지도 않고 먼저 침대에 누웠습니다. 얼마 뒤 노인이 올라와 등잔불에 소녀의 얼굴을 비춰보고는 절레절레 고개를 흔들었습니다. 노인은 마룻바닥 문을 들어 올리고 깊이 잠든 소녀를 지하실로 떨어뜨려 버렸습니다.

밤늦게 집에 돌아온 나무꾼은 온종일 굶었다고 아내를 야단쳤습니다. 아내가 말했습니다.

"난 잘못한 게 없어요. 큰애가 점심을 가지고 나갔거든요. 아마도 길을 잃었나 봐요. 내일 돌아오겠죠."

다음날 날이 밝기도 전에 나무꾼은 숲에 가려고 일어났습니다. 이번에는 둘째 딸에게 점심을 들려 보내라고 했습니다.

"까치 콩을 한 주머니 가져가겠소. 기장보다 커서 더 잘 보이니까 아이가 길을 잃지 않을 것이오."

점심때 둘째 딸은 음식을 들고 나갔습니다. 하지만 까치 콩은 하나도 보이지 않았습니다. 전날처럼 숲에 사는 새들이 깡그리 쪼아 먹어버렸던 것입니다. 둘째 딸도 해가 저물도록 숲 속에서 헤매다가 노인의 집에 이르렀습니다. 들어오라는 소리에 안으로 들어간 소녀는 노인에게 음식과 잠자리를 청했습니다. 하얀 수염을 늘어뜨린 노인은 또 동물들에게 물었습니다.

"예쁜 암탉아,

예쁜 수탉아,

우리 예쁜 점박이 소야,

어떻게 할까?"

이번에도 동물들은 "둑스!"라고 대답했고, 큰딸처럼 똑같은 일이 벌어졌습니다. 둘째 딸도 맛있는 수프를 끓여 노인과 같이 먹고 마셨지만, 동물들을 돌보지 않았습니다. 잠자리를 물어보자 동물들이 대답했습니다.

"주인님과 같이 먹고,

주인님과 같이 마시면서,

우리 먹이는 생각도 안 해주네.

잠자리는 네가 알아서 하렴."

둘째 딸이 잠이 들자 노인이 와서 살펴보고 절레절레 고개를 흔들더니 둘째 딸도 지하실로 떨어뜨렸습니다.

사흘째 아침 나무꾼이 아내에게 말했습니다.

"오늘 막내를 시켜 점심을 갖다 줘요. 착하고 말 잘 듣는 아이니까 이리저리 쏘다니는 말괄량이 언니들처럼 딴 길로 새지는 않을 거요."

하지만 어머니는 싫다고 했습니다.

"귀염둥이마저 잃어버리라고요?"

나무꾼이 말했습니다.

"걱정하지 마오. 막내는 영리하고 똑똑해서 길을 잃어버리지 않을 테니. 그럴 일이야 없겠지만, 혹시나 해서 완두콩을 가지고 가서 길에 뿌려놓겠소. 까치 콩보다 더 크니 길을 가르쳐줄 거요."

하지만 막내딸이 바구니를 들고 숲에 들어섰을 때는 산비둘기들이 벌써 완두콩을 모이주머니 속으로 꿀꺽한 뒤였습니다. 막내는 어디로 가야 할지 몰랐습니다. 불쌍한 아버지는 배가 많이 고프실 터이고, 또 돌아오지 않는 막내딸을 애타게 기다릴 인자한 어머니를 생각하면 걱정이 태산 같았습니다. 마침내 사방이 어두워지자 작은 불빛이 보였고, 소녀는 숲 속의 오두막집에 이르렀습니다. 소녀가 하룻밤만 재워달라고 공손히 청하자 하얀 수염을 늘어뜨린 노인은 또 동물들에게 물었습니다.

"예쁜 암탉아,

예쁜 수탉아,

우리 예쁜 점박이 소야,

어떻게 할까?"

동물들이 대답했습니다.

"둑스!"

그러자 소녀는 난롯가로 가서 암탉과 수탉의 매끄러운 깃털을 쓰다듬어주고 점박이 소의 머리도 긁어주었습니다. 그리고 노인이 시키는 대로 맛있는 수프를 끓여 식탁에 차려놓고 말했습니다.

"저만 배부르게 먹고 이 착한 동물들은 굶으라고요? 먹이는 밖에 얼마든지 있으니까 녀석들부터 돌볼게요."

소녀는 밖에서 보리를 가져와 암탉과 수탉 앞에 뿌려주었습니다. 소에게도 향긋한 건초를 한 아름 가져와 주었습니다.

"얘들아, 맛있게 먹어. 목이 마를 테니 시원한 물도 갖다 줄게."

소녀는 물동이에 물을 찰랑찰랑 담아 가져왔습니다. 암탉과 수탉은 물동이 가장자리에 폴짝 뛰어올라 부리를 물속에 넣었다 뺐다, 방아를 찧으며 물을 마셨습니다. 점박이 소도 아주 맛있게 물을 마셨습니다. 동물들에게 먹이를 다 주고 나서야 소녀는 식탁에 앉아 노인이 먹고 남긴 음식을 먹었습니다. 얼마 지나지 않아 암탉과 수탉은 날개에 머리를 파묻었고 점박이 소는 눈을 껌벅였습니다. 그러자 소녀가 말했습니다.

"이제 자러 갈 시간이 되었네.
예쁜 암탉아,
예쁜 수탉아,
우리 예쁜 점박이 소야,
어떻게 할까?"

동물들이 대답했습니다.
"둑스,
우리하고 같이 먹고,
우리하고 같이 마시고,
잘 돌봐주었으니
편히 잘 자라."

소녀는 계단을 올라가 깃털 베개를 홀홀 털고 이불커버도 새로 씌우고 잠자리를 정리했습니다. 얼마 뒤 노인이 와서 침대에 누웠습니다. 하얀 수염이 발끝까지 내려왔죠. 소녀도 다른 침대에 누워 기도하고 잠이 들었습니다.

그런데 밤 열두 시쯤 쿨쿨 자던 소녀는 집 안에서 나는 요란한 소리에 퍼뜩 잠이 깨었습니다. 여기저기서 우지끈 쿵쾅 온 집 안이 덜컹거렸습니다. 문이 왈칵 열리더니 쾅 벽에 부딪히고, 대들보가 부서지고 계단이 무너져 내리는 것처럼 잇따라 쾅음이 울렸습니다. 마침내 지붕이라도 내려앉은 듯 와당탕 소리가 요란하게 들리더니 돌연 잠잠해졌습니다. 하지만 소녀에게는 아무런 일도 일어나지 않았습니다. 소녀는 가만히 누워 있다가 이내 다시 잠이 들었습니다. 다음 날 아침 소녀는 환한 햇살에 눈을 반짝 떴습니다. 그런데 참으로 놀라운 광경이 눈앞에 펼쳐졌습니다. 소녀는 커다란 홀에 누워있었고 사방 모든 것이 휘황찬란했습니다. 벽에는 황금 꽃이 활짝 핀 초록색 비단 벽지가 발라져 있었고, 상아로 된 침대 위엔 붉은 벨벳의 천장 덮개가 있었습니다. 침대 옆 의자에는 진주 자수를 놓은 슬리퍼가 놓여있었고, 모두가 꿈만 같았습니다. 그때 화려한 옷차림의 시종 셋이 들어와 분부를 내려달라고 했습니다. 소녀가 말했습니다.

"그냥 가보세요. 곧 일어나 할아버지에게 수프를 끓여드리고 우리 예쁜 이들에게도 먹이를 줄 거예요."

소녀는 벌써 일어나셨나 보다, 하면서 노인이 누운 침대 쪽으로 고개를 돌렸습니다. 하지만 노인은 없고 웬 낯선 사내가 침대에 누워있는 것이 아닙니까. 젊고 아름다운 젊은이였습니다. 젊은이는 잠을 깨고 일어났습니다.

"나는 왕자요. 그런데 나쁜 마녀의 마술에 걸려 백발노인이 되어 숲에서 살아야 했지요. 시종 셋만 데리고 살아야 했는데, 바로 암탉과 수탉과 점박이 소가 내 시종들이죠. 그런데 마음씨 고운 소녀가 와야 마법이 풀린다고 했어요. 사람뿐만 아니라 동물에게도 지극정성인 소녀라야만 했죠. 그런데 바로 아가씨가 온 겁니다. 밤 열두 시에 아가씨가 우리를 마법에서 풀어주었어요. 또 오래된 오두막집도 궁전의 모습을 찾게 되었고요."

왕자는 일어나서 세 시종에게 결혼식을 올려야 하니 당장 가서 아가씨의 부모를 모셔오라고 했습니다. 그러자 소녀가 이렇게 물었답니다.

"우리 언니들은 어디 있어요?"

"지하실에 가두어놓았죠. 내일 숲에 데려가 착해질 때까지 숯장이의 하녀로 일하도록 할 겁니다. 불쌍한 동물들을 굶기지 않을 만큼 착해지도록 말이죠."

◆171◆
동고동락

옛날에 싸우기 좋아하는 재봉사가 살았습니다. 재봉사의 아내는 착하고 부지런하고 믿음이 깊었지만, 남편의 비위를 맞출 수가 없었습니다. 아내가 무엇을 하든 재봉사는 트집을 잡으며 투덜대고 야단치고 때리기까지 했습니다. 마침내 이런 사실이 관청에 알려지자 재판관이 버릇을 고쳐주려고 재봉사를 잡아들여 감옥에 가두었습니다. 재봉사는 한동안 감옥에 있다가 다시 풀려나왔습니다. 풀려나면서 다시는 아내를 때리지 않고 사이좋게 지내겠다고 맹세했습니다. 부부의 도리가 그러하듯 기쁨도 괴로움도 늘 함께 나누면서 말입니다. 재봉사는 한동안 무난히 지냈습니다. 그러다가 또 옛날 버릇이 나와서 트집을 부리고 걸핏하면 싸우려 들었습니다. 아내를 때리면 안 되니까 이번에는 아내의 머리를 잡아 뜯었습니다. 아내가 마당으로 도망가면 재단 자와 재단 가위를 들고 뒤쫓아 가서 이리저리 쫓아다니며 아내에게 재단 자와 가위는 물론이고 손에 잡히는 대로 물건을 던졌습니다. 집어던져 맞으면 재봉사는 낄낄 웃었고 맞지 않으면 길길이 날뛰었습니다. 이웃집에서 도우러 올 때까지 재봉사의 짓거리는 멈추지 않았습니다.

마침내 재봉사는 다시 관청에 불려갔습니다. 재판관이 약속을 지키지 않았다고 따져 묻자 재봉사가 대답했습니다.

"나리, 저는 약속을 지켰어요. 아내를 때리기는커녕 기쁨과 괴로움을 함께 나누었는데요."

재판관이 말했습니다.

"무슨 소리냐, 네 아내가 너를 다시 고발했는데?"

"때린 게 아니에요. 아내가 하도 이상하게 보여서 손으로 머리를 빗겨 주려 했을 뿐이죠. 하지만 아내가 나쁜 마음을 먹고 날 버리고 도망가더라고요. 그래서 쫓아갔죠. 돌아와서 아내의 의무를 다하라고, 또 그것을 기억하라고 손에 잡히는 대로 물건도 던진 거고요. 저는 아내와 함께 기쁨과 괴로움을 나누었어요. 물건을 던져 아내를 맞히면 저는 기뻤고 아내는 괴로웠어요. 못 맞히면 저는 괴로웠고 아내는 기뻤죠."

하지만 재판관들은 재봉사의 대답에 동의하지 않고 저지른 죄에 마땅한 벌을 내렸답니다.

◆172◆
굴뚝새

아주 먼 옛날, 모든 소리에는 뜻과 의미가 있었습니다. 탕탕, 대장장이의 망치 소리는 이렇게 소리칩니다.

"세게 때려! 세게 때려!"

쓱싹쓱싹, 목수의 대패질 소리는 이렇게 말합니다.

"그래 그거야! 그래 그거야!"

삐걱삐걱, 방앗간의 물레바퀴가 돌아가기 시작하면 이렇게들 이야기합니다.

"에구구, 하나님! 에구구, 하나님!"

방앗간 주인이 훔치는 버릇이 있으면 처음에는 천천히 표준말로 묻습니다.

"누구지? 누구지?"

이내 대답은 삐걱삐걱 빨라집니다.

방앗간 주인! 방앗간 주인!"

그러다가는 삐걱삐걱 삐걱삐걱 허겁지겁 떠들어댑니다.

"겁도 없이 슬쩍하네, 겁도 없이 슬쩍하네. 한 되에 서너 홉씩."

이 시절에는 새들도 누구나 알아들을 수 있는 새의 언어로 서로 이야기를 했습니다. 하지만 요새는 쩍쩍, 삑삑, 휘휘 그저 지저귀는 소리로 들립니다. 어떤 때는 노랫말 없는 노래처럼 들리기도 하지만요. 어느 날, 새들은 왕이 없이는 안 되겠다는 생각이 들어 왕을 뽑기로 의견을 모았습니다. 반대하는 새는 댕기물떼새밖에 없었습니다. 지금까지 자유로이 훨훨 살아왔고 또 그렇게 죽고 싶다고 했습니다. 초조해진 댕기물떼새는 이렇게 소리치며 날아다녔습니다.

"난 어디서 살지? 난 어디서 살지?"

그러다가 아무도 찾아오지 않는 외딴 습지로 날아가 다시는 친구들 앞에 나타나지 않았습니다.

아름다운 오월의 어느 날 아침, 산새와 들새들이 이 일을 서로 의논하려고 모여들었습니다. 독수리와 되새, 올빼미와 까마귀, 종달새와 참새 등등 하나하나 이름을 말할 수 없을 정도로 많이 왔습니다. 뻐꾸기와 여름 철새 후투티까지 왔으니까요. 후투티는 뻐꾸기보다 며칠 빨리 울음소리를 들을 수 있어서 뻐꾸기의 집사라고도 하죠. 또 이름 없는 아주 작은 새도 와서 무리 속에 끼어들었습니다. 그런데 이 사실을 전혀 모르고 있었던 암탉은 이 대단한 모임을 보고 눈이 휘둥그레져 꼬꼬댁거렸습니다.

"뭐, 뭐야? 무슨 일이야?"

그러자 수탉이 사랑하는 암탉을 달렸습니다.

"부자들이야, 부자들."

그리고 암탉에게 왜들 저렇게 모였는지 이야기해주었습니다. 드디어 가장 높이 나는 새가 왕이 되기로 의견이 모였습니다. 그러자 수풀 속에 앉아 있던 청개구리가 그 소리를 듣고는 조심하라고 개골개골 목청을 높였습니다.

"안 돼, 안 돼, 안 돼! 안 돼, 안 돼, 안 된다고!"

그러면 홍수처럼 눈물을 쏟을 거라고 하자 이번에는 까마귀가 말했습니다.

"깍, 깍, 헛소리, 괜찮다니까."

모든 게 다 잘 될 거라는 소리였습니다.

새들은 날도 좋은데 지금 당장 날아오르기 시합을 하자고 했습니다. 더 높이 날 수 있었는데 밤이 되어 못 그랬다고 하는 새가 나중에 혹시 나올까 봐 그런 겁니다. 신호가 떨어지자 새들이 모두 우르르 날아올랐습니다. 퍼드득 퍼드덕 날개 치는 소리가 요란하게 나며 먹구름이 밀려오듯 먼지가 뭉게뭉게 피어올랐습니다. 하지만 작은 새들은 금세 처져 높이 오르지 못하고 다시 땅으로 내려왔습니다. 큰 새들은 거침없이 날아올랐습니다. 하지만 독수리만큼 높이 오르지는 못했습니다. 독수리는 하도 높이 날아올라 해님의 눈이라도 쪼아 낼 듯싶었습니다. 다른 새들이 미처 따라오지 못하자 독수리는 내심 생각했습니다.

'뭐하러 더 높이 올라, 내가 이제 왕인데.'

독수리는 다시 내려오기 시작했습니다. 그러자 밑에 있던 새들이 이구동성으로 외쳤습니다.

"우리 왕이시여, 아무도 따를 자 없나이다."

바로 그때 누가 빽 소리쳤습니다.

"나는 빼고."

이름도 없는 어떤 작은 녀석이 독수리의 품에서 가슴 깃을 헤치며 쏙 나왔습니다. 전혀 피곤하지 않았던 작은 새는 높이, 높이 날아올랐습니다. 악착같이 높이 올라 옥좌에 앉아계신 하나님까지 보였습니다. 작은 새는 이렇게 높이 오르다가 날개를 접고 다시 아래로 내려와 카랑카랑 소리쳤습니다.

"내가 왕이다!"

그러자 다른 새들이 울컥하며 소리 질렀습니다.

"네가 우리 왕이라고? 속임수를 써서 그런 거잖아."

그래서 새들은 새로운 조건을 내세웠습니다. 가장 깊이 땅속으로 들어가는 새가 왕이 되어야 한다는 것입니다. 거위는 그 넓적한 가슴을 땅에 대고 얼마나 철퍼덕거려야 했는지! 수탉은 얼마나 빨리 땅을 긁어 파야 했는지! 더 운이 나쁜 건 오리였습니다. 오리는 냅다 도랑으로 뛰어들다 다리를 삐어 뒤뚱뒤뚱 가까운 호수 쪽으로 걸어가며 꽥꽥거렸습니다.

"속임수야, 속임수!"

하지만 이름 없는 작은 새는 쥐구멍을 찾아내 쏙 들어가며 맑은 목소리로 소리쳤습니다.

"내가 왕이다! 내가 왕이다!"

그러자 새들은 더욱 화가 나 외쳤습니다.

"네가 우리 왕이라고? 그런 속임수가 우리에게 통할 것 같아?"

새들은 작은 새를 쥐구멍에 가둬놓고 굶겨 죽이자고 했습니다. 또 그 얄미운 녀석이 나오지 못하도록 올빼미가 입구를 생명처럼 지키기로 했습니다. 어느덧 밤이 되자 높이 날기 시합으로 힘들었던 새들은 녹초가 되어 아내와 새끼를 데리고 잠자리에 들었습니다. 혼자 남아 쥐구멍을 지키던 올빼미도 너무 피곤했습니다. 그래서 이렇게 생각했습니다.

"한쪽 눈만 감고 지켜도 꼬마 악동이 못 빠져나가."

올빼미는 한쪽 눈은 감고 한쪽 눈은 부릅뜬 채 쥐구멍을 노려보았습니다. 작은 새가 나오려고 머리를 빼꼼 내밀기라도 하면 올빼미가 턱 막아섰고 작은 새는 도로 쏙 들어갔습니다. 그럼 올빼미는 감았던 눈은 도로 뜨고 다른 눈을 감았습니다. 그렇게 밤새워 내내 떴다가 감았다 했습니다. 그런데 어느 순간 한쪽을 감고 나서 다른 쪽을 떠야 하는데 그만 깜박하고 두 눈을 다 감아버리고 말았습니다. 그렇게 하자마자 올빼미는 그대로 잠이 들었고 작은 새는 단박 눈치채고 빠져나와 달아나버렸습니다.

그때부터 올빼미는 낮에 모습을 드러내지 못하는데, 다른 새들이 쫓아와서 깃털을 헝클어놓아서였습니다. 그래서 올빼미는 밤에만 날아다닙니다. 고약한 쥐구멍을 파놓았다고 아주 미워하는 생쥐들을 잡으러 다니죠. 작은 새도 잡히면 죽을까 봐 무서워서 낮에는 잘 돌아다니지 않습니다. 울타리를 넘나들다가 안전한 것 같으면 가끔 이렇게 소리칩니다.

"나는 왕이다!"

그래서 다른 새들이 일명 '울타리 왕'이라고도 부르며 놀려대죠.

가장 행복한 새는 종달새였습니다. 굴뚝새의 말을 듣지 않아도 되었으니까요. 해님이 나오면 종달새는 하늘 높이 날아다니며 이렇게 노래한답니다.

"아, 아름다운 세상이어라! 아름다운 세상이어라!"

◆173◆
가자미

오래전부터 물고기들은 나라에 질서가 없어서 불만이 많았습니다. 모두 제멋대로였습니다. 왼쪽, 오른쪽 생각나는 대로 헤엄쳐 다니다가 무리를 지어 다니는 물고기들 사이에 불쑥 끼어들거나 가는 길을 막아버리기도 했습니다. 힘센 물고기는 약한 물고기를 꼬리로 탁탁 쳐서 쫓아버리기도 하고 아예 꿀꺽 삼키기까지 했습니다. 그러자 물고기들이 말했습니다.

"법과 정의로 우리를 다스리는 왕이 있으면 좋겠다."

그래서 밀려오는 물살을 거슬러 가장 빨리 헤엄치고 또 약한 물고기들을 보살필 줄 아는 물고기를 왕으로 세우자고 의견을 모았습니다.

물고기들은 물기슭에 나란히 줄을 맞춰 섰습니다. 곤들매기가 꼬리로 신호를 보내자 물고기들은 우르르 앞으로 나아갔습니다. 곤들매기도 쏜살같이 나아갔고 청어, 송사리, 농어, 잉어 할 것 없이 모두 돌진했습니다. 가자미도 승리를 꿈꾸며 그들 속에 끼여 헤엄쳤습니다.

그때 물고기들이 한목소리로 외쳤습니다.

"청어가 일등이다! 청어가 일등이다!"

그러자 맨 뒤에 오던 넓적한 가자미가 샘이 나서 빽 소리를 질렀습니다.

"누가 일등이라고? 누가 일등이라고?"

"청어, 청어."

물고기들의 대답에 가자미는 샘이 나서 소리쳤습니다.

"벌거숭이 청어? 벌거숭이 청어?"

그때부터 가자미는 벌을 받아서 입이 비뚤어졌답니다.

◆174◆
알락 백로와 후투티

어떤 사람이 소 치는 노인에게 물었습니다.

"어디서 소에게 풀을 먹이는 게 가장 좋소?"

"바로 여기죠, 나리. 풀이 무성하지도 않고 적지도 않거든요. 너무 많거나 적으면 좋지 않아요."

나리가 물었습니다.

"왜 그렇소?"

"저기 풀밭에서 희미한 울음소리가 들리죠? 알락 백로의 소리예요. 알락 백로는 원래 목동이었죠. 후투티도 그랬고요. 이야기해드릴까요?

알락 백로는 풀이 무성하고 꽃이 만발한 풀밭에다 소들을 풀어놓았답니다. 그랬더니 녀석들이 대담해지고 사나워졌다는군요. 반면 후투티는 소들을 몰고 모래바람이 부는 거칠고 메마른 산꼭대기로 올라갔는데, 소들이 바짝 마르고 비실비실해졌어요. 저녁에 돌아갈 시간이 지났는데도 알락 백로는 소들을 한데 모을 수가 없었어요. 제멋대로 날뛰며 달아났거든요. 알락 백로가 "점박아 돌아와라, 점박이 소야 돌아와!" 하고 외쳤지만 아무 소용이 없었죠. 소들은 들은 척도 하지 않았어요. 그런데 후투티의 소들은 또 너무 힘이 없어서 일어나지를 못했죠. 일어나, 일어나, 일어나!, 하고 후투티가 고함을 질러댔지만, 소용이 없었어요. 모랫바닥에 누워 꿈쩍도 하지 않았으니까요. 무엇이든 정도를 벗어나면 탈이 생기기 마련이랍니다. 알락 백로는 이제 가축을 돌보지 않지만, 아직도 '점박아, 돌아와!' 하고 부르짖고, 후투티는 '일어나, 일어나, 일어나!' 하고 부르짖는답니다."

◆175◆
부엉이

몇백 년 전, 사람들은 지금처럼 영리하거나 약삭빠르지 않았습니다. 이 이야기는 바로 그 시절에 일어났던 이야기입니다. 어느 작은 마을에서 참으로 이상한 일이 벌어졌습니다. 마을 근처 숲에 사는 수리부엉이라고도 불리는 커다란 부엉이가 밤중에 어느 마을 사람의 집 헛간에 우연히 날아들었습니다. 하지만 날이 밝았는데도 부엉이는 숨어든 헛간에서 나오지를 못했습니다. 다른 새들이 부엉이를 보기만 하면 끔찍한 비명을 질러댔으니까요. 그런데 아침에 이 집 머슴이 건초를 가지러 헛간으로 들어왔다가 한쪽 구석에 떡하니 앉아있는 부엉이를 보고 그만 기절초풍했습니다. 허겁지겁 주인에게 달려간 머슴은 생전 본 적이 없는 괴물이 단숨에 잡아먹으려는 듯 커다란 눈을 부라리며 헛간에 앉아있다고 말했습니다. 그러자 주인이 말했습니다.

"내가 자네를 잘 알지. 자네는 들판에서 지빠귀사냥은 씩씩하게 하면서 죽은 닭을 보고는 가까이 가기 전에 몽둥이부터 가져오는 사람이 아닌가. 어떤 괴물인지 내 눈으로 직접 봐야겠어."

주인은 용감하게 헛간으로 쑥 들어가 휘휘 둘러보았습니다. 그런데 괴상하게 생긴 짐승을 딱 보는 순간 머슴 못지않게 겁에 질리고 말았습니다. 주인은 후다닥 밖으로 뛰쳐나와 이웃집으로 달려가 정체불명의 위험한 짐승이 있으니 제발 도와달라고 애원했습니다. 괴물이 헛간에서 나오기라도 하면 마을 전체가 위험에 빠질 것이라고 했습니다. 그러자 거리마다 와자지껄 소리가 요란했고 함성이 일어났습니다. 마을 사람들은 전쟁터로 나가는 듯 창이며 쇠스랑이며 커다란 낫이며 도끼로 무장하고 우르르 쏟아져 나왔습니다. 마침내 시장을 선두로 마을 관리들도 나섰습니다. 사람들은 장이 서는 광장에 모여 대열을 정돈한 뒤 부엉이가 있는 집으로 몰려가 헛간을 에워쌌습니다. 마을 사람들 가운데 가장 용감무쌍한 사내가 앞으로 턱 나서더니 창을 거머쥐고 안으로 들어갔습니다. 그러나 금세 비명과 함께 시체처럼 창백한 얼굴을 하고 뛰쳐나와서 아무 말도 하지 못했습니다. 이어서 사내 둘이 용기를 내어 헛간에 들어갔지만 마찬가지였습니다. 마침내 전쟁영웅으로 이름을 날린 우람한 사내가 앞으로 나서면서 말했습니다.

"보고만 있으면 어떻게 저 괴물을 쫓아버린단 말이오. 이건 결코 장난이 아니외다. 모두 여자들처럼 잔뜩 겁만 먹고 기를 못 쓰는구려."

그러더니 사내는 갑옷과 칼과 창으로 단단히 무장했습니다. 사내가 목숨을 잃을까 봐 걱정하는 사람들도 많았지만 그래도 모두 사내의 용기를 크게 칭찬했습니다. 헛간의 양쪽 문짝이 활짝 열리면서 부엉이의 모습이 보였습니다. 그동안 부엉이는 대들보 한가운데에 자리를 잡고 앉아있었습니다. 사내는 사다리를 가져다가 대들보에 걸쳐놓고 오르기 시작했습니다. 마을 사람들은 남자다운 용기를 보여 달라면서 용을 죽인 성 조지에게 우리의 영웅을 맡기겠노라 소리쳤습니다. 드디어 사내가 꼭대기에 이르렀습니다. 그러자 접근해오는 사내와 또 사람들이 우르르 몰려와 내지르는 고함에 부엉이는 놀라서 어찌할 바를 몰랐습니다. 부엉이는 눈알을 부라리며 털을 부풀리고 날개를 활짝 편 채 부리를 부딪쳐 딱딱 소리를 내면서 부엉, 부엉 거칠게 울부짖었습니다. 마을 사람들이 우리의 용감한 영웅을 향해 소리쳤습니다.

"찔러, 찔러!"

사내가 대답했습니다.

"누구든 여기에 서 보시게. 찌르라고 누가 외칠 수 있겠나."

그러면서 사내는 한 발짝 더 올라섰습니다. 하지만 후들후들 떨리는 몸으로 거의 넋이 나간 채 도로 내려오고 말았습니다.

이제 선뜻 그 위험한 일에 뛰어들려는 사람은 아무도 없었습니다. 마을 사람들이 말했습니다.

"저 괴물은 단지 딱딱거리고 후후 불었을 뿐, 그런데 우리 중 가장 용감무쌍한 영웅이 크게 다쳐 거의 목숨을 잃을 뻔했잖소. 무엇을 위해 우리가 목숨을 걸어야 한단 말이오?"

사람들은 온 마을이 파괴되는 것을 막으려면 어떻게 해야 할지 한참을 끙끙거렸지만 다 부질없는 생각 같았습니다. 그러다가 마침내 시장이 해결책을 내놓았습니다.

"내 생각은 이렇소이다. 헛간 전체를 무시무시한 괴물과 함께 불태워버립시다. 그리고 집주인에게 헛간과 헛간 안에 있는 곡식이며 짚단이며 건초를 마을금고에서 전부 보상해주면 어떻겠소. 그럼 아무도 목숨 건 위험한 일은 하지 않아도 되오. 돈을 아낄 때가 아닙니다. 인색하게 굴 때가 아니란 말이오."

마을 사람들은 모두 그러자고 했습니다. 사람들은 헛간 네 귀퉁이에 불을 놓았고 헛간도 부엉이도 모두 활활 타오르는 불길 속으로 사라졌답니다. 믿지 못하겠다고요? 그럼 직접 가서 물어보세요.

◆176◆
달

오랜 옛날, 밤이 되면 달도 뜨지 않고 반짝이는 별도 없어서 하늘에 검은 장막을 드리운 것처럼 깜깜한 마을이 있었습니다. 천지가 창조될 때에 밤의 빛이 충분하지 않았던 탓이었죠. 어느 날, 이 마을에 사는 젊은이 넷이 방랑길을 떠나 저녁 무렵 이웃마을에 이르렀습니다. 해가 뉘엿뉘엿 산 너머로 사라지더니 이윽고 떡갈나무 위에 밝게 빛나는 둥근 공 하나가 두둥실 떠서 은은한 빛을 두루두루 비춰주었습니다. 햇빛처럼 밝지는 않지만 모든 것이 뚜렷이 잘 보였죠. 젊은이들은 잠자코 서 있다가 마침 수레를 몰고 오는 농부에게 무슨 빛이냐고 물었습니다. 농부가 대답했습니다.

"달이라오. 우리 마을의 시장이 3 탈러를 주고 사다가 떡갈나무에 달아놓은 거요. 시장이 날마다 기름칠해서 깨끗이 닦아주니까 저렇게 환한 거지요. 그래서 수고한다고 일주일에 1 탈러씩 시장에게 주고 있답니다."

농부가 가고 난 뒤 젊은이 중 한 사람이 말했습니다.

"저 등은 쓸모가 많은 것 같군. 우리 마을에 이만한 떡갈나무도 있잖아. 거기다 저 등을 걸어놓자고. 그럼 밤중에 깜깜한 어둠 속에서 더듬더듬 살지 않아도 되거든!"

두 번째 젊은이가 말했습니다.

"그럼 이렇게 할까? 수레와 말을 끌고 와서 달을 싣고 가자. 여기는 달을 또 사다 걸어놓으면 될 테니까."

세 번째 젊은이가 말했습니다.

"나무 타기는 내가 잘해. 내가 달을 따가지고 올게."

네 번째 젊은이가 말이 끄는 수레를 구해왔습니다. 나무에 오른 세 번째 젊은이는 달에 구멍을 뚫고 밧줄을 끼워 끌어내렸습니다. 밝게 빛나는 달을 수레에 싣고 들키지 않도록 그 위에 천을 덮었습니다. 젊은이들은 달을 가지고 무사히 고향 마을로 돌아와 높은 떡갈나무에 달아놓았습니다. 새로운 등에서 밝은 빛이 퍼져 나와 들판을 두루 밝히고 집까지 환히 밝혀주자 마을 사람들은 남녀노소 할 것 없이 모두가 기뻐했습니다. 난쟁이들도 바위 동굴에서 나왔고, 빨간 재킷을 입은 작은 요정들도 풀밭에 둥그렇게 둘러서서 덩실덩실 춤을 추었습니다.

네 젊은이는 달을 기름칠해서 닦고 심지도 깨끗이 닦았습니다. 그러고서 일주일에 1 탈러씩 받았죠. 어느덧 세월이 흘러 젊은이들은 백발노인이 되었습니다. 그런데 그들 중 한 노인이 덜컥 병이 들었습니다. 자기 죽음을 내다본 노인은 달을 넷으로 나눠 조각달 넷 중 하나를 자기 몫으로 함께 묻어달라고 지시했습니다. 노인이 죽자 시장은 나무에 올라가 가지치기 가위로 조각달 하나를 떼어내 관에 넣어주었습니다. 달빛은 살짝 흐려졌지만, 눈에 띌 정도는 아니었습니다. 얼마 뒤 두 번째 노인이 죽자 또 조각달 하나를 떼어내 함께 묻어주었습니다. 달빛은 더욱 흐려졌습니다. 세 번째 노인도 죽으면서 자신의 몫을 챙겨갔습니다. 그러자 달빛은 아주 흐려졌습니다. 그리고 마침내 마지막 노인이 숨을 거두자 예전의 암흑이 다시 펼쳐졌습니다. 밤에 등불 없이 나가면 서로 부딪치기 일쑤였죠.

그런데 늘 어둡기만 하던 죽음의 세계에서 조각달 넷은 도로 하나가 되었습니다. 그러자 편하게 쉬고 있던 죽은 자들이 모두 잠에서 깨어났습니다. 모든 게 다시 보이기 시작하자 모두 깜짝 놀랐습니다. 눈들이 약해진 탓에 눈 부신 햇살은 견딜 수가 없고 달빛이 딱 안성맞춤이었습니다. 그들은 일어나서 예전 버릇 그대로 신 나게 놀았습니다. 카드놀이도 하고 춤을 추기도 했습니다. 또 몇몇은 선술집으로 가서 취하도록 포도주를 마시고 소란스럽게 떠들며 놀다가 티격태격하더니 급기야 몽둥이까지 휘두르며 서로 치고받았습니다. 소란은 점점 더 심해졌고 마침내 하늘나라에서도 그 소리를 듣게 되었습니다.

하늘나라의 문을 지키고 있던 성 베드로는 죽음의 세계에 폭동이 일어난 줄 알고 사악한 적이 무리를 이끌고 성역을 침범하면 즉각 물리칠 수 있도록 군대를 불러 모았습니다. 하지만 적의 무리가 나타나지 않자 성 베드로는 말에 올라 하늘나라의 문을 열고 죽음의 세계로 달려 내려갔습니다. 성 베드로는 죽은 자들을 진정시키고 무덤으로 다시 돌아가라고 했습니다. 그리고는 달을 가져와 하늘에 높이 걸어놓았답니다.

◆177◆
수명

하나님이 세상을 창조하시고 모든 피조물에게 수명을 정해주시는데 당나귀가 와서 물었습니다.

"주님, 전 얼마나 살 수 있어요?"

주님이 대답하셨습니다.

"삼십 년이다. 마음에 드느냐?"

당나귀가 말했습니다.

"아이고, 주님. 너무 길어요. 제 삶이 얼마나 고달픈지 생각해보세요. 아침부터 밤늦게까지 끙끙거리며 무거운 짐을 실어 나르잖아요. 사람들이 빵을 먹도록 곡식 자루를 방앗간으로 날라주고요. 하지만 전 열심히 일하지 않는다고 사람들한테 오히려 얻어맞고 발길에 차일 뿐이라고요! 수명을 조금만 줄여주세요."

그러자 하나님은 당나귀를 불쌍히 여겨 수명을 십팔 년 줄여주셨습니다. 당나귀는 가뿐해진 마음으로 돌아갔습니다. 다음엔 개였습니다. 하나님이 말씀하셨습니다.

"넌 얼마나 살기를 원하느냐? 당나귀는 삼십 년이 너무 길단다. 하지만 넌 삼십 년이면 괜찮을 것 같은데."

개가 대답했습니다.

"주님, 정말 그러시려고요? 제가 얼마나 달려야 하는지 생각해보세요. 제 다리가 남아나겠어요? 게다가 짖지도 못하고 물어뜯을 이빨도 없으면서 그르렁거리며 이 구석 저 구석 어슬렁거릴 뿐일 텐데."

하나님은 개의 말이 옳다고 생각해서 수명을 십이 년 줄여주셨습니다. 다음엔 원숭이였습니다. 하나님이 말씀하셨습니다.

"너는 분명 삼십 년 살고 싶을 게다, 안 그러냐? 당나귀나 개처럼 일해야 하는 것도 아니고 늘 즐겁게 살지 않느냐?"

원숭이가 말했습니다.

"아휴 하나님, 빛 좋은 개살구에요. 넘치도록 많은 죽도 떠먹을 숟가락이 없어 못 먹어요. 사람들을 웃기려고 늘 우스꽝스러운 표정을 지으며 재롱도 떨어야 하고요. 주는 사과는 너무 시어서 깨물다 말죠. 웃음 뒤에 숨겨진 제 슬픔을 누가 알겠어요! 삼십 년은 도저히 못 견뎌요."

하나님은 자비로우신 분이라 십 년을 줄여주셨습니다.

드디어 사람 차례가 되었습니다. 흥겹고 건강하고 활기차 보이는 사람이 수명을 정해달라고 하자 하나님이 말씀하셨습니다.

"삼십 년이면 충분하지 않겠느냐?"

그러자 사람이 버럭 소리쳤습니다.

"너무 짧아요! 집을 지어 화덕에 불을 지피고 또 나무도 심어야 하고요. 그런데 나무에 꽃이 피고 열매도 맺고 겨우 살만하다 싶을 때 저더러 죽으라니요! 오, 주님 수명을 늘려주세요."

하나님이 말씀하셨습니다.

"그럼 당나귀가 포기한 십팔 년을 네 수명에 더해주마."

그러자 사람이 말했습니다.

"그래도 충분하지 않아요."

"그럼 개의 십이 년도 주지."

"그것도 너무 적어요."

"좋다. 원숭이의 십 년도 주마. 하지만 더 이상은 안 돼."

사람은 돌아갔지만, 썩 만족한 얼굴은 아니었습니다.

그래서 사람들은 칠십 년을 살게 되었습니다. 처음 삼십 년은 사람의 원래 수명으로 빨리 지나가 버립니다. 이 시절에 사람들은 건강하고 밝으며 또 즐겁게 일하죠. 삶이 즐겁고 기쁘답니다. 삼십 년이 지나면 당나귀가 포기한 십팔 년을 살아야 하는데 고달픈 삶이 이어집니다. 다른 사람을 먹여 살리려 곡식을 져 날라야 하고 성실히 일한 대가로 얻어맞고 발길에 차입니다. 이어서 개가 포기한 십이 년 세월을 더 살아야 합니다. 이때는 이빨 빠진 늙은이가 되어 한쪽 구석에서 그르렁거리기에 십상이죠. 어느덧 이 시절도 지나고, 원숭이의 십 년이 삶을 마무리 짓습니다. 사람들은 어리석고 멍청해져서 노망이나 부리고 아이들의 놀림감이 되어버리고 말죠.

◆178◆

저승사자

옛날에 한 거인이 넓은 시골 길을 걸어가는데 낯선 사내가 불쑥 앞을 가로막으며 소리쳤습니다.

"멈춰라! 한 발짝도 못 간다!"

그러자 거인이 말했습니다.

"뭐야? 손가락으로 누르면 찌그러질 꼬맹이 녀석이 내 길을 막아? 네가 뭔데 버르장머리 없이 이래라저래라 간섭이냐?"

사내가 말했습니다.

"난 죽음이다. 아무도 날 거역할 수 없다. 너도 내 명령을 따라야 한다."

하지만 거인은 들은 척도 않고 죽음에 달려들었습니다. 둘은 한참을 격렬하게 싸웠습니다. 드디어 거인이 죽음을 누르고 주먹으로 한 방 내려치자 죽음은 바위 옆으로 풀썩 고꾸라졌습니다. 거인은 가던 길을 계속 갔고 싸움에 진 죽음은 너부러져서 일어나지도 못했습니다. 죽음이 중얼거렸습니다.

"인제 어쩌지? 내가 이렇게 한쪽 구석에 널브러져 있으면 죽지를 않잖아. 그럼 세상에는 사람이 너무 많아 나란히 서 있을 자리조차 없게 될 텐데."

그때 건장한 젊은이가 노래를 흥얼거리며 이쪽저쪽 눈길을 던지면서 활기차게 걸어오다가 정신이 몽롱한 채 쓰러져있는 죽음을 보았습니다. 젊은이는 측은한 마음이 들어 죽음에 다가가 부축해서 일으켜주었습니다. 그리고 물병을 꺼내 물 한 모금을 죽음의 입에 흘려 넣고는 정신을 차릴 때까지 기다렸습니다. 이윽고 죽음이 몸을 추스르더니 말했습니다.

"자네 덕분에 다시 일어났군. 그런데 자네가 도와준 내가 누군지 아나?"

젊은이가 대답했습니다.

"아뇨, 당신이 누군지 몰라요."

죽음이 말했습니다.

"난 죽음이다. 누구도 살려두지 않지. 자네도 예외가 아니야. 하지만 내가 고마워한다는 것을 알아주었으면 해서 한 가지 약속하지. 자네를 불쑥 데려가진 않겠네. 자네를 데리러 올 땐 먼저 저승사자를 보내겠네."

젊은이가 말했습니다.

"좋아요. 그럼 당신이 오는 걸 미리 알 수 있으니까요. 적어도 그때까진 안전하잖아요."

젊은이는 다시 길을 떠나 하루하루 즐겁고 기분 좋게 지냈습니다. 하지만 젊음과 건강도 한때, 어느덧 병과 고통이 찾아왔습니다. 낮에는 병과 싸우느라 괴로웠고 밤에는 잠을 이루지 못했습니다. 젊은이는 중얼거렸습니다.

"난 아직 안 죽어. 먼저 죽음이 저승사자를 보내준다고 했으니까. 그런데 너무 고통스러워 하루하루가 빨리 지나갔으면 좋겠어."

젊은이는 다시 몸을 회복하고 즐겁게 살기 시작했습니다. 그러던 어느 날이었습니다. 누가 어깨를 툭 쳐서 뒤를 돌아다보니 죽음이 서 있었습니다.

"나를 따라오게. 이제 세상과 작별할 시간일세."

젊은이가 말했습니다.

"뭐라고요? 약속을 어길 참이세요? 날 데리러 오기 전에 먼저 저승사자를 보내겠다고 약속했잖아요? 하지만 저승사자를 못 봤는데요."

그러자 죽음이 말했습니다.

"시끄럽다. 내가 저승사자를 보냈잖아? 열이 치솟아 몸을 가누지 못하고 자네는 쓰러지기까지 했잖아? 머리가 어찔어찔 멍했지? 온몸의 뼈마디가 욱신거리지 않았어? 귀도 윙윙거렸지? 치통으로 얼굴까지 아렸잖아? 눈도 침침했지? 더불어 나의 친동생인 잠이 매일 밤 나를 생각나게 했잖아? 밤에 죽은 것처럼 누워 지냈으면서 지금 뭐라는 게야?"

젊은이는 뭐라고 대답할 말이 없었죠. 그래서 운명을 받아들이고 죽음을 따라갔답니다.

◆179◆
구두장이 프림 씨

구두장이 프림 씨는 작고 말랐지만 단 일 초도 가만있지 못하는 활달한 사람이었습니다. 들창코가 유난스레 솟구친 얼굴은 박박 얽었고 핏기도 없는 데다 허옇게 센 머리는 늘 부스스하고 작은 눈만 이리 번쩍 저리 번쩍 쉴 새 없이 움직였습니다. 프림 씨는 눈치가 빨라 모르는 일이 없었고 매사에 트집 잡기 일쑤였습니다. 남들보다 더 잘 알고 자신이 늘 옳다고 여기는 사람이었죠. 거리를 걸을 때도 양팔을 어찌나 휘적거리는지 한번은 물을 길어오는 아가씨를 팔로 치는 바람에 물동이가 공중으로 휙 날아가 프림 씨 머리로 떨어져 고스란히 물벼락을 맞은 적도 있었습니다. 프림 씨는 탁탁 물기를 털어내며 버럭 소리 질렀습니다.

"바보 멍청아, 뒤에 누가 오는지 보지도 않고 다니니?"

프림 씨는 구두장이였습니다. 그런데 구두 일을 할 때 철사를 어찌나 휙휙 잡아 빼는지 멀리 떨어져 있지 않으면 그 주먹으로 배를 얻어맞기에 십상이었습니다. 수습공들은 한 달 이상을 버티지 못했습니다. 아무리 일을 잘해도 늘 트집을 잡았으니까요. 바느질이 고르지 않다, 한쪽 신발이 더 크다, 이쪽 굽이 더 높다, 아니면 가죽에 무두질이 덜 되었다, 등등 잔소리가 끊이지 않았습니다. 그리고 수습공을 이렇게 을렀습니다.

"잠깐, 어떻게 때려야 살결이 부들부들해지는지 내가 가르쳐주마."

프림 씨는 혁대를 가져와 등을 서너 번 후려치기도 했고 수습공들 모두를 게으름뱅이라고 불렀습니다. 하지만 정작 자신은 일을 많이 하지도 못하면서 그랬습니다. 십오 분도 가만히 앉아있지를 못했으니까요. 이른 아침 프림 씨의 아내가 일어나서 불을 지피면 프림 씨는 잠자리에서 뛰쳐나와 맨발로 부엌까지 뛰어가 소리 질렀습니다.

"집 태워 먹으려고 작정했소? 그 불에 소도 한 마리 거뜬히 구워먹겠소! 장작은 누가 거저 준대?"

하녀들이 빨래통 앞에 서서 깔깔거리며 수다를 떨고 있으면 이렇게 호통쳤습니다.

"멍청한 것들이 재잘대며 입을 놀리느라 일하는 것도 잊어버렸어. 좋은 비누? 어디다 쓰려고? 쓸데없는 낭비지. 게을러빠진 것들이 손 아낀다고 박박 문질러 빨지도 않으면서."

그러고 나서 휙 뛰어 나가다가 양잿물 통을 엎어버려 부엌이 물바다가 된 적도 있었습니다.

또 이웃에서 새집을 지으면 창문으로 내다보며 소리쳤습니다.

"또 벌건 사암으로 벽을 쌓는군. 저건 절대로 마르지 않아. 저 집에선 건강하게 살 수 없다고. 저거 봐, 일꾼들 돌 쌓는 솜씨도 형편없잖아. 저 회반죽은 안 돼! 모래가 아니라 자갈을 넣어야지. 생전에 집이 무너지는 꼴을 틀림없이 보게 될 거야."

프림 씨는 다시 앉아서 몇 땀 바느질을 하다가 또 자리에서 벌떡 일어나 가죽 앞치마를 벗어던졌습니다.

"아무래도 내가 나가서 저 사람들 양심에 대고 말 좀 해줘야겠다."

그러나 가다가 목수가 보이자 말했습니다.

"이게 뭐요? 저렇게 들쑥날쑥 나무를 자르니 들보가 똑바르겠느냐고요? 조금이라도 삐딱하면 집 전체가 와르르 무너질 텐데."

프림 씨가 목수의 도끼를 낚아채고 어떻게 나무를 찍는지 막 보여주려는데, 한 농부가 진흙이 가득 실린 수레를 몰고 왔습니다. 그러자 프림 씨는 도끼를 획 내던지고 농부에게 달려가면서 소리쳤습니다.

"이 사람 정신이 나갔구먼! 어린 말에게 이렇게 무거운 수레를 끌게 하다니! 불쌍한 짐승이 곧 쓰러지겠소."

농부가 아무 대답도 하지 않자 프림 씨는 씩씩거리며 다시 작업실로 돌아왔습니다. 그런데 막 자리에 앉아 일하려는 프림 씨에게 수습공이 신발한 짝을 쑥 내밀었습니다. 프림 씨가 소리를 빽 질렀습니다.

"또 뭐야? 그렇게 자르면 안 된다고 했잖아? 바닥밖에 없구먼. 이런 신발을 누가 사느냐고? 내가 시킨 그대로 했잖아."

그러자 수습공이 말했습니다.

"스승님, 형편없는 신발이라는 말씀은 맞는데요, 스승님이 잘라서 만들다 만 신발이잖아요. 밖으로 뛰쳐나가실 때 작업대 밑으로 떨어진 걸제가 도로 주워놓은 것뿐이에요. 하늘의 천사라도 스승님 입맛을 맞추지 못할 겁니다."

그날 밤, 구두장이 프림 씨는 죽어서 하늘나라로 가는 꿈을 꾸었습니다. 하늘나라에 도착하자 프림 씨는 쿵쿵, 문을 요란스레 두드렸습니다.

"문에 고리도 없군. 두드리다 손가락 마디가 다 부르트겠네."

마침내 성 베드로가 누가 이렇게 들어오려고 소란을 피우는지 보려고 문을 열었습니다.

"아, 자네로구먼, 구두장이 프림. 들어오게나. 하지만 주의하게나. 여기 선 늘 하던 버릇대로 보이는 것마다 불평하고 트집을 잡으면 안 되네. 그럼 따끔한 맛을 보게 될 걸세."

프림 씨가 말했습니다.

"괜한 걱정 하지 마세요. 어떻게 해야 하는지 잘 아니까요. 여긴 다행히 도 세상과는 달리 흠 없이 모든 게 완벽하잖아요."

프림 씨는 하늘나라로 들어와서 이곳저곳 넓은 방들을 기웃거렸습니다. 사방을 둘러보다가 고개를 절레절레 젓기도 하고 뭐라고 투덜투덜하기도 했습니다. 그때 두 천사가 들보를 들고 지나갔습니다. 제 눈의 들보는 보지 못하고 남의 눈의 티끌만 찾는다는 바로 그 들보였습니다. 천사들은 들보를 세로로 들지 않고 가로로 들고 갔습니다. 구두장이 프림 씨는 잠 시 어쩜 저렇게 어리석을까, 생각했지만 그냥 아무 말도 하지 않았습니다.

'가로로 드나 세로로 드나 잘만 들고 가면 마찬가지. 부딪히지도 않 고 정말 잘 가잖아.'

또 프림 씨는 우물에서 물을 퍼 올려 물통에 담고 있는 두 천사를 보았 습니다. 그런데 물통은 구멍이 숭숭 나서 물이 줄줄 샜습니다. 새어나온 물 은 곧 비가 되어 주룩주룩 세상을 적셨습니다.

"이런, 염병할!"

프림 씨는 분통이 터졌지만, 다행히 곧 정신을 가다듬고 생각했습니다.

'심심풀이로 저러겠지. 재미있으면 쓸데없는 일을 해도 괜찮나 봐. 특히 하늘나라니까 말이야. 딱 보면 알겠어. 여기선 모두 빈둥빈둥 놀고만 있잖아.'

프림 씨는 계속 걸었습니다. 이번에는 깊은 웅덩이에 빠져 꼼짝 않는 수레가 보였습니다. 프림 씨는 그 옆에 서 있는 사내에게 말했습니다.

"그럴만하지. 짐을 생각 없이 너무 많이 실었잖소? 대체 뭐가 들은 거요?"

사내가 말했습니다.

"소원기도들이오. 제대로 된 길로 수레를 몰고 올 수가 없었소. 수레를 밀고 겨우 여기까지 왔는데 날 그냥 내버려두진 않을게요."

그러자 정말 천사가 와서 말 두 마리를 수레에다 매었습니다. 프림 씨가 말했습니다.

"잘 됐군. 하지만 말 두 마리로는 수레를 끌어내지 못할 거요. 적어도 네 마리는 있어야지요."

그러자 또 천사가 두 마리 말을 끌고 왔습니다. 하지만 말들을 수레 앞쪽에 매지 않고 뒤쪽에다 매었습니다. 구두장이 프림 씨는 기가 막혀서 버럭 소리 질렀습니다.

"미련하기는, 도대체 뭐하는 거요? 세상이 생긴 이래 이런 식으로 수레를 끌어낸 적이 있었소? 주제넘게 다 잘 아는 것처럼 잘난 척들 하기는, 원."

프림 씨가 계속 말하려 하자 하늘나라에서 사는 주민 가운데 한 사람이 프림 씨의 멱살을 잡더니 엄청난 힘으로 문밖으로 내동댕이쳐 버렸습니다. 문밖에서 구두장이 프림 씨는 다시 한 번 수레 쪽으로 고개를 돌렸습니다. 그런데 날개 달린 말 네 마리가 수레를 들어 올리고 있는 것이 아닙니까.

순간 번쩍 눈을 뜬 프림 씨는 혼잣말로 이렇게 중얼거렸답니다.

"하늘에서는 땅에서 일하는 것과 당연히 다르지. 실수할 수도 있는 거야. 말을 앞쪽에 매고 뒤쪽에다도 매는데 누가 보고만 있겠어? 물론 날개 달린 말들이었지. 하지만 그걸 어떻게 아느냐고? 게다가 멍청하기는, 네 다리 가진 말에게 뭐하러 날개까지 달아 줘? 아무튼, 이제 일어나야겠다. 안 그러면 저 인간들이 집 안을 온통 뒤죽박죽 만들어놓을 테니까. 내가 진짜 죽지 않은 게 천만다행이야."

◆180◆
샘물가의 거위 치기 아가씨

옛날 옛날에 한 늙은 할머니가 외딴 산속 작은 집에서 거위를 치며 살았습니다. 할머니가 사는 외딴 집은 울창한 숲으로 둘러싸여 있었는데, 할머니는 매일 아침 지팡이를 짚고 뒤뚝뒤뚝 숲으로 갔습니다. 많은 나이가 믿어지지 않을 만큼 할머니는 부지런했습니다. 거위들에게 줄 풀도 뜯고 손이 닿는 대로 야생 열매도 따서 등에 지고 집으로 돌아왔습니다. 할머니는 무거운 짐에 눌려 비틀비틀 곧 쓰러질 것만 같았지만 늘 무사히 돌아왔습니다. 길에서 사람을 만나면 할머니는 다정하게 인사했습니다.

"안녕하신가, 이웃양반. 날씨가 좋구려. 늙은이가 풀을 지고 가니까 놀랍겠지만, 누구나 짊어져야 할 짐이 있는 법이라오."

하지만 사람들은 할머니와 마주치는 것을 싫어해서 일부러 다른 길로 돌아갔습니다. 어린 아들과 같이 가다가 할머니를 만나면 아이의 아버지는 할머니가 듣지 않게 가만가만 말했습니다.

"저 할머니 조심해라. 엉큼한 마녀란다."

어느 날 아침, 한 멋진 젊은이가 숲 속을 걸어가고 있었습니다. 눈부시게 빛나는 햇살 속에 새들은 지저귀고 상쾌한 바람이 산들산들 나뭇잎을 스치고 지나갔습니다. 젊은이는 명랑하고 활기에 넘쳤습니다. 마주치는 사람 하나 없이 숲길을 걸어가는데 홀연 땅에 무릎을 꿇고 낫으로 쓱쓱 풀을 베고 있는 늙은 마녀가 눈에 들어왔습니다. 등에 메는 자루는 이미 가득 차 있었고, 옆에는 야생으로 자란 배와 사과를 가득 담은 바구니 두 개가 놓여있었습니다. 젊은이가 말했습니다.

"할멈, 그걸 어떻게 다 들고 가려고요?"

할머니가 대답했습니다.

"젊은 양반, 하지만 가지고 가야만 한다오. 부잣집 아이들은 그럴 필요가 없지만, 농가에서는 이렇게 말하지요.

　　　　돌아보지 마라.

　　　　등이 굽지 않았더냐."

젊은이가 발걸음을 멈추자 할머니가 또 말했습니다.

"날 좀 도와주구려. 아직 허리도 꼿꼿하고 다리도 튼튼하니 힘들지 않을 거야. 우리 집은 산 너머 저쪽 들판 멀지 않은 곳에 있소. 펄펄 나는 젊은이 같으면 금세 갈 거요."

젊은이는 할머니가 불쌍했습니다.

"제 아버지는 농부가 아니라 부유한 백작이오. 하지만 농부들만 짐을 짊어질 수 있는 건 아니죠. 제가 할멈 짐을 들어다 주겠소."

할머니가 말했습니다.

"그래 준다면 나야 좋지. 한 시간 정도는 걸어야 하지만, 젊은이한테야 어디 문제가 되겠소! 저기 사과하고 배도 가져가야 하오."

한 시간 거리라는 말에 젊은 백작은 조금 꺼림칙했지만, 할머니는 젊은이를 놓아주지 않았습니다. 젊은이의 등에 자루를 지워주고 바구니 두 개를 팔에 걸어주면서 할머니는 말했습니다.

"보시게, 별거 아니잖소."

그러자 젊은 백작은 무거워 죽겠다는 듯 얼굴을 찌푸리며 말했습니다.

"아뇨, 힘들거든요. 자루에 커다란 돌멩이들만 들었는지 무겁게 짓누르고 사과와 배는 납덩이처럼 무거워 숨도 못 쉬겠소."

젊은이가 짐을 도로 내려놓으려고 하자 할머니는 안된다고 말리면서 비아냥거렸습니다.

"나 같은 늙은이도 늘 짊어졌는데 젊은 양반이 못하겠다니, 나 원 참! 말만 번지르르하지 막상 하라고 하면 꽁무니를 뺀단 말이야. 우물쭈물 거기 서서 뭐하는가? 어서 다리를 움직이라고. 자네 짐을 내려줄 사람은 여기에 아무도 없다네."

평지를 걸어갈 때는 그럭저럭 참을만했습니다. 하지만 산에 올라갈 때는 발에 밟히는 돌들이 마치 살아있는 듯 와르르 굴러떨어져서 너무 힘이 들었습니다. 이마에는 땀방울이 송송 맺히고 등에 식은땀이 주르르 흘렀습니다. 마침내 젊은이가 말했습니다.

"할멈, 더는 못 가겠소. 좀 쉬었다 갑시다."

그러자 할머니가 말했습니다.

"안 돼. 도착하면 쉴 수 있으니까 어서 가세. 그게 자네한테도 좋을지 몰라."

"할멈, 갈수록 뻔뻔해지는구려."

젊은이는 이렇게 말하며 짐을 벗어 던지려고 했습니다. 하지만 아무리 애를 써도 자루는 마치 뿌리를 내린 듯 등에 찰싹 달라붙어서 떨어지지 않았습니다. 이리 해보고 저리도 해봤지만, 자루는 떨어지지 않았습니다. 할머니는 킬킬거리며 재미있다는 듯 지팡이를 짚고 뛰어다니며 말했습니다.

"화내지 마시게, 젊은 양반. 수탉의 볏처럼 얼굴까지 벌게졌구먼. 참고 건디게. 집에 도착하면 수고비를 넉넉히 줄 테니."

어쩌겠습니까? 젊은이는 모든 것을 운명에 맡기고 끙끙거리며 할머니를 따라갈 수밖에 없었습니다. 그런데 할머니의 발걸음은 갈수록 가벼워지는 것 같은데 젊은이의 등짐은 더욱 무거워질 따름이었습니다. 갑자기 할머니는 짊어진 자루 위에 펄쩍 뛰어올라 앉았습니다. 비쩍 말랐는데도 가장 뚱뚱한 시골 처녀보다 더 무거웠습니다. 젊은이의 무릎이 휘청거렸습니다. 하지만 계속 걷지 않으면 할머니는 나뭇가지와 쐐기풀로 젊은이의 다리를 때렸습니다. 젊은이는 계속 헉헉대며 산을 올라가 쓰러지기 직전 할머니의 집에 겨우 도착했습니다. 거위들이 할머니를 보자 날개를 활짝 펼친 채 목을 쑥 빼고 꽥꽥거리며 달려 나왔습니다. 그 뒤를 따라 한 늙은 여자가 기다란 나뭇가지를 손에 들고 걸어오는데 우람한 몸집에 아주 미운 얼굴이었습니다. 여자가 할머니에게 말했습니다.

"어머니, 무슨 일이 있으셨어요? 이제야 돌아오시네요."

할머니가 대답했습니다.

"아니다, 내 딸아. 나쁜 일은 아니고, 오히려 이 젊은 양반이 내 짐을 여기까지 들어다 주었단다. 피곤한 나를 짐 위에 앉히고 왔단다. 같이 오니까 즐겁고 재미있고 길이 멀게 느껴지지 않더라."

마침내 할머니는 젊은이의 등에서 미끄러져 내려와 자루와 바구니도 내려주었습니다. 할머니는 젊은이를 다정하게 바라보면서 말했습니다.

"문 앞에 있는 긴 의자에 앉아 쉬게. 성실히 일한 만큼 당연히 수고비를 줘야지."

할머니는 거위 치기 여자에게 말했습니다.

"집으로 들어가렴, 내 딸아. 젊은 남자와 단둘이 있는 것은 좋지 않아. 불에 기름을 끼얹을 필요가 있겠니. 너에게 반하면 어쩌려고."

젊은 백작은 웃어야 할지 울어야 할지 몰랐습니다. 저런 여자는 나이가 삼십 년 젊더라도 좋아할 수가 없지, 하고 생각했습니다. 할머니는 거위들을 친자식 돌보듯 정겹게 쓰다듬어주더니 딸과 함께 집 안으로 들어갔습니다. 젊은이는 야생 사과나무 아래 긴 의자에 벌러덩 드러누웠습니다. 따스한 바람이 살랑살랑 불어왔습니다. 주위에는 푸른 풀밭이 펼쳐져 있고 온통 앵초와 야생 백리향 같은 수천 가지 종류의 꽃들이 만발해있었습니다. 햇빛을 받아 반짝거리는 맑은 샘물이 풀밭 한가운데를 졸졸 흘렀습니다. 하얀 거위들은 돌아다니다가 물속을 첨벙거리기도 했습니다. 젊은이가 중얼거렸습니다.

"정말 기분 좋은 곳이야. 하지만 너무 피곤해서 눈이 자꾸 감겨. 잠시 눈 좀 붙여야겠다. 갑자기 돌풍이 불어 부싯깃처럼 부슬부슬한 내 다리를 날려버리진 않겠지."

그렇게 잠시 잠을 자고 있는데 할머니가 와서 젊은이를 흔들어 깨웠습니다.

"일어나게. 여기 이러고 있으면 안 돼. 내가 자네를 힘들게 한 건 사실이야. 하지만 그리 대단한 일도 아니었잖아. 이제 수고비를 주지. 자네는 돈도 재물도 필요 없을 테니까 다른 것을 주겠어."

그러고 나서 할머니는 젊은이에게 자그만 에메랄드 상자를 주면서 말을 이었습니다.

"잘 보관하게. 행운을 가져오는 상자니까."

젊은 백작은 상자를 받아들었습니다. 그랬더니 갑자기 생기가 돌며 힘이 펄펄 나는 것입니다. 젊은이는 자리에서 벌떡 일어나 할머니에게 고맙다고 인사하고 할머니의 딸에게는 눈길 한번 주지 않고 집을 나섰습니다. 일마쯤 걸었는데 여전히 거위들의 꽥꽥거리는 소리가 아련히 들려왔습니다.

하지만 백작은 돌아가는 길을 찾지 못해 사흘 동안 벌판을 헤매야 했습니다. 그러다가 겨우 어느 큰 도시에 이르렀습니다. 그곳에는 백작을 아는 사람이 아무도 없었습니다. 그래서 백작은 궁전으로 가서 왕좌에 앉아 있는 왕과 왕비 앞에 한쪽 무릎을 꿇고 주머니에서 에메랄드 상자를 꺼내 왕비의 발 앞에 놓았습니다. 왕비는 백작에게 일어나서 에메랄드 상자를 보여 달라고 했습니다. 그런데 상자를 열고 들여다보는 순간 왕비는 죽은 듯 푹 쓰러졌습니다. 왕의 시종들은 백작을 붙잡아 감옥으로 끌고 가려고 했습니다. 그런데 왕비가 눈을 반짝 뜨더니 백작을 놓아주라고 하며 백작과 은밀히 할 이야기가 있으니 모두 나가라고 했습니다.

백작과 단둘이 남게 되자 왕비는 흑흑 흐느끼면서 말했습니다.

"나를 둘러싼 이 모든 화려함과 명예가 무슨 소용이 있겠어요. 아침마다 근심 걱정 속에서 눈을 뜨지요. 나한테는 딸이 셋 있었죠. 그중 막내딸은 누구나 깜짝 놀랄 만큼 예쁜 아이였어요. 눈처럼 희고 사과처럼 붉은 입술에 머리카락은 햇살처럼 반짝였죠. 울면 두 눈에서 눈물방울이 아니라 진주와 보석이 또르르 흘러내렸어요. 그런데 막내가 열다섯 살이 되던 해 임금님께서 공주들을 왕좌 앞으로 불러 모았어요. 막내딸이 들어서자 사람들은 놀라서 눈이 휘둥그레졌죠. 그 광경을 그대가 봤어야 하는데, 마치 눈 부신 태양이 떠오르는 것 같았거든요. 임금님께서 말씀하셨어요. '딸들아, 짐이 앞으로 얼마나 더 살지 모르겠구나. 짐이 죽은 후 공주들에게 무엇을 물려줄지 오늘 이 자리에서 정하려고 한다. 너희가 모두 짐을 사랑한다는 것은 잘 알고 있다. 하지만 짐을 가장 사랑하는 공주에게 가장 좋은 것을 물려줄 생각이니라.' 그러자 공주들은 서로 자기가 아버지를 가장 사랑한다고 말했지요. 그러자 임금님께서 말씀하셨어요. '그럼 짐을 얼마큼 사랑하는지 비유를 들어 말하라. 진정 어떤 마음인지 짐이 알고자 하노라.' 그랬더니 큰딸이 '가장 달콤한 설탕만큼이나 아버지를 사랑해요.' 하고 말했어요. 그러자 둘째 딸이 말했죠. '가장 아름다운 제

옷만큼이나 아버지를 사랑해요.' 그런데 막내딸은 아무 말도 하지 않았어요. 임금님께서 물으셨어요. '귀염둥이 공주야, 너는 짐을 얼마나 사랑하느냐?' 그러자 막내딸은 이렇게 대답했어요. '모르겠어요. 제 사랑은 그 어떤 것과도 비교할 수 없어요.' 하지만 임금님께서는 무엇이든 말해보라고 다그치셨죠. 마침내 막내딸은 이렇게 말했답니다. '저는 소금만큼이나 아버지를 사랑해요. 최고급 음식도 소금을 넣지 않으면 맛이 없거든요.' 그 말에 임금님께서는 벌컥 화를 내셨어요. '소금만큼 짐을 사랑한다니 너에게는 소금을 물려주겠노라.' 임금님께서는 왕국을 첫째와 둘째에게만 반씩 나눠주었어요. 하지만 막내에게는 소금 한 자루를 등에 지워 깊은 숲속으로 내쫓았지요. 두 하인이 막내를 데려갔어요. 우리 모두 임금님께 막내를 용서해달라고 간절히 빌었지만, 임금님의 분노는 누그러지지 않았어요. 공주가 우리 곁을 떠나며 얼마나 펑펑 울었던지! 가는 길이 온통 두 눈에서 흘러내린 진주로 뒤덮였답니다.

그러나 임금님께서는 금세 자신의 행동이 너무 심했다고 후회하셨어요. 그래서 온 숲을 샅샅이 뒤졌지만, 그 불쌍한 아이를 찾지 못했죠. 혹시 들짐승한테 잡아먹히지 않았을까 싶으면 난 너무 슬퍼서 아무것도 할 수가 없어요. 막내가 살아있을지도 모른다는 실오라기 같은 희망이 가끔 위로가 되지만요. 살아서 동굴에 숨어있을 수도 있고, 동정심 깊은 사람들을 만나 도움을 받았을 수도 있잖아요. 그런데 세상에, 그대가 건넨 에메랄드 상자 안에 내 딸이 흘린 진주 눈물과 똑같은 진주가 하나 들어있지 뭡니까. 그 진주를 보자마자 너무 놀랐어요. 내 가슴이 얼마나 무너져 내렸는지 상상이 가지요? 자, 이제 그 진주가 어떻게 그대 손에 들어왔는지 말해줘요."

백작은 숲 속에 사는 한 수상쩍은 할머니에게서 그 진주를 얻었는데, 할머니는 분명 마녀였을 거라고 말했습니다. 하지만 막내 공주에 대해서는 보지도 듣지도 못했다고 했습니다. 그러자 왕과 왕비는 그 할머니를 찾아가야겠다고 했습니다. 진주를 발견한 곳이니 딸의 소식도 들을 수 있을지 모른다는 생각이었죠.

할머니는 외딴 집에서 물레 앞에 앉아 실을 잣고 있었습니다. 이미 날은 어두워졌고 타오르는 화덕 속 장작불만이 집안을 희미하게 밝히고 있었습니다. 갑자기 바깥이 소란해지며 풀밭에서 돌아오는 거위 소리가 꽥꽥 시끄럽게 들렸습니다. 곧이어 할머니의 딸이 들어왔습니다. 하지만 할머니는 고개만 까딱할 뿐 고맙다는 말은 하지 않았습니다. 딸은 할머니 옆에 앉더니 젊은 아가씨같이 빠른 손놀림으로 실을 감았습니다. 할머니와 딸은 두 시간 동안 그렇게 앉아 일했지만, 한마디 말도 나누지 않았습니다. 문득 창문에서 바스락바스락 소리가 나더니 불타듯 이글거리는 두 눈동자가 방 안을 뚫어지게 들여다보았습니다. 그것은 늙은 올빼미였습니다. 올빼미가 부엉부엉 세 번 울자 할머니는 얼굴을 약간 처들고 딸에게 말했습니다.

"얘야, 이제 밖에 나가 일 할 시간이 되었구나."

그러자 딸은 자리에서 일어나 밖으로 나왔습니다. 도대체 어디로 가는 걸까요? 딸은 풀밭을 가로질러 골짜기로 향했습니다. 이윽고 해묵은 떡갈나무 세 그루가 서 있는 곳에 샘물이 보였습니다. 어느덧 산 위에는 크고 둥근 달이 휘영청 밝게 떠 있었습니다. 땅에 떨어진 핀도 보일 만큼 환했습니다. 딸은 얼굴 가죽을 벗겨 내더니 샘물에 엎드려 세수했습니다. 세수를 하고 나자 가죽도 샘물에 담갔다가 풀밭에 펼쳐놓았습니다. 가죽은 달빛을 받아 하얗게 말랐습니다. 그런데 세상에, 딸의 모습이 어쩌면 그렇게 변할 수 있을까요! 얼마나 아름다운 아가씨의 모습인지 생전 본 적이 없을 겁니다! 총총 땋아 늘어뜨린 센머리가 떨어져 나가고 햇살처럼 눈 부신 금발 머리가 마치 외투처럼 온몸을 감싸며 출렁 쏟아져 내렸습니다. 밤 하늘에 빛나는 별처럼 두 눈은 반짝이고 뺨은 사과 꽃처럼 엷은 분홍색을 띠고 있었습니다.

그러나 아름다운 아가씨는 슬퍼 보였습니다. 아가씨는 주저앉더니 흑흑 흐느꼈습니다. 펑펑 쏟아지는 눈물은 방울방울 긴 머리카락을 타고 땅으로 흘러내렸습니다. 옆에 있는 나무에서 바스락 딱딱 나뭇가지 부러지는 소리만 나지 않았다면 한없이 그렇게 앉아 있었을 겁니다. 탕, 하는 사냥꾼의 총소리에 아가씨는 사슴처럼 팔딱 일어났습니다. 때마침 달은 먹구름에 가려 빛을 잃었고, 아가씨는 눈 깜짝할 사이에 벗어놓은 가죽을 다시 뒤집어쓰고는 바람에 불이 꺼지듯 훅 사라졌습니다.

딸은 사시나무 떨듯 와들와들 떨면서 집으로 돌아왔습니다. 문 앞에 나와 있던 할머니는 무슨 일이 있었는지 이야기하려는 딸에게 다정하게 웃으며 말했습니다.

"알고 있다."

할머니는 딸을 데리고 방으로 들어와 새 장작을 넣고 불을 지폈습니다. 하지만 할머니는 물레 앞에 앉지 않고 빗자루를 가져와 쓱쓱 바닥을 쓸면서 딸에게 말했습니다.

"깨끗이 치워놓아야 해."

딸이 말했습니다.

"하지만 어머니, 늦은 시간에 웬 청소예요? 뭐하시려고요?"

그러자 할머니가 물었습니다.

"지금이 몇 시인지 아니?"

딸이 대답했습니다.

"열한 시가 넘었어요."

할머니가 다시 말했습니다.

"잊어버렸니? 바로 삼 년 전 나에게 오지 않았느냐? 네가 떠날 시간이 되었다. 이제 우린 같이 있을 수 없단다."

딸은 깜짝 놀라 말했습니다.

"아이, 어머니, 저를 버리시려는 거예요? 어디로 가라고요? 저는 찾아갈 친구들도 없고 고향도 없어요. 어머니가 시키는 대로 다 해드렸잖아요. 어머니도 늘 만족하셨고요. 제발 저에게 떠나라고 하지 마세요."

하지만 할머니는 앞으로 일어날 일에 관해서는 이야기하지 않고 이렇게만 말했습니다.

"여기 더 오래 머물 수가 없단다. 떠나기 전에 집 안을 깨끗이 치워놓고 가야 해! 그러니까 일하는데 방해하지 마라. 넌 염려할 것 없다. 살 집도 찾게 될 것이고 만족할 만큼 내가 수고비도 넉넉히 줄 테니."

딸이 물었습니다.

"말해주세요. 도대체 무슨 일이죠?"

"다시 한 번 말하마. 일하는데 방해하지 마라. 아무 말 하지 말고 네 방에 가서 가죽을 벗고 날 처음 찾아왔을 때 입고 있던 비단옷으로 갈아입어라. 그러고 나서 내가 부를 때까지 기다려."

그럼 다시 외딴 집에 사는 할머니를 찾아 백작과 함께 길을 떠난 왕과 왕비의 이야기로 돌아가 보죠.

밤에 백작은 일행을 놓치고 혼자 숲 속에서 헤매게 되었습니다. 다음날에야 길을 찾은 것 같았습니다. 그 길을 쭉 따라가는데 어느덧 날이 저물어 어두워졌습니다. 백작은 또 길을 잃어버릴까 봐 나무 위에 올라가 밤을 보내기로 했습니다. 그런데 달빛이 환히 주변을 밝히자 누군가 산에서 내려오는 것이 보였습니다. 기다란 나뭇가지는 보이지 않았지만, 전에 할머니 집에서 본 바로 그 거위 치는 여자였습니다. 백작이 소리쳤습니다.

"아니, 저게 누구야! 마녀 하나는 내 손에 걸려들었고 다른 마녀만 잡으면 되겠네."

그런데 거위 치기 여자가 샘물가에서 가죽을 벗고 세수를 하는 순간, 백작은 너무 놀랐습니다. 그렇게 아름다운 아가씨는 지금껏 세상에서 본 적이 없었으니까요. 겨우 숨을 돌린 백작은 아가씨에게서 시선을 떼지 못한 채 나뭇잎 사이로 목을 최대한 쭉 뺐습니다. 그런데 나뭇가지 위로 몸을 너무 구부렸든지 아니면 무슨 이유에선지 모르겠지만, 갑자기 딱, 하며 나뭇가지 부러지는 소리가 났습니다. 순간 아가씨는 냉큼 가죽을 뒤집어 쓰더니 사슴처럼 팔짝팔짝 뛰어갔습니다. 마침 달빛도 구름에 가려 아가씨는 시야에서 사라져버렸습니다. 그러자 백작은 나무에서 내려와 재빨리 아가씨의 뒤를 쫓아갔습니다. 얼마 가지 않아 풀밭을 걸어가는 두 형상이 어스레하게 보였습니다. 왕과 왕비가 할머니의 집에서 새어나오는 불빛을 멀리서 보고 따라가는 중이었습니다. 백작이 샘물가에서 본 신기한 일을 이야기하자 왕과 왕비는 그 아가씨는 잃어버린 딸이 분명하다고 했습니다. 그들은 기쁨에 넘쳐 단숨에 할머니의 집에 이르렀습니다. 거위들은 둥그렇게 앉아서 머리를 날개에 파묻은 채 꼼짝 않고 자고 있었습니다. 세 사람은 창문으로 방 안을 들여다보았습니다. 안에는 할머니 혼자 조용히 앉아서 물레질하고 있었습니다. 할머니는 고개만 까딱할 뿐 돌아다보지는 않았습니다. 집 안은 발에 먼지 묻히기 싫어하는 작은 안개 요정들이 사는 집처럼 아주 깨끗했습니다. 하지만 할머니의 딸은 보이지 않았습니다. 세 사람은 잠시 안을 들여다보다가 마침내 용기를 내어 조용히 창문을 두드렸습니다. 할머니는 기다리고 있었다는 듯 자리에서 일어나 다정한 목소리로 말했습니다.

"들어오시구려. 누구인 줄 알고 있소이다."

그들이 들어서자 할머니는 말했습니다.

"삼 년 전 착하고 사랑스러운 딸을 부당하게 내쫓지 않았다면 먼 길을 오지 않아도 될 걸 그랬소이다. 아이는 무사하오. 삼 년 동안 거위들을 돌보면서 나쁜 것은 배우지 않고 순수한 마음을 그대로 간직했소. 하지만 그대들은 늘 두려움 속에 살았소. 이미 죗값은 충분히 치른 셈이오."

할머니는 방에 가서 딸을 불렀습니다.

"나와라, 내 딸아."

그러자 문이 활짝 열리고 금발 머리에 비단옷을 입은 공주가 두 눈을 반짝이며 방에서 나왔습니다. 마치 하늘에서 천사가 내려오는 것 같았죠.

공주는 곧장 아버지와 어머니에게 달려가 품에 안기며 입맞춤을 했습니다. 모두 기쁨에 겨워 울었습니다. 공주는 그들 옆에 서 있던 젊은 백작을 보자 이끼 장미처럼 얼굴이 빨갛게 물들었습니다. 왜 그런지 공주 자신도 몰랐죠. 왕이 말했습니다.

"얘야, 왕국은 이미 다른 공주들에게 물려주었다. 그러하니 공주에게 무엇을 주었으면 좋겠냐?"

그러자 할머니가 말했습니다.

"아무것도 필요 없소이다. 공주가 부모를 그리워하며 흘린 눈물이 다 내가 준 진주들이라오. 그것들은 바다에서 캔 진주보다 훨씬 더 곱고 왕국 전체를 합한 것보다도 가치가 더 크지요. 또 공주가 그동안 나를 위해 일해 줬으니 그 대가로 이 집도 주겠소이다."

말이 끝나기가 무섭게 할머니는 홀연 사라졌습니다. 이내 벽들이 우지끈거리더니 할머니 집은 화려한 궁전으로 변했습니다. 둘러보니까 왕의 식탁에 진수성찬이 차려져 있고 시종들은 종종걸음으로 왔다 갔다 하고 있었습니다.

이야기는 여기서 끝나지 않습니다. 하지만 이 이야기를 내게 해주신 우리 할머니가 기억력이 약해지셔서 나머지 이야기를 그만 잊어버리셨답니다. 그러나 난 늘 이렇게 생각했죠. 아름다운 공주와 백작은 결혼식을 올리고 하나님의 축복 속에서 성에서 행복하게 잘 살았을 거라고 말입니다.

아, 그리고 할머니 집에 있었던 눈처럼 하얀 그 거위들 말이에요. 거위들이 모두 할머니가 집으로 데려온 아가씨들이었는지는—기분 나쁘게 생각할 건 없어요—모르겠어요. 또 그들이 다시 사람의 모습으로 돌아와 젊은 왕비의 시녀가 되었는지도 잘 모르겠고요. 하지만 그럴 수도 있겠지요. 하지만 분명한 것은 사람들이 생각한 것처럼 할머니는 마녀가 아니었다는 사실입니다. 오히려 선량한 지혜의 할머니셨죠. 공주가 태어날 때 진주 눈물을 흘리도록 축복해준 분도 바로 그 할머니였을 겁니다. 요즘은 이런 일이 일어나지 않죠. 만약 그렇다면 가난한 사람들도 금방 부자가 될 수 있을 텐데 말입니다.

◆181◆
서로 다른 이브의 자식들

옛날에 아담과 이브는 에덴동산에서 쫓겨나자 황무지에 집을 짓고 양식을 얻기 위해 땀 흘리며 일해야만 했습니다. 아담은 밭을 일구고 이브는 양모로 실을 자았습니다. 이브는 해마다 아기를 낳았습니다. 하지만 아이들은 생긴 모습이 저마다 달라서 예쁜 아이도 있고 미운 아이도 있었습니다. 오랜 세월이 흐른 뒤 하나님은 아담과 이브에게 천사를 보내 어떻게 사는지 보러 오시겠다고 알리셨습니다. 이브는 하나님의 큰 은혜에 기뻐하며 부지런히 집 안을 쓸고 닦고, 꽃으로 장식하고 바닥에 골풀자리를 깔았습니다. 그리고 예쁜 아이들만 불러서 몸을 씻기고 머리를 빗기고 깨끗이 빤 옷을 입히고는 하나님 앞에서는 얌전하고 예의 바르게 행동해야 한다고 주의시켰습니다. 또 공손히 몸을 숙이고 손을 내밀어 인사해야 하고 하나님께서 뭘 물으시면 겸손하게 또렷이 대답하라고 했습니다. 하지만 미운 아이들에게는 하나님 앞에 얼씬도 하지 말라고 일렀습니다. 이브는 미운 아이 중 하나는 건초더미 속에, 또 하나는 지붕 밑에, 세 번째 아이는 짚더미 속에, 네 번째 아이는 화덕 속에, 다섯 번째 아이는 지하실에, 여섯 번째 아이는 큰 통 속에, 일곱 번째 아이는 포도주 통 속에, 여덟 번째 아이는 낡은 모피 속에, 아홉 번째와 열 번째 아이는 옷감용 천들 속에, 열한 번째와 열두 번째 아이는 신발 만드는 데 쓰이는 가죽 속에 숨겼습니다. 일을 마치자마자 똑똑 문 두드리는 소리가 났습니다. 아담이 문틈으로 빼꼼 내다보니 하나님이 벌써 와 계셨습니다. 아담이 정중하게 문을 열어드리자 하늘의 아버지가 성큼 들어오셨습니다. 예쁜 아이들은 나란히 서서 몸을 숙이고 손을 내밀며 한쪽 무릎을 꿇었습니다. 그러자 하나님은 첫 번째 아이의 머리에 손을 얹으시고 축복해 주셨습니다.

"너는 막강한 왕이 되리라."

두 번째 아이에게는 이렇게 말씀하셨습니다.

"너는 영주가 되리라."

세 번째 아이에게 말씀하셨습니다.

"너는 백작이 되리라."

네 번째 아이에게 말씀하셨습니다.

"너는 기사가 되리라."

다섯 번째 아이에게 말씀하셨습니다.

"너는 귀족이 되리라."

여섯 번째 아이에게 말씀하셨습니다.

"너는 시민이 되리라."

일곱 번째 아이에게 말씀하셨습니다.

"너는 학자가 되리라."

하나님은 이렇게 모든 아이에게 풍성한 축복을 내려주셨습니다. 인자하고 자비로운 하나님의 모습에 이브는 이렇게 생각했습니다.

'미운 아이들도 데리고 와야겠다. 주님께서 축복해주실 거야.'

이브는 얼른 뛰어가 건초더미, 짚더미, 화덕 등등에 숨겨놓았던 아이들을 모두 데려왔습니다. 거칠고 더러운데다 부스럼딱지가 덕지덕지 앉은 거무튀튀한 얼굴들이 우르르 몰려왔습니다. 하나님은 미소를 띠시고 찬찬히 아이들을 보시더니 말씀하셨습니다.

"너희에게도 축복을 해주겠다."

그러고 나서 첫 번째 아이에게 손을 얹으시고는 말씀하셨습니다.

"너는 농부가 되리라."

두 번째 아이에게 말씀하셨습니다.

"너는 어부가 되리라."

세 번째 아이에게 말씀하셨습니다.

"너는 대장장이가 되리라."

네 번째 아이에게 말씀하셨습니다.

"너는 유피공이 되리라."

다섯 번째 아이에게 말씀하셨습니다.

"너는 직조공이 되리라."

여섯 번째 아이에게 말씀하셨습니다.

"너는 구두장이가 되리라."

일곱 번째 아이에게 말씀하셨습니다.

"너는 재봉사가 되리라."

여덟 번째 아이에게 말씀하셨습니다.

"너는 옹기장이가 되리라."

아홉 번째 아이에게 말씀하셨습니다.

"너는 마부가 되리라."

열 번째 아이에게 말씀하셨습니다.

"너는 뱃사공이 되리라."

열한 번째 아이에게 말씀하셨습니다.

"너는 우체부가 되리라."

열두 번째 아이에게 말씀하셨습니다.

"너는 평생 하인이 되리라."

그러자 가만히 듣고 있던 이브가 말했습니다.

"주님, 너무 불공평하시잖아요! 모두 제가 낳은 자식들이에요. 모든 아이에게 공평하게 은혜를 베풀어주셔야지요."

하지만 하나님은 이렇게 말씀하셨습니다.

"이브, 그렇지 않다. 이 세상 곳곳에 네 아이가 필요하단다. 만약 아이들이 모두 영주이고 군주라면 누가 농사를 지어 곡식을 탈곡하고 또 빻아서 빵을 만들겠느냐? 누가 대장일을 하고, 천을 짜고 나무를 짜고 집을 짓고 땅을 파고 옷감을 마름하고 바느질을 하고, 이 모든 일을 누가 한단 말이냐? 저마다 자기 자리에서 제 할 일을 하는 법, 여러 지체가 한 몸을 이루는 것처럼 서로의 구실을 하며 서로 돌보느니라."

그러자 이브가 이렇게 말했답니다.

"오, 주님, 제가 성급하게 함부로 말했군요. 제 아이들도 주님의 뜻대로 하옵소서."

◆182◆
못 속의 물의 요정

옛날에 한 방앗간 주인이 아내와 함께 행복하게 살고 있었습니다. 방앗간 주인은 재산이 많은 부자였습니다. 재산은 해마다 쑥쑥 불어났습니다. 하지만 부자도 망하려고 하면 하루아침이죠! 쑥쑥 불어났듯이 재산이 해마다 쑥쑥 줄어들더니 급기야 방앗간마저 남의 손에 넘어가게 되고 말았습니다. 방앗간 주인은 걱정이 태산이었습니다. 그래서 하루 일을 마치고 잠자리에 들어도 몸을 뒤척이며 잠을 이루지 못했습니다.

그러던 어느 날 아침, 방앗간 주인은 동트기 전 이른 새벽부터 일어나 밖으로 나왔습니다. 마음이 좀 가벼워지지 않을까 싶어서 물방아 둑을 따라 걸어가는데 첫 햇살이 쏟아져 내리며 못에서 찰랑거리는 소리가 났습니다. 방앗간 주인이 돌아보니 한 아름다운 아가씨가 물속에서 서서히 떠오르고 있었습니다. 치렁치렁한 긴 머리가 양쪽 어깨로 흘러내리며 하얀 알몸을 가렸고 아가씨는 손으로 어깨 위 머리를 부드럽게 감싸 안고 있었습니다. 방앗간 주인은 아가씨가 못에 사는 물의 요정이라는 것을 단박에 알아채고 겁에 질려 오도 가도 못한 채 서 있었습니다. 하지만 물의 요정은 부드러운 목소리로 그의 이름을 부르더니 왜 그리 슬퍼하느냐고 물었습니다. 방앗간 주인은 처음에는 말문이 막혔지만, 요정의 다정한 목소리를 듣자 용기를 내어 이야기했습니다. 부유하고 행복하게 잘 살았는데 지금은 너무 가난해서 어찌해야 좋을지 막막하다고 했습니다. 그러자 물의 요정이 말했습니다.

"걱정하지 마세요. 내가 옛날보다 훨씬 더 부자로 만들어주고 훨씬 행복하게 살게 해줄게요. 그 대신 한 가지 약속해줘요. 아저씨 집 안에서 뭐든 갓 태어나면 그것을 나한테 주겠다고."

방앗간 주인은 기껏해야 강아지나 고양이 새끼겠지, 라고 생각하고 요정에게 그렇게 하겠다고 했습니다. 물의 요정은 다시 물속으로 들어갔고, 마음이 한결 홀가분해진 방앗간 주인은 기분 좋게 방앗간으로 돌아왔습니다. 그런데 막 집으로 들어서는 방앗간 주인을 보고 하녀가 대문에서 나오며 마님이 방금 사내아이를 낳았으니 기뻐하라고 소리쳤습니다. 방앗간 주인은 마치 벼락을 맞은 듯 우뚝 섰습니다. 엉큼한 물의 요정이 아기가 태어날 것을 미리 알고 방앗간 주인을 속인 것이었죠. 방앗간 주인은 고개를 축 늘어뜨린 채 아내가 누워있는 침대로 갔습니다. 아내가 물었습니다.

"귀여운 사내아이를 낳았는데 기쁘지 않아요?"

방앗간 주인은 아내에게 무슨 일이 있었는지, 물의 요정과 어떤 약속을 했는지 이야기하고는 이렇게 덧붙였습니다.

"아이를 잃게 되었는데 부자로 행복하게 살면 뭐하겠소? 어쩌면 좋단 말이오?"

축하해 주려 온 친지들도 답을 모르기는 마찬가지였습니다.

그러는 동안 방앗간 집에는 행운이 찾아와 무엇을 하든 술술 잘 풀렸습니다. 마치 저절로 채워지는 듯 자고 나면 금고 안에 돈이 쌓여있었죠. 얼마 지나지 않아 방앗간 주인은 예전보다 훨씬 더 많은 재산을 가지게 되었습니다. 하지만 기쁘기보다는 요정에게 한 약속이 늘 마음에 걸려 괴로웠습니다. 못가를 지날 때마다 물의 요정이 불쑥 나타나 약속을 지키라고 할 것 같아서 불안했습니다. 아들은 못 근처에도 못 가게 했습니다.

"조심해라. 물에 손도 대지 마라. 그리하면 손이 하나 쑥 나와 네 손을 잡아채 물속으로 끌어당길 테니."

하지만 여러 해가 지나도록 물의 요정이 나타나지 않자 방앗간 주인은 한시름 놓았습니다.

아이는 무럭무럭 자라 젊은 청년이 되었습니다. 젊은이는 사냥꾼 밑으로 들어가 사냥기술을 배웠습니다. 수습기간이 끝나고 유능한 사냥꾼이 된 젊은이는 그 마을의 영주를 위해 일하게 되었습니다. 젊은 사냥꾼은 마을에 사는 예쁘고 참한 아가씨가 마음에 쏙 들었습니다. 그 사실을 눈치챈 영주는 사냥꾼에게 작은 집을 선물했고 두 사람은 결혼식을 올렸습니다. 부부는 서로 진심으로 사랑하면서 평화롭고 행복하게 살았습니다.

어느 날, 사냥꾼은 사슴을 쫓고 있었습니다. 사슴이 사냥꾼을 피해 숲에서 나와 너른 들판으로 달아나자 사냥꾼은 재빨리 쫓아가서 단방에 사슴을 쓰러뜨렸습니다. 그런데 사냥꾼은 위험한 못 근처에 와있다는 사실을 미처 알아채지 못했습니다. 사슴의 내장을 꺼낸 뒤 사냥꾼은 피 묻은 손을 씻으려고 물가로 갔습니다. 하지만 손을 못에 담그자마자 물의 요정이 물속에서 쑥 올라와 깔깔거리며 젖은 팔로 사냥꾼을 확 끌어안더니 재빨리 물속으로 들어갔습니다. 사냥꾼의 머리 위로 못물만이 일렁일렁 물결쳤습니다.

밤이 되어도 사냥꾼이 돌아오지 않자 아내는 두려움이 몰려왔습니다. 아내는 남편을 찾으러 밖으로 나갔습니다. 남편에게서 물의 요정이 쫓아올지 모르니까 조심해야 하고 못 근처에 가면 안 된다고 종종 들었던 터라 아내는 무슨 일이 일어났는지 알 것 같았습니다. 허겁지겁 못에 가보니 사냥 가방만 물가에 덩그러니 놓여있을 뿐, 불행한 일이 일어났다는 것은 의심의 여지가 없었습니다. 아내는 어쩌면 좋으냐고 한탄하고 울부짖으며 사랑하는 남편의 이름을 불러댔지만 아무 소용이 없었습니다. 아내는 못 건너편으로 가서 남편의 이름을 부르짖으며 물의 요정을 향해 욕설까지 퍼부었지만 아무 대답도 없었습니다.

잔잔한 수면 위에 달님만이 반쪽 얼굴을 내민 채 울부짖는 아내를 무심히 바라볼 뿐이었습니다.

불쌍한 여인은 못을 떠나지 못하고 잰걸음으로 못을 쉴 새 없이 빙빙 돌았습니다. 아무 말 없이 걷기만 하다가 애타게 부르짖기도 하고 때론 낮게 흐느끼기도 하면서 못 수변을 헤맸습니다. 마침내 여인은 녹초가 되어 땅바닥에 쓰러져 깊은 잠에 빠져들었고 곧 꿈을 꾸었습니다.

여인은 커다란 바윗덩어리 사이를 겁에 질려 오르고 있었습니다. 가시

넝쿨이 그녀의 발을 찔러대고 빗줄기는 얼굴을 세차게 때리며 긴 머리는 바람에 정신없이 흩날렸습니다. 언덕에 이르자 전혀 다른 광경이 눈앞에 펼쳐졌습니다. 파란 하늘에 공기는 온화했고 완만하게 경사진 곳에 말끔한 오두막집 한 채가 색색의 꽃들이 만발한 푸른 풀밭 위에 서 있었습니다. 여인은 오두막집으로 가서 문을 열었습니다. 안에는 백발의 할머니가 앉아 있었는데 여인에게 들어오라고 손짓을 했습니다. 바로 그 순간 불쌍한 여인은 잠에서 깨었습니다. 이미 날은 환히 밝았고, 여인은 꿈에서 본 그곳으로 가보기로 마음먹고 힘들게 산길을 올라갔습니다. 그런데 모든 것이 꿈에서 본 그대로였습니다. 할머니는 여인을 다정하게 맞으며 의자를 가리키며 앉으라고 했습니다. 할머니가 말했습니다.

"이 외딴 집을 찾아온 걸 보니 불행한 일을 당한 모양이구나."

여인은 눈물을 흘리며 무슨 일이 일어났는지 이야기했습니다. 할머니가 말했습니다.

"염려하지 마라. 내가 도와주마. 이 황금 빗을 줄 테니 보름달이 뜰 때까지 기다렸다가 못으로 가라. 그리고 물가에 앉아서 너의 길고 까만 머리를 이 황금 빗으로 빗어라. 다 빗고 나면 황금 빗을 물가에 놔둬라. 그럼 어떤 일이 벌어지는지 보게 될 거다."

여인은 집으로 돌아왔습니다. 하지만 시간이 참 더디 갔습니다. 마침내 하늘에 환한 보름달이 뜨자 여인은 못으로 나가 물가에 앉아서 길고 까만 머리를 황금 빗으로 빗어 내렸습니다. 빗질을 마치자 여인은 황금 빗을 물가에 내려놓았습니다. 얼마 후 못물이 부글부글 밑에서부터 끓어오르더니 물결이 높게 일면서 물가로 둘둘 밀려와 황금 빗을 쓸어갔습니다. 빗이 물속으로 가라앉자마자 수면이 갈라지면서 사냥꾼의 머리가 쑥 떠올랐습니다. 사냥꾼은 말없이 슬픈 눈으로 아내를 바라볼 뿐이었습니다. 순간 또 큰 물결이 일더니 사냥꾼의 머리를 철썩 덮쳤습니다. 그러자 모든 것이 사라졌고 다시 잠잠해진 물 위에 보름달만이 환히 빛나고 있었습니다.

여인은 암담한 심정으로 돌아왔습니다. 하지만 꿈속에서 할머니의 오두막집이 또 나타났습니다. 다음 날 아침 여인은 다시 지혜의 할머니를 찾아가 괴로운 마음을 하소연했습니다. 그러자 할머니는 황금 피리를 내어 주면서 이렇게 말했습니다.

"이번에도 보름달이 뜰 때까지 기다렸다가 보름달이 뜨면 물가에 앉아 황금 피리로 아름다운 노래를 불어라. 노래가 끝나면 피리를 모래 위에 놔둬라. 그럼 어떤 일이 벌어지는지 보게 될 거다."

여인은 할머니가 시키는 대로 했습니다. 그런데 피리를 모래 위에 내려놓자마자 또 못물이 부글부글 밑에서부터 끓어오르는 게 아닙니까! 그리고 물결이 높게 일면서 물기슭으로 둘둘 밀려와 황금 피리를 쓸어갔습니다. 순간 못물이 갈라지면서 이번에는 사냥꾼의 머리뿐 아니라 몸까지 수면 위로 쑥 떠올랐습니다. 사냥꾼은 아내를 간절하게 바라보며 두 손을 뻗었습니다. 하지만 또 밀려오는 큰 물결에 휩쓸려 물속으로 사라졌습니다.

불행한 여인이 말했습니다.

"아, 다 소용없어. 얼굴을 봤다 하면 금세 사라지잖아."

깊은 슬픔이 또다시 여인의 마음을 사로잡았습니다. 하지만 세 번째 꿈에서 또 할머니의 집이 나타나자 여인은 다시 할머니를 찾아갔습니다. 지혜의 할머니는 황금 물레를 주면서 여인을 위로했습니다.

"아직 끝난 게 아니다. 보름달이 뜰 때까지 기다렸다가 이 황금 물레를 가지고 물가에 가서 얼레에 실이 가득 감길 때까지 물레질해라. 다 끝나면 물레를 물가에 놔둬라. 그럼 어떤 일이 벌어지는지 보게 될 거다."

여인은 할머니가 시킨 대로 꼼꼼히 준비했습니다. 보름달이 뜨자 여인은 황금 물레를 들고 물가에 가서 열심히 실을 자았습니다. 아마 섬유가 하나도 남지 않고 얼레에 실이 꽉 차자 여인은 황금 물레를 물가에 세워놓았습니다. 순간 못물이 더욱 거세게 부글부글 밑에서부터 끓어오르더니 거대한 물결이 밀려와 물레를 휩쓸어갔습니다. 그러자 물줄기를 내뿜으며 남편의 몸 전체가 물 위로 떠올랐습니다. 남편은 재빨리 물가로 뛰어 나와 아내의 손을 잡고 달아났습니다. 하지만 몇 걸음 가지 않아 못물 전체가 부글부글 무섭게 끓어오르더니 모든 것을 집어삼킬 듯 큰 물결을 치며 너른 들판을 덮쳐버렸습니다. 죽음이 눈앞에 닥치자 아내는 겁에 질려 할머니에게 도와달라고 부르짖었습니다. 바로 그 순간 아내는 두꺼비로 변했고 남편은 개구리가 되었습니다. 부부는 거센 물살에 휩쓸려 목숨을 잃지는 않았지만 서로 떨어져서 멀리 떠내려가게 되었습니다.

물이 빠지고 마른 땅을 디디자 부부는 다시 사람의 모습으로 돌아왔습니다. 하지만 서로 어디 있는지 알 수가 없었습니다. 두 사람은 그들이 어디서 왔는지 알지도 못하는 낯선 사람들 속에 있었습니다. 높은 산과 깊은 골짜기가 두 사람 사이를 가로막고 있었습니다. 먹고 살려고 양을 치기 시작한 두 사람은 슬픔과 그리움을 가슴 가득 품은 채 여러 해 동안 양 떼를 이끌고 들로 숲으로 돌아다녔습니다.

땅에 다시 봄기운이 감돌기 시작하던 어느 날, 양 떼를 이끌고 나온 두 사람은 우연히 서로 향해 나아가게 되었습니다. 남편이 먼 산비탈에 양 떼가 있는 것을 보고 자기 양들을 그쪽으로 몰았습니다. 두 사람은 골짜기에서 마주쳤지만 서로 알아보지 못했습니다. 하지만 혼자서 외롭게 지내다가 길동무를 만났으니 반가웠습니다. 그때부터 두 사람은 날마다 나란히 양 떼를 몰았습니다. 말을 많이 나누지는 않았지만, 서로서로 위안이 되었습니다. 어느 날 밤, 하늘에는 보름달이 휘영청 떠 있고 양들은 자고 있었습니다. 양치기는 주머니에서 피리를 꺼내 들어 아름답고도 슬픈 곡을 불었습니다. 피리를 불고 난 양치기는 옆의 여인이 하염없이 흐느끼고 있는 것을 보았습니다. 양치기가 물었습니다.

"왜 울어요?"

여인이 대답했습니다.

"아, 내가 그 곡을 피리로 불었더니 사랑하는 남편의 머리가 물 위로 떠올랐어요. 그 날도 보름달이 밝게 비쳤지요."

양치기는 여인을 찬찬히 보았습니다. 마치 눈앞에 드리운 장막이 거두어지는 듯 그제야 사랑하는 아내의 모습이 보였습니다. 아내도 달빛에 비친 얼굴을 보고 남편을 알아보았답니다. 두 사람은 서로 얼싸안으며 입맞춤을 했지요. 그들이 행복하게 살았느냐고요? 물어보나 마나 한 소리겠지요.

◆183◆
난쟁이의 선물

재봉사와 금 세공사가 함께 여행길에 나섰습니다. 어느 날 저녁, 해는 이미 산 너머로 넘어갔는데 멀리서 음악 소리가 들려왔습니다. 음악 소리는 점점 커졌습니다. 독특한 선율이었지만 우아하고 매혹적이어서 두 사람은 피곤한 줄도 모르고 소리 나는 쪽으로 재게 걸어갔습니다. 그들이 언덕에 이르렀을 때는 어느새 달이 떠올라 휘영청 밝게 빛나고 있었습니다. 언덕 위에는 난쟁이들이 남자 여자 한데 어우러져 손에 손을 잡고 빙글빙글 원을 그리며 신 나게 춤을 추고 있었습니다. 춤을 추면서 정말 아름답게 노래를 부르고 있었는데, 두 사람이 들었던 바로 그 노래였습니다. 그 한가운데에는 다른 난쟁이들보다 약간 큰 난쟁이 할아버지가 앉아있었습니다. 난쟁이 할아버지는 알록달록한 겉옷을 입고 하얀 수염을 가슴께까지 길게 늘어뜨리고 있었습니다. 두 사람은 놀라고 감탄하며 난쟁이들이 춤추는 것을 구경하며 서 있었습니다. 그런데 난쟁이 할아버지가 그들에게 원

안으로 들어오라고 손짓을 했습니다. 그러자 난쟁이들은 기꺼이 길을 터 주었습니다. 등에 혹이 달린 금 세공사는 모든 곱사등이가 그렇듯 서슴지 않고 선뜻 원 안으로 들어섰습니다. 재봉사는 처음에 쑥스러운 듯 머뭇머뭇하다가 재미있게 노는 모습을 보고 용기를 내어 친구를 따라 들어갔습니다. 다시 원이 만들어지고 난쟁이들은 노래를 부르며 펄쩍펄쩍 기운차게 춤을 추었습니다. 그런데 난쟁이 할아버지가 허리띠에 차고 있던 커다란 칼을 빼 들더니 쓱싹쓱싹 갈기 시작했습니다. 칼날이 날카로워지자 난쟁이 할아버지는 나그네들 쪽을 돌아다보았습니다. 두 사람은 덜컥 겁이 났습니다. 하지만 생각할 틈도 주지 않고 난쟁이 할아버지는 금 세공사를 와락 움켜잡더니 머리카락과 수염을 번개처럼 싹둑 잘라냈습니다. 재봉사도 마찬가지였습니다. 하지만 무서움은 곧 사라졌습니다. 일을 마친 난쟁이 할아버지는 고분고분 잘 따라줘서 마음에 든다는 듯 그들의 어깨를 다독였습니다. 그리고 옆에 쌓여있는 석탄 더미를 가리키며 주머니에 담으라고 몸짓으로 말했습니다. 두 사람은 석탄이 어디에 필요한지 몰랐지만 시키는 대로 하고 하룻밤 묵을 곳을 찾아 발걸음을 옮겼습니다. 골짜기에 이르자 근처에 있는 수도원에서 열두 시를 알리는 종소리가 울렸습니다. 그 순간 노랫소리는 뚝 그치고 모든 것이 감쪽같이 사라졌습니다. 괴괴한 달빛 아래 덩그러니 언덕만 놓여있을 뿐이었습니다.

두 나그네는 어느 여관으로 들어가 밀짚 침상에 누운 뒤 겉옷을 벗어 덮었습니다. 하지만 너무 피곤해서 주머니에 든 석탄을 깜박 잊고 꺼내놓지 않았습니다. 두 사람은 뭔지 무거운 것이 내리눌러서 여느 때와 달리 일찍 잠을 깼습니다. 하지만 주머니에 손을 집어넣는 순간 두 눈을 의심했습니다. 석탄이 아닌 금덩어리가 주머니에 가득 들어있는 게 아닙니까! 게다가 머리카락과 수염도 다시 풍성하게 자라 있었습니다. 이제 그들은 부자가 되었습니다. 그런데 원래 욕심이 많은 금 세공사는 석탄을 재봉사보다 배나 더 많이 주머니에 담았기 때문에 더 큰 부자가 되었습니다. 하지만 가질수록 더 많이 갖고 싶어 하는 것이 욕심쟁이의 마음이랍니다. 금 세공사는 재봉사에게 하루 더 머물면서 밤에 산속의 난쟁이 할아버지를 찾아가 더 많은 금을 가져오자고 했습니다. 하지만 재봉사는 싫다며 이렇게 말했습니다.

"난 이걸로 충분해, 만족해. 장인 재봉사가 되어 기분 좋은 상대(사랑하는 여자를 이렇게 부른답니다)와 결혼해서 행복하게 살 거야."

하지만 금 세공사가 그렇게 원하면 하루 더 머물겠다고 말했습니다. 밤이 되자 금 세공사는 금을 아주 많이 담을 요량으로 자루 두어 개를 어깨에 메고 언덕으로 향했습니다. 전날 밤처럼 난쟁이들은 노래를 부르며 춤을 추고 있었습니다. 난쟁이 할아버지는 이번에도 금 세공사의 머리와 수염을 싹 밀었고 석탄을 가져가라고 몸짓으로 말했습니다. 금 세공사는 주저하지 않고 더는 들어가지 않을 때까지 자루를 꽉꽉 채웠습니다. 기쁨에 넘쳐 여관으로 돌아온 금 세공사는 겉옷을 덮으며 말했습니다.

"금덩어리가 짓눌러도 기꺼이 참아주지."

그러고 나서 아침에 일어나면 엄청난 부자가 되어 있을 거라고 달콤한 예감을 즐기며 겨우 잠이 들었습니다. 금 세공사는 아침에 눈을 뜨자 벌떡 일어나 주머니부터 뒤졌습니다. 그런데 이게 웬일입니까? 주머니를 아무리 뒤져도 시커먼 석탄밖에 나오지 않는 겁니다. 금 세공사는 '하지만 어제 얻은 금이 있잖아.'라고 생각하고 그 주머니를 가져왔습니다. 또 금 세공사는 소스라쳤습니다. 그것도 모조리 석탄이 되어있었으니까요. 금 세공사는 새까매진 손으로 이마를 탁탁 쳤습니다. 그런데 머리는 반들반들 매끄러웠고 수염도 없었습니다. 불행은 거기서 끝나지 않았죠. 가슴에 등에 달린 혹만큼 커다란 혹이 또 하나 생긴 겁니다. 금 세공사는 너무 욕심을 부려 벌을 받았다는 것을 깨닫고 울부짖었습니다. 그 소리에 잠이 깬

착한 재봉사는 금 세공사를 정성껏 위로했습니다.

"자넨 그동안 나와 함께한 내 길동무 아닌가. 나한테 금이 있으니 우리 같이 쓰면서 살자고."

재봉사는 약속을 지켰습니다. 하지만 금 세공사는 평생 혹을 두 개 단 채 살아야 했고 대머리를 가리려고 모자를 써야만 했답니다.

◆184◆
거인과 재봉사

허풍은 잘 떨지만, 돈은 잘 치르지 않는 재봉사가 있었습니다. 어느 날 재봉사는 숲에 나가 한번 둘러보고 와야겠다고 생각했습니다. 시간이 나자마자 재봉사는 일터를 나섰습니다.

> 길을 따라 걸어가네,
> 다리와 징검다리 건너가네,
> 이리 왔다, 저리 가며
> 앞으로 나아가네.

밖으로 나오자 저 멀리 푸른 하늘 아래 가파른 산이 눈에 들어왔습니다. 그 뒤쪽 어둡고 울창한 숲 위로 거대한 탑 하나가 하늘을 찌를 듯이 우뚝 솟아있었습니다. 재봉사가 소리쳤습니다.

"어럽쇼! 저게 뭐지?"

호기심에 사로잡힌 재봉사는 그쪽을 향해 씩씩하게 내달렸습니다. 가까이 다가간 재봉사는 눈이 휘둥그레지고 입이 딱 벌어졌습니다. 그런데 탑이 다리가 달린 듯 가파른 산을 단번에 껑충 뛰어넘어오더니 재봉사 앞에 떡하니 버티고 섰습니다. 그것은 어마어마하게 큰 거인이었습니다.

"뭐하니, 파리 다리 같은 땅꼬마야?"

거인의 목소리가 천둥이 치듯 쩌렁쩌렁 사방에 울려 퍼지자 재봉사는 기어들어가는 목소리로 말했습니다.

"숲에 밥벌이가 될 만한 일이 있나 보러 왔어요."

거인이 말했습니다.

"그럼 내 밑으로 들어와 일하려무나."

"못할 것 없지요. 급료로 뭘 주실 거죠?"

거인이 말했습니다.

"급료로 뭘 주느냐고? 잘 들어봐. 일 년에 삼백육십오 일을 주지. 윤년에는 하루 더 쳐주고. 괜찮지?"

"좋아요."

재봉사는 이렇게 대답은 했지만 내심 생각했습니다.

'분수에 맞게 살아야지. 이곳을 빨리 벗어나야겠어.'

그런데 거인이 재봉사에게 말했습니다.

"어이, 꼬맹이, 가서 물 한 동이 길어와."

"까짓것, 샘을 통째로 가져오는 게 더 좋지 않아요?"

허풍쟁이 재봉사는 이렇게 말하고 물동이를 들고 물을 길으러 갔습니다.

"뭐라고? 샘을 통째로 가져와?"

좀 미련하고 어리석은 거인은 시부렁거리다가 은근히 걱정되었습니다.

"보통 녀석이 아닌데. 몸속에 작은 요마 알라우네가 들어있나 봐. 어이, 한스, 정신 바짝 차리라고. 저 녀석은 네 하인이 될 녀석이 아니라고."

재봉사가 물을 길어오자 거인은 숲에 가서 장작을 패오라고 했습니다. 재봉사가 물었습니다.

"까짓것, 숲을 통째로 가져오는 게 더 좋지 않아요?

숲을 통째로요,

어린나무, 늙은 나무

옹이 진 것, 매끈한 것

뭐든 있는 대로요."

재봉사가 나무를 하러 가자 귀가 얇은 거인은 중얼거렸습니다.

"뭐라고?

숲을 통째로

어린나무, 늙은 나무

옹이 진 것, 매끈한 것

뭐든 있는 대로."

거인은 더욱 걱정되었습니다.

"보통 녀석이 아닌데. 몸속에 작은 요마 알라우네가 들어있나 봐. 어이, 한스, 정신 바짝 차리라고. 저 녀석은 네 하인이 될 녀석이 아니라고."

재봉사가 나무를 해오자 거인은 저녁거리로 멧돼지 두세 마리를 잡아오라고 했습니다. 그러자 재봉사가 거드름 피우며 말했습니다.

"까짓것, 한 방에 멧돼지 천 마리쯤 잡아 가져오는 게 더 좋지 않아요?"

"뭐라고? 오늘은 됐다. 그냥 자라."

겁쟁이 거인이 간이 콩알만 해져 소리쳤습니다.

거인은 너무 겁이 나서 밤새 뜬눈으로 지새우며 어떻게 이 망할 요술쟁이를 당장 쫓아낼 수 있을까 이리저리 궁리했습니다. 궁하면 통하는 법, 다음 날 아침 거인과 재봉사는 버드나무가 빙 둘러 서 있는 늪으로 갔습니다. 거인이 말했습니다.

"어이, 재봉사, 버드나무 가지 위에 한번 앉아봐. 가지가 휘는지 꼭 보고 싶으니까."

재봉사는 가지 위로 획 뛰어올랐습니다. 그리고 숨을 꾹 참으며 몸으로 내리누르자 나뭇가지가 휘어졌습니다. 하지만 다시 숨을 들이쉬려는 순간 휘었던 나뭇가지가 팅기며 재봉사를 팽 날려버리고 말았습니다. 불행히 주머니에 다리미를 넣어온 것도 아니라서 재봉사는 하늘 높이 까마득하게 날아가 버리고 말았습니다. 거인은 떨 듯이 기뻐했죠. 땅에 떨어지지 않았다면 재봉사는 아직도 하늘을 날고 있을 겁니다.

◆185◆
말편자에서 빠진 못

한 상인이 있었습니다. 하루는 큰 장에서 장사가 제법 잘되어 물건이 다 팔렸습니다. 돈주머니는 금과 은으로 가득했습니다. 상인은 날이 어두워지기 전에 집에 가려고 돈이 든 여행 가방을 말에 싣고 길을 떠났습니다. 점심 무렵 어느 마을에서 잠시 쉬었다가 다시 떠날 준비를 하는데 머슴이 그의 말을 끌고 와서 말했습니다.

"나리, 왼쪽 뒷발굽 편자에 못이 하나 빠졌는데요."

그러자 상인이 말했습니다.

"그냥 놔둬. 여섯 시간쯤 더 가야 하지만 그 쇳조각으로 그럭저럭 버틸 거야. 난 급해."

오후에 상인은 말을 먹이려고 다시 말에서 내렸습니다. 그런데 또 머슴이 와서 말했습니다.

"나리, 왼쪽 뒷발굽 편자가 빠졌어요. 대장장이한테 데려갈까요?"

상인이 말했습니다.

"그냥 놔둬. 두어 시간 남았는데 그럭저럭 버텨내겠지. 어서 빨리 가야 해."

상인은 계속 말을 달렸습니다. 하지만 얼마 못 가서 말이 다리를 절뚝절뚝 절기 시작했습니다. 절뚝절뚝하다가 얼마 못 가 비틀거리더니 급기야 땅바닥에 넘어지면서 한쪽 다리가 부러졌습니다. 상인은 할 수 없이 말을 내버려두고 여행 가방을 말에서 내려 어깨에 짊어진 채 터벅터벅 길을 걸었습니다. 밤늦게야 집에 도착한 상인은 혼자서 중얼거렸습니다.

"빠진 못이 잘못이지."

급할수록 돌아가는 법이랍니다.

◆186◆
무덤에 묻힌 불쌍한 소년

옛날에 불쌍한 목동이 있었습니다. 목동의 부모가 세상을 뜨자 나라에서는 먹이고 보살피라고 어느 부잣집에 아이를 맡겼습니다. 하지만 부잣집 주인과 그의 아내는 마음씨가 나빴습니다. 재산이 아주 많았는데도 인색한데다 시기심도 많았고, 누가 빵 쪼가리라도 조금 먹었다 싶으면 불같이 화를 냈습니다. 불쌍한 소년은 열심히 일했지만 제대로 얻어먹지도 못하고 매만 죽도록 맞았습니다.

어느 날, 소년은 어미 닭과 병아리를 돌보고 있었습니다. 그런데 어미 닭이 병아리들을 거느리고 생울타리를 뚫고 나갔습니다. 그때 매가 쏜살같이 내려와 어미 닭을 낚아채 올라갔습니다. 소년은 있는 힘을 다해 고함을 쳤습니다.

"도둑이야, 도둑, 나쁜 녀석아."

하지만 그게 무슨 소용이 있었겠습니까? 매는 약탈한 먹이를 돌려주지 않았습니다. 그런데 부잣집 주인이 고함을 듣고 달려와 암탉이 없어진 것을 알게 되었습니다. 화가 머리끝까지 난 주인은 어찌나 소년을 호되게 때렸는지 소년은 며칠 동안 꼼짝 못 하고 누워있어야 했습니다. 이제 소년은 어미 닭 없이 병아리들을 돌봐야 했는데, 그 일은 더욱 힘이 들었습니다. 한 녀석이 종종거리며 이쪽으로 뛰어가면 또 다른 녀석은 저쪽으로 뛰어갑니다. 그래서 꾀를 써서 병아리들을 한 줄로 묶어놓기로 했습니다. 그럼 매도 채 갈 수 없을 거라는 생각이었죠. 하지만 완전히 헛다리를 짚고 말았습니다. 며칠 뒤 이리저리 뛰어다닌 데다 배도 고파 녹초가 된 소년은 깜박 잠이 들었습니다. 그때 매가 나타나 병아리 한 마리를 채자 줄에 묶여있던 나머지 병아리들도 줄줄이 딸려갔습니다. 병아리를 한꺼번에 모두 잡은 매는 나무 위에 앉아 모조리 먹어치웠습니다. 마침 집에 돌아온 주인이 그 불행한 상황을 목격하고 화가 나서 소년을 인정사정 볼 것 없이 때렸습니다. 소년은 며칠 동안 자리에 누워 일어나지를 못했습니다.

소년이 다시 일어나자 주인이 말했습니다.

"넌 너무 멍청해서 목동 일을 할 수가 없어. 심부름이나 해라."

주인 농부는 소년에게 포도가 가득 든 바구니와 편지를 주면서 재판관에게 갖다 주라고 했습니다. 그런데 도중에 소년은 너무나 배가 고프고 목이 말라서 포도 두 송이를 먹었습니다. 바구니를 가져가자 재판관은 편지를 읽고 포도송이를 세어보더니 이렇게 말했습니다.

"두 송이가 모자라는구나."

그러자 소년은 배가 고프고 목이 말라 포도 두 송이를 먹었다고 솔직하게 털어놓았습니다. 재판관은 같은 양의 포도를 다시 보내달라고 주인 농부에게 편지를 썼습니다. 이번에도 소년이 포도와 주인의 편지를 재판관에게 가져가야 했습니다. 하지만 도중에 너무나 배가 고프고 목이 말라 소년은 할 수 없이 또 포도 두 송이를 먹었습니다. 하지만 이번에는 먹기 전에 바구니에서 편지를 꺼내 바위 밑에 놓고 발각이 나지 않도록 바위에 털썩 앉았습니다. 재판관이 포도 두 송이가 모자란다고 소년을 다그치자 소년이 말했습니다.

"아니 그걸 어떻게 아셨어요? 편지는 몰랐을 텐데요. 먹기 전에 편지를 바위 밑에 숨겼거든요."

재판관은 소년의 어수룩한 대답에 웃을 수밖에 없었습니다. 재판관은 주인에게 또 편지를 썼습니다. 불쌍한 소년을 더 잘 돌보고 먹을 것과 마실 것도 충분히 주라고요. 또 옳고 그름을 분별할 수 있도록 소년을 가르치라고 당부했습니다. 그러자 인정이라곤 눈곱만큼도 없는 주인이 이렇게 말했습니다.

"먹고 싶으면 일을 해야 하고, 잘못을 저지르면 때려서라도 가르쳐 주어야 해."

다음 날 아침 주인은 소년에게 힘든 일을 맡겼습니다. 말에게 먹일 짚 몇 단을 자르는 일이었습니다. 주인이 을렀습니다.

"다섯 시간 뒤에 돌아오마. 그때까지 여물을 잘 썰어놓지 않으면 꼼짝 못 할 정도로 맞을 줄 알아라."

주인은 아내와 하인과 하녀를 데리고 큰 장에 가면서 소년에게는 작은 빵조각 하나만 달랑 남겨놓았습니다. 소년은 속에 짚을 채운 의자에 서서 있는 힘을 다해 일했습니다. 일하니 더워서 짚더미 위에 웃옷을 벗어 던졌습니다. 일을 끝내지 못할까 봐 걱정되어 소년은 쉼 없이 계속 짚을 썰어댔습니다. 그런데 너무 열심히 하느라 자기도 모르게 벗어놓은 웃옷까지 짚과 함께 썰어버리고 말았습니다. 나중에서야 그 사실을 알게 되었지만 이미 엎질러진 물이었습니다.

"아, 난 이제 끝장이야. 나쁜 주인 아저씨가 그냥 을러댄 건 아닐 텐데. 집에 돌아와서 내가 저지른 일을 보면 날 죽도록 팰 거야. 스스로 목숨을 끊어버리는 게 낫겠어."

소년은 문득 주인 아주머니가 한 말을 떠올렸습니다.

"침대 밑에 독약이 든 단지를 놓아두었지."

그런데 사실 그 단지에는 꿀이 들어있었고, 군것질 좋아하는 사람을 막으려고 일부러 한 말이었습니다. 소년은 침대 밑으로 기어들어가 단지를 꺼내 싹싹 다 먹어치웠습니다.

"참 이상도 하지. 사람들이 죽음은 쓰다던데, 웬걸 달기만 하잖아. 주인 아주머니가 왜 종종 죽고 싶다고 했는지 이제야 알겠군."

소년은 의자에 앉아 죽을 준비를 했습니다. 하지만 기운이 점점 빠지기는커녕 영양이 풍부한 꿀을 먹었으니 기운만 펄펄 났습니다. 소년이 말했습니다.

"독약이 아니었나 봐. 그런데 주인 아저씨가 옷상자 속에 파리약이 든 작은 병이 있다고 한번 말한 적이 있어. 그게 진짜 독약일 거야. 그걸 먹으면 죽겠지."

하지만 그것은 파리약이 아니라 헝가리산 포도주였습니다. 소년은 그 병을 꺼내 싹 마셔버렸습니다.

"이 죽음도 달콤하네."

하지만 곧 술기운이 올라 머리가 몽롱해지자 소년은 서서히 죽음이 다가오고 있다고 믿었습니다.

"이제 죽으려나 봐. 교회 묘지에 가서 무덤을 찾아야겠다."

소년은 비틀거리며 교회 묘지에 가서 새로 파놓은 무덤에 드러누웠습니다. 정신이 점점 더 몽롱해졌습니다. 그런데 바로 근처에 있는 선술집에서 결혼 잔치가 한창이었습니다. 그곳에서 음악 소리가 들려오자 소년은 천국에 왔다고 생각했고 마침내 정신을 완전히 잃고 말았습니다. 불쌍한 소년은 다시 일어나지 못했습니다. 포도주의 뜨거운 열기와 밤에 내린 찬 이슬이 소년의 목숨을 앗아간 것입니다. 소년은 스스로 드러누운 무덤에 묻히게 되었습니다.

주인은 소년이 죽었다는 소식을 듣자 깜짝 놀랐습니다. 재판소에 끌려 갈까 봐 두려 하다가 너무 두려운 나머지 그만 기절을 하고 말았습니다. 기름이 잔뜩 든 프라이팬을 화덕에 올려놓고 있던 주인 아주머니는 쓰러진 남편을 도우려 달려왔습니다. 그 사이에 프라이팬이 불길에 휩싸여 집 전체로 번져나갔습니다. 얼마 지나지 않아 집은 잿더미로 변하고 말았습니다. 부부는 남은 생애를 죄책감과 가난에 시달리며 비참하게 보냈답니다.

◆187◆
진짜 신부

옛날에 젊고 아름다운 아가씨가 있었습니다. 어머니가 일찍 세상을 떠나자 아가씨는 새엄마에게 갖은 구박을 받으며 살았습니다. 새엄마가 아무리 힘든 일을 시켜도 아가씨는 묵묵히 있는 힘을 다해 일했습니다. 하지만 그렇게 해도 못된 새엄마의 마음을 움직일 수 없었습니다. 새엄마는 아가씨가 하는 일이 늘 불만스러웠고 못마땅했습니다. 일을 열심히 하면 할수록 더 많이 일을 시켰습니다. 새엄마의 머릿속에는 어떻게 하면 더 큰 짐을 아가씨에게 지워주고 고생을 시킬까, 하는 궁리뿐이었습니다.

어느 날, 새엄마가 아가씨에게 말했습니다.

"여기 십이 파운드 깃털이 있는데, 깃대에서 깃털을 모두 뽑아놓아라. 오늘 밤까지 끝내놓지 않으면 몽둥이찜질이 기다리고 있을 거다. 왜, 온종일 빈둥거릴 생각이었더냐?"

불쌍한 아가씨는 일하려고 자리에 앉았습니다. 그런데 눈물이 뺨을 타고 주르르 흘러내렸습니다. 하루에 그 일을 끝낸다는 것은 불가능했으니까요. 깃털을 한 무더기 앞에다 쌓아놓고 초조하게 두 손을 깍지 끼고 한숨을 푹 내쉬면 깃털이 사방으로 흩날렸습니다. 그러면 아가씨는 흩어진 깃털들을 다시 모아서 새로 시작해야 했습니다.

아가씨는 탁자 위에 팔을 올리고 두 손으로 얼굴을 감싸 안은 채 부르 짖었습니다.

"세상에 날 불쌍히 여겨주는 사람이 아무도 없나?"

그때 부드러운 목소리가 들려왔습니다.

얘야, 걱정하지 마라. 널 도와주러 내가 왔단다."

아가씨가 고개를 들어보니 웬 할머니가 옆에 서 있었습니다. 할머니는 아가씨의 손을 다정하게 잡더니 말했습니다.

"널 짓누르는 게 뭔지 말해보렴."

할머니의 진심 어린 말에 아가씨는 자신의 슬픈 생활을 하소연했습니다. 무거운 짐을 끊임없이 져야만 하고, 주어진 일도 도저히 끝마칠 수 없다고 말했습니다.

"오늘 밤까지 이 깃털들을 다 뽑아놓지 못하면 새엄마한테 맞을 거예요. 새엄마가 그렇게 말했거든요. 말한 대로 날 때릴 거예요."

아가씨의 눈에서 다시 눈물이 주르륵 흘러내렸습니다. 그러자 인자한 할머니가 말했습니다.

"얘야, 염려하지 말고 쉬어라. 그 일은 내가 해줄 테니."

아가씨는 침대에 드러누워 곧 잠이 들었습니다. 할머니는 깃털이 쌓여 있는 작업대 앞에 앉았습니다. 그런데 우아, 할머니의 마른 손이 깃대에 닿자마자 깃털들이 획획 떨어져 나가는 게 아닙니까. 십이 파운드나 되는 깃털을 할머니는 간단히 끝내버렸습니다. 아가씨가 눈을 떠보니 눈처럼 하얀 깃털이 산더미같이 쌓여있었고 방도 깨끗이 치워져 있었습니다. 하지만 할머니는 보이지 않았습니다. 아가씨는 하나님께 감사를 드리고 조용히 앉아서 저녁을 기다렸습니다. 저녁에 새엄마가 방으로 들어와 아가씨가 해놓은 일을 보고 깜짝 놀라더니 말했습니다.

"이 계집애야, 부지런만 하면 얼마만큼 할 수 있는지 이제 알겠지? 그런데 다 했으면 다른 일을 더 할 것이지, 왜 팔짱 끼고 우두커니 앉아서 보고만 있는 거야?"

새엄마는 밖으로 나오더니 말했습니다.

"저것이 제법 여러 가지 할 줄 안단 말이야. 더 힘든 일을 시켜야겠다."

다음 날 아침, 새엄마가 아가씨를 불러 말했습니다.

"이 숟가락으로 정원에 있는 커다란 못에서 물을 싹 다 퍼내라. 저녁때까지 끝내놓지 않으면 어떻게 되는지 알겠지?"

아가씨는 숟가락을 받아들었습니다. 그런데 구멍이 숭숭 난 숟가락이었습니다. 구멍이 나지 않았더라도 숟가락으로 못물을 다 퍼낼 수는 없는 노릇이었지만 말입니다. 아가씨는 바로 못으로 갔습니다. 그리고 물가에 무릎을 꿇고 앉아 눈물을 뚝뚝 흘리면서 못물을 퍼냈습니다. 그런데 인자한 할머니가 다시 나타나 아가씨의 고민을 듣더니 말했습니다.

"애야, 걱정하지 마라. 숲 속에 가서 푹 자고 오너라. 그 일은 내가 해줄 테니."

할머니는 혼자 남자 못물을 살짝 건드렸습니다. 그러자 못물이 안개처럼 피어오르더니 구름 안으로 들어갔습니다. 서서히 못의 바닥이 드러났습니다. 아가씨가 해가 지기 전에 일어나서 왔더니 진흙 바닥에서 파닥거리는 물고기들만 보였습니다. 아가씨는 새엄마에게 가서 일을 끝마쳤다고 말했습니다. 그러자 새엄마가 화가 나서 새파랗게 질린 얼굴로 말했습니다.

"더 일찍 끝냈어야지."

그러고는 또 새로운 일거리를 궁리해냈습니다.

셋째 날 아침, 새엄마가 아가씨에게 말했습니다.

"저쪽 들판에 아름다운 성을 하나 지어다오. 오늘 저녁까지 끝내야 한다."

아가씨는 깜짝 놀라서 말했습니다.

"제가 어떻게 그런 엄청난 일을 할 수 있어요?"

그러자 새엄마는 소리를 빽 질렀습니다.

"내 말을 거역할 참이냐? 구멍이 숭숭 난 숟가락으로 못물을 다 퍼냈는데 성 하나 못 짓겠느냐. 오늘 안에 다 해라. 부엌이나 지하실에 조금이라도 빠진 게 있으면 어떻게 되는지 알고 있겠지?"

밖으로 내몰린 아가씨는 골짜기로 갔습니다. 그곳에는 돌무더기가 수북이 쌓여있는데 아가씨의 힘으로는 가장 작은 돌덩이 하나도 움직일 수 없었습니다. 아가씨는 털썩 주저앉아 엉엉 울면서 할머니가 나타나기를 바랐습니다. 오래 기다릴 필요가 없었습니다. 할머니는 곧 나타나서 아가씨를 다독였습니다.

"저기 그늘에 누워서 한숨 자라. 내가 성을 지어줄 테니. 마음에 들면 네가 들어가서 살아도 된다."

아가씨가 가자 할머니는 회색빛 바위들을 슬쩍 건드렸습니다. 그러자 바위들이 꿈틀꿈틀 움직이더니 저절로 옮겨져서 마치 거인들이 벽을 쌓듯 차곡차곡 쌓였습니다. 이윽고 건물이 올라가기 시작하는데, 마치 보이지 않는 수많은 손이 작업하듯 돌들이 착착 쌓여갔습니다. 땅바닥이 우르릉거리며 흔들리더니 커다란 기둥늘이 물쑥 솟아올라 우뚝우뚝 나란히 줄지어 섰습니다. 지붕에는 기와가 척척 올라가고 있었습니다. 점심때가 되자 탑 꼭대기에는 벌써 옷자락을 너풀거리는 황금 아가씨의 모습을 한 커다란 풍향계가 빙빙 돌아갔습니다. 저녁이 되자 성 내부도 다 끝났습니다. 할머니가 어떻게 했는지 모르지만, 여하튼 방들의 벽에는 화려한 비단 벽지가 발라져 있었습니다. 형형색색 수놓은 의자 하며 대리석 탁자에는 다채로운 무늬의 팔걸이 안락의자가 있었습니다. 천장에 달린 수정 샹들리에가 반들반들한 바닥에 은은히 비쳤습니다. 황금 새장 속에는 초록 앵무새들이 있었고, 이름 모를 새들이 정겹게 지저귀고 있었습니다. 왕이 들어와 살아도 좋을 만큼 화려하기 이를 데 없었습니다. 해넘이 때가 되어서야 아가씨는 잠이 깼습니다. 무수한 불빛이 눈앞에 아롱거리자 아가씨는 빠른 걸음으로 성에 다가가 열린 문 안으로 들어섰습니다. 계단에는 붉은 천이 깔렸고 황금 난간에는 꽃이 활짝 핀 꽃나무가 새겨져 있었습니다. 아가씨는 호화로운 방을 보고 놀란 나머지 몸이 뻣뻣해져 서 있었습니다. 새엄마가 생각나지 않았으면 언제까지나 그러고 있었을지도 모릅니다. 아가씨는 혼잣말로 중얼거렸습니다.

"아, 이제 새엄마가 이것으로 만족하고 더는 날 괴롭히지 않았으면 좋으련만."

아가씨가 성을 다 지었다고 하자 새엄마는 자리에서 벌떡 일어나며 말했습니다.

"당장 성에 들어가 살아야겠다."

성안에 들어선 새엄마는 아름답고 찬란한 빛에 눈이 부셔 손으로 눈을 가렸습니다.

"봐라. 이제는 척척 손쉽게 해내는구나. 더 어려운 일을 맡겼어야 하는 건데."

새엄마는 방마다 돌아다니며 빠진 것은 없는지, 잘못된 곳은 없는지 구석구석 살폈지만, 흠을 찾을 수가 없었습니다. 새엄마는 아가씨를 매섭게 노려보며 말했습니다.

"이제 아래층으로 내려가 보자. 부엌과 지하실도 살펴봐야겠어. 하나라도 잊은 것이 있으면 호되게 벌을 받을 것이야."

하지만 화덕에는 불이 활활 타오르고 있었고, 솥 안에는 음식들이 보글보글 끓고 있었습니다. 부집게와 쓰레받기는 벽에 얌전히 세워져 있었고, 벽 선반에는 반짝거리는 놋그릇들이 가지런히 놓여있었습니다. 석탄을 넣어두는 상자 통하며 물동이까지 빠진 것이 하나도 없었습니다. 새엄마가 말했습니다.

"지하실은 어디로 들어가느냐? 포도주 통으로 꽉 차 있지 않으면 따끔한 맛을 보게 될 것이야."

새엄마는 지하실로 들어가는 뚜껑 문을 직접 들어 올리고 계단을 내려갔습니다. 하지만 두 발자국도 못 가서 벽에 살짝 기대어 놓은 육중한 뚜껑 문이 쾅 닫혀버렸습니다. 아가씨는 비명을 듣고 새엄마를 도와주려 뚜껑 문을 들어 올렸습니다. 하지만 새엄마는 이미 굴러떨어져 숨이 멎은 채 바닥에 널브러져 있었습니다.

이제 그 화려한 성은 아가씨 혼자만의 것이 되었습니다. 처음에는 찾아온 행운이 낯설어 어쩔 줄 몰랐습니다. 옷장에는 아름다운 옷들이 걸려있었고 보물 함에는 금은보화가 가득했습니다. 무슨 바람이든 척척 다 이루어졌습니다. 곧 아름답고 부유한 아가씨에 대한 소문이 온 세상에 자자하게 퍼졌습니다. 그러자 날마다 구혼자들이 찾아왔습니다. 하지만 아가씨의 마음에 드는 남자는 없었습니다. 그러던 어느 날, 한 왕자가 와서 아가씨의 마음을 사로잡았고 두 사람은 서로 결혼하기로 약속했습니다. 어느 날 두 사람은 성안 정원에 있는 푸른 보리수 밑에 정답게 앉아있었습니다. 왕자가 아가씨에게 말했습니다.

"집에 가서 아버지께 결혼허락을 받아와야겠소. 이 보리수 밑에서 날 기다려요. 몇 시간 안에 돌아오리다."

아가씨는 왕자의 왼쪽 뺨에 입을 맞추며 말했습니다.

"저와의 사랑을 지켜주세요. 어떤 여자도 이 뺨에 입을 맞춰서는 안 돼요. 저는 당신이 돌아오실 때까지 여기 보리수 밑에서 기다리고 있겠어요."

아가씨는 해가 지도록 보리수 밑에 앉아 있었습니다. 하지만 왕자는 돌아오지 않았습니다. 사흘 내내 온종일을 기다렸지만, 왕자는 오지 않았습니다. 나흘째 되는 날 역시 왕자가 오지 않자 아가씨가 말했습니다.

"분명 사고가 생긴 거야. 왕자님을 찾으러 가야겠다. 찾기 전엔 돌아오지 않을 거야."

아가씨는 가장 아름다운 옷 세 벌을 짐 속에 넣었습니다. 반짝이는 별이 수 놓인 옷과 은빛 달이 수 놓인 옷과 황금빛 해가 수 놓인 옷이었습니다. 그리고 보석도 한 줌 천에 싸서 들고는 길을 떠났습니다. 아가씨는 가는 곳마다 사람들에게 물었지만, 아가씨의 약혼자를 보았다는 사람은 없었고, 안다는 사람도 없었습니다. 아가씨는 세상 곳곳을 돌아다녔지만, 왕자를 찾을 수가 없었습니다. 마침내 아가씨는 어느 농가로 들어가 가축을 치면서 지내기로 했습니다. 그리고 바위 밑에 옷과 보석을 숨겨두었습니다.

하지만 가축 치기가 된 아가씨는 가축들을 돌보면서도 사랑하는 왕자가 너무 그리워 마음에는 늘 슬픔이 가득했습니다. 그런데 아가씨가 길들인 송아지가 있었습니다. 아가씨는 녀석에게 손으로 먹이를 주면서 이렇게 말하곤 했습니다.

> "송아지야, 송아지야, 무릎을 굽혀라,
> 너를 돌보는 아가씨를 잊지 마라,
> 신부 아가씨를 왕자님이 잊었듯이,
> 푸른 보리수 밑 그 아가씨 말이야."

그러면 송아지는 무릎을 굽혔고 아가씨는 송아지를 쓰다듬어주었습니다.

그렇게 외롭고 슬픈 생활을 한 지도 어느덧 여러 해가 흘렀습니다. 그런데 그 나라의 공주가 결혼식을 올릴 거라는 소문이 자자했습니다. 아가씨가 사는 마을은 마침 성으로 가는 사람들이 지나는 길목에 있었습니다. 어느 날, 아가씨가 가축을 몰고 가는데 공주의 신랑이 지나갔습니다. 신랑은 위풍당당 말 위에 앉아 아가씨를 거들떠보지도 않았습니다. 하지만 아가씨는 신랑을 보는 순간 그가 사랑하는 왕자임을 단박 알았습니다. 마치 날카로운 칼로 에는 것처럼 심장이 아파져 왔습니다.

"아아, 왕자님의 마음을 굳게 믿고 있었는데, 왕자님은 날 잊었구나."

다음 날 아침, 왕자는 다시 그 길을 지나갔습니다. 옆을 지나는데 아가씨가 송아지에게 말했습니다.

> "송아지야, 송아지야, 무릎을 굽혀라,
> 너를 돌보는 아가씨를 잊지 마라,
> 신부 아가씨를 왕자님이 잊었듯이,
> 푸른 보리수 밑 그 아가씨 말이야."

그 소리를 들은 왕자는 아래로 시선을 돌리면서 주춤 말을 멈췄습니다. 가축 치기 아가씨의 얼굴을 빤히 쳐다보던 왕자는 기억을 더듬으려는 듯 손으로 눈을 가렸습니다. 하지만 그뿐, 왕자는 다시 말을 재촉하며 가버렸습니다.

"아아, 날 알아보지 못하는구나."

아가씨의 슬픔은 더욱더 커졌습니다.

곧이어 궁전에서는 사흘 동안 성대한 결혼 잔치가 벌어져 마을 사람들 모두가 초대되었습니다. 아가씨는 마지막 시도를 해 보기로 했습니다. 아가씨는 저녁이 되자 옷과 보석을 숨겨둔 바위로 갔습니다. 황금빛 해가 수 놓인 옷을 바위 밑에서 꺼내 입고는 보석으로 치장했습니다. 수건으로 감싸고 있던 머리도 풀어서 굽실굽실 길게 늘어뜨렸습니다. 날이 어두워 성으로 가는 길에 아무도 아가씨를 알아보지 못했습니다. 아가씨가 불빛 찬란한 홀로 들어서자 사람들은 모두 한걸음 뒤로 물러서면서 감탄했습니다. 하지만 아가씨가 누구인지 아는 사람은 아무도 없었습니다. 왕자도 아가씨에게 다가왔지만, 아가씨를 알아보지 못했습니다. 왕자는 아가씨에게 춤을 청했습니다. 아가씨의 아름다움에 흠뻑 빠져든 왕자는 자신의 신부마저 까맣게 잊어버렸습니다. 잔치가 끝나자 아가씨는 사람들 속으로 사라졌고 날이 밝기 전에 마을로 돌아와 가축 치기 옷으로 다시 갈아입었습니다.

다음 날 저녁, 아가씨는 은빛 달이 수 놓인 옷을 입고 머리에 보석으로 만든 반달 모양의 장식을 꽂았습니다. 아가씨가 홀로 들어서자 사람들이 일제히 아가씨를 향해 눈을 돌렸습니다. 왕자도 재빨리 다가와 아가씨하고만 춤을 췄습니다. 아가씨에게 푹 빠져 다른 여자에게는 눈길도 주지 않았습니다. 아가씨가 다시 자리를 뜨려고 하자 왕자는 마지막 잔칫날 꼭 오겠다는 약속을 받아냈습니다.

마지막 날 밤, 아가씨는 별이 수 놓인 옷을 입고 나타났습니다. 한 걸음 한 걸음 내디딜 때마다 별들이 춤추듯 반짝였고 머리띠도 허리끈도 보석이 총총 박힌 별들이었습니다. 아가씨를 애타게 기다리던 왕자는 단숨에 달려 나와 말했습니다.

"그대가 누구인지 말해주지 않겠소? 오래전부터 그대를 알고 있었던 것 같아서 말이오."

아가씨가 대답했습니다.

"헤어질 때 제가 어떻게 했는지 모르시겠어요?"

그러면서 아가씨는 왕자에게 다가가 왼쪽 뺨에 입을 맞추었습니다. 순간 눈에서 비늘이 벗겨지는 듯 왕자는 진짜 신부를 알아보았습니다. 왕자가 말했습니다.

"이리 와요. 내가 이곳에 더 머무를 이유가 없소."

왕자는 아가씨의 손을 잡고 마차로 갔습니다. 마치 바람을 탄 듯 말들은 마법의 성을 향해 달려갔습니다. 저 멀리 창문으로 흘러나오는 불빛이 보이기 시작했습니다. 보리수를 지나가는데, 수많은 개똥벌레가 떼를 지어 날아다녔고 보리수는 가지를 살랑살랑 흔들어 향기로운 냄새를 내려보내주었습니다. 성의 계단에는 꽃들이 활짝 피어났고 이름 모를 새들의 노랫소리가 방 안에서 울려 나왔습니다. 홀에는 성안 사람들이 모두 모여 있었습니다. 그리고 신랑과 진짜 신부의 결혼식을 축복하기 위해 신부님이 기다리고 있었답니다.

◆188◆
물렛가락과 북과 바늘

옛날에 어려서 부모를 잃은 한 소녀가 있었습니다. 소녀의 대모는 마을 끝 오두막집에 혼자 살면서 실을 자아 천을 짜고 옷을 만들어 생계를 꾸려가고 있었습니다. 대모 할머니는 고아가 된 소녀를 집으로 데려와 일도 가르치며 믿음 깊은 아이로 키웠습니다.

그런데 소녀가 열다섯 살이 되던 해에 대모 할머니는 덜컥 병에 걸려 자리에 눕고 말았습니다. 대모는 아이를 불러 말했습니다.

"얘야, 이제 죽을 때가 된 것 같구나. 이 집을 물려주마. 비바람은 피할 수 있을 거다. 물렛가락과 북과 바늘도 물려줄 테니 그것으로 먹고살도록 해라."

대모는 소녀의 머리에 손을 얹고 축복을 빌어주었습니다.

"하나님을 늘 마음에 모셔라. 그럼 잘 살 수 있을 거다."

그러고 나서 대모는 눈을 감았습니다. 장례를 치르는 날 소녀는 관을 따라가며 슬피 울면서 대모 할머니에게 마지막 인사를 했습니다.

이제 작은 오두막집에서 혼자 살게 된 소녀는 부지런히 실을 자아 천을 짜고 옷을 만들었습니다. 대모가 축복을 빌어준 덕에 소녀가 하는 일은 모두 척척 잘되었습니다. 방 안에 놓아둔 아마 섬유는 저절로 쌓이는 것 같았습니다. 천이나 양탄자를 짜거나 셔츠를 지으면 즉시 살 사람이 나타나 후하게 지급했기 때문에 다른 사람들에게는 알릴 필요도 없었습니다.

그때 한 왕자가 온 나라를 돌아다니며 신붓감을 찾고 있었습니다. 왕자는 가난한 신부를 원하지 않았습니다. 그렇다고 부자 신부를 원하는 것도 아니었습니다. 왕자는 이렇게 말했습니다.

"가장 가난하면서도 가장 부유한 여자를 아내로 맞이하겠다."

왕자는 가는 곳마다 가장 가난한 여자는 누구이고 가장 부유한 여자는 누구냐고 물었습니다. 소녀가 사는 마을에 와서도 그렇게 물었습니다. 그러자 마을 사람들은 가장 부유한 여자의 이름을 댔습니다. 그리고 가장 가난한 여자는 마을 끝 오두막집에 사는 소녀라고 말했습니다. 부자 아가씨는 옷을 쪽 빼입고 대문 앞에 앉아 있었습니다. 왕자가 가까이 오자 아가씨는 벌떡 일어나 왕자 앞에서 무릎을 굽히며 인사했습니다. 그러나 왕자는 아가씨를 흘낏 보고 아무 말 없이 말을 타고 가 버렸습니다. 왕자는 가난한 소녀의 집에 이르렀습니다. 소녀는 대문에 나와 있지 않고 작은 방에 앉아있었습니다. 왕자는 말을 세우고 창문을 들여다보았습니다. 햇빛이 환히 드는 방 안에 소녀가 물레에 앉아 열심히 실을 잣고 있었습니다. 왕자의 시선이 느껴졌는지 소녀가 눈을 들었습니다. 왕자를 본 소녀는 얼굴을 빨갛게 붉히고 이내 눈을 내리떴습니다. 소녀는 물레질을 계속했지만, 쪽 고른 실이 뽑혔는지는 모르겠습니다. 여하튼 왕자가 돌아갈 때까지 소녀는 실만 잣고 있었습니다. 왕자가 돌아가자 소녀는 창가로 와서 창문을 활짝 열어젖히며 말했습니다.

"방 안이 참 덥구나."

하지만 소녀의 눈은 왕자의 뒷모습을 따라가고 있었습니다. 왕자의 모자에 달린 하얀 깃털이 보이지 않자 소녀는 다시 물레 앞에 앉아 실을 자았습니다. 문득 실 잣는 소녀를 보고 대모 할머니가 했던 말이 떠올랐습니다. 소녀는 노래를 흥얼거렸습니다.

"물렛가락아, 물렛가락아, 어서 나가서
구혼자를 집으로 모셔 오려무나."

그러자 무슨 일이 벌어졌는지 아십니까? 물렛가락이 소녀의 손에서 툭 튀어나와 문밖으로 나가는 겁니다. 소녀는 깜짝 놀라 벌떡 일어났습니다. 물렛가락은 술술 풀려나오는 금빛 실을 끌고 들판 위로 둥실둥실 신 나게 떠갔습니다. 물렛가락이 보이지 않자 물렛가락을 잃은 소녀는 북을 들고 베틀에 앉아 천을 짜기 시작했습니다.

물렛가락은 둥실둥실 계속 떠가다가 마침내 감긴 실이 다 풀렸습니다. 그런데 바로 그곳에 왕자가 있었습니다. 왕자가 말했습니다.

"저게 뭐지? 물렛가락이 길을 가르쳐주려나 보나."

왕자는 말머리를 돌려 금빛 실을 따라갔습니다. 소녀는 베틀에 앉아 노래를 흥얼거렸습니다.

"북아, 북아, 고운 천을 짜렴,
구혼자를 집 안으로 모셔 오려무나."

순간 북이 손에서 툭 튀어나와 문밖으로 나가더니 문지방 앞에서 양탄자를 짜기 시작했습니다. 지금껏 본 것 중에서 가장 아름다운 양탄자였습니다. 양옆에는 장미와 백합이 활짝 피어나고, 한가운데에는 황금빛 바탕에 길게 뻗어 오른 초록 덩굴을 넘나들며 산토끼와 집토끼가 깡충깡충 뛰놀고 있었습니다. 사슴과 노루도 덩굴 사이로 머리를 쏙 내밀고 있었습니다. 나뭇가지 위에는 색색의 아름다운 새들이 앉아 있었는데, 지저귀기만 하면 모자랄 것이 없는 완벽한 모습이었습니다. 북이 이리저리 뛰어다니는 대로 마치 저절로 커지듯 양탄자가 만들어졌습니다.

북이 사라지는 바람에 이제 소녀는 바느질하려고 앉았습니다. 소녀는 바늘을 손에 들고 노래를 흥얼거렸습니다.

"바늘아, 바늘아, 뾰족하고 섬세하네,
구혼자를 모시게 집 안을 치우렴."

그러자 바늘이 손에서 툭 튀어나와 번개처럼 휙휙 방 안을 날아다녔습니다. 마치 보이지 않는 유령들이 일하는 것 같았습니다. 곧 식탁과 긴 의자에 초록빛 커버가 씌워지고 의자에는 벨벳 덮개가 깔렸습니다. 창문에는 비단 커튼이 드리워졌습니다. 마지막 땀을 뜨는 순간 창밖에 왕자의 모자에 달린 하얀 깃털이 보였습니다. 금빛 실이 감긴 물렛가락이 왕자를 데려온 것입니다. 왕자는 말에서 내리더니 성큼성큼 양탄자 위를 걸어 집 안으로 들어왔습니다. 왕자가 방에 들어서니 누추한 옷을 걸친 한 소녀가 서있는데, 마치 수풀 속에 불타오르듯 피어난 한 송이 장미 같았습니다. 왕자가 소녀에게 말했습니다.

"그대야말로 가장 가난하면서도 가장 부유한 아가씨군요. 나와 같이 갑시다. 내 아내가 되어 주오."

소녀는 잠자코 왕자에게 손을 내밀었습니다. 왕자는 소녀의 손등에 입을 맞추고 소녀를 말에 태워 성으로 가서 성대한 결혼식을 올렸습니다. 물렛가락과 북과 바늘은 금고에 잘 모셔져 극진한 대접을 받았다고 합니다.

◈189◈
농부와 악마

옛날에 영리하고 약삭빠른 농부가 있었습니다. 농부가 장난친 이야기는 많이 있지만, 그중에서도 가장 재미있는 것은 악마를 골탕먹인 이야기입니다.

어느 날, 농부는 밭갈이하다가 저녁 어스름이 깔려오자 집에 돌아갈 채비를 했습니다. 그런데 밭 한가운데에 활활 타오르는 석탄 더미가 보였습니다. 놀라서 눈이 휘둥그레진 농부가 가서 보니까 이글거리는 석탄 더미 위에 작고 새까만 악마가 앉아 있었습니다. 농부가 말했습니다.

"감히 내 보물 위에 앉아 있어?"

악마가 말했습니다.

"맞아. 자네가 평생 본 것보다 훨씬 많은 금은 위에 앉아 있지."

농부가 말했습니다.

"내 밭에 있는 보물은 내 것이야."

악마가 말했습니다.

"그래, 자네 거야. 앞으로 이 년 동안 밭에서 나는 수확물의 절반을 나한테 준다면 말이야. 난 돈은 많아. 하지만 땅에서 나는 것을 가지고 싶거든."

농부는 거래에 동의하면서 이렇게 말했습니다.

"하지만 나누는 문제로 말썽이 일어나지 않도록 이렇게 하자고. 땅 위에 있는 것은 자네가 가지고, 땅속에 있는 것은 내가 갖도록 하세."

악마도 그 제안이 마음에 들었습니다. 하지만 꾀쟁이 농부는 밭에 무를 심었습니다. 이윽고 수확기가 오자 악마가 농작물을 가지러 왔습니다. 그런데 밭에는 누렇게 시들어버린 잎사귀밖에 없었습니다. 반면 농부는 신이 나서 밭에서 무를 캤습니다. 그러자 악마가 말했습니다.

"이번에는 자네에게 이로웠지만, 다음에는 그렇지 못할 걸세. 땅 위에 있는 것은 자네가 가지고, 땅속에 있는 것은 내가 가지겠네."

농부가 대답했습니다.

"좋아, 그러자고."

하지만 씨 뿌리는 시기가 되자 농부는 무를 심지 않고 밀을 심었습니다. 곡식이 여물자 농부는 밭에 나가 밀 줄기를 싹싹 베어왔습니다. 악마가 와서 보니 밭에는 그루터기만 남아있었습니다. 분통이 터진 악마는 바위산의 험하고 좁은 골짜기에서 떨어지고 말았습니다.

"여우 사냥 놀이는 이렇게 하는 법이야."

농부는 이렇게 말하고 보물을 가져갔답니다.

◆190◆
식탁 위의 빵부스러기

어느 날, 수탉이 암탉들에게 말했습니다.

"얼른 방에 들어와 봐. 식탁 위에 있는 빵부스러기를 같이 쪼아 먹자고.

주인 아주머니는 이웃집에 가셨거든."

그러자 암탉들이 말했습니다.

"아니, 안 돼. 들어가지 않을래. 아주머니한테 야단맞을 거야."

수탉이 말했습니다.

"아주머니가 모르시잖아. 들어오라니까! 우리한테 좋은 모이 준 적이
한 번도 없는데, 뭐."

암탉들이 또 말했습니다.

"아니, 안 돼. 됐다고. 안 들어간다고."

하지만 수탉이 하도 꼬드기는 바람에 암탉들은 방에 들어가 식탁 위
에 있는 빵부스러기를 콕콕 재빠르게 쪼아 먹었습니다. 바로 그때 주인
아주머니가 돌아왔습니다. 아주머니는 잽싸게 막대기를 집어 들고 암탉
들을 무섭게 쫓아냈습니다. 집 밖으로 쫓겨난 암탉들이 수탉에게 말했
습니다.

"그, 그, 그, 그거 보라고. 우리가 말했잖아!"

그러자 수탉이 깔깔거리며 이렇게 말했답니다.

"그, 그, 그, 그걸 내가 몰랐겠느냐고!"

◆191◆
집토끼

옛날에 한 공주가 살았습니다. 공주가 사는 성의 지붕 바로 밑에는 홀이
있었습니다. 홀에는 사방으로 열두 개의 창문이 나 있었습니다. 공주가
홀에 올라가서 주위를 둘러보면 나라 전체가 한눈에 들어왔습니다. 첫
번째 창문으로 보면 세상이 보통보다 더 자세히 보였습니다. 두 번째 창

문으로 보면 첫 번째보다 더 잘 보였습니다. 세 번째 창문으로 보면 두 번째보다 더 잘 보였고, 그다음 창문으로 갈수록 더 선명하고 더 잘 보였습니다. 공주는 땅 위와 땅 아래에서 일어나는 모든 일을 손바닥에 올려놓고 들여다보듯 빤히 지켜볼 수 있었습니다. 공주는 콧대가 높았습니다. 자기 혼자 잘났다고 뽐내며 혼자서만 나라를 다스리려 들었습니다. 공주는 완전히 숨어 자기에게 들키지 않는 사람만을 남편으로 삼겠다고 널리 알렸습니다. 만약 시도했다가 들키면 머리를 댕강 잘라 말뚝에 꽂아놓겠다고 했습니다. 벌써 성문 앞에는 피 묻은 머리가 꽂힌 말뚝 아흔일곱 개가 즐비하게 세워져 있었습니다. 그런데 오랫동안 시도해보겠다고 나서는 사람이 없었습니다. 공주는 흐뭇해서 평생 자유롭게 혼자 살리라 생각했죠. 그러던 어느 날, 세 형제가 행운을 시험해보겠다며 공주를 찾아왔습니다. 큰형은 석회굴에 숨으면 안전할 것으로 생각했습니다. 하지만 첫 번째 창문에서부터 들켜버린 큰형은 석회굴에서 끌려 나와 댕강 머리를 잘렸습니다. 작은 형도 성의 지하실에 숨었다가 첫 번째 창문에서 들켜버려 똑같은 신세가 되었습니다. 댕강 잘린 작은 형의 머리는 아흔아홉 번째 말뚝에 꽂혔습니다. 이번에는 막내가 나섰습니다. 막내는 공주에게 하루 동안 생각할 시간을 달라고 했습니다. 그리고 처음 두 번은 자기가 들키더라도 자비를 베풀어 목숨을 살려달라고 부탁했습니다. 하지만 세 번째 또 들키게 되면 목숨을 내놓겠다고 했습니다. 아름다운 젊은이의 진심 어린 부탁에 공주가 말했습니다.

"좋아요. 그렇게 하지요. 그런데 성공하지 못할 걸요."

다음날, 막내는 어떻게 숨어야 할지 오래 궁리했지만 좋은 생각이 떠오르지 않았습니다. 그래서 사냥이나 하려고 사냥총을 메고 밖으로 나갔습니다. 그런데 까마귀가 보였습니다. 막내가 까마귀를 겨누고 막 방아쇠를 당기려는 순간 까마귀가 깍깍 소리쳤습니다.

"쏘지 마세요. 은혜는 꼭 갚겠어요!"

그 말에 막내는 총을 내리고 다시 길을 걸었습니다. 호수에 이르자 뜻밖에도 물속 깊은 곳에서 물고기 한 마리가 수면 위로 떠올랐습니다. 총을 겨누자 물고기가 소리쳤습니다.

"쏘지 마세요. 은혜는 꼭 갚겠어요!"

막내는 물고기를 놓아주었습니다. 그리고 길을 가는데, 이번에는 다리를 절룩거리는 여우와 마주쳤습니다. 막내는 총을 쐈지만, 여우를 맞추지 못했습니다. 그러자 여우가 소리쳤습니다.

"그러지 말고 이리 와서 발에 가시나 좀 빼줘요."

막내는 그렇게 했습니다. 하지만 곧 여우를 죽여 가죽을 벗기려는 속셈이었습니다. 그러자 여우가 말했습니다.

"살려주세요. 은혜는 꼭 갚겠어요!"

젊은이는 여우도 놓아주었습니다. 어느덧 밤이 되어 젊은이는 다시 집으로 돌아왔습니다.

다음날, 젊은이는 어딘가 숨어야 했지만, 아무리 궁리를 해도 어디로 가야 할지 좋은 생각이 떠오르지 않았습니다. 그래서 숲에 가서 까마귀에게 말했습니다.

"내가 널 살려줬잖아. 이제 내가 어디에 숨어야 할지 알려주렴. 공주가 못 찾도록 말이야."

까마귀는 고개를 푹 숙이고 한참 동안 생각하더니 깍깍 말했습니다.

"알았어요!"

까마귀는 둥지에서 알을 꺼내 둘로 쪼개서 젊은이를 그 속에 들어가게 한 뒤 다시 하나로 합쳐 품에 품었습니다. 공주가 첫 번째 창문으로 보니 젊은이가 보이지 않았습니다. 다음 창문으로도 보이지 않았습니다. 그 다음 창문으로도 마찬가지였습니다. 공주는 당황하기 시작했습니다. 그러나 열한 번째 창문에서 드디어 젊은이의 모습이 보였습니다. 공주는 까마귀를 죽이고 알을 가져와 깨뜨리게 했습니다. 깨진 알에서 젊은이가 나오자 공주가 말했습니다.

"처음이니까 목숨을 살려주죠. 좀 더 잘 숨지 않으면 그대는 끝장이에요."

다음날, 젊은이는 호숫가로 가서 물고기를 불렀습니다.

"내가 널 살려줬잖아. 이제 내가 어디에 숨어야 할지 알려주렴. 공주가 못 찾도록 말이야."

물고기는 한참 궁리하다가 말했습니다.

"알았어요! 내 뱃속에 숨겨줄게요."

물고기는 젊은이를 꿀꺽 삼키고 호수 바닥 밑으로 쑥쑥 내려갔습니다. 하지만 이번에는 열한 번째 창문에서도 젊은이가 보이지 않았습니다. 공주는 가슴이 철렁 내려앉았습니다. 하지만 열두 번째 창문에서 드디어 젊은이가 보였습니다. 공주는 물고기를 잡아 죽이게 했습니다. 그러자 젊은이가 물고기의 뱃속에서 모습을 드러냈습니다. 젊은이가 어떤 기분이었을지 상상이 갈 겁니다. 공주가 말했습니다.

"이번 마지막으로 목숨만은 살려주겠다. 하지만 결국 백 번째 말뚝에 그대 머리가 꽂히게 될 것이야."

마지막 날, 젊은이는 무거운 가슴을 안고 들판으로 가서 여우를 만났습니다.

"넌 숨을 곳을 많이 알고 있겠지? 내가 널 살려줬잖아. 이제 내가 숨을 장소를 말해주렴. 공주가 못 찾도록 말이야."

"어려운 일이군요."

여우는 걱정스러운 얼굴로 대답했습니다. 마침내 여우가 소리쳤습니다.

"알았어요!"

여우가 젊은이와 함께 샘물로 가서 물속에 풍덩 몸을 담갔습니다. 그러자 여우는 가축 상인이 되었고, 젊은이는 작은 집토끼가 되었습니다. 상인은 마을로 가서 사람들에게 이 작고 귀여운 짐승을 보여주었습니다. 그러자 구경꾼들이 모여들었고 나중에는 공주까지 왔습니다. 집토끼가 마음에 쏙 든 공주는 많은 돈을 내고 집토끼를 샀습니다. 공주에게 집토끼를 내어주기 전에 상인이 집토끼에게 말했습니다.

"공주님이 창문으로 가면 얼른 땋은 머릿속에 들어가 숨어라."

공주가 젊은이를 찾는 시간이 되었습니다. 공주는 첫 번째 창문부터 시작해 열한 번째 창문까지 차례차례 내다보았지만, 젊은이는 보이지 않았습니다. 열두 번째 창문으로도 젊은이가 보이지 않자 공주는 두려운 나머지 화가 머리끝까지 치솟아 창문을 쾅하고 닫아버렸습니다. 그러자 창문들은 산산조각이 났고 성 전체가 부르르 흔들렸습니다. 홀에서 나온 공주는 땋은 머릿속에 집토끼가 숨어있는 것을 알아챘습니다. 공주는 집토끼를 잡아 꺼내 바닥에 내동댕이치면서 소리쳤습니다.

"당장 내 앞에서 꺼져!"

집토끼는 상인에게 달려갔습니다. 둘은 부리나케 다시 샘물로 가서 물속에 풍덩 몸을 담갔습니다. 그러자 둘 다 원래 모습으로 돌아왔습니다. 젊은이는 여우에게 고마워하며 말했습니다.

"너에 비하면 까마귀나 물고기는 지독히 멍청해. 네 꾀가 정말 기막히게 들어맞은 거야!"

젊은이는 곧장 성으로 갔습니다. 공주는 모든 것을 운명에 맡기고 젊은이를 기다리고 있었습니다. 두 사람은 결혼식을 올렸고, 이제 젊은이는 온 나라를 다스리는 왕이 되었습니다. 하지만 공주에게 그가 마지막으로 누구의 도움으로 어디에 숨었는지는 끝까지 말하지 않았습니다. 공주는 젊은이가 혼자서 직접 모든 것을 해낸 줄 알고 젊은이를 우러렀습니다. 이렇게 생각한 거죠.

'나보다 능력 있는 사람[42]이야!'

◆192◆
최고의 도둑

어느 날, 한 초라한 집 앞에 늙은 농부와 그의 아내가 앉아 잠시 일손을 놓고 쉬고 있었습니다. 그때 갑자기 검은 말 네 마리가 끄는 화려한 마차가 달려오더니 멋지게 차려입은 신사가 마차에서 내렸습니다. 농부는 자리에서 일어나 신사에게 다가가 무엇을 도와줄지 물었습니다. 그러자 낯선 신사는 늙은 농부에게 손을 내밀며 말했습니다.

"시골음식을 한번 먹어보고 싶소. 평소 먹는 대로 감자나 요리해주시오. 그럼 같이 앉아 잘 먹겠소이다."

그러자 농부는 미소를 지으며 말했습니다.

"백작이시거나 후작이 아니면 공작이신가 보군요. 가끔 별난 음식을 드시고 싶어 하는 귀족들이 계시죠. 원하시는 음식을 요리해드리겠습니다."

농부의 아내는 부엌으로 가서 농부들이 평소 잘 먹는 감자 경단을 만들려고 감자를 씻어 갈았습니다. 아내가 음식을 준비하는 동안 농부가 손님에게 말했습니다.

"잠시 정원으로 같이 가시죠. 일할 게 있거든요."

농부는 정원에 여기저기 구덩이를 파놓고 나무를 심으려던 참이었습니

---

42 작센어로 Meerhäschen은 Kaninchen, 집토끼를 뜻함.

다. 그러자 손님이 물었습니다.

"일을 거들 자녀가 없소?"

농부가 말했습니다.

"아들 녀석이 하나 있지만 오래전 집을 나갔어요. 버릇없는 녀석이었죠. 영리하고 잔꾀가 많은데, 일을 배울 생각은 않고 짓궂은 장난질만 해 댔어요. 그러다가 결국 집을 나가버렸고, 지금까지 아무 소식이 없답니다."

늙은 농부는 어린나무를 구덩이에 넣고 옆에 기둥을 세운 다음 흙을 덮고 발로 꾹꾹 밟았습니다. 그리고 나무줄기의 아래와 위와 가운데 부분을 새끼로 기둥에다 꽁꽁 묶어주었습니다. 손님이 말했습니다.

"이보게, 저쪽 구석에 땅에 닿을 만큼 뒤틀리고 구부러진 나무는 이 나무처럼 왜 기둥에 안 묶어주는가? 그래야 잘 자라지 않겠나?"

늙은 농부는 미소를 지으며 말했습니다.

"나리, 모르시는 말씀입니다. 정원 일을 안 해 보신 것 같군요. 저쪽 나무는 옹이가 가득한 늙은 나무라서 똑바로 자라지를 못해요. 나무는 어릴 때 옮겨 심어야 하는 법이죠."

손님이 말했습니다.

"당신 아들도 마찬가지 아니겠소. 어렸을 때 제대로 컸으면 집을 나가지 않았겠지요. 아마도 지금은 고집 세고 거친 사람이 되었을 거요."

늙은 농부가 말했습니다.

"그렇겠죠. 집을 나간 지 꽤 오래되었으니까요. 많이 변했겠지요."

손님이 물었습니다.

"아들이 앞에 있다면 다시 알아볼 수 있겠소?"

농부가 대답했습니다.

"얼굴만 보고는 힘들겠지요. 하지만 아들이라는 표시가 있어요. 어깨에 콩알만 한 반점이 있거든요."

농부가 말을 끝내자 손님은 겉옷을 벗더니 어깨에 난 콩알만 한 반점을 보여주었습니다. 늙은 농부가 소리쳤습니다.

"세상에 맙소사, 정말 내 아들이구나."

사랑하는 아들을 보자 농부의 가슴이 뭉클했습니다. 농부가 말을 이었습니다.

"하지만 네가 어떻게 내 아들이란 말이냐? 부유하고 풍족한 대단한 귀족 나리가 내 아들이라니! 도대체 어떻게 된 일이냐?"

아들이 대답했습니다.

"예, 아버지. 기둥에 묶어놓지 않은 어린나무는 비뚤비뚤 멋대로 자랐지요. 올곧은 사람이 되기엔 이제 너무 늦었답니다. 이 모든 것을 어떻게 얻었느냐고요? 전 도둑이 되었어요. 하지만 놀라지 마세요. 저는 최고의 도둑이랍니다. 자물쇠나 빗장 따윈 문제도 아니에요. 갖고 싶으면 다 제 것이 되니까요. 비열한 도둑놈처럼 도둑질한다고 생각하지 마세요. 넘쳐나는 부자들 것만 훔치니까요. 가난한 사람들 것은 건드리지 않아요. 그들 것은 빼앗지 않고 오히려 제가 주죠. 머리 쓸 필요도 없고 기술 없이 쉽게 훔칠 수 있는 것은 손도 대지 않아요."

아버지가 말했습니다.

"아이고, 아들아. 그래도 싫구나. 한 번 도둑은 영원한 도둑이야. 명심해라. 끝이 좋지 않아."

농부는 아들을 아내에게 데려갔습니다. 아들이라는 소리에 아내는 기뻐서 울었습니다. 하지만 아들이 최고의 도둑이 되었다는 남편의 말에 눈물이 뺨을 타고 주르륵 흘러내렸습니다. 마침내 농부의 아내가 말했습니다.

"도둑이 되었다고 해도 넌 내 아들이다. 내가 너를 다시 보게 되다니."

세 사람은 식탁에 앉았습니다. 아들은 부모님과 함께 오랜 시간 먹지 못했던 초라한 식사를 다시 했습니다. 아버지가 말했습니다.

"저쪽 성에 계신 백작 나리가 네가 누군지, 무슨 짓을 하는지 알게 되면 세례대 옆에서 그랬던 것처럼 널 품에 안고 얼러주지는 않을 거다. 대신 교수대의 올가미에 네 목을 걸어 대롱대롱 매달아 놓을 거야."

"걱정하지 마세요, 아버지. 저한테 그렇게 못할 겁니다. 저는 제 일을 잘 하거든요. 오늘 당장 백작 나리를 찾아가겠어요."

저녁 무렵 최고의 도둑은 마차를 타고 성으로 갔습니다. 백작은 그를 귀한 분인 줄 알고 정중하게 맞아 주었습니다. 하지만 손님이 신분을 밝히자 백작은 얼굴이 창백해지면서 잠시 침묵했습니다. 마침내 백작이 입을 열었습니다.

"자네는 내 대자일세. 그래서 너그럽게 선처를 베풀어주겠네. 하지만 자네가 최고의 도둑이라고 뽐내고 다닌다니 자네의 기술을 시험해 보려 하네. 만약 시험을 통과하지 못하면 자네를 교수형에 처할 것이야. 까옥까옥 까마귀의 음악 소리를 듣게 될 것이야."

도둑이 말했습니다.

"백작님, 몹시 어려운 문제 세 가지를 내주세요. 만약 제가 그것들을 풀지 못하면 백작님 마음대로 하시고요."

잠시 백작은 곰곰 생각하더니 말했습니다.

"자 그럼, 첫 번째 문제다. 내가 사랑하는 말을 마구간에서 훔쳐내라. 두 번째 문제는 나와 내 아내가 잠이 들면 우리가 알아채지 못하게 밑에 깔린 시트를 빼내라. 그리고 아내가 손가락에 끼고 있는 결혼반지도 빼내야 한다. 마지막으로 교회에 가서 목사와 집사를 데려가라. 똑똑히 기억해둬라, 네 목숨이 달린 일이니."

최고의 도둑은 이웃마을로 가서 늙은 농사꾼 아낙네의 옷을 사서 입었습니다. 얼굴은 갈색으로 칠하고 주름살까지 그려 넣자 아무도 그를 알아보지 못했습니다. 또 헝가리산 포도주에 독한 수면제를 타서 작은 술통에 담았습니다. 등에 메는 광주리에 술통을 넣고 최고의 도둑은 비틀거리며 유유히 백작의 성으로 향했습니다. 성에 이르자 도둑은 마당에 있는 바위에 걸터앉아 폐병 걸린 할머니처럼 쿨럭쿨럭 기침하면서 몹시 추운 듯 두 손을 마주 비벼댔습니다. 마구간 앞에 모닥불을 피워놓고 누워있던 병사 중 한 사람이 아낙네를 보고 불렀습니다.

"할머니, 가까이 와서 몸을 좀 녹이시구려. 오늘 밤 잠자리가 여의치 않은 것 같은데 여기 와서 적당히 누워요."

할머니는 총총 걸어와서 등에서 짐을 내려달라고 하더니 불가에 앉았습니다. 어떤 병사가 물었습니다.

"할망구, 그 통에는 뭐가 들었소?"

할머니가 대답했습니다.

"좋은 포도주라오. 난 술을 팔아먹고 살거든. 돈을 주거나 좋은 말을 해주면 내 한 잔씩 돌리겠소."

병사가 말했습니다.

"그럼 한 잔 주구려."

병사는 포도주 한 잔을 음미하더니 이렇게 말했습니다.

"포도주 맛이 좋으니 한 잔 더 해야겠네."

병사는 포도주를 한 잔 더 따르게 했습니다. 다른 병사들도 따라서 한 잔, 두 잔 포도주를 마셨습니다.

한 병사가 마구간에 앉아있는 병사들에게 소리쳤습니다.

"어이, 여보게. 여기 할머니가 포도주를 가져왔는데, 할머니만큼 오래된 술이라네. 자네들도 한 모금 마셔보게. 뱃속이 따뜻해지는 게 모닥불보다 나아."

할머니는 술통을 들고 마구간으로 들어갔습니다. 한 병사는 백작이 사랑하는 말의 안장 위에 앉아있었습니다. 한 병사는 말의 고삐를 쥐고 있었고, 또 한 병사는 말꼬리를 쥐고 있었습니다. 할머니는 병사들이 달라는 대로 포도주를 따라주었습니다. 마침내 술통이 바닥났습니다. 얼마 지나지 않아 고삐를 잡고 있던 병사가 고삐를 툭 떨어뜨리며 바닥에 쓰러지더니 이내 코를 골기 시작했습니다. 다른 병사도 말꼬리를 내려놓고 길게 드러눕더니 더 크게 코를 골았습니다. 또 안장 위의 병사는 앉아있기는 해도 거의 말의 목에 닿을 정도로 머리를 축 늘어뜨리고 대장간의 풀무처럼 숨을 푸푸 거리며 자고 있었습니다. 밖에 있는 병사들은 벌써 땅바닥에 드러누워 마치 석상처럼 꿈적하지 않은 채 쿨쿨 자고 있었습니다. 최고의 도둑은 계획이 제대로 들어맞은 것을 보고 한 병사에게는 고삐 대신 밧줄을 쥐여주고, 말꼬리를 잡고 있던 병사에게는 짚으로 만든 빗자루를 손에 쥐여주었습니다. 그런데 말 등에 앉아있는 병사가 문제였습니다. 아래로 던져버리려니 분명 잠을 깨고 소리를 지를 터였습니다. 그런데 마침 좋은 생각이 떠올랐습니다. 도둑은 말의 뱃대끈을 풀어놓고, 둥글게 말려 벽에 걸려있는 밧줄 몇 개를 안장에 잡아맸습니다. 그러고 나서 자는 병사를 안장째 말에서 들어낸 다음 밧줄을 기둥에 칭칭 감았습니다. 말의 사슬을 푸는 데는 시간이 얼마 걸리지 않았습니다. 하지만 돌로 포장된 마당 길을 말을 타고 달리면 요란한 소리가 성까지 분명 들릴 터입니다. 도둑은 낡은 헝겊으로 말발굽을 감싸고 조심조심 끌고 나와 말에 올라타고 쏜살같이 성을 빠져나왔습니다.

날이 밝자 최고의 도둑은 훔친 말을 타고 성으로 내달렸습니다. 막 일어나서 창밖을 내다보고 있는 백작에게 도둑이 소리쳤습니다.

"안녕하세요, 백작님. 마구간에서 운 좋게 훔쳐낸 말이 여기 있어요. 백작님의 병사들이 널브러져 얼마나 쿨쿨 잘 자고 있는지 한번 보시죠. 마구간에 가서 보시면 보초병들이 아주 편안하게 쉬고 있을 겁니다."

백작은 껄껄 웃더니 말했습니다.

"잘해냈구나. 하지만 다음 일은 호락호락하지 않을걸. 다시 경고하겠다! 도둑질하다 내 손에 걸려들면 그에 걸맞은 대접을 해줄 것이다."

그날 밤, 백작의 아내는 잠자리에 들어 결혼반지 긴 손을 꽉 오므려 쥐었습니다. 백작이 말했습니다.

"문들은 모조리 잠갔고 빗장도 질러놓았소. 난 자지 않고 도둑을 기다릴 생각이오. 만약 그놈이 창문으로 들어오면 그대로 쏴버릴 거고."

하지만 최고의 도둑은 날이 캄캄해지자 교수대로 갔습니다. 대롱대롱 매달려있는 불쌍한 죄수의 목에서 밧줄을 싹둑 잘라내더니 시체를 등에 둘러업고 성으로 돌아왔습니다. 그리고는 침실의 바깥벽에 사다리를 대더니 시체를 어깨에 메고 올라가기 시작했습니다. 시체의 머리가 창문에 보일 정도로 올라가자 침대에 숨어서 기다리고 있던 백작이 시체의 머리를 향해 권총을 발사했습니다. 그러자 최고의 도둑은 그 불쌍한 죄수를 땅에 내팽개치고는 자신도 사다리에서 펄쩍 뛰어내려 한쪽 구석에 몸을 숨겼습니다. 달빛 환한 밤이어서 백작이 사다리를 내려와 시체를 정원으로 끌고 가는 것이 다 보였습니다. 백작은 시체를 묻으려고 정원에 구덩이를 파기 시작했습니다. 도둑은 이때다, 생각하고 숨은 곳에서 잽싸게 빠져나와 사다리를 타고 곧장 백작의 부인이 자는 침실로 올라갔습니다. 도둑은 백작의 목소리를 흉내 내어 말했습니다.

"도둑은 죽었소. 나쁜 녀석이었지만 그래도 내 대자가 아니겠소! 사람들 앞에서 망신을 당하게 하고 싶지는 않소. 녀석의 부모도 딱하고 말이오. 날이 밝기 전에 내가 직접 녀석을 정원에 묻어야겠소. 소문이 나기 전에 말이오. 시트를 좀 주구려. 시체를 시트에 싸서 땅속에 개 파묻듯 묻어야겠소."

백작의 아내가 시트를 내어주자 도둑은 또 말했습니다.

"아량을 베풀고 싶은 마음이 불쑥 드는구려. 반지를 주시오. 저 불행한 녀석이 목숨까지 걸었던 반지니 무덤으로 가져가라고 내줍시다."

백작의 아내는 마음이 썩 내키지는 않았지만, 백작의 뜻을 거스르고 싶지 않아서 손가락에서 반지를 빼서 도둑에게 건네주었습니다. 도둑은 시트와 반지를 가지고 방을 나와서 백작이 정원에서 무덤 파는 일을 마치기전에 무사히 집으로 돌아왔습니다.

다음 날 아침 최고의 도둑이 시트와 반지를 가져오자 백작의 얼굴에는 실망한 표정이 역력했습니다. 백작이 말했습니다.

"요술을 부릴 줄 아느냐? 내가 직접 자네를 무덤에 묻었는데 도대체 누가 꺼내줬느냐? 누가 다시 살려냈단 말이냐?"

도둑이 말했습니다.

"백작님이 묻으신 건 제가 아니라 교수대에서 처형당한 불쌍한 죄수였어요."

도둑은 백작에게 무슨 일이 있었는지 자세히 이야기했습니다. 백작은 그가 영리하고 꾀 많은 도둑이라고 인정하지 않을 수 없었습니다. 하지만 백작은 이렇게 덧붙였습니다.

"아직 끝나지 않았다. 자네가 풀어야 할 마지막 문제가 남아있지. 만약 성공하지 못하면 다 부질없는 일이 되고 말 것이다."

최고의 도둑은 싱긋 웃을 뿐 아무 대답도 하지 않았습니다.

밤이 되자 도둑은 등에 기다란 자루를 메고 보따리를 팔에 낀 채 등불을 들고 마을의 교회로 갔습니다. 자루에는 게들이 들어 있었고, 보따리에는 작은 밀랍 초들이 들어 있었습니다. 도둑은 묘지에 앉아 게를 하나 꺼내 등딱지에 작은 밀랍 초를 붙였습니다. 그러고는 밀랍 초에 불을 붙이고 게를 바닥에 내려놓았습니다. 게는 발발 기어 다녔습니다. 도둑은 게를 하나 더 꺼내 그렇게 하고, 마침내 자루가 빌 때까지 똑같은 일을 되풀이했습니다. 그리고 나서 도둑은 수도사의 수도복 같은 긴 망토 모양의 검정 옷을 입고 아래턱에 회색 수염을 붙였습니다. 감쪽같이 변장한 도둑은 게들이 들어 있던 자루를 들고 교회로 가서 설교단으로 올라갔습니다. 그때 시계탑에서 열두 시를 알리는 종소리가 났습니다. 마지막 종소리가 잦아들자 도둑은 새된 목소리로 부르짖었습니다.

"들어라, 죄 많은 인간아, 종말이 왔노라. 최후의 심판 날이 가까웠느니라! 들어라, 들어라. 나와 함께 천국으로 가고자 하는 사람은 자루 속으로 들어갈지어다. 난 천국의 문을 여닫는 베드로이니라. 보라, 저 바깥 묘지에서 거닐며 뼈들을 주워 모으는 죽은 자들을. 오라, 오라, 자루 속으로 들어오라. 세상이 멸망하리니."

고함은 온 마을로 울려 퍼졌습니다. 교회 옆에 사는 목사와 집사가 가장 먼저 그 소리를 들었습니다. 그리고 묘지에서 왔다 갔다 하는 불빛들을 보고는 심상치 않은 일이 벌어진 줄 알고 교회 안으로 들어갔습니다. 두 사람은 잠시 설교에 귀를 기울였습니다. 집사가 목사의 옆구리를 쿡 찌르며 말했습니다.

"이 기회에 후딱 천당에 가는 것도 나쁘지 않을 것 같군요. 심판의 날이 오기 전에 말이오."

목사가 대답했습니다.

"그래요. 내 생각도 그렇소! 그럼 우리 함께 가 봅시다."

집사가 말했습니다.

"예, 하지만 목사님이 앞장서시죠. 전 목사님 뒤를 따라갈게요."

그래서 목사가 앞장서서 설교단으로 올라갔습니다. 최고의 도둑이 자루를 열었습니다. 먼저 목사가 자루 속으로 기어들어갔고 집사가 뒤따라 들어갔습니다. 도둑은 얼른 자루를 꽁꽁 묶은 후 자루 주둥이를 거머쥐고 질질 끌며 설교단을 내려왔습니다. 두 바보의 머리가 계단에 부딪힐 때마다 도둑은 소리쳤습니다.

"지금 산을 넘는 중이다."

똑같은 식으로 마을을 지나다가 웅덩이를 건널 때는 이렇게 소리쳤습니다.

"축축한 구름을 헤쳐나가는 중이다."

마침내 성의 계단을 오를 때 이렇게 외쳤습니다.

"이제 천국으로 올라가는 계단이다. 곧 앞뜰에 도착할 것이다."

다 올라오자 도둑은 자루를 비둘기장 안으로 밀어 넣었습니다. 비둘기들이 파드득거리자 이렇게 말했습니다.

"들리지, 천사들이 기뻐서 날개를 퍼덕거리는구나."

그러고 나서 빗장을 지르고 가버렸습니다.

다음 날 아침, 도둑은 백작에게 가서 마지막 문제도 풀었다고 말했습니다. 목사와 집사를 교회에서 데려왔다고 했습니다. 백작이 물었습니다.

"그들이 어디 있느냐?"

"위층 비둘기장에 있는 자루 속에 들어 있어요. 자기들이 천국에 있는 줄 안다니까요."

백작은 직접 올라가서 그것이 참말인지 확인했습니다. 백작은 목사와 집사를 자루 감옥에서 풀어주고 도둑에게 말했습니다.

"자네야말로 큰 도둑일세. 자네가 이겼어. 이번에는 무사히 빠져나갔지만 내 땅을 떠나라. 다시 발을 들여놓았다가는 교수대에 올라가게 될 것이다."

큰 도둑은 부모에게 작별 인사를 하고 다시 넓은 세상으로 나갔고, 그 뒤로는 아무도 그의 소식을 듣지 못했답니다.

◆193◆
북 치는 소년

어느 날 저녁, 북 치는 소년이 혼자서 들판을 걸어가다가 호수에 이르렀습니다. 그런데 하얀 아마포가 세 조각 물기슭에 떨어져 있었습니다.

"참 고운 아마포구나."

소년은 이렇게 말하고 아마포 조각 하나를 호주머니에 쑥 집어넣고 집으로 돌아왔습니다. 그새 주워온 아마포는 까맣게 잊어버리고 소년은 침대에 누웠습니다. 그런데 막 잠이 들려고 하는데 누가 그의 이름을 부르는 것 같았습니다. 가만히 귀를 기울여보니 어딘가에서 나지막한 목소리가 들렸습니다.

"북 치는 소년, 북 치는 소년, 일어나세요."

그런데 컴컴한 밤중이라 아무것도 보이지 않았습니다. 하지만 어떤 형상이 침대 앞에 둥실둥실 떠 있는 것 같기도 했습니다. 북 치는 소년이 물었습니다.

"무슨 일이죠?"

그러자 목소리가 대답했습니다.

"내 속옷을 돌려주세요. 어제저녁 호숫가에서 주워 갔잖아요."

북 치는 소년이 말했습니다.

"그대가 누군지 말해주세요. 그럼 돌려줄게요."

목소리가 대답했습니다.

"아, 난 막강한 나라의 공주예요. 하지만 마녀의 손아귀에 걸려들어 유리산으로 쫓겨났답니다. 나는 두 언니와 함께 매일 호수에서 목욕해야 하는데, 속옷이 없으면 다시 날아갈 수가 없어요. 언니들은 벌써 돌아갔고 나만 달랑 혼자 남았다고요. 부탁해요. 속옷을 돌려주세요."

북 치는 소년이 말했습니다.

"진정해요, 불쌍한 공주님. 기꺼이 돌려줄게요."

소년은 호주머니에서 아마포 조각을 꺼내 어둠 속에서 건넸습니다. 그러자 공주는 그것을 와락 받아들고 떠나려고 했습니다. 북 치는 소년이 말했습니다.

"잠깐만요, 도와주고 싶군요."

"도와주려면 유리산에 올라와 나를 마녀의 손에서 벗어나게 해 줘요. 하지만 유리산에 올 수 없을 거예요. 온다 해도 산을 오를 수 없으니까요."

북 치는 소년이 말했습니다.

"나는 마음먹으면 꼭 해내지요. 전혀 두렵지 않아요. 공주님이 불쌍할 뿐이죠. 하지만 유리산으로 가는 길을 모른답니다."

공주가 대답했습니다.

"식인종이 사는 커다란 숲을 지나가면 길이 나와요. 더는 말해줄 수 없어요."

그러고 나서 휙 하고 날아가는 소리가 들려왔습니다.

날이 밝자 북 치는 소년은 북을 메고 집을 떠나 씩씩하게 숲으로 들어갔습니다. 그런데 한참을 가도 거인이 보이지 않자 소년은 생각했습니다.

'늦잠꾸러기를 깨워야겠군.'

소년은 북을 앞으로 돌려서 둥둥 요란스레 계속 두드렸습니다. 새들이 비명을 지르며 푸드덕 날아올랐습니다. 그리고 얼마 지나지 않아 풀밭에 누워 자고 있던 거인이 몸을 일으켰습니다. 키가 전나무만큼이나 컸습니다. 거인은 소년을 보고 버럭 고함쳤습니다.

"이 땅꼬마야, 왜 북을 치고 야단이냐? 왜 단잠을 깨우느냐고?"

북 치는 소년이 대답했습니다.

"내 뒤에 사람들이 수천 명 따라오는데 길을 알려주려고 북을 치는 거지."

거인이 물었습니다.

"내 숲에서 뭣들 하려고?"

"널 죽이려고 오는 거야. 너 같은 괴물을 숲에서 싹 없애버리려고."

거인이 말했습니다.

"오호, 너희 모두 내가 개미처럼 밟아 버리겠다."

북 치는 소년이 말했습니다.

"그들을 당해 내겠다고? 허리를 구부리고 누구 하나를 잡으려고 해봐. 누구든 팔짝 뛰어가 숨어버릴걸. 그리고 바닥에 드러누워 자면 여기저기 덤불에서 우르르 나와 너한테 기어오를 거야. 허리띠에 쇠망치를 차고 올라와 네 머리통을 부숴 버릴 거라고."

거인은 기분이 몹시 나빴습니다.

'저 교활한 족속들과 상대하면 내가 화를 당할 수도 있겠어. 사자나 곰은 목을 졸라 죽여 버리면 그만이지만, 지렁이 같은 녀석들은 어찌 막겠어.'

거인이 말했습니다.

"어이, 꼬맹이, 그만 꺼져. 앞으로 너와 네 동료를 건드리지 않겠다고 약속할게. 또 원하는 게 있으면 어서 말해. 기꺼이 들어줄 테니."

북 치는 소년이 말했습니다.

"넌 다리가 기니까 나보다 빨리 달릴 수 있지. 날 유리산에 데려다 줘. 그럼 동료들에게 물러가라고 신호를 보낼게. 이번에는 널 귀찮게 하지 말라고."

거인이 말했습니다.

"꼬맹이, 이리 와서 내 어깨에 올라타. 원하는 곳으로 데려다 줄 테니."

거인이 북 치는 소년을 손가락으로 집어 어깨 위에 올려놓자, 소년은 둥둥 북을 신 나게 두드렸습니다. 거인은 생각했습니다.

'사람들에게 물러가라고 신호를 보내는구나.'

얼마쯤 가니까 두 번째 거인이 길에 턱 버티고 서 있었습니다. 그 거인은 북 치는 소년을 첫 번째 거인으로부터 받아들여 단춧구멍 속에 집어넣었습니다. 북 치는 소년은 접시만큼 커다란 단추를 꼭 잡고 재미난 구경이라도 하는 듯 주위를 둘러보았습니다. 그런데 세 번째 거인이 나타나서 소년을 단춧구멍에서 꺼내더니 모자 가장자리에 앉혔습니다. 북 치는 소년은 위에서 왔다 갔다 하면서 멀리 바라보니 나무들 너머 파란 하늘에 산이 하나 우뚝 서 있었습니다.

'저게 유리산이구나.'

소년의 생각대로 그곳이 유리산이었습니다. 거인이 성큼성큼 몇 걸음 떼니까 어느새 산기슭에 와 있었습니다. 거인은 그곳에 소년을 내려놓았습니다. 소년이 유리산 꼭대기까지 데려다 달라고 하자 거인은 머리를 절레절레하며 뭐라고 투덜거리더니 숲으로 돌아갔습니다.

북 치는 소년은 산을 세 개나 포개놓은 것처럼 높은데다 거울처럼 미끌미끌한 유리산 앞에 가련히 서 있었습니다. 어떻게 올라가야 할지 막막했습니다. 산을 기어오르면 금세 주르륵 미끄러져 헛수고만 할 뿐이었습니다. 내가 새라면 얼마나 좋을까, 하고 생각했지만, 그저 생각일 뿐, 그렇다고 날개가 돋아나는 것도 아니지 않습니까. 그렇게 어찌할 바를 모르고 서 있는데, 얼마 떨어지지 않은 곳에서 격렬히 다투고 있는 두 사람이 보였습니다. 소년이 가서 보니 그들은 땅바닥에 놓여있는 말안장을 서로 갖겠다고 티격태격하는 중이었습니다. 북 치는 소년이 말했습니다.

"멍청이들 같으니라고. 말도 없으면서 웬 안장만 갖겠다고 싸우고들 있지?"

그러자 한 사람이 말했습니다.

"그럴만한 가지가 있으니까 싸우는 거라고. 저 안장에 앉아서 가고 싶은 곳을 말하면 눈 깜짝할 새에 데려다 주거든. 그곳이 세상 끝이라도 말이야. 안장은 우리 두 사람 것인데 이번에는 내가 탈 차례야. 그런데 저자가 타지 못하게 막고 있다고."

"내가 금세 해결해주지."

북 치는 소년은 이렇게 말하고 얼마쯤 걸어가서 땅에 하얀 막대기를 꽂고 다시 돌아왔습니다.

"저 막대기까지 달려가. 먼저 도착한 사람이 먼저 타기야."

두 사람은 달리기 시작했습니다. 하지만 몇 발짝 떼기도 전에 북 치는 소년은 안장에 휙 올라앉아 유리산에 올라가고 싶다고 말했습니다. 그러자 순식간에 소년은 산꼭대기에 와 있었습니다. 평지에는 오래된 돌집 한 채가 오도카니 서 있었습니다. 집 앞에는 커다란 양어장이 있었고, 뒤로는 울창한 숲이었습니다. 그런데 사람도 동물도 보이지 않고 바람에 바스락거리는 나뭇잎 소리만 들릴 뿐 쥐죽은 듯 조용하기만 했습니다. 구름이 바로 머리 위를 스치며 지나갔습니다. 소년은 가서 대문을 똑똑 두드렸습니다. 세 번을 두드리고 나서야 갈색 얼굴에 벌건 눈을 가진 할머니가 문을 열었습니다. 할머니는 기다란 코에 걸친 안경 너머로 소년을 쏘아보며 무슨 일이냐고 물었습니다. 북 치는 소년이 대답했습니다.

"들어가서 먹고 하룻밤 자고 싶어요."

할머니가 말했습니다.

"그러렴. 하지만 세 가지 일을 해줘야 한다.

소년이 말했습니다.

"할게요. 아무리 힘든 일이라도 괜찮아요."

할머니는 소년을 들어오게 하더니 먹을 것을 주고, 밤이 되자 푹신한 잠자리까지 마련해주었습니다. 다음 날 아침, 할머니는 푹 자고 일어난 소년에게 비쩍 마른 손가락에서 골무를 빼 주며 말했습니다.

"이제 일을 시작해라. 연못에 나가 이 골무로 물을 다 퍼내라. 밤이 되기 전에 일을 끝내야 해. 물속에 있는 물고기들은 종류대로, 크기대로 골라

내 나란히 늘어놓아야 한다."

"별난 일을 다 시키는군."

북 치는 소년은 중얼거리며 연못에 가서 골무로 물을 퍼내기 시작했습니다. 오전 내내 물을 퍼냈습니다. 하지만 천 년 동안을 퍼낸다 해도 그 커다란 연못의 물을 골무 하나로 어떻게 다 퍼내겠습니까? 점심때가 되자 소년은 생각했습니다.

'쓸데없는 짓이야. 일을 하나 안 하나 마찬가지야.'

소년은 일을 멈추고 털썩 주저앉았습니다. 그때 집에서 한 아가씨가 바구니에 음식을 담아 가지고 와서 말했습니다.

"슬프게 앉아 있네요. 어디가 아파요?"

소년은 아가씨를 쳐다보았습니다. 참으로 아름다운 아가씨였습니다. 소년이 말했습니다.

"이 일을 도저히 못 하겠어요! 그러니 나머지 일은 어떻게 하겠어요? 여기 산다는 공주님을 찾으러 왔는데 공주님은 찾지도 못하고 아무래도 여기를 떠나야겠어요."

그러자 아가씨가 말했습니다.

"여기 있어요. 내가 도와드리죠. 피곤할 테니 내 무릎을 베고 한숨 자요. 일어나면 일이 끝나 있을 거예요."

북 치는 소년은 두말하지 않고 누웠습니다. 잠이 들자마자 아가씨는 소원을 들어주는 마법의 반지를 돌리면서 말했습니다.

"물아, 올라가라, 물고기야 나와라."

순간 물이 하얀 안개처럼 높이 치솟더니 구름 속으로 흘러들어 갔습니다. 물고기들은 재잘거리며 물가로 톡톡 튀어나와 크기대로, 송뉴대로 나란히 누웠습니다. 잠에서 깨어난 소년은 일이 끝난 것을 보고 눈이 휘둥그레졌습니다. 하지만 아가씨가 말했습니다.

"물고기 한 마리가 자기 무리 속에 있지 않고 혼자 떨어져 있어요. 오늘 저녁 할머니가 일을 다 했는지 보러 와서 이렇게 물을 거예요. '이 물고기는 왜 따로 있지?' 그럼 그 물고기를 할머니의 얼굴에 던지면서 말하세요. '너를 위해서다, 늙은 마녀야.'"

저녁에 할머니가 와서 그렇게 묻자 소년은 물고기를 할머니의 얼굴에 던졌습니다. 하지만 할머니는 소년을 매섭게 노려볼 뿐 모른 척하며 잠자코 있었습니다. 다음 날 아침 할머니가 말했습니다.

"어제는 일이 너무 쉬웠다. 좀 더 힘든 일을 시켜야겠어. 오늘은 숲에 있는 나무를 몽땅 베어다가 장작을 패서 차곡차곡 쌓아놓아라. 저녁때까지 일을 마쳐야 한다."

할머니는 소년에게 도끼와 커다란 망치와 쐐기 두 개를 주었습니다. 그런데 도끼는 납으로 만들었고, 커다란 망치와 쐐기는 양철로 만든 것이었습니다. 장작을 패기 시작하자 도끼날은 휘어버렸고 망치와 쐐기는 납작해졌습니다. 소년은 어찌할 바를 몰랐습니다. 그런데 점심때가 되자 아가씨가 먹을 것을 가지고 와서 소년을 위로했습니다.

"내 무릎을 베고 한숨 자요. 일어나면 일이 다 끝나있을 거예요."

아가씨가 마법의 반지를 돌렸습니다. 그러자 숲 속의 나무들이 쿵쾅거리며 모조리 쓰러졌습니다. 나무는 저절로 쩍쩍 쪼개지고, 장작더미가 척척 쌓였습니다. 마치 보이지 않는 거인들이 일하는 것 같았습니다. 소년이 눈을 뜨자 아가씨가 말했습니다.

"보세요. 장작을 패서 차곡차곡 쌓아놓았잖아요. 그런데 큰 가지 하나가 남았네요. 오늘 저녁 할머니가 돌아와 이 큰 가지는 뭐냐고 물으면 그 가지로 할머니를 내리치면서 이렇게 말하세요. '너를 위해서다, 늙은 마녀야.'"

집에 돌아온 할머니가 소년에게 말했습니다.

"봐라, 일이 너무 쉽지 않다냐! 그런데 그 가지는 누구를 위해 거기 있지?"

소년이 대답했습니다.

"너를 위해서다, 마녀야."

그러고서 마녀를 가지로 냅다 내리쳤습니다. 하지만 마녀는 아무렇지도 않은 척하면서 킬킬 비웃었습니다.

"내일 아침 장작더미를 쌓아놓고 불태워라."

날이 밝자 소년은 일어나서 장작을 나르기 시작했습니다. 하지만 사람 혼자서 어떻게 숲 전체를 깡그리 들어낼 수 있겠습니까! 일은 좀처럼 나아지지 않았습니다. 하지만 이번에도 아가씨는 어려움에 부닥친 소년을 내버려두지 않았습니다. 점심때가 되자 아가씨는 먹을 것을 가져왔고, 식사를 끝낸 소년은 아가씨의 무릎을 베고 잠이 들었습니다. 소년이 일어나 보니 거대한 불길이 하늘에 닿을 듯 시뻘건 혓바닥을 널름거리며 장작더미를 전부 불태우고 있었습니다. 아가씨가 말했습니다.

"잘 들어요. 마녀가 와서 당신에게 잡다한 일을 시킬 거예요. 두려워 말고 시키는 대로 하세요. 그럼 당신에게 해를 끼칠 수 없거든요. 하지만 겁을 내면 불길이 당신을 집어삼킬 겁니다. 마지막으로 시키는 대로 다 했으면 마녀를 두 손으로 꽉 붙잡아 불구덩이에 던져버리세요."

그리고 아가씨는 가버렸고, 늙은 마녀가 살금살금 오더니 말했습니다.

"어휴, 추워라! 불이 활활 잘도 타네. 늙은 뼈가 스르르 녹는 것 같아 정말 좋구먼. 그런데 저 장작은 타지 않잖아. 저걸 꺼내 와라. 그럼 너는 자유다. 가고 싶은 데로 갈 수 있다고. 어서 불 속으로 뛰어들어라."

북 치는 소년은 다짜고짜로 불 속으로 뛰어들었습니다. 그런데 타오르는 불길 속에서 소년은 멀쩡했고, 머리카락 한 올 그을리지 않았습니다. 소년은 불 속에서 장작을 들고 나와 바닥에 내려놓았습니다. 그런데 장작은 땅에 닿자마자 아름다운 아가씨로 변했습니다. 어려울 때마다 소년을 도와줬던 바로 그 아가씨가 황금빛 찬란한 비단옷을 입고 앞에 서 있는 것입니다. 소년은 아가씨가 공주님이라는 것을 단박 알아챘습니다. 하지만 늙은 마녀가 독살스레 킬킬거리며 말했습니다.

"저 아이를 구했다고 생각하겠지. 하지만 어림도 없지."

마녀가 아가씨에게 달려드는 순간 소년은 늙은 마녀를 두 손으로 꽉 붙잡아 활활 타오르고 있는 불구덩이에 내던졌습니다. 불길은 마치 이게 웬 떡이냐 싶은 듯 마녀를 날름 집어삼켰습니다.

공주는 북 치는 소년을 바라보았습니다. 아름다운 젊은이였습니다. 게다가 목숨까지 걸고 자신을 구해준 젊은이였습니다. 공주는 소년에게 손을 내밀며 말했습니다.

"당신은 온갖 위험을 무릅쓰고 나를 구해줬어요. 나도 당신을 위해 무슨 일이든 하겠어요. 영원히 내 곁에 있어준다고 약속하면 당신과 결혼하겠어요. 우린 부자예요. 마녀가 여기 쌓아놓은 재물로 평생을 부족함 없이 살 수 있어요."

공주는 소년을 집 안으로 데리고 들어갔습니다. 안에는 보물이 가득 찬 상자들이 널려있었습니다. 두 사람은 금과 은은 남겨두고 보석들만 챙겼습니다. 공주가 더는 유리산에 머물고 싶지 않다고 하자 소년이 말했습니다.

"내 안장에 올라타요. 새처럼 날아 내려갑시다."

하지만 공주가 말했습니다.

"그런 낡은 안장은 싫어요. 마법의 반지를 돌리기만 하면 바로 집에 갈 수 있는 걸요."

북 치는 소년이 대답했습니다.

"그럽시다. 성문 앞으로 가고 싶다고 말해요."

순식간에 두 사람은 성문 앞에 도착했습니다. 하지만 북 치는 소년이 말했습니다.

"먼저 부모님을 찾아뵙고 인사를 드려야겠어요. 여기 들판에서 나를 기다려요. 곧 돌아올게요."

그러자 공주가 말했습니다.

"아아, 조심하세요. 부모님을 뵈면 오른뺨에 입맞춤하지 마세요. 만약 그렇게 하면 당신은 모든 일을 잊어버리게 돼요. 그럼 나는 당신에게 버림받고 홀로 이 들판에 남게 되니까요."

"내가 당신을 어떻게 잊겠어요?"

북 치는 소년은 이렇게 말하고 곧 돌아오겠다고 약속했습니다. 그런데 집에 돌아와 보니 아무도 소년을 알아보지 못했습니다. 유리산에서 보낸 사흘이 실제론 삼 년의 긴 세월이었고 그동안 소년의 모습이 변한 것입니다. 소년이 아들이라고 밝히자 그제야 그들은 기쁨에 넘쳐 아들을 얼싸안았습니다. 소년도 가슴이 벅차올라 공주의 말을 깜빡 잊고 부모님의 양쪽 볼에 입맞춤하고 말았습니다. 부모님의 오른뺨에 입맞춤을 하자마자 공주에 대한 기억은 말끔히 사라지고 말았습니다. 소년은 호주머니를 털어서 커다란 보석들을 한 움큼 식탁에 늘어놓았습니다. 소년의 부모는 갑작스럽게 생긴 재물에 어쩔 줄을 몰랐습니다. 아버지는 영주가 사는 성처럼 정원과 숲과 풀밭으로 둘러싸인 화려한 성을 지었습니다. 성이 다 지어지자 어머니가 말했습니다.

"너를 위해 신붓감을 구해놓았다. 사흘 뒤에 결혼식을 올리도록 하자."

아들은 부모님의 뜻에 따르겠다고 했습니다.

불쌍한 공주는 마을 밖에서 소년이 돌아오기만을 기다리고 있었습니다. 어느덧 밤이 되자 공주가 말했습니다.

"부모님의 오른뺨에 입맞춤하고 날 잊어버린 게 틀림없어."

공주의 마음은 슬픔으로 가득 찼습니다. 공주는 아버지의 성으로 돌아가지 않고 숲 속의 외딴 오두막집에서 홀로 살기로 했습니다. 매일 밤 공주는 마을로 들어가 소년의 집 앞을 지나갔습니다. 가끔 소년은 공주를 보았지만, 누구인지는 알아보지 못했습니다. 어느 날, 공주는 사람들이 말하는 소리를 들었습니다.

"내일 결혼식을 올린다는군요."

공주가 말했습니다.

"그의 마음을 꼭 얻어내고 말 거야."

결혼 잔치가 열리는 첫날이었습니다. 공주는 마법의 반지를 돌리며 소원을 말했습니다.

"해님처럼 빛나는 옷을 주세요."

말이 끝나기가 무섭게 옷이 척 나타났습니다. 햇살을 엮어 지은 듯 찬란하게 빛나는 옷이었습니다. 공주는 하객들이 모두 모여 있는 홀로 들어갔습니다. 사람들은 모두 공주의 아름다운 옷을 보고 찬사를 보냈습니다. 더욱이 아름다운 옷을 무척 좋아하는 신부는 감탄을 금치 못하며 낯선 공주에게 옷을 팔지 않겠느냐고 물었습니다. 공주가 대답했습니다.

"돈으로는 살 수 없어요. 하지만 첫날밤 신랑이 자는 방 앞에서 지낼 수 있도록 허락해주세요. 그럼 옷을 드리죠."

옷이 너무 탐났던 신부는 그러라고 했습니다. 하지만 신랑이 잠자리에 들기 전 으레 마시는 포도주에 잠이 오는 약을 슬쩍 탔습니다. 신랑은 포도주를 마시고 깊이 곯아떨어졌습니다. 사방이 조용해진 뒤 공주는 신랑의 침실 문 앞에 쪼그리고 앉아서 문을 빼꼼 열고 나직이 부르짖었습니다.

"북 치는 소년이여, 북 치는 소년이여, 내 말 좀 들어봐요.
그대는 정말 날 잊었단 말인가요?
유리산 위에 나랑 같이 있지 않았나요?
마녀의 손에서 그대 목숨을 내가 구해주지 않았나요?

그대는 내게 영원한 사랑을 약속하지 않았나요?

북 치는 소년이여, 북 치는 소년이여, 내 말 좀 들어봐요."

하지만 다 소용이 없었습니다. 북 치는 소년은 깨어나지 않았습니다. 날이 밝자 공주는 목적을 이루지 못하고 돌아가야만 했습니다.

둘째 날, 공주는 마법의 반지를 돌리며 말했습니다.

"달님처럼 빛나는 은빛 옷을 주세요."

달빛처럼 은은한 옷을 입고 공주가 다시 연회장에 나타나자 신부는 또 욕심이 솟구쳤습니다. 그래서 공주에게 그날 밤에도 신랑의 침실 문 앞에서 지내도 좋다고 허락해주었습니다. 고요한 밤중에 공주는 또 나직이 부르짖었습니다.

"북 치는 소년이여, 북 치는 소년이여, 내 말 좀 들어봐요.

그대는 정말 날 잊었단 말인가요?

유리산 위에 나랑 같이 있지 않았나요?

마녀의 손에서 그대 목숨을 내가 구해주지 않았나요?

그대는 내게 영원한 사랑을 약속하지 않았나요?

북 치는 소년이여, 북 치는 소년이여, 내 말 좀 들어봐요."

하지만 수면제를 탄 포도주에 정신없이 곯아떨어진 신랑이 깨어날 리 없었습니다. 날이 밝자 공주는 슬퍼하며 숲 속의 오두막집으로 돌아갔습니다. 하지만 성안 사람들은 웬 아가씨가 탄식하는 소리를 들었다고 신랑에게 이야기를 해주었습니다. 또 신부가 포도주에 잠 오는 약을 탔기 때문에 듣지 못했을 거라고 했습니다. 셋째 날, 공주는 마법의 반지를 돌리며 말했습니다.

"별님처럼 반짝이는 옷을 주세요."

별님처럼 반짝이는 옷을 입은 공주가 연회장에 나타나자 신부는 먼젓번보다 훨씬 더 우아하고 아름다운 옷을 보고 제정신이 아니었습니다.

"저 옷을 꼭 가져야겠다."

공주는 신부에게 그 옷마저 주면서 신랑의 침실 문 앞에서 밤을 지내도 좋다는 허락을 받아냈습니다. 하지만 신랑은 이번에는 잠자리에 들기 전 가져온 포도주를 마시지 않고 침대 뒤에 쏟아버렸습니다. 다시 집 안이 고요해지자 부드러운 목소리가 신랑의 귀에 들려왔습니다.

"북 치는 소년이여, 북 치는 소년이여, 내 말 좀 들어봐요.
그대는 정말 날 잊었단 말인가요?
유리산 위에 나랑 같이 있지 않았나요?
마녀의 손에서 그대 목숨을 내가 구해주지 않았나요?
그대는 내게 영원한 사랑을 약속하지 않았나요?
북 치는 소년이여, 북 치는 소년이여, 내 말 좀 들어봐요."

순간 모든 기억이 되돌아왔습니다. 북 치는 소년이 말했습니다.

"아아, 내가 약속을 어기고 무슨 짓을 했단 말인가? 매우 기뻐서 부모님의 오른뺨에 입맞춤한 것이 잘못이었구나. 그때부터 넋이 나갔던 거야."

소년은 벌떡 일어나 공주의 손을 잡고 부모님의 침실로 가서 말했습니다.

"이 아가씨가 진짜 저의 신부입니다. 다른 여자와 결혼하는 것은 정말 옳지 않은 일입니다."

부모님은 그동안 무슨 일이 일어났는지 다 듣고 난 뒤 그러라고 허락해주었습니다. 연회장에는 다시 불이 환히 켜졌고, 북과 나팔이 준비되었습니다. 다시 초대받아 온 친구들과 친척들이 환호하는 가운데 진짜 결혼식이 성대히 치러졌습니다. 보상하는 의미에서 아름다운 옷들을 얻은 먼젓번 신부도 만족해했답니다.

◆194◆
곡식의 이삭

옛날에 하나님이 이 땅 위를 걸어 다니셨을 때는 지금보다 땅이 훨씬 더 기름졌습니다! 곡식량도 지금보다 오륙십 배가 아닌 무려 사오백 배나 되었답니다. 곡식 알갱이가 줄기 밑에서부터 위까지 빽빽이 영글었고, 곡식 줄기만큼이나 이삭 줄기도 길었죠. 그러나 사람들은 그런 것에 별로 관심이 없었고 가볍게 생각했습니다. 어느 날, 어떤 여자가 어린아이를 데리고 곡식 밭을 지나가고 있었습니다. 그런데 촐랑거리며 어머니를 따라가던 아이가 그만 웅덩이에 빠져 옷이 더러워졌습니다. 그러자 아이의 어머니는 이삭을 한 움큼 쭉 훑어 옷을 닦아주었습니다. 그때 마침 하나님이 지나가시다가 그 광경을 보시고 화가 나셔서 말씀하셨습니다.

"앞으로 곡식 줄기에 이삭이 패지 않을 것이니라! 인간들은 하늘의 선물을 받을 자격이 없다."

근처에 있던 사람들은 하나님의 말씀에 너무 놀라 무릎을 꿇고 조금이라도 곡식이 열리게 해달라고 애원했답니다! 사람들은 자격이 없다 하더라도 죄 없는 닭까지 굶겨야 하겠느냐고 말입니다. 그 비참한 상황을 내다보신 하나님은 그들을 불쌍히 여겨 소원을 들어주셨죠. 그래서 지금처럼 곡식 줄기 끝에만 이삭이 나오게 되었다는군요.

◆195◆
무덤

어느 날, 한 부유한 농부가 마당에 서서 자신이 소유한 밭과 정원을 둘러보고 있었습니다. 곡식은 무럭무럭 자랐고 과일나무에는 열매가 주렁주렁 달려있었습니다. 다락에는 작년에 거둔 곡식이 산더미처럼 쌓여있어서 대들보가 내려앉을 지경이었습니다. 농부는 외양간으로 가서 살진 황소들이며 투실투실한 암소들과 반지르르 윤이 나는 말들을 돌아보았습니다. 그런 다음 방으로 돌아와 돈을 보관해둔 무쇠 금고에 눈길을 던졌습니다. 농부가 이렇게 가진 재물을 쭉 훑어보고 있는데, 갑자기 쾅쾅 문을 두드리는 소리가 났습니다. 하지만 그 소리는 방문에서 나는 것이 아니라 마음의 문에서 나는 소리였습니다. 마음의 문이 열리면서 이런 소리가 들렸습니다.

"그것으로 너는 이웃을 위해 무엇을 하였느냐? 가난한 사람들의 어려움을 본 적이 있느냐? 배고픈 사람들과 빵을 나눈 적이 있느냐? 가진 것에 만족했느냐? 아니면 늘 더 많은 것을 바랐느냐?"

마음이 바로 대답했습니다.

"난 인정머리 없고 냉정했어. 이웃에게 선한 일을 베푼 적이 없으니까. 가난한 사람이 찾아오면 얼굴을 돌려버렸지. 하나님을 멀리하고 오직 재산 불리는 데만 열중했어. 하늘 아래 모든 것이 내 것일지라도 난 만족하지 못할 거야."

마음의 소리에 농부는 화들짝 놀랐습니다. 무릎이 덜덜 떨려서 털썩 주저앉았습니다. 그런데 또 쾅쾅 소리가 났습니다. 하지만 이번에는 대문을 두드리는 소리였습니다. 그는 자식들이 주렁주렁한 이웃집 남자였는데 너무 가난해서 애들을 더는 먹여 살릴 수가 없었습니다.

'이웃집은 부자지만 인정머리 없는 사람이라 날 도와줄 리가 없지. 하지만 아이들이 빵을 달라고 아우성이니 한번 물어보기나 하자.'

가난한 농부는 이렇게 생각하고 부자에게 말했습니다.

"댁이 가진 것을 기꺼이 내주리라고는 생각하지 않소. 하지만 물에 빠진 사람이 지푸라기라도 잡는 심정으로 왔어요. 애들이 굶고 있으니 곡식 넉 되만 꾸어주구려."

부자 농부는 그를 한참 바라보았습니다. 자비로운 햇살 한 줄기가 탐욕에 얼어붙은 마음을 한 방울 녹여냈습니다.

"넉 되를 꾸어주는 것이 아니라 여덟 되를 그냥 주겠소. 하지만 조건이 하나 있소."

가난한 농부가 말했습니다.

"무슨 조건이요?"

"내가 죽으면 사흘 동안 내 무덤을 지켜주시오."

이웃집 농부는 그 제안에 기분이 으스스했습니다. 하지만 워낙 어려운 상황이라 다 받아들일 수밖에 없었습니다. 그래서 그러기로 하고 곡식을 받아 집으로 돌아왔습니다.

그런데 마치 앞날을 미리 예견한 것처럼 그로부터 사흘 뒤 부자 농부는 갑자기 쓰러져 죽었습니다. 어떻게 해서 이런 일이 일어났는지는 아무도 몰랐습니다. 그리고 그의 죽음을 슬퍼하는 사람도 없었습니다. 매장이 끝난 뒤 가난한 농부는 그에게 했던 약속이 퍼뜩 떠올랐습니다. 모르는 척 시치미를 떼고 싶었지만 그래도 이런 생각이 들었습니다.

'그래도 날 불쌍히 여겨 도와주려 했던 분이야. 그분이 곡식을 내줘서 배고픈 내 애들을 먹일 수가 있었잖아. 그게 아니더라도 약속을 했으면 지켜야 하는 법이지.'

밤이 되자 가난한 농부는 교회묘지로 가서 무덤 위에 올라앉았습니다.

사방은 쥐죽은 듯 괴괴했고 달빛만이 무덤을 비추고 있었습니다. 가끔 올빼미가 구슬픈 울음소리를 내면서 날아갔습니다. 동이 트자 가난한 농부는 아무 탈 없이 집으로 돌아왔습니다. 이튿날 밤도 조용히 지나갔습니다. 하지만 셋째 날 밤 농부는 왠지 오싹한 기분이 들었습니다. 마치 무슨 일이 일어날 것만 같았습니다. 농부는 교회 묘지로 갔습니다. 그런데 교회 마당의 벽 쪽에 한 번도 본 적이 없는 웬 사내가 보였습니다. 나이가 들어보이는 사내의 얼굴에는 흉터가 있었고 이글이글한 눈은 날카롭게 번뜩였습니다. 온몸을 감싸고 있는 낡은 외투 밑으로 커다란 승마용 장화만이 눈에 들어왔습니다. 농부가 사내에게 말을 걸었습니다.

"여기서 뭐 하는 거요? 으슥한 교회 묘지가 무섭지 않소?"

사내가 대답했습니다.

"아무것도 안 해요. 무섭지도 않소. 무서움을 배우려고 길을 떠난 젊은이처럼 말이오. 그 젊은이는 결국 무서움을 배우지는 못했지만, 공주님을 아내로 맞이하고 부자까지 되었소. 하지만 나는 아직도 가난에서 벗어나지 못했다오. 난 제대한 군인일 뿐, 집이 없어서 여기서 하룻밤 지내려던 참이었소."

농부가 말했습니다.

"두려움이 없으면 날 좀 도와주시구려. 나하고 같이 저 무덤을 지키지요."

사내가 말했습니다.

"지키는 일이야말로 군인의 본분이죠. 좋든 나쁘든 무슨 일이 닥치더라도 우리 같이 해보시지요."

농부도 좋다고 했습니다. 그래서 두 사람은 나란히 무덤 위에 앉았습니다.

사방은 쥐죽은 듯 괴괴했습니다. 그런데 밤 열두 시가 되자 갑자기 귀를 째는 듯 휙 소리가 나더니 무덤을 지키고 있던 두 사람 앞에 악마가 생생

한 모습으로 나타났습니다. 악마가 냅다 소리를 질렀습니다.

"꺼져, 나쁜 녀석들아. 무덤 속에 누운 자는 내 것이다. 내가 데려갈 거야. 꺼지지 않으면 모가지를 비틀어버리겠다."

그러자 군인이 말했습니다.

"빨간 깃털을 단 양반, 내 상관도 아닌데 내가 왜 당신 명령을 따르겠나? 그리고 난 무서움이 뭔지 아직 배우질 못했거든. 어서 가던 길이나 가시게. 우린 여기 있을 테니."

악마가 생각했습니다.

'저 부랑자들을 쫓아버리는 데는 금이 최고지.'

그래서 태도를 좀 누그러뜨리고 금화를 한 자루 줄 테니 집에 가지 않겠느냐고 신뢰에 찬 어조로 물었습니다. 군인이 대답했습니다.

"생각해볼 만한데, 금화 한 자루로는 충분하지 않지! 내 장화 한 짝을 가득 채울 만큼 금을 주면 자네한테 자리를 양보하고 물러가겠네."

악마가 말했습니다.

"그만한 금화는 지금 없어. 하지만 얼른 가져오겠네. 나하고 친한 친구가 환전업자인데 이웃마을에 살거든. 그 친구가 기꺼이 꾸어줄 거야."

악마가 사라지자 군인은 왼쪽 장화를 벗으며 말했습니다.

"숯장이를 속여 넘기자! 칼 좀 줘 봐요, 친구."

군인은 칼로 장화 바닥을 잘라내고 무덤가에 무성하게 자라 있는 높다란 풀 위에 장화를 올려놓았습니다. 군인이 말했습니다.

"이제 됐소. 굴뚝 청소부가 오길 기다립시다."

두 사람은 앉아서 기다렸습니다. 얼마 지나지 않아 금화가 담긴 작은 자루를 들고 악마가 돌아왔습니다.

"장화 안에 쏟아 넣게. 하지만 모자랄 거야."

군인은 이렇게 말하고 장화를 슬쩍 들었습니다. 검정 악마는 자루에 든 금화를 장화 안에 쏟아 부었습니다. 하지만 장화는 텅 비어 있었습니다. 군인이 버럭 소리쳤습니다.

"멍청한 악마 같으니라고. 모자라잖아! 내가 그렇게 말했잖아? 당장 돌아가서 더 가져오라고."

악마는 고개를 갸우뚱거리며 돌아가서 한 시간 뒤에 훨씬 큰 자루를 들고 다시 왔습니다. 군인이 크게 말했습니다.

"쏟아 부으라고. 하지만 장화를 가득 채우진 못하겠군."

금화는 쨍그랑쨍그랑 떨어졌지만, 장화 속은 여전히 텅 비어 있었습니다. 악마는 이글거리는 눈으로 장화 속을 들여다보았지만 정말 아무것도 없었습니다. 악마가 입을 비죽거리며 소리쳤습니다.

"네 장딴지는 염치도 없이 크구나."

그러자 군인이 말했습니다.

"내가 너처럼 악마의 다리를 가진 줄 알아? 언제부터 그렇게 자린고비냐? 당장 금을 더 가져와. 안 그러면 우리 거래는 없었던 걸로 하겠네."

악마는 풀이 죽어 다시 갔습니다. 이번에는 시간이 꽤 오래 지나서야 어깨에 멘 무거운 자루에 짓눌려 숨을 헐떡헐떡하며 나타났습니다. 악마는 자루를 장화에 쏟아 부었지만, 먼젓번과 마찬가지였습니다. 악마는 분통이 터져 장화를 빼앗으려 군인에게 덤볐습니다. 그런데 바로 그 순간 첫 아침 햇살이 내리쬐었습니다. 그러자 나쁜 악마는 비명을 지르며 사라졌습니다. 두 사람이 무덤 속 불쌍한 영혼을 구한 것입니다. 농부는 금화를 나눠 가지려고 했지만, 군인이 이렇게 말했답니다.

"내 몫은 불쌍한 사람들에게 나눠주시오. 난 당신 집으로 들어가 살겠소. 하나님이 허락하시는 한 남은 돈으로 우리 평화롭게 같이 삽시다."

◆196◆
늙은 링크랑크

옛날에 딸을 하나 둔 왕이 살았습니다. 왕은 공주를 위해 유리산을 만들고 이렇게 말했습니다.

"미끄러지지 않고 산을 탈 수 있는 사람에게 공주를 아내로 주겠노라."

그런데 공주를 진심으로 좋아하는 젊은이가 있었습니다. 젊은이는 공주와 결혼할 수 있는지 왕에게 물었습니다. 그러자 왕이 말했습니다.

"물론, 하지만 미끄러지지 않고 유리산을 오를 수 있어야 공주와 결혼할 수 있다."

그러자 공주는 자기도 따라가겠다면서 혹시 젊은이가 산에서 미끄러지면 잡아주겠다고 했습니다. 그래서 두 사람은 같이 유리산을 오르게 되었습니다. 그런데 산 중턱에 이르렀을 때 공주가 주르르 미끄러져 내렸습니다. 그러자 유리산이 활짝 열리며 공주는 그 안으로 떨어지고 말았습니다. 그리고 유리산은 바로 닫혀 버렸습니다. 구혼자는 공주가 어디 있는지 전혀 알 수가 없었습니다. 젊은이는 슬퍼서 흐느꼈고 왕도 너무 슬퍼서 산을 깨뜨려 버렸습니다. 그러면 혹시 공주를 다시 꺼내올 수 있지 않을까 생각해서였죠. 하지만 공주가 어디로 떨어졌는지 장소조차 찾을 길이 없었습니다.

한편 공주는 땅속 깊은 곳에 있는 커다란 동굴 속으로 떨어졌습니다. 그런데 허연 수염을 길게 늘어뜨린 웬 늙은이가 오더니 자기가 시키는 대로 일을 해주면 살려주고 그렇지 않으면 죽이겠다고 했습니다. 공주는 늙은이가 시키는 대로 할 수밖에 없었습니다. 매일 아침 늙은이는 호주머니에서 사다리를 꺼내 벽에 대놓고는 위로 빠져나간 뒤 사다리를 끌어올렸습니다. 그러면 공주는 요리도 하고 침대도 정리하고 집안일을 해야 했습니다. 늙은이는 늘 금과 은을 한 무더기 가지고 돌아왔습니다.

그곳에서 생활한 지 오랜 세월이 흘러 공주도 나이가 들었습니다. 그러자 늙은이는 공주를 "만스로트 아주머니"라고 불렀습니다. 공주는 늙은이를 "늙은 링크랑크"라고 불러야 했죠. 어느 날, 늙은이가 나가자 공주는 침대를 정리하고 그릇도 닦고 문과 창문을 꼭꼭 닫았습니다. 햇빛이 들어오는 미닫이창만 열어두었습니다. 늙은 링크랑크는 집에 돌아와 문을 탕탕 두드리며 말했습니다.

"만스로트 아주머니, 문 좀 열어줘."

그런데 공주가 말했습니다.

"싫어요, 늙은 링크랑크. 안 열어줄래요."

그러자 늙은이가 말했습니다.

> "불쌍한 링크랑크 내가 여기에 서 있네.
> 무거운 다리 이끌고서
> 황금빛으로 물든 한쪽 발 딛고서
> 만스로트 아주머니, 그릇을 닦아야지!"

공주가 말했습니다.

"그릇은 벌써 닦아놓았지요!"

그러자 늙은 링크랑크가 또 말했습니다.

> "불쌍한 링크랑크 내가 여기에 서 있네.
> 무거운 다리 이끌고서
> 황금빛으로 물든 한쪽 발 딛고서
> 만스로트 아주머니, 침대를 정리해야지!"

"침대도 벌써 정리해놓았지요."

그러자 늙은 링크랑크가 말했습니다.

"불쌍한 링크랑크 내가 여기에 서 있네.
무거운 다리 이끌고서
황금빛으로 물든 한쪽 발 딛고서
만스로트 아주머니, 문을 열어줘지!"

늙은 링크랑크는 집 주위를 돌다가 작은 미닫이창이 열려있는 것을 보고 생각했습니다.

'대체 뭐를 하기에 문을 안 열어주려는지 봐야겠어.'

그리고 나서 안을 들여다보려고 머리를 창문 안으로 쑥 들이밀었습니다. 그런데 수염이 길어서 머리가 완전히 들어가지 않았습니다. 늙은 링크랑크는 먼저 수염을 창문 안으로 집어넣었습니다. 그러자 만스로트 아주머니가 얼른 와서 창에 달린 줄을 휙 당겨 미닫이창을 닫아버렸습니다. 수염이 창문틀에 낀 늙은 링크랑크는 아파 죽겠다고 비명을 지르며 제발 수염을 빼달라고 애원했습니다. 공주가 말했습니다.

"먼저 밖으로 나가는 사다리를 내놓지 않으면 어림도 없어요."

늙은 링크랑크는 싫든 좋든 사다리가 있는 곳을 말해줄 수밖에 없었습니다. 공주는 기다란 줄을 미닫이창에 매 놓고 사다리를 벽에 대고 타고 올라가 유리산에서 빠져나왔습니다. 그리고 줄을 당겨 미닫이창을 열어주었습니다. 공주는 아버지에게 가서 그동안 무슨 일이 있었는지 이야기했습니다. 왕은 몹시 기뻐했습니다. 그리고 구혼자도 살아있었습니다. 사람들은 유리산으로 가서 산을 파헤치고 안에 있던 늙은 링크랑크와 그가 모아놓은 금과 은을 찾아냈습니다. 왕은 늙은 링크랑크를 죽이고 금과 은을 빼앗았습니다. 그리고 공주는 옛 구혼자를 남편으로 맞아 즐겁고 행복하게 아주 잘 살았답니다.

◆197◆
수정 공

옛날에 우애가 깊은 삼 형제를 둔 여자마법사가 살았습니다. 그런데 여자마법사는 아들들이 마법의 힘을 빼앗을지 모른다고 의심을 했습니다. 그래서 큰아들을 독수리로 만들어버렸습니다. 독수리는 높고 가파른 암석산에 살았는데, 사람들은 가끔 독수리가 하늘을 빙빙 돌며 날아다니는 것을 보았습니다. 둘째 아들은 바닷속 깊은 곳에 사는 고래가 되었습니다. 고래는 가끔 물 위로 떠올라 물줄기를 세차게 뿜어내곤 했습니다. 두 아들은 하루에 두 시간 동안만 사람의 모습으로 돌아갈 수 있었습니다. 그런데 막내아들은 어머니가 자기도 곰이나 늑대 같은 맹수로 만들까 봐 겁이 나서 몰래 집을 빠져나왔습니다. 막내아들은 황금 태양의 성에서 마법에 걸린 공주가 도움을 기다리며 살고 있다는 이야기를 들은 적이 있었습니다. 하지만 공주를 구하려면 목숨을 걸어야 했습니다. 이미 스물세 명의 젊은이들이 비참하게 죽었고 마지막으로 딱 한 명만 더 공주를 구하러 올 수 있다고 했습니다. 겁이 없는 막내아들은 황금 태양의 성에 가기로 마음먹고 길을 떠났습니다. 하지만 한참을 돌아다녔지만, 성을 찾을 수가 없었습니다. 그러던 어느 날, 막내아들은 커다란 숲에서 길을 잃어버리고 말았습니다. 그때 멀리서 두 거인이 손을 흔들며 서 있는 것이 보였습니다. 막내아들이 다가가자 거인들이 말했습니다.

"모자를 서로 가지려고 다투는 중이다. 그런데 서로 힘이 비슷해서 승부가 나지 않는구나. 작은 인간들이 우리보다 영리하니까 네가 판정해다오."

젊은이가 물었습니다.

"저렇게 낡은 모자를 놓고 왜 싸우죠?"

"저 모자가 얼마나 대단한 모자인지 모르는구나! 저건 소원을 들어주는 마법의 모자란다. 모자를 쓰고 가고 싶은 곳을 말하면 눈 깜짝할 새에 그곳으로 데려다 주지."

젊은이가 말했습니다.

"모자를 나한테 주세요. 그럼 내가 멀찌감치 가서 부를 테니 달려오세요. 먼저 도착한 사람이 모자를 갖기로 하죠."

젊은이는 모자를 쓰고 걸어갔습니다. 하지만 머릿속엔 온통 공주 생각뿐, 거인들은 까맣게 잊어버리고 계속 걸어가다가 한숨을 푹 내쉬며 말했습니다.

"아, 황금 태양의 성에 있다면 얼마나 좋을까!"

말이 입에서 떨어지기가 무섭게 젊은이는 높은 산꼭대기에 있는 성문 앞에 서 있었습니다.

젊은이는 성안으로 들어가 방마다 돌아다녔습니다. 공주는 맨 끝에 있는 방에 있었습니다. 하지만 젊은이는 공주를 보고 소스라치게 놀랐습니다. 공주는 쭈글쭈글한 잿빛 얼굴에 눈은 흐리멍덩한데다 머리는 빨갰습니다.

젊은이가 소리쳤습니다.

"세상에서 아름답기로 유명한 공주님이 바로 그대란 말이오?"

공주가 말했습니다.

"아아, 이건 원래 내 모습이 아니에요. 사람들의 눈에만 이렇게 밉게 보이는 거예요. 진짜 모습을 보려면 이 거울을 보세요. 실제로 내가 어떻게 생겼는지 그대로 보여줄 겁니다."

젊은이는 공주가 건넨 거울을 들여다보았습니다. 거울 속에는 세상에서 가장 아름다운 아가씨가 있었습니다. 슬퍼하는 아가씨의 뺨에는 눈물이 방울져 흘러내리고 있었습니다. 젊은이가 말했습니다.

"어떻게 하면 그대를 마법에서 구해낼 수 있겠소? 어떤 위험도 난 두렵지 않소."

공주가 말했습니다.

"수정 공을 찾아서 마녀의 얼굴 앞에 갖다 대면 마법의 힘이 사라져요. 그럼 나는 원래 모습으로 돌아갈 수 있고요. 그런데 많은 사람이 날 구하려다가 죽었답니다. 젊디젊은 당신이 그토록 위험한 일을 하겠다니 몹시 슬퍼요."

그러자 젊은이가 말했습니다.

"그 무엇도 날 막지 못하오. 내가 할 일을 말해주시오."

공주가 말했습니다.

"다 말해줄게요. 이 산에서 내려가다 보면 샘물가에 사나운 들소가 있을 거예요. 그 들소와 싸워야 해요. 당신이 이겨 들소가 죽으면 죽은 몸에서 불새가 날아오를 겁니다. 불새는 벌겋게 단 알을 가슴에 품고 있는데, 알 속에 노른자처럼 수정 공이 들어있어요. 하지만 불새는 어쩔 수 없을 때까진 절대로 알을 떨어뜨리지 않을 거예요. 만약 알이 땅에 떨어지면 불이 붙어서 주변이 다 타버리고 말지요. 그럼 알도 수정 공도 불에 녹아 그동안의 노력이 물거품이 되고 말아요."

젊은이는 샘물로 내려갔습니다. 들소는 젊은이를 보고 코를 씩씩 불며 으르렁거렸습니다. 한참을 싸운 끝에 드디어 젊은이가 칼로 들소의 몸통을 찌르자 들소는 땅에 고꾸라졌습니다. 그 순간 들소의 몸에서 불새가 날아올라 달아났습니다. 하지만 젊은이의 큰형인 독수리가 구름 사이를 뚫고 쏜살같이 내려와 불새를 바다 쪽으로 내몰면서 부리로 힘껏 쪼자 불새가 알을 떨어뜨리고 말았습니다. 하지만 바다로 떨어지지 않고 바닷가에 있는 어부의 오두막집에 떨어졌습니다. 그러자 연기가 솟으며 불길이 치솟았습니다. 그때 바다에서 집채만 한 파도가 일더니 오두막집을 덮쳐 불을 껐습니다. 젊은이의 작은형인 고래가 헤엄쳐 와서 물줄기를 세차게 뿜어댄 것입니다. 불이 완전히 꺼지자 젊은이는 운 좋게 녹지 않은 알을 찾아냈습니다. 갑자기 찬물에 닿은 알은 저절로 깨져서 젊은이는 수정 공을 온전히 꺼낼 수가 있었습니다.

젊은이가 마녀에게 가서 수정 공을 보여주자 마녀가 말했습니다.

"내 힘은 파괴되었다. 이제부터는 네가 황금 태양의 성의 왕이다. 네 형들도 원래의 모습으로 돌아올 것이다."

젊은이는 서둘러 공주의 방으로 갔습니다. 방 안에는 눈부시게 아름다운 공주가 서 있었고, 두 사람은 기쁨에 넘쳐 서로 결혼반지를 주고받았답니다.

◆198◆
물소 가죽 장화

두려움이 없는 병사는 걱정도 없는 법입니다. 옛날에 그런 병사가 있었습니다. 어느 날, 병사는 제대명령을 받고 군대를 떠나게 되었습니다. 하지만 배운 기술이 없는 병사는 제대로 밥벌이도 못 해 동정심 많은 사람에게 빵을 구걸하며 이리저리 떠돌아다녔습니다. 가진 것이라곤 달랑 어깨에 걸친 낡은 비옷과 신고 있는 승마용 물소 가죽 장화뿐이었습니다. 어느 날, 병사는 정처 없이 떠돌다가 들판 깊숙이 들어가 숲에 이르렀습니다. 병사는 자기가 어디에 있는지 몰랐습니다. 그런데 나무 그루터기에 어떤 사내가 앉아있는 것이 보였습니다. 사내는 초록색 사냥복을 멋지게 차려입고 있었습니다. 병사는 사내와 악수를 하고 풀밭 옆자리에 다리를 쭉 뻗고 앉았습니다. 병사가 사냥꾼에게 말했습니다.

"반짝반짝 윤이 나는 멋진 가죽 장화를 신으셨군. 내 것을 보게. 물소 가죽으로 만든 장화인데 꽤 오래 신었지만, 아직 끄떡없지."

얼마 뒤 병사는 자리에서 일어나 말했습니다.

"가봐야겠어. 배가 고파. 그런데 반짝 장화 형씨, 숲에서 나가는 길이 어디 있지?"

사냥꾼이 말했습니다.

"몰라. 나도 길을 잃었다네."

병사가 말했습니다.

"자네도 마찬가지군. 유유상종이라고 하더니, 우리 같이 다니면서 나가는 길을 찾아보자고."

사냥꾼은 싱긋 웃었고, 두 사람은 함께 걸어갔습니다. 어느덧 밤이 찾아들자 병사가 말했습니다.

"아무래도 숲을 빠져나가긴 그른 것 같아. 그런데 저기 멀리 불빛이 보이는데 먹을 것도 있지 않겠나."

두 사람은 돌집으로 가서 문을 똑똑 두드렸습니다. 그러자 늙은 할머니가 문을 열고 나왔습니다. 병사가 말했습니다.

"하룻밤 재워주시겠어요? 그리고 빈속도 좀 채웠으면 하고요. 뱃속이 낡은 군용 배낭처럼 텅 비었어요."

그러자 할머니가 말했습니다.

"여기는 안 돼. 여긴 도둑들이 사는 집이야. 녀석들이 돌아오기 전에 얼른 달아나게. 그게 상책이야. 녀석들 눈에 띄면 끝장이거든."

병사가 대답했습니다.

"그렇게는 안 될 거요. 아무튼, 이틀 내내 아무것도 먹지 못했어요. 여기서 죽으나 숲 속에서 굶어 죽으나 마찬가지니 들어가겠어요."

하지만 사냥꾼은 들어가지 않으려 했습니다. 병사는 사냥꾼의 팔을 잡아끌었습니다.

"어서 들어오게. 당장 죽는 것도 아니잖나."

할머니는 두 사람이 불쌍해져서 말했습니다.

"난로 뒤에 가서 숨어들 있게. 녀석들이 잠들면 먹다 남은 음식을 가져다줄 테니."

난로 뒤 구석에 웅크리고 앉자마자 열두 도둑이 우르르 집 안으로 들어와 식사 준비가 된 식탁에 털썩털썩 앉았습니다. 그리고 음식을 내오라고 고함쳤습니다. 할머니가 커다란 고깃덩어리를 구워서 가져오자 도둑들은 게걸스레 먹기 시작했습니다. 음식 냄새가 솔솔 풍겨오자 병사가 사냥꾼에게 말했습니다.

"더는 견딜 수가 없어. 나도 식탁에 앉아 같이 좀 먹어야겠다."

"우리 다 죽게 하고 싶어?"

사냥꾼이 이렇게 말하면서 병사의 팔을 잡았습니다. 하지만 병사는 크게 기침을 했습니다. 그 소리를 들은 도둑들이 칼과 나이프를 내던지면서 용수철처럼 자리에서 튀어 올랐습니다. 난로 뒤에서 두 사람을 발견한 도둑들이 소리쳤습니다.

"오호, 신사양반들, 구석에 쪼그리고 앉아 뭣들하고 있지? 우리를 염탐하러 왔나? 기다려. 가느다란 나뭇가지에 매달려 나는 법을 배우게 해줄 테니."

그러자 병사가 말했습니다.

"그래도 예의는 지켜야 할 것 아닌가. 배가 고프니까 먼저 먹을 것 좀 주게. 그런 다음 마음대로들 하라고."

도둑들은 어리둥절했습니다. 대장이 말했습니다.

"겁이 없구먼. 좋다. 먹을 것을 주마. 하지만 먹고 나서 죽을 줄 알아."

"그건 두고 보자고."

병사는 이렇게 말하고 식탁에 앉아 게걸스럽게 고기를 먹으면서 사냥꾼에게 소리쳤습니다.

"어이, 반짝 장화 형씨, 이리 와서 같이 먹자고. 나만큼 배가 고플 텐데. 집에 가도 이것보다 더 맛있는 고기구이는 먹기 힘들 걸."

하지만 사냥꾼은 먹지 않겠다고 했습니다. 도둑들은 둥그레진 눈으로 병사를 바라보며 말했습니다.

"배짱 좋은 녀석이구먼."

병사가 또 말했습니다.

"이렇게 맛있는 음식에 마실 것도 줘야 하지 않겠나."

대장은 이왕 선심 쓰는 거 한 번 더 쓰자, 하고 할머니에게 소리쳤습니다.

"지하실에서 술 한 병만 가져오구려. 가장 좋은 걸로."

병사는 펑 소리를 내며 코르크 마개를 잡아 뺐습니다. 그리고는 술병을 들고 사냥꾼에게 가서 말했습니다.

"잘 보게, 형씨. 무지 놀랄 거야. 이제 저 패거리의 건강을 위해 축배를 들 거야."

병사는 도둑들의 머리 위로 술병을 휘휘 돌리며 말했습니다.

"건강을 위하여! 모두 입을 벌리고 오른손을 높이 들게."

그러고 나서 술을 한 모금 쭉 들이켰습니다. 그런데 병사의 말이 떨어지기가 무섭게 도둑들은 입은 쩍 벌리고 오른팔은 번쩍 쳐든 채 마치 돌처럼 굳어 꼼짝도 하지 않았습니다. 사냥꾼이 병사에게 말했습니다.

"재주가 많군. 이제 집으로 돌아가세."

"어이구, 형씨. 급할 거 없어. 적을 물리쳤으니 전리품도 챙겨야지. 놀라서 입들만 딱 벌린 채 앉은 자리에서 꼼짝도 못 하잖아. 내가 허락하기 전에는 꼼짝 못 하니까 얼른 와서 먹고 마시게."

할머니는 최고급 포도주를 한 병 더 가져와야 했습니다. 병사는 사흘치 음식을 더 먹어치운 다음에야 겨우 자리에서 일어났습니다. 어느덧 날이 밝아오자 병사가 말했습니다.

"이제 떠나야 할 시간이 되었군. 할머니에게 마을로 가는 지름길을 물어보자고. 그럼 오래 걸을 필요가 없지."

병사는 마을로 들어가자 옛 동료를 찾아가 말했습니다.

"내가 숲에서 도둑놈들의 소굴을 찾아냈네. 가서 싹 쓸어버리세."

병사는 동료들을 이끌고 가면서 사냥꾼에게 말했습니다.

"형씨도 같이 가서 봐. 우리한테 발목 잡혀 벌벌 떠는 녀석들의 꼴을."

동료들은 도둑 무리를 빙 둘러쌌습니다. 병사는 술병을 들어 한 모금 쭉 들이켜고 도둑들 머리 위로 병을 휘휘 돌리며 말했습니다.

"건강을 위하여!"

순간 도둑들은 다시 꿈틀거리기 시작했습니다. 하지만 다시 모두 땅바닥에 나동그라졌고 손발은 밧줄로 꽁꽁 묶였습니다. 병사는 도둑들을 짐짝처럼 수레에 실으라고 했습니다.

"놈들을 감옥으로 끌고 가게."

그러자 사냥꾼이 한 사람을 따로 불러 뭐라고 명령을 내렸습니다.

병사가 말했습니다.

"반짝 장화 형씨, 적도 물리치고 배불리 먹기까지 했으니 이제 뒤에서 천천히 따라가자고."

성이 가까워져 오자 성문 밖으로 몰려나오는 수많은 사람이 보였습니다. 그들은 푸른 나뭇가지를 흔들며 환호했습니다. 호위병들이 우르르 다가왔습니다.

"무슨 일이야?"

깜짝 놀란 병사가 사냥꾼에게 물었습니다. 사냥꾼이 대답했습니다.

"몰라? 임금님이 오랫동안 나가 있다가 오늘 돌아오잖나. 그래서 사람들이 환영을 나온 거고."

병사가 말했습니다.

"그런데 임금님은 어디 계시지? 안 보이는데?"

사냥꾼이 대답했습니다.

"여기 있잖나? 내가 임금일세. 오늘 온다고 내가 미리 알려놓았지."

사냥꾼이 사냥복을 젖히자 왕의 예복이 드러났습니다. 병사는 깜짝 놀라 얼른 무릎을 꿇고 임금님인 줄 모르고 함부로 이름을 부르며 동료처럼 대한 것을 용서해 달라고 싹싹 빌었습니다. 그러자 왕은 병사에게 손을 내밀며 말했습니다.

"자넨 짐의 목숨을 구해준 씩씩한 병사니라. 이제부터 짐이 자네를 돌보겠으니 어려움이 없을 것이다. 도둑의 집에서 먹었던 것 같은 맛있는 구운 고기가 먹고 싶으면 언제든지 성내 부엌으로 가거라. 하지만 건강을 위해 축배를 들려면 꼭 짐에게 허락을 받아야 하느니라."

◈199◈
황금 열쇠

눈이 깊게 쌓인 어느 겨울날, 한 가난한 소년이 밖에 나가 나무를 썰매에 싣고 와야 했습니다. 나무를 주워 모아 썰매에 실은 소년은 꽁꽁 언 몸을 조금 녹이고 가려고 모닥불을 피웠습니다. 눈을 치우며 불 피울 자리를 만들던 소년은 땅바닥에서 자그마한 황금 열쇠를 발견했습니다. 열쇠가 있으니 분명 자물쇠도 있으리라 생각한 소년은 땅을 팠습니다. 그랬더니 작은 무쇠 상자가 나오는 거였습니다. 소년은 생각했습니다.

'열쇠가 딱 맞으면 얼마나 좋을까! 상자 속엔 분명 귀한 물건이 들어있을 거야.'

하지만 아무리 찾아도 열쇠 구멍이 보이지 않았습니다. 그러다가 마침내 열쇠 구멍을 발견했습니다. 그런데 구멍이 너무 작아 잘 보이지도 않았습니다. 열쇠를 꽂아보니 다행히 열쇠 구멍에 딱 맞았습니다. 찰깍, 열쇠를 한 번 돌렸습니다. 자, 이제 우리는 소년이 자물쇠를 완전히 열고 뚜껑을 활짝 열 때까지 기다려야겠군요. 그래야 상자에 얼마나 멋진 것들이 들어있는지 알게 되잖아요.

어린이를 위한 성자 이야기

◆200◆
숲 속의 성 요셉

옛날에 딸 셋을 둔 어머니가 있었습니다. 큰딸은 버릇없고 마음씨가 고약했습니다. 둘째 딸도 결점은 있었지만 그래도 언니보다는 훨씬 나았습니다. 막내딸은 믿음이 깊고 마음씨도 아주 고운 아이였습니다. 하지만 이상하게도 어머니는 큰딸을 가장 예뻐했고 막내딸은 눈엣가시로 여겼습니다. 어머니는 불쌍한 막내딸을 눈앞에서 없애버리려고 커다란 숲으로 내보내곤 했습니다. 길을 잃어 다시는 돌아오지 못하게 하려는 속셈이었죠. 하지만 믿음 깊은 아이들에게는 다 자기만의 수호천사가 있듯 막내딸에게도 늘 수호천사가 나타나 집으로 돌아오는 길을 알려주곤 했습니다. 그런데 어느 날, 수호천사가 제때에 도착하지 않아서 아이는 숲을 빠져나올 수가 없었습니다. 타박타박 계속 걷다 보니 어느덧 밤이 되었습니다. 그런데 저 멀리 가물가물 작은 불빛이 보였습니다. 불빛을 따라 아이가 달려갔더니 작은 오두막집이 나왔습니다. 문을 똑똑 두드리자 문이 열렸습니다. 안으로 들어가니 또 문이 나왔습니다. 아이는 다시 똑똑 문을 두드렸습니다. 그러자 눈처럼 하얀 수염을 늘어뜨린 기품 있는 할아버지가 문을 열었습니다. 할아버지는 다름 아닌 성 요셉이었습니다. 성 요셉은 다정한 목소리로 말했습니다.

"애야, 어서 들어오너라. 불 가 의자에 앉아 몸을 좀 녹이렴. 목이 마르면 깨끗한 물을 가져다주마. 그런데 이곳 숲 속에서 너한테 줄 거라곤 뿌리채소 두서넛밖에 없구나. 먼저 껍질을 벗기고 요리를 하렴."

할아버지는 아이에게 뿌리채소를 주었습니다. 아이는 껍질을 깨끗이 긁어내고 어머니가 준 팬케이크 한 조각과 빵을 꺼내 솥에다 몽땅 넣고 불에 올려 죽을 끓였습니다. 요리가 끝나자 성 요셉이 말했습니다.

"배가 너무 고프구나. 나한테도 좀 주렴."

아이는 자기 것보다 더 많은 죽을 할아버지에게 얼른 덜어드렸습니다. 하지만 하나님의 은혜로 아이도 배부르게 먹을 수 있었습니다. 식사를 마치고 나서 성 요셉이 말했습니다.

"이제 자러 갈 시간이다. 그런데 침대가 하나밖에 없구나. 네가 침대에 누워 자라. 난 바닥에 지푸라기를 깔고 자마."

소녀가 말했습니다.

"아니에요. 할아버지가 침대에서 주무세요. 저한테는 지푸라기도 푹신하고 좋아요."

하지만 성 요셉은 아이를 안아 침대에 데려갔습니다. 아이는 기도를 하고 스르르 잠이 들었습니다. 다음 날 아침, 잠에서 깬 아이는 성 요셉에게 아침 인사를 하려고 했습니다. 하지만 할아버지가 보이지 않았습니다. 아이는 벌떡 일어나서 할아버지를 찾았지만, 할아버지는 어디에도 없었습니다. 그런데 문 뒤에 돈이 든 자루가 놓여있었습니다. 겨우 들 수 있을 만큼 묵직한 자루에는 어젯밤 이곳에서 잔 아이의 것이라고 적혀있었습니다. 아이는 자루를 들고 집으로 달려갔습니다. 그리고 어머니에게 그 돈을 몽땅 내놓자 어머니는 뛸 듯이 좋아했습니다.

다음날, 둘째 딸이 그 숲에 가겠다고 나서자 어머니는 똑같이 푸짐한 팬케이크와 빵을 싸 주었습니다. 동생처럼 숲에서 길을 잃은 둘째 딸도 날이 저물자 성 요셉이 사는 오두막집에 이르렀습니다. 성 요셉은 둘째 딸에게 죽을 끓이라고 뿌리채소를 주었습니다. 요리가 끝나자 성 요셉이 둘째 딸에게 말했습니다.

"배가 너무 고프구나. 나한테도 좀 주렴."

그러자 둘째 딸이 말했습니다.

"저하고 같이 드시죠."

식사를 마치고 성 요셉이 침대를 내주면서 자기는 바닥에 짚을 깔고 자겠다고 하자 둘째 딸이 말했습니다.

"아니에요. 침대에서 같이 자요. 둘이서도 너끈히 잘 수 있어요."

성 요셉은 아이를 안아 침대에 눕히고 지푸라기 위에 드러누웠습니다. 다음 날 아침 둘째 딸은 일어나서 성 요셉을 찾았습니다. 하지만 할아버지는 이미 사라져버린 뒤였습니다. 그런데 문 뒤에 한 뼘 길이만 한 돈 자루가 있었습니다. 자루에는 어젯밤 이곳에서 잔 아이의 것이라고 적혀있었습니다. 둘째 딸은 자루를 들고 집으로 달려가 동전 서너 개를 슬쩍 챙긴 다음 어머니에게 돈 자루를 드렸습니다.

그러자 큰딸도 귀가 솔깃했습니다. 다음 날 아침 큰딸이 숲에 가겠다고 나서자 어머니는 원하는 만큼 팬케이크와 빵을 듬뿍 싸 주고 치즈까지 넣어주었습니다. 밤이 되자 큰딸도 동생들처럼 오두막집에 있는 성 요셉을 찾아냈습니다. 죽 요리가 끝나자 성 요셉이 말했습니다.

"배가 너무 고프구나. 나한테도 좀 주렴."

그러자 큰딸이 이렇게 말했습니다.

"기다리세요. 우선 내 배부터 채우고요. 남는 게 있으면 할아버지가 먹어요."

하지만 큰딸은 죽을 거의 다 먹어치웠습니다. 성 요셉은 그릇 바닥을 박박 긁어먹어야 했습니다. 그러고 나서 마음씨 좋은 할아버지는 큰딸에게 자기 침대를 내주면서 자기는 바닥에 지푸라기를 깔고 자겠다고 했습니다. 그러자 큰딸은 그러라면서 호호백발 노인을 딱딱한 지푸라기 바닥에 눕게 하고 자기는 침대에 드러누웠습니다. 다음 날 아침, 큰딸이 일어나 보니 성 요셉은 아무 데도 없었습니다. 하지만 큰딸은 그런 건 신경도 쓰지 않고 문 뒤에 있다는 돈 자루만 찾았습니다. 그런데 땅바닥에 뭔가 있는 것 같은데 그게 뭔지 구분하기가 힘들었습니다. 그래서 허리를 구부리고 보다가 그것에 코를 부딪쳤습니다. 일어나서 보니 코에 딱 달라붙어 버린 그것은 놀랍게도 또 다른 코였습니다. 큰딸은 울고불고 난리를 떨었지만 아무 소용이 없었습니다. 길게 튀어나온 코만 눈에 들어올 뿐이었습니다. 큰딸은 비명을 지르며 냅다 달려가다가 성 요셉을 만났습니다. 큰딸은 무릎을 꿇고 애원했습니다. 그러자 성 요셉은 불쌍한 마음이 들어 코 하나를 떼어주고 돈도 두 푼 주었습니다. 큰딸이 집에 돌아오자 문 앞에 서 있던 어머니가 물었습니다.

"무슨 선물을 받았느냐?"

그러자 큰딸은 거짓말로 대답했습니다.

"돈이 가득 든 커다란 돈 자루를 받았는데 오다가 그만 잃어버렸어요."

어머니가 버럭 소리 질렀습니다.

"아이고, 잃어버리다니! 하지만 다시 찾을 수 있을 거다."

어머니는 큰딸의 손을 잡고 돈 자루를 찾으러 달려갔습니다. 처음에는 울면서 가지 않겠다고 하던 큰딸도 어쩔 수 없이 따라나섰습니다. 그런데 가는 길에 수많은 도마뱀과 뱀들이 우글우글 쫓아와 모녀에게 덤벼들었습니다. 하지만 모녀는 도망칠 수가 없었고, 결국 못된 딸은 뱀들에게 물려 죽었습니다. 또 가정교육을 잘못시킨 죄로 어머니도 발을 물렸답니다.

◆201◆
열두 사도

예수그리스도께서 태어나기 삼백 년 전, 열두 아들을 둔 어떤 어머니가 살았습니다. 그런데 어머니는 너무 가난해서 아이들을 어떻게 먹여 살려야 할지 막막했습니다. 어머니는 자식들이 하나님이 약속하신 구세주와 이 땅에서 함께할 수 있도록 해달라고 매일 하나님께 기도했습니다. 그런데 집안 형편은 갈수록 어려워졌습니다. 그래서 어머니는 밥벌이하라고 아들들을 차례차례 세상으로 내보냈습니다. 첫째 아들이 베드로였습니다. 베드로는 집을 떠나 온종일 걸어가다가 깊은 숲으로 들어가게 되었습니다. 나가는 길을 찾았지만 길은 보이지 않고 숲은 더욱더 깊어질 뿐이었습니다. 베드로는 배가 너무 고파 똑바로 서 있기가 힘들 정도였습니다. 마침내 맥없이 땅바닥에 쓰러진 베드로는 이제 죽음이 가까웠다고 생각했습니다. 그런데 불쑥 작은 사내아이가 옆에 와서 섰습니다. 천사처럼 빛이 나고 아름답고 다정한 아이였습니다. 아이는 손뼉을 탁 쳤습니다. 베드로가 올려다보자 아이가 말했습니다.

"왜 그렇게 슬픈 얼굴을 하고 있어요?"

베드로가 대답했습니다.

"먹고살려고 세상을 헤매고 다녔단다. 그래야 하나님이 약속하신 구세주를 뵐 수 있을 거 아니냐. 그게 나의 가장 큰 소망이란다."

아이가 말했습니다.

"따라오세요. 소망이 이루어질 거예요."

아이는 불쌍한 베드로의 손을 이끌고 커다란 바위 동굴로 갔습니다. 동굴 안으로 들어가니까 모든 것이 금과 은과 수정으로 만들어져 눈부시게 반짝였고, 동굴 한가운데에는 요람이 열두 개 나란히 놓여있었습니다.

천사가 말했습니다.

"첫 번째 요람에 누워 한숨 주무세요. 제가 요람을 흔들어드리죠."

베드로가 요람에 눕자 천사는 그가 잠들 때까지 요람을 흔들며 노래를 불러주었습니다. 베드로가 자는 동안 수호천사는 또 다른 형제를 데리고 와서 베드로처럼 요람을 흔들어 재웠습니다. 그리고 나서 다른 형제들도 차례차례 와서 황금 요람에 누워 잠이 들었습니다. 열두 형제는 삼백년을 그렇게 잠들어 있다가 예수님이 태어나던 날 밤 모두 잠에서 깨어났습니다. 이 땅에서 예수님과 동행했던 이 열두 형제를 사람들은 열두 사도라고 불렀답니다.

◆202◆
장미

옛날에 두 아이를 둔 가난한 여인이 있었습니다. 막내는 날마다 숲에 가서 나무를 해왔습니다. 어느 날 막내가 나무를 하러 숲 속 깊이 들어갔는데, 웬 꼬마 아이가 왔습니다. 똘똘한 아이는 막내를 도와 부지런히 나무를 주워 집 앞에까지 날라다 주었습니다. 그러고 나서 아이는 순식간에 사라져 버렸습니다. 막내는 어머니에게 무슨 일이 있었는지 이야기했습니다. 하지만 어머니는 막내의 말을 믿지 않았습니다. 어느 날, 막내는 그 귀여운 아이가 주고 갔다며 장미 한 송이를 집에 가져왔습니다. 그리고 꽃망울이 활짝 피면 다시 온다고 했다고 어머니에게 이야기했습니다. 어머니는 장미를 꽃병에 꽂아놓았습니다. 어느 날 아침, 아들이 일어나지 않아 어머니가 가서 보니 아들이 죽어있었습니다. 아들은 아주 우아한 모습으로 누워있었습니다. 그리고 바로 그날 아침, 장미가 꽃망울을 터뜨리며 활짝 피어났답니다.

◆203◆
하나님의 음식

옛날에 두 자매가 있었습니다. 언니는 자식이 없고 부자였습니다. 동생은 자식을 다섯이나 둔 과부였는데 당장 먹을 빵도 없을 정도로 가난했습니다. 동생은 너무 배가 고파 언니를 찾아가 말했습니다.

"우리 식구 모두 굶어 죽게 생겼어요. 언니는 부자니까 빵 좀 주세요."

언니는 큰 부자였지만 마음이 돌처럼 차가운 인정머리 없는 사람이었습니다.

"우리 집에도 먹을 게 하나도 없거든."

언니는 매몰차게 말하면서 동생을 내쫓았습니다. 얼마 후 부자 언니의 남편이 집에 돌아와 식사하려고 빵을 잘랐습니다. 그런데 빵에서 빨간 피가 철철 흐르는 것이 아닙니까. 부자 언니가 그것을 보고 깜짝 놀라서 그동안 무슨 일이 있었는지 남편에게 이야기했습니다. 그러자 남편은 동생을 도와주려고 부리나케 달려갔습니다. 방에 들어가 보니 과부는 두 어린아이를 안고 기도를 하고 있었습니다. 큰 아이 셋은 이미 숨진 채 누워 있었습니다. 언니의 남편이 음식을 내밀며 먹으라고 하자 동생이 말했습니다.

"이 땅의 양식은 이제 원하지 않아요. 하나님께서는 우리 아이 셋을 이미 배불리 먹이셨어요. 남은 우리 셋의 기도도 응답해주실 겁니다."

말이 떨어지기가 무섭게 두 아이가 숨을 거두었습니다. 그리고 가슴이 무너져 내린 어머니도 바닥에 쓰러져 죽고 말았답니다.

◆204◆
가난하고 겸손한 자 천국에 가리니

옛날에 한 왕자가 있었습니다. 어느 날 왕자는 슬픈 얼굴로 생각에 잠긴 채 들로 나갔습니다. 왕자는 파랗고 맑은 하늘을 올려다보다가 한숨을 쉬며 중얼거렸습니다.

"천국에 가서 살면 얼마나 좋을까!"

그때 한 초라한 백발노인이 걸어왔습니다. 왕자가 노인에게 물었습니다.

"천국에 가려면 어떻게 해야 하죠?"

노인이 대답했습니다.

"가난하고 겸손해야 한다. 내 누더기를 입고 칠 년 동안 세상을 돌아다니며 가난이 무엇인지 직접 보고 들어라. 돈은 가져가지 마라. 배가 고프면 동정심 많은 사람에게 빵을 구걸해 먹고. 그럼 천국이 더욱 가까워질 터이다."

왕자는 화려한 옷을 벗어버리고 거지의 옷을 걸쳤습니다. 그리고 넓은 세상으로 나가 갖은 고생을 견뎌냈습니다. 왕자는 먹을 것만 조금 얻어먹으며 말도 전혀 하지 않았고, 언젠가 천국에 들여보내 달라고 하나님께 열심히 기도했습니다. 어느덧 칠 년이 지나 왕자는 다시 궁전으로 돌아왔습니다. 하지만 아무도 왕자를 알아보지 못했습니다. 왕자가 하인들에게 말했습니다.

"가서 내가 돌아왔다고 부모님께 말씀드려라."

하지만 하인들은 그 말을 믿지 못하고 깔깔거리며 들여보내지 않았습니다. 왕자가 또 말했습니다.

"가서 내 형제들에게 내려오라고 해라. 보고 싶구나."

하인들은 그 말도 듣지 않았습니다. 마침내 하인들 가운데 한 사람이 왕자들에게 가서 이야기했습니다. 하지만 왕자들 역시 믿지 않았고 신경도 쓰지 않았습니다. 그래서 왕자는 자신의 비참한 상황을 낱낱이 편지에 써서 어머니에게 보냈습니다. 하지만 자신이 아들이라는 것은 밝히지 않았습니다. 왕비는 왕자를 불쌍히 여겨 계단 밑 한구석에 살도록 하고 하인 둘을 시켜 매일 먹을 것을 날라다 주게 했습니다. 그런데 못된 하인이 말했습니다.

"거지한테 이렇게 좋은 음식을 주다니!"

그래서 그 음식을 자기가 먹거나 개한테 주고 쇠약한 왕자에게는 물만 주었습니다. 하지만 다른 하인은 정직한 사람이어서 왕자가 먹을 음식을 꼬박꼬박 갖다 주었습니다. 비록 충분하지는 않았지만, 왕자는 얼마간 그것으로 생명을 지탱하며 묵묵히 버텼습니다. 그러나 몸은 점점 쇠약해지고 결국 병까지 걸린 왕자는 어느 날 성체성사를 받기를 간절히 원했습니다. 그런데 미사가 집전되는 동안 마을과 그 주변 지역의 종들이 뎅그렁뎅그렁 일제히 울리기 시작했습니다. 신부님이 미사를 끝내고 계단 밑에 사는 불쌍한 자에게 가 보니, 그는 이미 숨을 거둔 뒤였습니다. 한 손에는 장미꽃을 들고 다른 손엔 나리꽃을 든 채 누워있는 그의 옆에는 자신의 삶을 고스란히 적어놓은 종이가 한 장 놓여있었습니다.

그리고 왕자가 묻힌 무덤 한쪽에는 장미가 피어났고 다른 쪽에는 나리가 피어났답니다.

◆205◆
푸른 나뭇가지 세 개

옛날에 어느 산기슭 외딴 숲에서 오로지 기도하고, 선한 일만 하며 홀로 사는 수도사가 있었습니다. 저녁이면 수도사는 하나님께 영광을 돌리며 물동이를 들고 산에 올라가 짐승들에게 물을 먹이고, 식물도 시들지 않게 물을 주었습니다. 언덕에는 바람이 세차게 불어 공기와 땅이 늘 메말라 있었습니다. 그래서 인기척만 나면 달아나는 산새들이 빙빙 날면서 날카로운 눈을 하고 마실 물을 찾았습니다. 수도사는 믿음이 깊었습니다. 그래서 하나님은 수도사에게 눈에 보이는 천사를 보내셨습니다. 천사는 산에 오르는 수도사의 발길을 보살펴주었고, 하루 일을 마치면 먹을 것을 갖다 주었습니다. 옛날 하나님의 명을 받은 까마귀가 선지자에게 먹을 것을 가져왔듯 말입니다.

깊은 믿음 속에서 살아가던 수도사도 어느덧 나이가 들어 노인이 되었습니다. 어느 날, 멀리서 한 불쌍한 죄수가 교수대로 끌려가는 것이 보였습니다. 수도사는 혼잣말로 중얼거렸습니다.

"죗값을 받아 마땅하지."

저녁에 수도사는 여느 때처럼 물을 가지고 산에 올라갔습니다. 그런데 늘 동행하던 천사는 보이지 않았고, 먹을 것도 가져오지 않았습니다. 깜짝 놀란 수도사는 자신의 마음에 귀를 기울이며 무슨 죄를 지었기에 하나님이 노하셨는지 곰곰 생각해보았지만, 도무지 알 수가 없었습니다. 먹지도 않고 마시지도 않고 수도사는 땅에 엎드려 밤낮으로 기도했습니다. 어느 날, 숲 속에서 더욱 슬프게 울부짖고 있는데 작은 새 한 마리가 너무나 아름답고 황홀한 목소리로 노래를 불렀습니다. 수도사는 더욱 슬퍼져 말했습니다.

"정말 즐겁게 노래하는구나! 하나님이 너한테는 노하지 않으셨나 보다. 아, 하나님을 욕되게 한 내 죄가 무엇인지 너라도 말해줄 수 있으면 얼마나 좋을까! 그럼 내 죄를 참회하고 다시 기뻐할 수 있을 텐데."

그러자 작은 새가 말했습니다.

"당신이 잘못했잖아요. 교수대로 끌려가는 불쌍한 죄수를 보고 비난하니까 하나님이 노하신 거죠. 심판은 오직 하나님만이 하실 수 있답니다. 하지만 죄를 뉘우치고 속죄하면 하나님께서 용서해주실 거예요."

그러자 마른 나뭇가지를 손에 든 천사가 불쑥 나타나 말했습니다.

"이 마른 나뭇가지를 푸른 가지 세 개가 나올 때까지 늘 가지고 다니세요. 밤에 잠자리에 들면 나뭇가지를 머리에 베고 자고요. 빵은 이 집 저 집 돌아다니며 얻어먹으세요. 하지만 한 집에서 하룻밤 이상 머물러선 안 됩니다. 이것이 하나님이 정해주신 속죄의 길입니다."

수도사는 나뭇가지를 받아들고 한동안 떠나있었던 세상으로 돌아갔습니다. 문간에서 얻은 음식 외에는 아무것도 먹지도 마시지도 않았습니다. 구걸을 거절하는 집들도 있었고 또 어떤 집들은 문조차 열어주지 않았습니다. 그래서 온종일 빵부스러기도 얻어먹지 못하는 날도 종종 있었습니다. 어느 날, 수도사는 아침부터 저녁까지 이 집 저 집 구걸을 하며 돌아다녔습니다. 하지만 누구 하나 먹을 것을 주는 사람이 없었고, 하룻밤 재워주려는 사람도 없었습니다. 할 수 없이 수도사는 숲으로 들어갔습니다. 그런데 숲 속에 동굴집이 있어서 들여다보니 웬 할머니가 앉아있었습니다. 수도사가 말했습니다.

"할머니, 오늘 밤 여기서 좀 재워줄 수 있어요?"

할머니가 대답했습니다.

"안 되오. 그러고 싶어도 그럴 수가 없다오. 나한테 아들이 셋이나 있는데 나쁘고 사나운 녀석들이라오. 지금 도둑질하러 나갔는데 돌아와서 당신을 보면 우리 둘 다 죽여 버리고 말 거요."

수도사가 말했습니다.

"괜찮으니 있게 해주세요. 할머니하고 저한테 아무 짓도 못 할 겁니다."

할머니는 측은한 생각이 들어 그러라고 했습니다. 수도사는 계단 밑에 자리를 잡고 나뭇가지를 베고 드러누웠습니다. 그것을 본 할머니가 왜 그러느냐고 물었습니다. 수도사는 속죄하려고 나뭇가지를 갖고 다니며 밤이면 베개 삼아 베고 잔다고 말했습니다. 그리고 교수대로 끌려가는 불쌍한 죄수를 보고 죗값을 받아 마땅하다고 말해 하나님을 욕되게 했다고 털어놓았습니다. 그러자 할머니는 울면서 부르짖었습니다.

"아이고, 하나님께서 그 말 한마디에 저런 벌을 내리시니 하나님 앞에서 심판을 받게 될 우리 아들들은 어찌 되겠소."

밤 열두 시가 되자 도둑들이 왁자지껄 시끄럽게 떠들며 돌아왔습니다. 불이 켜지고 동굴 안이 환해지자 계단 밑에 누워있는 남자가 눈에 들어왔습니다. 도둑들은 노발대발하며 할머니에게 버럭 고함을 쳤습니다.

"이 사람 누구죠? 집 안에 아무도 들이지 말라고 했잖아요?"

그러자 할머니가 말했습니다.

"그냥 놔둬라. 자신이 지은 죄에 대해 속죄하고 있는 불쌍한 죄인이란다."

도둑들이 물었습니다.

"무슨 죄를 지었는데요?"

그러고 나서 수도사를 향해 소리쳤습니다.

"이봐, 늙은이. 무슨 죄를 지었는지 이야기하라고."

수도사는 일어나서 단 한마디 때문에 하나님이 노하셨고, 그 죄로 지금 속죄하는 중이라고 말했습니다. 도둑들은 수도사의 이야기에 크게 감동했습니다. 끔찍했던 지난날을 돌아보다가 자기들이 지은 죄에 소스라쳐서 마음속 깊이 참회하기 시작했습니다. 죄인 세 사람의 영혼을 구한 수도사는 다시 계단 밑 잠자리에 드러누웠습니다. 다음 날 아침, 사람들은 숨을 거둔 채 누워있는 수도사를 발견했습니다. 수도사가 베고 있던 마른 나뭇가지에서는 푸른 가지 세 개가 솟아나 있었답니다. 하나님께서 은혜를 베푸셔서 수도사를 당신 품으로 데려가신 것이죠.

◆206◆
성모마리아의 작은 잔

어느 날, 어떤 마부가 짐수레에 포도주 통을 가득 싣고 달리다가 그만 진흙탕에 빠지고 말았습니다. 마부가 아무리 애를 써도 수레는 꿈쩍도 하지 않았습니다. 그때 마침 성모마리아가 지나가다가 그 광경을 보고 불쌍한 마부에게 말했습니다.

"피곤하고 목이 마르니 포도주 한 잔 만 주세요. 그럼 짐수레를 진흙탕에서 꺼내드리죠."

마부가 말했습니다.

"기꺼이 드리지요. 그런데 포도주를 따를 잔이 없군요."

그러자 성모마리아는 빨간 줄무늬가 있는 하얀 꽃을 한 송이 따서 마부에게 건넸습니다. 잔과 아주 비슷하게 생긴 메꽃이었습니다. 마부는 메꽃에 포도주를 가득 따랐습니다. 성모마리아가 포도주를 마시자마자 수레는 움직이기 시작했고 마부는 가던 길을 계속 갔습니다. 그래서 그 작은 꽃을 성모마리아의 잔이라고 부르게 되었답니다.

◆207◆
외로운 할머니

어느 큰 마을에 할머니가 살았습니다. 어느 날 밤, 할머니는 홀로 방에 앉아 옛일을 생각하고 있었습니다. 남편과 두 아들을 차례로 잃고 친척들도 하나둘씩 세상을 떠나보냈습니다. 이제 마지막 남은 친구마저 잃은 할머니는 혼자 덩그러니 남게 되었습니다. 그 생각을 하면 여전히 가슴이 미어지는 것 같았습니다. 무엇보다 두 아들을 잃은 슬픔은 이루 말할 수 없는 고통이어서 하나님을 원망하기도 했습니다. 할머니가 그렇게 옛날 생각에 깊이 잠겨있는데 뎅그렁뎅그렁 새벽 미사를 알리는 종소리가 문득 귀를 울렸습니다. 밤이 새는 줄도 모르고 슬픔에 잠겨있던 할머니는 등불을 밝혀 들고 성당으로 갔습니다. 성당은 환했습니다. 그런데 여느 날과 달리 촛불이 아니라 새벽 어스름 빛이 교회를 밝혔습니다. 교회는 사람들로 꽉 차서 빈자리가 없었습니다. 할머니가 앉던 자리에도 다른 사람이 앉아 있었고, 모든 자리가 꽉 차 있었습니다. 그런데 사람들을 보니 모두 이미 세상을 떠난 친척들이었습니다. 그들은 옛날 옷을 입고 창백한 얼굴에 말도 하지 않았고 노래도 부르지 않았습니다. 온 교회 안에 나직이 웅얼거리는 소리만 감돌았습니다. 그때 한 친척 아주머니가 할머니에게 다가와 말했습니다.

"저 제대에 아들들이 있으니 보세요."

할머니가 제대 쪽을 보니 두 아들이 그곳에 있었었습니다. 아들 하나는 교수대에 매달려있었고 다른 아들은 노역장에 끌려가 일하는 모습이었습니다. 친척 아주머니가 말했습니다.

"보세요. 아들들이 살아 있었다면 저렇게 되었을 거예요. 천진한 아이였을 때 하나님이 데려다 거두어주시지 않았다면 말이에요."

할머니는 벌벌 떨면서 집에 돌아와 무릎을 꿇고 비록 그때는 이해할 수 없었지만, 아들들을 위해 더 좋은 것을 이뤄주신 하나님께 감사드렸습니다. 그리고 다음 날, 할머니는 편안히 숨을 거두었답니다.

◆208◆
하늘나라의 결혼 잔치

옛날에 가난한 농촌 소년이 성당에서 신부님의 설교를 들었습니다.

"천국에 들어가려는 사람은 늘 똑바른 길을 걸어야 합니다."

그래서 소년은 길을 떠났습니다. 소년은 뒤도 돌아보지 않고 산을 넘고 골짜기를 지나 똑바로 앞만 보고 걸어갔습니다. 소년은 어느 큰 마을에 이르렀습니다. 그곳 성당에서는 미사가 한창 진행 중이었습니다. 성당의 웅장함과 아름다움에 소년은 그곳이 천국인 줄 알고 기뻐서 자리에 앉았습니다. 그런데 미사가 끝나자 성당 지기가 와서 나가라고 했습니다. 그러자 소년이 말했습니다.

"싫어요, 나가라니요. 천국에 들어와 얼마나 기쁜데요."

성당 지기는 신부님에게 가서 웬 아이가 천국인 줄 알고 성당에서 나가지 않으려 한다고 말했습니다. 신부님이 말했습니다.

"아이가 그렇게 믿으면 그냥 내버려두게."

신부님은 소년에게 가서 일하겠느냐고 물었습니다. 아이는 일은 많이 해 봐서 잘하니까 그러겠다고 대답했습니다. 하지만 결코 천국을 떠나지는 않겠다고 했습니다. 그렇게 해서 성당에 머물게 된 소년은 나무로 조각한 아기 예수를 안은 성모 마리아상 앞에 사람들이 와서 무릎을 꿇고 기도하는 모습을 보았습니다. 소년은 '저분이 하나님이시구나.' 하고는 말했습니다.

"세상에 하나님, 왜 이렇게 마르셨어요! 사람들이 주님을 굶주리게 했군요. 제가 먹는 음식을 반으로 나눠서 매일 가져다 드릴게요."

그때부터 소년은 성모 마리아상 앞에 자기가 먹는 음식을 반으로 나눠 매일 갖다놓았습니다. 그러자 성모 마리아상도 음식을 기쁘게 받아먹었습니다. 몇 주 지나서 성모 마리아상이 통통하게 살이 찌고 힘이 세진 것으로 보이자 사람들은 놀라서 눈이 휘둥그레졌습니다. 신부님도 어찌 된 일인지 당최 알 수가 없어서 어느 날 성당에 남아 있다가 살그머니 소년의 뒤를 밟았습니다. 그리고 소년이 성모마리아에게 빵을 나눠드리고 성모님도 그 빵을 기꺼이 받으시는 것을 보게 되었습니다.

얼마 뒤, 소년은 아파서 여드레 동안 자리에서 일어나지 못했습니다. 병이 낫자 소년은 제일 먼저 성모마리아에게 음식을 가져다 드렸습니다. 소년을 뒤따라간 신부님의 귀에 이렇게 말하는 소리가 들렸습니다.

"사랑하는 하나님, 제가 오랫동안 음식을 가져오지 못했는데, 노하지 마세요. 아파서 일어날 수가 없었거든요."

그러자 성모 마리아상이 말했습니다.

"너의 갸륵한 마음을 내가 보았느니라. 그걸로 충분하다. 다음 주일에 너를 결혼 잔치에 데리고 가마."

소년은 뛸 듯이 기뻐하며 신부님에게 말했습니다. 그러자 신부님이 소년에게 자기도 같이 갈 수 있는지 성모님께 가서 물어보라고 했습니다. 성모 마리아상이 말했습니다.

"안 된다. 너만 오너라."

신부님은 소년에게 영성체를 주겠으니 준비를 하라고 말했습니다. 소년은 그러겠다고 했습니다. 다음 주일날, 소년은 영성체를 받으며 쓰러져 죽었습니다. 하나님께서 소년을 영원한 결혼 잔치에 데리고 가신 것이죠.

◆209◆
개암나무 가지

어느 날 오후, 아기 예수가 요람에 누워 잠을 자고 있는데 어머니가 와서 흐뭇하게 들여다보며 말했습니다.

"자니, 아가야? 새근새근 잘 자라. 자는 동안 숲에 가서 딸기를 한 움큼 따다 줄게. 일어나면 아주 좋아할 거야. 어미가 잘 안단다."

숲에서 어머니는 먹음직스럽게 잘 익은 딸기가 있는 곳을 찾아냈습니다. 그런데 몸을 구부리고 막 딸기를 따려고 하는데 풀밭에서 독사가 불쑥 튀어나왔습니다. 어머니는 깜짝 놀라서 딸기를 내버려두고 달아났습니다. 독사가 뒤를 쫓아왔습니다. 물론 성모마리아께서는 어떻게 해야 할지 잘 아셨죠. 어머니는 개암나무 뒤에 숨어서 독사가 지나가기를 기다렸습니다. 그러고 나서 딸기를 모아 집으로 가면서 이렇게 말했습니다.

"개암나무가 나를 지켜주었듯 앞으로 다른 사람들도 지켜 줄 거야."

그래서 옛날부터 푸른 개암나무 가지가 독사나 땅에 기어 다니는 여러 파충류로부터 우리를 가장 안전하게 지켜주는 피난처라는 말이 전해 내려왔답니다.

그림 형제 옛이야기 모음집 II

초판 1쇄 인쇄 2014년 7월 18일

초판 1쇄 발행 2014년 7월 24일

지은이 그림 형제

옮긴이 이은자

발행인 신현부

발행처 부북스

주소 100-835 서울시 중구 동호로17길 256-15 (신당동)

전화 02-2235-6041

팩스 02-2253-6042

이메일 boobooks@naver.com

ISBN 978-89-93785-67-8

ISBN 978-89-93785-07-4 (세트)

이 도서의 국립중앙도서관 출판예정도서목록(CIP)은 서지정보유통지원시스템 홈페이지
(http://seoji.nl.go.kr)와 국가자료공동목록시스템(http://www.nl.go.kr/kolisnet)에
서 이용하실 수 있습니다. (CIP제어번호 : CIP2014020928)